21世纪经济管理新形态教材·会计学系列

中级财务会计

刘泉军　蒋　楠◎编　著

清华大学出版社
北京

内 容 简 介

中级财务会计是一门系统性和实践性很强的课程,综合了国内外最新的会计准则和会计实践,结合数智时代的发展要求,以企业财务报告为核心,全面系统地讲解一般企业资产负债表和利润表项目的确认、计量、记录和报告以及财务报表的编制理论与实务。本书配备了大量鲜活的会计案例资料,并融入了丰富的课程思政内容,使读者更加深入理解财务会计理论的基本原理和具体应用,增强文化自信、诚信意识和职业修养。

本书可作为高等院校的会计学、审计学、财务管理学等专业的本科生教材和研究生辅助教材,也可作为会计继续教育和社会培训教材,还可作为会计领域研究人员的参考书。

本书封面贴有清华大学出版社防伪标签,无标签者不得销售。

版权所有,侵权必究。举报:010-62782989,beiqinquan@tup.tsinghua.edu.cn。

图书在版编目(CIP)数据

中级财务会计/刘泉军,蒋楠编著. —北京:清华大学出版社,2023.5
21世纪经济管理新形态教材. 会计学系列
ISBN 978-7-302-63518-5

Ⅰ.①中⋯ Ⅱ.①刘⋯ ②蒋⋯ Ⅲ.①财务会计-高等学校-教材 Ⅳ.① F234.4

中国国家版本馆 CIP 数据核字(2023)第 080164 号

责任编辑:付潭娇　刘志彬
封面设计:汉风唐韵
版式设计:方加青
责任校对:王凤芝
责任印制:沈　露

出版发行:清华大学出版社
网　　址:http://www.tup.com.cn, http://www.wqbook.com
地　　址:北京清华大学学研大厦 A 座　　　　邮　编:100084
社 总 机:010-83470000　　　　邮　购:010-62786544
投稿与读者服务:010-62776969, c-service@tup.tsinghua.edu.cn
质 量 反 馈:010-62772015, zhiliang@tup.tsinghua.edu.cn

印 装 者:北京国马印刷厂
经　　销:全国新华书店
开　　本:185mm×260mm　　印　张:22.25　　字　数:509 千字
版　　次:2023 年 6 月第 1 版　　印　次:2023 年 6 月第 1 次印刷
定　　价:69.00 元

产品编号:099979-01

本教材（编号：JCJS2022062）由中国社会科学院大学教材建设项目专项经费支持。

作者简介

刘泉军 中国社会科学院大学商学院副教授，管理学博士，硕士生导师，中国注册会计师协会会员。主持和参与北京市社科基金、财政部、共青团中央等多项课题，在全国核心期刊上发表论文数十篇，出版学术专著两部，编著《基础会计》《会计学》等多部教材。主要讲授课程：财务会计学、高级财务会计、审计学。

蒋楠 中国社会科学院大学商学院副教授，管理学博士。主持及参与国家社会科学基金、教育部、审计署、财政部、中央高校研究项目等课题十余项；出版多部著作及教材；在全国核心期刊发表学术论文三十余篇，获教学科研成果奖多项。主要讲授课程：会计学原理、管理信息系统、商业伦理与会计职业道德。

前言 PREFACE

"中级财务会计"是会计学、审计学、财务管理等专业的一门核心专业课程，在整个专业体系中处于核心地位。近些年，财政部颁布了一系列新的企业会计准则，如修订后的《企业会计准则第21号——租赁》《企业会计准则第22号——金融工具确认和计量》《企业会计准则第14号——收入》《企业会计准则第33号——合并财务报表》等，修订力度大、变化范围广、创新突破多，并实现了与国际财务会计准则的持续趋同。同时，当今社会已经进入数智时代，大数据管理、区块链整合、商业模式创新成为企业创新发展的必然方向，业财融合、智能财务也在会计实务中得到广泛应用，新案例、新特点不断涌现。课程思政建设是一项长期性的泽被后世、利在千秋的教育工程，如何在教材中融入思政内容实现润物无声、教化育人的目标迫在眉睫。此时，编写一本反映最新企业会计准则精神并融入最新会计实务与技术发展、具有鲜明思政建设内容的《中级财务会计》教材正当其时。

本教材围绕一般企业的基本业务、以企业财务报告为核心，着重介绍资产负债表和利润表项目的确认、计量、记录和报告的基本原理以及财务报表的编制原理。与国内同类教材相比，本教材具有如下特色。

（1）按照最新财会政策编写，内容新。近几年来，财政部会计司修订或新发布了十几个企业会计准则。教材紧跟最新企业会计准则、会计政策，深入浅出地讲解新准则的精神与实务，全面呈现最新的财会政策规定。

（2）贴近现实会计实务，素材新。本教材从现实经济生活中选取鲜活的案例和例题，如近期资本市场上有关公司的舞弊案例，并融入新经济、新技术等对会计理论和实务的影响，增加相应的知识点进行阐释。

（3）充分体现课程思政，思想新。本教材积极开展课程思政教育，坚定学生理想信念，围绕政治认同、家国情怀、文化自信、法规意识、道德修养等优化课程思政内容，重点进行中国特色社会主义教育、社会主义核心价值观教育、中华优秀传统文化教育，培育学生经世济民、诚信服务、德法兼修的职业素养。

（4）精心设计编写体系，设计新。在编写过程中，笔者精心设计、统筹考虑，兼顾理论性和实务性、学术性与前沿性、专业性与可读性，设有引导案例、思政小贴士、知识拓展、会计大视野、案例探讨等丰富多样的模块。

作为一名教授"中级财务会计"课程二十余年的教师，编者有着丰富的教学经历，深刻理解"财务会计"课程的重点、难点所在。编者一直关注我国企业会计准则的改革历程，做了一些基础性的研究工作。编写一本内容全面、体系新颖、体现时代特色的《中级财务会计》教材是编者多年的夙愿，此次得偿所愿，深感欣慰。

本教材从筹划写作，经过了不断探讨、编写、修改完善的进程，到最终定稿经历了两年多时间。全书共分为十四章，由刘泉军负责统筹，并编写前八章的内容；由蒋楠负责编写后六章的内容。全书由刘泉军负责审核定稿。在本教材编写过程中,得到了清华大学出版社的付潭娇老师的大力帮助,在此表示真挚的谢意!

受限于学识、时间等各种因素,书中难免会存在一些问题与不足,敬请读者批评指正,我们表示诚挚谢意,并将认真吸收借鉴,不断改进完善本教材!

编者

2023 年 3 月

目录 CONTENTS

第一章　总论 / 1
　　第一节　财务会计概述 / 2
　　第二节　会计基本假设与会计信息质量要求 / 3
　　第三节　会计要素及其确认 / 8
　　第四节　会计基础与会计计量属性 / 13

第二章　货币资金 / 17
　　第一节　货币资金概述 / 17
　　第二节　库存现金 / 19
　　第三节　银行存款 / 22
　　第四节　其他货币资金 / 27

第三章　存货 / 31
　　第一节　存货概述 / 31
　　第二节　存货的初始计量 / 34
　　第三节　存货发出的计量 / 40
　　第四节　存货的期末计量 / 47
　　第五节　存货清查 / 52

第四章　金融资产 / 56
　　第一节　金融资产概述 / 57
　　第二节　应收款项 / 60
　　第三节　债权投资 / 69
　　第四节　其他债权投资 / 78
　　第五节　其他权益工具投资 / 81
　　第六节　交易性金融资产 / 83
　　第七节　金融资产的减值 / 86
　　第八节　金融资产的重分类 / 100

第五章　长期股权投资 / 107
　　第一节　长期股权投资概述 / 108
　　第二节　长期股权投资的初始计量 / 110
　　第三节　长期股权投资的后续计量 / 114
　　第四节　长期股权投资的处置与期末计价 / 122
　　第五节　股权投资核算方法的转换 / 123

第六章 固定资产 / 132
第一节 固定资产概述 / 132
第二节 固定资产的初始计量 / 135
第三节 固定资产的后续计量 / 140
第四节 固定资产的处置 / 147
第五节 固定资产的期末计量 / 150

第七章 无形资产 / 155
第一节 无形资产概述 / 155
第二节 无形资产的初始计量 / 158
第三节 无形资产的后续计量 / 162
第四节 无形资产的处置和期末计量 / 164

第八章 投资性房地产 / 168
第一节 投资性房地产概述 / 168
第二节 投资性房地产的初始计量 / 170
第三节 投资性房地产的后续计量 / 171
第四节 投资性房地产的转换 / 173
第五节 投资性房地产的处置 / 176

第九章 流动负债 / 180
第一节 流动负债概述 / 180
第二节 短期借款 / 181
第三节 应付账款与应收账款 / 182
第四节 预收账款与其他应付款 / 183
第五节 应付职工薪酬 / 184
第六节 应交税费 / 193

第十章 非流动负债 / 204
第一节 长期借款 / 204
第二节 应付债券 / 206
第三节 或有事项 / 211
第四节 借款费用资本化 / 215

第十一章 所有者权益 / 221
第一节 所有者权益的含义及构成 / 221
第二节 实收资本与其他权益工具 / 223
第三节 资本公积与其他综合收益 / 226
第四节 库存股 / 230
第五节 留存收益 / 231

第十二章　收入、费用与利润 / 233
　　第一节　概述 / 233
　　第二节　收入的确认和计量 / 235
　　第三节　费用与其他损益项目 / 256
　　第四节　所得税费用 / 262
　　第五节　利润 / 272

第十三章　财务报告 / 279
　　第一节　财务报告概述 / 279
　　第二节　资产负债表 / 283
　　第三节　利润表 / 294
　　第四节　现金流量表 / 301
　　第五节　所有者权益变动表 / 319
　　第六节　财务报表附注 / 322

第十四章　会计调整 / 327
　　第一节　会计变更 / 327
　　第二节　前期差错更正 / 335
　　第三节　资产负债表日后事项 / 338

参考文献 / 346

第一章 总论

学习目标和要求

本章主要讲解了财务会计的概念与特点、会计基本假设、会计信息质量特征、财务会计要素及其确认、会计基础与会计计量。通过本章的学习，要求理解财务会计的含义和财务会计的特征，掌握财务报告的目标，理解会计的四大基本假设，掌握会计信息质量特征，掌握财务会计基本要素特别是资产、负债、收入、费用的概念与特征，掌握权责发生制的会计基础，掌握会计计量属性及其选择，了解最新财务报告概念框架的发展。

引导案例

近些年来，随着大数据、人工智能、移动互联网、云计算、物联网、区块链等新技术的应用和普及，数字化和智能化时代已悄然来临。智能财务、大数据会计等新业态不断涌现，传统的会计行业面临着巨大的冲击，会计行业面临重大变革。

2017年5月，一款叫作"德勤财务机器人"的H5动画引发人们热议，"德勤财务机器人"的诞生吹响了会计行业革命的号角。"德勤财务机器人"可以迅速处理需要耗费大量人力的重复操作，在提升业务处理准确性的同时提高工作效率。它能够在1分钟的时间内，完成人工操作15分钟的作业量，而且能够"24×7"不间断工作。通过会计自动化流程，提高会计数据的质量，并帮助会计部门解放生产力，进而优化企业管理结构，提升企业竞争力。"德勤财务机器人"推出之后，其他几家大型会计师事务所如普华永道、安永、毕马威也相继推出了各自的财务机器人。财务机器人应用和推广不仅有助于提升会计工作质量和效率，促进会计工作转型升级，提高企业管理水平，也将对会计行业和财务人员产生深刻影响。

另外，英国BBC公司发布的一份调研报告对未来365项具体职业被人工智能取代的前景进行了展望，报告认为"电话推销员"被机器人所取代的概率为99%，会计、打字员、保险业务员、银行职员、政府职员、接线员、前台、客服等被机器人所取代的概率在90%以上。

资料来源：https://www.sohu.com/a/142065552_126506。

请思考：

财务机器人是否能够完全取代会计人员？数智时代，传统的财务会计理论是否已经过时了？会计人员如何提升自己的素质和能力才能适应数智时代的要求？

第一节　财务会计概述

一、财务会计的含义

会计是以货币为主要计量单位,通过一系列专门的方法对一个单位经济活动进行反映和监督的管理活动。经济越发展,会计越重要。随着大数据和人工智能技术的发展,业财融合、共享会计、智能会计或智慧会计等新事物层出不穷,会计职业边界不断扩展,会计职能也发生了较大的变化,但会计的重要性非但没有降低,反而有所加强。

财务会计是运用簿记系统等专门的方法,以通用的会计准则为指导,对企业的资金运动进行确认、计量、记录和报告,旨在为投资者、债权人等信息使用者提供会计信息的对外报告会计。财务会计就是传统的企业会计,主要通过填制与审核凭证、登记账簿、计算成本和编制报表等专门方法,着重对企业已经发生的交易和其他经济事项进行反映和控制,并通过定期编制和提供财务报告,向企业外部的信息使用者提供其决策所需的财务信息,同时也为企业内部管理者服务。

二、财务会计的特点

现代企业会计分为财务会计和管理会计。管理会计主要满足内部信息使用者管理决策的需要,故常常被称为对内报告会计。相比于管理会计,财务会计主要特点有以下四个。

(1)服务对象内外并重。财务会计不仅服务于企业内部管理,更侧重于向投资者、债权人、政府部门等企业外部的信息需求方提供财务报告信息。管理会计主要服务于企业内部的管理者,满足内部管理者的决策需要。

(2)信息偏重过去和现在。财务会计主要提供有关企业过去和现在的已经发生的经济活动结果的会计信息,以保障信息的可靠性和相关性。管理会计则主要侧重于规划未来,对企业的重大经营活动做出预测和决策。

(3)受严格的会计规范约束。财务会计工作必须要遵守公认会计原则,并受到统一的会计准则(包括基本会计准则和具体会计准则)的严格约束,以确保提供高质量的会计信息来满足外部各方信息需求。管理会计相对比较灵活,可以遵循相应的管理会计工作指引的要求,但约束力较弱。

(4)工作程序与方法系统稳定。财务会计有一套比较系统、科学、统一、稳定的会计处理程序与方法,如填制凭证、登记账簿、成本计算、财产清查、编制报表等。管理会计的工作程序和方法完全取决于企业内部的特定需求,没有固定的工作程序,方法也灵活多样。

财务会计按照研究内容和研究难度的不同,可以分为初级会计学、中级财务会计和高级财务会计。初级会计学,也称作会计学原理或基础会计,重点阐述会计处理的基本程序;中级财务会计重点阐述财务报表要素的各具体内容的确认原则、计量方法和具体账务处理及财务报表的编制方法；高级财务会计重点阐述租赁、企业合并、合并财务报表等特定领域的基本原理和会计处理。本书定位于中级财务会计，重点以工商企业的一般性业务来阐述资产负债表、利润表各组成内容的会计确认、计量、记录和报告及财务报表的基本理论和基本方法。

三、财务报告目标

企业财务会计需要定期编制并对外报送财务报告，亦称对外报告会计。财务报告目标是指企业编制财务报告、提供会计信息所要达到的目的。财务报告目标是财务会计概念框架的最高层次，决定着财务报告应当向谁提供会计信息、提供什么信息和如何提供信息，集中体现了财务会计活动的宗旨，也引导着财务会计理论和规范的发展。

对于财务报告目标，目前主要有两种观点：一是受托责任观；二是决策有用观。受托责任观认为，财务报告的目标应当反映企业管理层受托责任的履行情况，有助于外部投资者和债权人等评价企业的经营管理责任和资源使用的有效性。决策有用观认为，财务报告的目标是向会计信息的使用者提供与其做出经济决策相关的信息，从而有助于使用者评价企业未来现金流量的金额、时间和不确定性。

我国对财务报告目标的界定，兼顾了决策有用观和受托责任观。我国相关基本准则明确规定：财务报告的目标，是向财务报告使用者提供与企业财务状况、经营成果和现金流量等有关的会计信息，反映企业管理层受托责任的履行情况，有助于财务报告使用者做出经济决策。

向财务报告使用者提供对决策有用的信息是财务报告的基本目标。财务报告使用者主要包括投资者、债权人、政府及有关部门、企业管理者和社会公众等。现代企业制度的重要特征之一是所有权和经营权的分离。我国存在数量巨大的国有企业，其所有权和经营权相分离。为了保障所有者的权益，经营者必须向所有者汇报经营情况，以解除自身的受托责任。强调企业财务报告同时要兼顾受托责任目标，这也是我国的现实国情所决定的。财务报告的决策有用观和受托责任观并不是彼此分离的，而是有机统一的，企业编制财务报告应当实现上述两个目标。

第二节 会计基本假设与会计信息质量要求

一、会计基本假设

会计基本假设，也叫会计基本前提，是对企业会计确认、计量和报告的前提，是对会计工作所处的时间、空间环境等所做的合理界定。会计基本假设包括会计主体、持续经营、会计分期和货币计量。

（一）会计主体

会计主体，是指会计工作为其服务的特定单位或组织，是对会计人员进行核算采取的立场及空间范围的界定。会计主体假设界定了会计工作为之服务的对象，规定了会计核算应采取的特定立场。

会计工作对经济业务的反映和监督并不是漫无边际的，而是应该局限在一个特定的独立或相对独立的单位之内。如果以一个独立核算的企业作为会计主体，则会计所反映和监督的内容必须与该单位的经济利益相关，与该单位经济利益无关的业务和事项不属于其会计核算的范围。

明确会计主体，不仅需要清晰界定什么样的经济事项需要进行会计处理，还需要将企业的经济业务与投资者自身的经济业务及其他会计主体的经济业务严格区分开来。

要注意区分会计主体和法律主体这两个不同的概念。一般来说，法律主体必然是会计主体，但会计主体并不一定是法律主体。法律主体指能够对外独立承担民事责任的经济实体，法律主体因为在经济上是独立的，必然进行会计核算，因此自然是会计主体；不具备法人资格的个人独资企业、合伙企业等，也需要进行会计核算，也是会计主体；企业的分厂、车间，如果出于考核的目的需单独核算，则均可以成为会计主体。另外，就集团公司而言，母公司拥有若干子公司，尽管母子公司是不同的法律主体，但因为母公司对子公司拥有控制权，为全面反映整个企业集团的财务状况、经营成果等信息，有必要将企业集团作为一个会计主体，编制合并财务报表。

（二）持续经营

持续经营，指在可预见的将来，企业将会按当前的规模和状态持续经营下去，不会停业，也不会大规模削减业务。本假设是对会计核算范围的时间界定。企业在持续经营时和在清算期间所采用的会计处理方法一般不同，只有在此假设下，一些会计核算的原则和方法才能够顺利实施，会计信息的质量标准才能够得到保证。

持续经营假设对于会计工作十分重要，它是权责发生制会计赖以建立的基础。只有在持续经营的前提下，企业拥有的资产才能按照既定用途使用，负债才能按照既定的合约条件清偿，才可以采用一系列会计原则和会计方法进行会计处理。若持续经营假设不复存在，则需要采用清算会计方法进行相关处理。

（三）会计分期

会计分期，指将一个企业持续经营的生产经营活动划分为一个个连续的长短相同的期间。这种为了会计核算需要而人为划分的相等时间单位称为会计期间。会计期间分为年度和中期，最基本的会计期间是会计年度，中期指短于一个完整的会计年度的报告期间，如月度、季度、半年度等。

会计分期假设是持续经营假设的延续。为了及时地提供决策所需要的会计信息，为提高经济效益服务，就需要人为地将持续不断的企业的经营活动划分为若干长度相等的会计期间，以分期结算账目和编制财务会计报告，为利益相关者提供所需要的会计信息，更好地为经济管理服务。

明确会计分期假设有很重要的意义，正是由于会计分期，才产生了当期与以前期间、以后期间的差别，才使不同会计主体有了记账的时间标准，进而出现了折旧、摊销等会计处理方法。

（四）货币计量

货币计量，指会计主体在财务会计确认、计量和报告时以货币计量，反映会计主体的生产经营活动。在会计的确认、计量和报告过程中之所以选择以货币为基础进行计量，是由货币本身的属性决定的。作为商品的一般等价物，货币是衡量商品价值的共同尺度，是一种综合性的价值指标，可以在量上进行汇总和比较，能够充分反映企业的生产经营情况。而其他计量单位只能从一个侧面反映企业的生产经营活动，不便于会计计量和经营管理。

货币计量假设隐含了币值稳定的前提。尽管币值受多种宏观因素（如汇率、利率、国际贸易等）的影响，经常处于波动状态，但按照国际惯例，当币值变动不大，或者币值上下波动的幅度不大而且可以相互抵销时，会计处理可以不考虑这一因素影响仍然假设币值稳定。

统一采用货币计量也有不足之处，例如，企业的经营战略、研发能力、市场竞争力等对信息使用者决策至关重要的信息往往难以用货币计量，因此企业就应当在财务报告中补充披露有关的非财务信息。

人们对会计假设的认识并不是一成不变的，而是不断发展变化的，尤其是近些年，会计所依赖的客观环境发生了较大的变化，网络企业、虚拟企业大量出现，人力资源成为企业重要的资产，大数据及人工智能的普及和应用极大地改变了会计工作的形式和内容，使传统的会计假设面临严峻的挑战。

二、会计信息质量要求

会计信息质量要求是对企业财务报告所提供会计信息的基本质量要求，是使财务报告所提供会计信息对投资者等信息使用者有用应具备的基本特征。根据企业会计准则的规定，会计信息质量要求包括可靠性、相关性、可理解性、可比性、实质重于形式、重要性、谨慎性、及时性等八项。

（一）可靠性

可靠性，指企业应当以实际发生的交易或事项为依据进行会计确认、计量和报告，如实反映符合确认和计量要求的各项会计要素及其他相关信息，保证会计信息真实可靠、内容完整。会计信息要有价值，必须以可靠为基础，如果财务报告所提供的会计信息不可靠，就会对投资者等信息使用者的决策产生误导。

为了贯彻可靠性要求，企业应当以实际发生的交易或事项为依据进行确认、计量，将符合会计要素定义及其确认条件的资产、负债、所有者权益、收入费用和利润等如实反映在财务报表中，不得根据虚构的、没有发生的或尚未发生的交易、事项进行确认、计量和报告，以保证会计提供信息的真实可靠；在符合重要性和成本效益原则的前提下，保证会计信息的完整性；保证会计信息是中立的、无偏颇的。

（二）相关性

相关性也叫有用性，指企业提供的会计信息应当与财务会计报告使用者的经济决策需要相关，其有助于财务会计报告使用者对企业过去、现在或未来的情况做出评价、预测。相关性要求会计信息应当具有反馈价值，能够有助于使用者评价企业过去的决策，证实或修正过去的有关预测；还应当具有预测价值，能够有助于使用者预测企业未来的财务状况、经营成果和现金流量。

会计信息质量的相关性要求，需要企业在确认计量和报告会计信息的过程中充分考虑使用者的决策模式和信息需要。但是，相关性是以可靠性为基础的，两者之间并不矛盾，不应将两者对立起来。企业所提供的会计信息应当在可靠的前提下，尽可能做到相关，以满足投资者等财务报告使用者的需要。

（三）可理解性

可理解性，指企业提供的会计信息应当清晰明了，便于财务会计报告使用者理解和使用。可理解性要求企业会计提供的信息和记录信息的程序、方法应当通用，通俗易懂，简单明了。在强调会计信息的可理解性要求的同时，还应假定使用者具备一定的有关企业经营活动和会计知识，且愿意花力气去分析研究这些信息。对于某些复杂的信息，只要其对使用者本身的经济决策相关，企业就应当在财务报告中予以充分披露。

（四）可比性

可比性，指企业提供的会计信息应当具有可比性。会计信息的可比性包括以下两个方面的含义：同一企业不同时期纵向可比，不同企业相同会计期间横向可比。纵向可比指同一企业不同时期发生的相同或者相似的交易或事项，应当采用一致的会计政策，不得随意变更。明确需变更的，应当在附注中说明。横向可比指不同企业同一会计期间发生的相同或者相似的交易或事项，应当采用规定的会计政策，确保会计信息口径一致、相互可比，以使不同企业按照一致的确认、计量和报告要求提供有关会计信息。

（五）实质重于形式

实质重于形式，指企业应当按照交易或事项的经济实质进行会计确认、计量和报告，不应仅以交易或事项的法律形式为依据。其中，实质指交易或事项的经济实质，形式指会计核算依据的法律形式。企业发生的交易或事项在大多数情况下其经济实质和法律形式是一致的，但在有些情况下，交易或事项的外在法律形式却不能反映其经济实质，此时会计核算应超越法律形式，按照交易或事项的经济实质进行核算。例如，企业按销售合同销售商品但又签订了售后回购协议，销售企业通过远期安排而负有回购义务或享有回购权利的，表明在销售时点客户并未取得相关商品控制权，不满足收入确认的各项条件，即使签订了商品销售合同或者已将商品交付给购货方，也不应确认销售收入。

（六）重要性

重要性指企业提供的会计信息应当反映与企业财务状况、经营成果和现金流量等有关的所有重要交易或事项。在合理预期下，财务报告中提供的会计信息的省略或错报会影响投资者等使用者据此做出决策的，该信息就具有重要性。对于那些对企业经济活动或会计信息的使用者相对重要的会计事项，应分别核算、分项反映，力求准确，并在财务报告中做出重点说明；对于次要的经济业务，在不影响会计信息真实性和有用性的前提下可以简化处理、合并反映。一般来说，企业应当根据其所处环境和实际情况，从项目和金额两个方面进行判断，且对各项目重要性的判断标准一经确定，不得随意变更。

（七）谨慎性

谨慎性又称稳健性，指企业对交易或者事项进行会计确认、计量和报告应当保持应有的谨慎，不应高估资产或收益、低估负债或费用。会计信息质量的谨慎性要求，需要企业在发生的经济事项具有不确定性面临职业判断时，保持应有的谨慎，充分估计到各种风险和损失，既不高估资产或收益，也不低估负债或费用。其目的是尽可能减少经营者的风险负担，在一定程度上降低管理层对企业过于乐观的态度所可能导致的风险。例如，要求企业对可能发生的资产减值损失计提资产减值准备、对售出商品可能发生的保修义务确认预计负债等，这些都体现了谨慎性要求的运用。需要注意的是，谨慎性的应用不允许企业设置秘密储备，即故意低估资产或收益或故意高估负债或费用。

（八）及时性

及时性，指企业对于已经发生的交易或事项，应当及时进行会计确认、计量和报告，不得提前或延后。在会计确认、计量和报告的过程中，贯彻及时性要求做到以下三点：第一，及时搜集会计信息，即在经济交易或事项发生后，及时搜集整理各种原始单据或凭证；第二，及时处理会计信息，按照会计准则的规定，及时对经济交易或事项进行确认或计量，并编制财务报告；第三，及时传递会计信息，即按国家规定的有关时限，及时将财务报告传递给使用者，便于其及时使用和决策。

这八个会计信息质量要求或特征中，可靠性、相关性、可理解性、可比性是会计信息的首要质量要求，是企业财务报告所提供会计信息应具备的基本质量特征；实质重于形式、重要性、谨慎性和及时性是会计信息的次要质量要求，是对可靠性、相关性、可理解性和可比性等首要质量要求的补充和完善，尤其是对某些特殊交易或事项进行处理时，需要根据这些质量要求来把握其会计处理原则。另外，相关性与可靠性还存在一定的相互制约，企业需要在相关性和可靠性之间寻求一种平衡，以确保提供高质量的会计信息。

第三节　会计要素及其确认

会计要素是根据交易或事项的经济特征所确定的财务会计对象的基本分类。我国企业会计准则规定，会计要素按性质划分为资产、负债、所有者权益、收入、费用和利润六大要素。其中，资产负债表要素包括资产、负债和所有者权益，侧重于反映企业的财务状况；利润表要素包括收入、费用和利润，侧重于反映企业的经营成果。会计要素的界定和分类可以使财务会计系统更加科学、严密，为投资者等信息使用者提供更加有用的信息。

一、资产

资产指企业过去的交易或事项形成的、由企业拥有或控制的、预期会给企业带来经济利益的资源。这些资源可以具体表现为各种实物形态，如房屋建筑物、机器设备、材料、商品、现金等，也可以不具有实物形态，如土地使用权、版权、属于企业的债权等。

（一）资产的特点

根据资产的定义，资产具有以下特点。

（1）资产是由过去的交易或事项形成的资源。资产应当由过去的交易或事项所形成，过去的交易或事项包括购买、生产、建造行为或其他交易或事项。预期在未来发生的交易或事项不形成资产，例如，企业尽管有购买机器设备的意愿或计划，但只要购买行为尚未发生，该机器设备就不符合资产的定义，不能确认为企业的资产。

（2）资产是由企业拥有或控制的资源。一般来说，一项资源要作为企业的资产予以确认，企业应当拥有该资源的所有权，能够排他地从该资源中获取经济利益，可以按照自己的意愿使用或处置，其他单位或个人未经允许不得擅自使用。但在某些情况下，对于一些特殊方式形成的资产，企业虽然不拥有其所有权，但能够对其进行实质的控制，该资源的预期收益归企业所有、预期风险由企业承担，这样的资源也应当确认为企业的资产。

（3）资产在使用的过程中，预期能够给企业带来经济利益。资产预期能够为企业带来经济利益是资产的重要特征，例如，企业采购的原材料、购置的固定资产等可以用于生产经营过程，形成产品，然后通过出售收回货款等为企业带来经济利益。预期不能带来经济利益的，就不能确认为资产，即使是前期已经确认为资产的项目，若以后不能再为企业带来经济利益，也不能够再确认为资产。

（二）资产的确认

资产是会计要素的核心，是企业赖以生存的基础。负债需要用资产来偿还，所有者权益为资产减去负债后的余额，收入表现为资产的增加或负债的减少，费用是资产的耗费或转化，可以说资产的正确确认是其他会计要素得以确认的基础。

将一项资源确认为资产，除需要符合资产的定义外，还需同时满足以下两个标准。

（1）与该资源有关的经济利益很可能流入企业。资产的确认应与经济利益流入的不确定性程度的判断结合进行。如果编制财务报表时，与资源有关的经济利益很可能流入企业，则应当将其作为资产确认；如果一项支出已经发生，但在本会计期间以及以后的会计期间都不会形成经济利益流入企业，这项支出就不能作为一项资产确认，而只能将其作为费用。

（2）该资源的成本或价值能够可靠地计量。在实务中，企业取得的许多资源都是花费了一定代价的，如企业购买的材料、生产的产品、购置的机器设备、自建的厂房建筑物等，只要其实际购买成本或生产成本能够可靠计量，就可以作为资产确认。对于某些情况下企业取得的没有发生实际成本或实际成本很小的资产，如企业持有的某些衍生金融工具，只要其公允价值能够被可靠计量，就应确认为资产。如果企业持有的某项经济资源的成本或价值不能被准确计量，就不应该将其确认为资产。

二、负债

负债指企业过去的交易或事项形成的、预期会导致经济利益流出企业的现时义务。企业拥有或控制的资产都是从一定的来源渠道获得的，负债则是企业取得资产的一条重要渠道，合法、合理地负债经营可以提高企业的经济效益。

（一）负债的特点

根据负债的定义，负债具有以下特点。

（1）负债是由过去的交易或事项形成的。导致负债形成的交易或事项必须已经发生，例如，企业已经从供应商处赊购物资的应付款，已经从银行等金融机构取得的贷款等。企业做出的未来可能形成义务的承诺、签订的合同等交易或事项等，不形成负债。

（2）负债是企业承担的现时义务。现时义务指企业在现行条件下已承担的义务。这些义务可以是法定义务，也可以是推定义务。法定义务指具有约束力的合同或法律法规规定的义务，通常必须依法执行。推定义务指根据企业多年来的习惯做法、公开的承诺或公开宣布的政策而导致企业将承担的责任，这些责任也使有关各方形成了企业将履行义务、解脱责任的合理预期。例如，企业多年来形成的销售习惯，对已售出商品在3年内提供保修服务，则预期将为售出商品提供的保修服务就属于推定义务，应将其确认为一项预计负债。

（3）负债的偿还会导致经济利益的流出。预期会导致经济利益的流出，指直接或间接导致现金或现金等价物流出企业的潜力。现实义务的履行可以采取多种方式，如直接支付现金、用企业生产的产品抵付、向对方提供劳务等，不论采取哪种方式，均会导致经济利益的流出。

（二）负债的确认

将一项现时义务确认为负债，除符合负债的定义外，还应同时满足以下条件。

（1）与该义务有关的经济利益很可能流出企业。如果有确凿证据表明，与现时义务有关的经济利益很可能流出企业，就应当将其作为负债予以确认；相反，如果企业已经承担了现时义务，但导致经济利益流出企业的可能性已不复存在，就不符合负债确认条件，不应将其作为负债确认。

（2）未来流出的经济利益的金额能够可靠地计量。对于与法定义务有关的经济利益的流出金额，通常可以根据合同或法律规定的金额予以确定，考虑到经济利益流出的金额通常在未来期间，有时未来期间较长，有关金额的计量需考虑货币时间价值等因素的影响；对于与推定义务有关的经济利益流出金额，企业应当根据履行相关义务所需支出的最佳估计数确定，并综合考虑货币时间价值、风险等因素的影响。

三、所有者权益

所有者权益又称股东权益，是所有者对企业资产的剩余要求权，是企业资产中扣除债权人权益后应由所有者享有的部分。通过所有者权益，既可反映所有者投入资本的保值增值情况，又能体现保护债权人权益的理念。

（一）所有者权益的特点

所有者权益具有以下两个基本特征。

（1）所有者权益不能单独计量，而是依赖资产和负债的计量。所有者只对其投资形成的那部分资产具有要求权，对于负债形成的资产则不具有要求权。企业的全部资产扣除负债后的部分叫作净资产，所有者只对这部分净资产有要求权。

（2）所有者权益是所有者享有的剩余权益。根据相关法律规定，在企业同时面临偿债和退还投资者投资的情况时，企业资产应当优先用于偿债，有剩余部分才能用于退还投资者的投资。

所有者权益的来源包括所有者投入的资本、直接计入所有者权益的利得和损失（其他综合收益）、留存收益等。直接计入所有者权益的利得和损失，是指不应当计入当期损益、会导致所有者权益发生增减变动的、与所有者投入资本或者向所有者分配利润无关的利得或者损失。利得是指企业在非日常活动中形成的、会导致所有者权益增加的、与所有者投入资本无关的经济利益的流入。损失是指企业在非日常活动中发生的、会导致所有者权益减少的、与向所有者分配利润无关的经济利益的流出。通常，所有者权益由实收资本（股本）、资本公积、其他综合收益、盈余公积和未分配利润等构成。

（二）所有者权益的确认

所有者权益的确认主要依赖于其他会计要素，尤其是资产和负债的确认；所有者权益金额的确定也主要取决于资产和负债的计量。例如，企业接受投资者投入的经济资源，若该资源符合资产的确认条件，也就相应符合了所有者权益的确认条件；若该资源的价值能够可靠计量，所有者权益的金额也可以被合理确定。

四、收入

收入是指企业在日常活动中形成的、会导致所有者权益增加的、与所有者投入资本无关的经济利益的总流入。企业取得收入，意味着增加了资产或减少了负债，又或二者兼而有之。收入是补偿费用、取得盈利的源泉，是企业经营活动取得的经营成果。

（一）收入的特点

根据收入的定义，收入具有以下特点。

（1）收入是企业在日常活动中形成的。日常活动指企业为完成其经营目标所从事的经常性活动及与之相关的活动。例如，工业企业制造并销售产品、商品流通企业销售商品、咨询公司提供咨询服务、软件企业为客户开发软件、安装公司提供安装服务、租赁公司出租资产等，均属于企业为完成其经营目标所从事的经常性活动，由此产生的经济利益的总流入构成收入。

（2）收入会导致所有者权益的增加。与收入相关的经济利益流入必然带来资产增加或负债减少，又或两者兼而有之。资产增加、负债减少最终会导致所有者权益增加。

（3）收入带来的经济利益流入与所有者投入资本无关。收入往往是由于企业对外销售商品、产品或提供劳务而获取的，会导致经济利益的流入，从而导致资产增加，但该经济利益流入与投资者对企业的资本投入无关。投资者追加投资产生的经济利益流入，应计入所有者权益。

（二）收入的确认

企业应当在履行了合同中的履约义务，即在客户取得相关商品或服务控制权收入时确认为收入。取得相关商品控制权，是指能够主导该商品的使用并从中获得几乎全部的经济利益。当企业与客户之间的合同同时满足下列条件时，企业应当在客户取得相关商品控制权时确认收入：第一，合同各方已批准该合同并承诺将履行各自义务；第二，该合同明确了合同各方与所转让商品或提供劳务（以下简称"转让商品"）相关的权利和义务；第三，该合同有明确的与所转让商品相关的支付条款；第四，该合同具有商业实质，即履行该合同将改变企业未来现金流量的风险、时间分布或金额；第五，企业因向客户转让商品而有权取得的对价很可能收回。

五、费用

费用是指企业在日常活动中发生的、会导致所有者权益减少的、与向所有者分配利润无关的经济利益的总流出。费用是与收入相对应的概念，是企业为取得收入而付出的代价，是企业在生产经营过程中发生的耗费。

（一）费用的特点

根据费用的定义，费用具有以下特征。

（1）费用是企业在日常活动中发生的。这些日常活动的界定与收入定义中涉及的日常活动的界定相一致。因日常活动所产生的费用通常包括销售成本（营业成本）、管理费用等。只有在日常生产经营活动中形成的经济利益的流出叫费用；非日常活动中形成的经济利益的流出只能计入损失，而不能确认为费用。

（2）费用会导致所有者权益的减少。费用的本质是资产的转化形式，是企业资产的耗费，是企业经济利益的流出，而且这种流出会导致所有者权益的减少。不会导致所有者权益减少的经济利益流出不符合费用的定义，不应确认为费用。

（3）费用是与向所有者分配利润无关的经济利益总流出。费用的发生应当会导致经济利益的流出，从而导致资产的减少或负债的增加，其表现形式可以是现金或现金等价物的流出，或者存货、固定资产和无形资产等的流出或者消耗等，但这种经济利益的流出与向所有者分配利润无关。

（二）费用的确认

除了符合定义以外，费用只有在经济利益很可能流出从而导致企业资产减少或负债增加，且经济利益的流出额能够可靠计量时才能予以确认。

费用的确认至少应该满足以下条件：一是与费用相关的经济利益很可能流出企业；二是经济利益流出企业的结果会导致企业资产减少或负债增加；三是经济利益的流出额能够可靠计量。

企业为生产产品、提供劳务等发生的可归属于产品成本、劳务成本等的费用，应当在确认产品销售收入、劳务收入时，将已销售产品、已提供劳务的成本等计入当期损益。企业发生的支出不产生经济利益的，或者即使能够产生经济利益但不符合或不再符合资产确认条件的，应当在发生时确认为费用，计入当期损益。企业发生的交易或事项导致其承担了一项负债而又不确认为一项资产的，应当在发生时确认为费用，计入当期损益。

六、利润

利润指企业在一定会计期间的经营成果。通常情况下，如果企业实现了利润，表明企业的所有者权益会增加，业绩得到了提升；如果企业发生了亏损，表明企业的所有者权益会减少，业绩下滑。所以，利润是反映企业经营成果最直观、最综合和最有说服力的业绩指标，也是企业经营管理中最受关注的指标和评价企业管理层业绩的一项重要指标，是投资者等财务报告使用者进行决策的重要参考。

（一）利润的来源

利润包括收入减去费用后的净额、直接计入当期利润的利得和损失等。

收入减去费用后的净额反映的是企业日常活动的经营业绩，直接计入当期利润的利得和损失反映的是企业非日常活动的业绩。直接计入当期利润的利得和损失，指应当计入当期损益、会导致所有者权益发生增减变动的、与所有者投入资本或向所有者分配利润无关的利得、损失。企业应当特别注意收入和利得、费用和损失之间的区别，以更加全面地反映企业的经营业绩。

（二）利润的确认条件

利润反映的是收入减去费用、利得减去损失后的净额概念，因此，利润的确认主要依赖于收入和费用及利得和损失的确认，其金额的确定也主要取决于收入和费用、直接计入当期利润的利得和损失金额的计量。

第四节　会计基础与会计计量属性

一、会计基础

企业会计的确认、计量和报告应当以权责发生制为基础。权责发生制基础要求：凡是当期已经实现的收入和已经发生或应当负担的费用，无论款项是否收付，都应当作为当期的收入和费用，计入利润表；凡是不属于当期的收入和费用，即使款项已在当期收付，也不应当作为当期的收入和费用。

在实务中，企业交易或事项的发生时间与相关货币收支时间有时并不完全一致。例如：款项已经收到，但销售并未实现；或者款项已经支付，但并不是为本期生产经营活动而发生的。为了更加真实、公允地反映特定会计期间的财务状况和经营成果，企业会计准则明确规定，企业在会计确认、计量和报告中应当以权责发生制为基础。按照权责发生制，对于收入的确认应以实现为原则，判断收入是否实现，主要看相关产品或服务的控制权是否已经转移；对于费用的确认应以发生为原则，判断费用是否发生，主要看与其相关的收入是否已经实现，费用是否应由本期承担。

收付实现制是与权责发生制相对应的一种会计基础，它是以收到或支付的现金作为确认收入和费用等的依据。目前，我国的行政事业单位预算会计通常采用收付实现制，行政事业单位财务会计通常采用权责发生制。

二、会计计量属性

会计核算程序指会计在加工处理数据并形成最终会计信息的过程中所特有的步骤，包括会计确认、会计计量、会计记录和会计报告等四个环节。这四个环节是一个有机的整体，其中，会计确认是基础，会计计量是核心。会计计量，指将符合确认条件的会计要素登记入账并列报于财务报表而确定其金额的过程。会计计量属性指对会计要素进行计量时采用的计量标准的基础，反映的是会计要素金额的确定基础。会计计量属性主要包括历史成本、重置成本、可变现净值、现值和公允价值等。

（一）历史成本

历史成本，就是取得或制造某项财产物资时所实际支付的现金或其他等价物，是取得财产时的实际成本。历史成本计量属性适用于资产与负债，即资产和负债都可以按其历史成本进行计量。在历史成本计量下，资产按照其购置时支付的现金或现金等价物的金额，或者按照购置资产时所付出的对价的公允价值计量。负债按照其因承担现时义务而实际收到的款项或资产的金额，或者承担现时义务的合同金额，又或按照日常活动中为偿还负债预期需要支付的现金、现金等价物的金额计量。

历史成本计量的优点：历史成本是买卖双方在市场上交易的结果，反映当时的市场价格，有原始凭证作依据，具备可验证性；数据易于取得，简便易行；无须经常调整账目，可防止随意改变会计记录，有利于维护会计信息的可靠性。历史成本计量的缺点体现在：当物价波动较大或市场环境发生较大变化时，历史成本就不能真实体现会计主体的财务状况和经营业绩，从而削弱会计信息的有用性，影响当前决策。

（二）重置成本

重置成本，指按照当前市场条件，重新取得同样一项资产所需要支付的现金或现金等价物。重置成本计量属性适用于资产与负债，即资产和负债都可以按其重置成本进行计量。在重置成本计量下，资产是按照企业现在购买相同、相似资产所需支付的现金或现金等价物的金额。对于负债而言，其重置成本则是按照企业现在偿付该项债务所需支付的现金或现金等价物的金额。例如，企业在期末进行财产清查过程中，发现盘盈了一台机器设备，在当前重新购入一台同样全新的设备需要花费 4 000 000 元，设备成新率为 60%，则该设备的重置成本为 2 400 000（4 000 000×60%）元。重置成本主要适用于盘盈资产的定价。

（三）可变现净值

资产的可变现净值是指其正常对外销售所能收到的现金或现金等价物的金额扣减该资产至完工时估计将要发生的成本、估计的销售费用及相关税费后的金额。可变现净值计量属性适用于资产，主要是针对存货而言的，存货期末要按照成本与可变现净值孰低进行计量。例如，某公司 20×1 年 12 月 31 日有一批库存商品，其历史成本为 1 500 000 元，预计未来出售取得的收入为 1 300 000 元，预计发生销售费用及相关税费 100 000 元，则该批商品的可变现净值为 1 200 000（1 300 000-100 000）元。该存货成本高于可变现净值，应按照可变现净值 1 200 000 元计价，同时将两者的差额 300 000 元确认为存货跌价损失。

（四）现值

现值是对未来现金流量以恰当的折现率进行折现后的价值，是考虑货币时间价值等因素的一种计量属性。现值计量属性适用于资产与负债，即资产和负债都可以按其现值进行计量。资产的现值是指预计从其持续使用和最终处置中所产生的未来净现金流入量的折现金额。负债的现值是指预计期限内需要偿还的未来净现金流出量的折现金额。现值计量属性主要适用于非流动资产可收回金额的计量、具有融资性质的商品销售收入计量、具有融资性质的资产购入计量等。

（五）公允价值

公允价值是指市场参与者在计量日的有序交易中，出售一项资产所能收到的金额或转移一项负债所需支付的金额，是一种脱手价格。公允价值计量属性适用于资产与负债。公允价值计量属性主要运用于金融工具的计量、投资性房地产的后续计量，以及债务重组、非货币性交换等业务。

在五种会计计量属性中，历史成本通常反映的是资产或者负债过去的价值，而重置成本、可变现净值、现值及公允价值通常反映的是资产、负债的现时成本或现时价值，是与历史成本相对应的计量属性。当然这种关系也并不是绝对的。例如，资产或负债的历史成本许多就是根据交易时有关资产或者负债的公允价值确定的。又如，在采用估值技术估计相关资产或者负债的公允价值时，公允价值是以现值为基础确定的。公允价值相对于历史成本而言具有很强的时间概念，当前环境下某项资产或负债的历史成本可能是过去环境下该项资产或负债的公允价值，而当前环境下某项资产或负债的公允价值也许就是未来环境下该项资产或负债的历史成本。

按照我国现行会计准则的规定，企业在对资产或负债进行计量时，一般应当采用历史成本，如果需要采用重置成本、可变现净值、现值或公允价值进行计量，应当保证相关金额能够可靠地取得。

扩展阅读1.2

财务报告概念框架（2018）简介

公允价值计量最具有决策相关性，在国际财务报告准则中具有广泛的应用，在我国会计准则中也得到了越来越多的应用。随着科学技术的进步和信息需求的提高，公允价值计量的应用具有不断扩大的趋势。但采用估值技术的公允价值主观性强，可靠性不足，应用条件较为严格，结合我国的现实国情，我国会计准则制定机构对公允价值的应用持谨慎态度，使用公允价值是适度的和有条件的。

思政小贴士

诚实守信是会计行业之魂。"诚信是诚信者的通行证，失信是失信者的墓志铭。"中国现代会计之父潘序伦先生曾指出："立信，乃会计之本；没有信用，也就没有会计"，潘序伦先生把信用比为会计工作的生命线。1928年，潘序伦先生提出"信以立志、信以守身、信以处事、信以待人、毋忘立信、当必有成"的"立信"准则，毅然把会计师业务所和学校更名为"立信会计师事务所"和"立信会计补习学校"，形成了会计师事务、会计教育、会计出版三位一体的"立信会计体系"。市场经济需要会计诚信，立信会计精神是广大会计人员忠诚敬业的座右铭。

思 考 题

1. 什么是财务会计？财务会计有哪些特点？
2. 我国财务报告的目标是什么？
3. 财务会计的基本前提有哪些？
4. 会计信息的质量要求有哪些？
5. 财务会计包括哪些基本要素？
6. 会计计量属性有哪些？如何选择会计计量属性？

案例分析

中国企业会计准则国际趋同的成就

即测即练

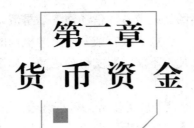

第二章 货币资金

▎学习目标和要求

本章主要内容有货币资金概述、库存现金、银行存款和其他货币资金的核算。要求熟练掌握库存现金和银行存款日常收支业务和清查结果的会计处理;掌握其他货币资金的会计核算;熟悉货币资金的内部控制制度、库存现金管理的有关规定、银行结算方式的类型及相关规定。

▎引导案例

曾经具有千亿市值的大白马上市公司康得新百亿货币资金凭空消失,这一事件发人深思。2019年1月,康得新就爆出了2019年债市第一个"雷"。明明2018年末的账面上还有153.16亿元货币资金,还有42亿元左右的可出售金融资产,却拿不出15亿元来还融资债券。康得新随后承认,未能按期足额偿付本息,已构成实质性违约。2019年4月30日,康得新发布2018年年报。年报显示,账面货币资金153.16亿元,其中122.1亿元存放于北京银行西单支行。但是,公司3名独董和会计师事务所却对122亿元存款真实性提出强烈质疑,原因是公司账上显示122亿元存款,但账户实际余额为0。年报发布的同一天,康得新便收到了深交所的"退市风险警示",当天停牌一天,股票简称由"ST康得新"变更为"*ST康得"。从常理来看,上市公司比较容易在收入、利润、并购商誉、经营活动现金流上动动手脚,但很少在货币资金上造假,因为银行存款很容易查证,几乎没有操作空间。但很快,康得新就刷新了这一认知——122亿元的巨款存在银行里,突然间就不翼而飞凭空消失了!

资料来源:https://caifuhao.eastmoney.com/news/20190510100716214776050。

请思考:

康得新公司账上的122亿元银行存款到底去哪里了呢?请您试着解开"122亿银行存款消失"之谜。

第一节 货币资金概述

一、货币资金的含义

货币资金是指企业持有的处于货币形态的经营资金。它是企业流动性最强的一项资产,可以立即投入流通，用以购买商品或劳务、偿还债务，是流动资产的重要组成部分。货币资金一般包括企业的库存现金、存放于银行或其他金融机构的存款，以及银行本票和银行汇票等具有专门用途的资金。凡是不能立即支付使用的（如银行冻结存款等）一般不能视为货币资金。

按照具体内容不同，货币资金一般可以分为库存现金、银行存款和其他货币资金三类。企业对货币资金核算时，应设置"库存现金""银行存款""其他货币资金"等科目来分别反映各类货币资金的使用情况。其中："库存现金"科目用来核算企业的库存现金，但不包括企业内部周转使用的备用金；"银行存款"科目用来核算企业存入银行或其他金融机构的各种存款；"其他货币资金"科目用来核算企业的外埠存款、银行本票存款、银行汇票存款、存出投资款等。资产负债表日，企业应将库存现金、银行存款和其他货币资金的合计金额列示在资产负债表的"货币资金"项目中。

二、货币资金的管理

货币资金作为企业流动性最强的资产，是企业不可或缺的重要经济资源。货币资金具有高度的流动性，收支活动频繁，用途较广，与企业各部门活动都有联系，因此企业应该加强对货币资金的管理，特别需要重视货币资金的内部控制。

货币资金的内部控制是企业内部控制制度的重要组成部分。企业应根据国家有关规定，并结合企业自身特点和管理要求，建立起规范有效的货币资金内部控制制度。货币资金的管理和控制一般遵循下列原则。

（1）实施岗位责任制，严格职责分工。明确相关部门和岗位的职责权限，确保不相容岗位相互分离、制约和监督。出纳人员不得兼任稽核、会计档案保管和收入费用、债权债务账目的登记工作；企业不得由一人办理货币资金业务的全过程。

（2）严格授权批准制度，实施定期轮岗。明确审批人的授权批准方式、权限、程序、责任和相关控制措施，规定经办人办理货币资金业务的职责范围和工作要求；配备合格人员，并进行定期的岗位轮换，通过岗位轮换，及时发现有关人员的舞弊行为，减少货币资金管理和控制中舞弊产生的可能性。

（3）健全资金支付制度，实行交易分开。企业应当按照规定的程序办理货币资金的支付业务，加强对支付审批和支付复核的控制；将现金支出业务和现金收入业务分开处理，防止发生将现金收入直接用于现金支出的坐支行为。

（4）加强票据印章管理，强化监督检查。明确各种票据的购买、保管、领用、背书转让、注销环节的职责权限和程序，并专设登记簿进行记录，防止空白票据的遗失和被盗用；加强银行预留印鉴的管理，财务专用章应由专人保管，严禁一人保管支付款项所需的全部印章；建立监督检查制度，明确监督检查机构或人员的职责权限，加强对货币资金的监督，及时发现货币资金管理中存在的问题，并及时采取措施加以纠正或完善。

第二节 库存现金

一、库存现金的含义

在会计学中,现金的概念有广义和狭义之分。广义的现金指一切具有购买力的、可以自由流通与转让的交换媒介,包括库存现金、银行存款、银行汇票、银行本票、支票。狭义的现金仅指企业的库存现金,即存放于企业会计部门、由出纳人员保管并用于日常零星开支所需的现钞,包括纸币和硬币等。库存现金是狭义的现金概念。

二、库存现金的管理制度

为了防止现金丢失、被盗及舞弊行为的发生,企业应当严格遵守有关现金管理制度,加强现金收支的日常管理,建立健全现金内部控制制度。根据我国《现金管理暂行条例》的规定,库存现金管理制度主要包括以下内容。

(一)库存现金的使用范围

在经济业务中,企业可以使用现金支付的款项包括:
(1)职工工资、津贴。
(2)个人劳务报酬。
(3)根据国家规定颁发给个人的科学技术、文化艺术、体育等各种奖金。
(4)各种劳保、福利费用及国家规定的对个人的其他支出。
(5)向个人收购农副产品和其他物资的款项。
(6)出差人员必须随身携带的差旅费。
(7)结算起点(1 000元)以下的零星支出。
(8)中国人民银行确定需要支付现金的其他支出。
超出上述现金结算范围的情况,一律不得使用现金支付,需要通过银行办理转账结算。

(二)库存现金限额

库存现金限额是指为了保证企业日常零星开支的需要,允许单位留存现金的最高数额。这一限额由开户银行根据单位的实际需要核定,一般按照单位3~5天日常零星开支的需要确定。边远地区和交通不便地区开户单位的库存现金限额,可按多于5天但不超过15天的日常零星开支的需要确定。经核定后的现金限额,开户单位必须严格遵守,超过部分应于当日终了前存入银行。需要增加或减少现金限额的单位,应向开户银行提出申请,由开户行核定。

(三)现金收支的规定

(1)开户单位收入现金应于当日送存开户银行,当日送存确有困难的,由开户银行确定送存时间。

（2）开户单位支付现金，可以从本单位库存现金中支付或从开户银行提取，不得从本单位的现金收入中直接支付，即不得"坐支"现金。确因特殊情况需要坐支现金的单位，应事先报经有关部门审查批准，并在核定的范围和限额内进行。同时，收支的现金必须入账。

（3）开户单位从开户银行提取现金时，应如实写明提取现金的用途，由本单位财会部门负责人签字盖章，并经开户银行审查批准后予以支付。

（4）因采购地点不确定、交通不便、抢险救灾及其他特殊情况必须使用现金的单位，应向开户银行提出书面申请，由本单位财会部门负责人签字盖章，并经开户银行审查批准后予以支付。

（5）不准用不符合规定的凭证顶替库存现金（即白条顶库），不准谎报用途套取现金，不准用单位收入的现金以个人名义存入储蓄，不准保留账外公款（即公款私存），不得设置"小金库"。

三、库存现金的日常核算

为了总括反映企业库存现金的收入、支出和结存情况，企业应当设置"库存现金"总分类科目，有外币业务的企业还要分别对人民币和外币进行明细核算。该账户借方登记现金的增加、贷方登记现金的减少，期末余额在借方，反映企业实际持有的库存现金的金额。

除了设置库存现金总账进行总分类核算外，企业还应设置库存现金日记账进行明细分类核算。企业应通过库存现金日记账对库存现金进行序时记录，即由出纳人员根据现金的收支业务，在现金日记账中逐日逐笔地记录现金的增减及结存情况。每日营业终了，出纳应计算当日现金收入、现金支出及现金结存额，并与库存现金实存数核对。通过库存现金日记账，可以全面、连续地了解和掌握企业每日库存现金的收支动态和库存余额，为日常分析、检查企业的现金收支活动提供资料。月末，库存现金日记账的余额应当与现金总账的余额核对，做到账账相符。

企业可以建立备用金制度对现金支出进行有效控制。备用金是指企业支付给单位内部各部门或工作人员用作内部周转的日常零星开支的款项，如出租车费、邮电费、差旅费用等。企业使用的备用金，可通过设置"其他应收款——备用金"科目核算。在备用金数额较大或业务较多的企业中，可以单独设置"备用金"科目进行核算。"备用金"科目属于资产类科目，借方登记增加数、贷方登记减少数，余额表示库存的备用金数额，并按照领用单位或个人设明细分类科目核算。

根据备用金的借用和归还方式，备用金的管理制度有两种。

（1）定额备用金制度。所谓定额备用金，指企业对使用备用金的内部各部门或工作人员根据其零星开支的实际需要而核定一个现金数额，并保证其经常维持已核定的数额。定额备用金制度下，部门或工作人员应按核定的定额填写借款凭证，一次性领出全部定额现金，用后凭发票等有关凭证报销，出纳员将报销金额补充原定额，从而保证该部门或工作人员经常保持核定的现金定额。

（2）一次性备用金制度。在该制度下，企业借出的现金一次使用完毕后，即办理结算手续，不可重复使用。

【例2-1】 20×1年7月10日，华泰公司收到某职工退还的企业垫付款20 000元，并于当日将收到的现金全额存入银行。华泰公司需要编制的会计分录如下：

(1) 收到企业垫付款：

借：库存现金 20 000
　　贷：其他应收款 20 000

(2) 将款项存入银行：

借：银行存款 20 000
　　贷：库存现金 20 000

四、现金的清查

为了保证库存现金与账面余额相符，企业应对库存现金进行定期或不定期的清查。如果清查中发现库存现金与账面金额不符，无论是现金短缺或是现金溢余，在未查明原因和未批准处理时，应先通过"待处理财产损溢"科目进行核算；待查明原因，按管理权限报经批准后，分别不同的情况进行处理。

（一）现金短缺

若为现金短缺，一般处理原则如下：

(1) 应由责任人赔偿的部分，计入"其他应收款——应收现金短缺"或"库存现金"等科目。

(2) 应由保险公司理赔的部分，计入"其他应收款——应收保险赔款"等科目。

(3) 属于无法查明原因的部分，根据管理权限，经批准后，计入"管理费用"科目。

（二）现金溢余

若为现金溢余，一般处理原则如下：

(1) 应支付给有关人员或单位的部分，计入"其他应付款——应付现金溢余"科目。

(2) 无法查明原因的，经批准后，计入"营业外收入"科目。

【例2-2】 20×1年5月21日，华泰公司现金清查中，发现现金短缺800元。经过调查，认为库存现金的短缺应由出纳员承担部分责任。经相关领导批准，出纳员应赔偿600元，其余作为管理费用。华泰公司的账务处理如下：

(1) 将现金短缺计入待处理财产损溢：

借：待处理财产损溢——待处理流动财产损溢 800
　　贷：库存现金 800

(2) 根据批准意见，做出相关财务处理：

借：其他应收款——应收现金短缺 600
　　管理费用 200

　　　　贷：待处理财产损溢——待处理流动资产损溢　　　　　　　　　　800

【例2-3】 20×1年7月16日，华泰公司在现金清查中，发现现金溢余900元，经过调查，无法查明原因。经分管领导批准，记作营业外收入。华泰公司的账务处理如下：

（1）将现金溢余计入待处理财产损溢：

　　借：库存现金　　　　　　　　　　　　　　　　　　　　　　　　900
　　　　贷：待处理财产损溢——待处理流动资产损溢　　　　　　　　　　900

（2）根据批准意见，做出相关财务处理：

　　借：待处理财产损溢——待处理流动资产损溢　　　　　　　　　　　900
　　　　贷：营业外收入　　　　　　　　　　　　　　　　　　　　　　900

第三节　银行存款

　　银行存款是指企业存入银行或其他金融机构的各种款项。企业收入的一切款项，除留存限额内的现金之外，都必须送存银行。企业的一切支出除规定可用现金支付之外，都必须遵守银行结算办法的有关规定，通过银行办理转账结算。

一、银行存款的管理

　　企业在银行开立人民币存款户，必须遵守中国人民银行发布的《人民币银行结算账户管理办法》及《人民币银行结算账户管理办法实施细则》的各项规定。一家企业可以根据需要在银行开立四类账户，即基本存款账户、一般存款账户、临时存款账户、专用存款账户。

　　（1）基本存款账户是指企业办理日常转账结算和现金收付需要开立的银行结算账户。一个企业只能在一家银行的一个营业机构开立一个基本存款账户。企业工资和奖金的支付、现金的支取、日常经营活动的资金收付，应通过该账户办理。

　　（2）一般存款账户是存款人因借款或其他结算需要，在基本存款账户开户银行以外的银行营业机构开立的银行结算户。一般存款账户用于办理借款转存、借款归还、其他结算的资金收付及现金的缴存，但是不得办理现金支取。

　　（3）临时存款账户是指企业因临时经营活动的需要而开立的银行结算账户。企业可以通过本账户办理转账结算和根据国家现金管理的规定办理现金收付。临时存款账户的有效期最长不得超过2年，临时经营活动完成后应及时注销。

　　（4）专用存款账户是企业对其特定用途资金进行专项管理和使用而开立的银行结算账户。例如，上市公司取得的募投资金，应在专项存款户中存储，按照规定用途进行使用。但专用存款户不得办理现金收付业务。

　　银行必须遵守"恪守信用，履约付款；谁的钱进谁的账，由谁支配；银行不垫款"的支付结算原则。

企业办理转账结算，账户内必须有足够的资金保证支付，必须以合法、有效的票据和结算凭证为依据。企业不准签发没有资金保证的票据或远期支票套取银行信用；不准签发、取得和转让没有真实交易和债权债务的票据套取银行及他人资金；不准无理由拒付款项而任意占用他人资金；不准违反规定开立和使用账户。企业应根据业务特点，采用恰当的结算方式办理各种结算业务。

二、银行结算方式

在我国，企业之间可以采用银行汇票、银行本票、支票、商业汇票、信用卡、汇兑、托收承付、委托收款和信用证等结算方式办理货币资金收付业务。在办理各项结算业务时，企业应按照《支付结算办法》和《中华人民共和国票据法》等的有关规定执行。

（一）银行汇票

银行汇票是由出票银行签发的，由其在见票时按照实际结算金额无条件支付给收款人或持票人的票据。银行汇票的出票银行为银行汇票的付款人。银行汇票一律记名，提示付款期限为自出票日起1个月。单位和个人款项的结算，均可使用银行汇票。银行汇票可以用于转账，填明"现金"字样的银行汇票也可以用于支取现金。收款人可以将银行汇票背书转让给被背书人。

（二）银行本票

银行本票是指银行签发的，承诺在见票时无条件支付确定的金额给收款人或持票人的票据。申请人将款项交存银行，由银行签发凭证以办理转账或提取现金。银行本票分为定额和不定额两种。银行本票一律记名，可以背书转让，提示付款期限自出票日起最长不超过2个月，逾期本票银行不予办理。单位和个人在同一票据交换区域需要支付的各种款项，均可使用银行本票。银行本票可以用于转账，注明"现金"字样的银行本票可以用于支取现金。

（三）支票

支票是出票人签发的，委托办理支票存款业务的银行在见票时无条件支付确定的金额给收款人或持票人的票据。支票分为现金支票、转账支票、普通支票。支票上印有"现金"字样的为现金支票，只能用于支取现金。支票上印有"转账"字样的为转账支票，只能用于转账。支票上未印有"现金"或"转账"字样的为普通支票，既可以用于支取现金，也可用于转账。支票一律记名，适用于单位和个人在同一票据交换区域的各种款项的结算。支票的提示付款期限为自出票日起10日。

（四）商业汇票

商业汇票是指由出票人签发的，委托付款人在指定日期无条件支付确定的金额给收款人或持票人的票据。商业汇票的付款期限可由双方自行约定，但最长不得超过6个月。商业汇票的提示付款期限为自汇票到期日起 10 日。商业汇票适用于同城或异地结算，一律记名，可以背书转让、贴现。

商业汇票分为商业承兑汇票和银行承兑汇票两种。商业承兑汇票是由收款人签发、经承兑人承兑，或由付款人签发并承兑的票据。商业承兑汇票是由银行以外的付款人承兑，属于商业信用范畴。若票据到期，付款人的银行账户存款不足以支付时，银行将票据退回收款人，由双方协商解决。银行承兑汇票是由在承兑银行开立存款账户的存款人（付款人）签发，经银行审查同意承兑的票据，属于银行信用。若票据到期，承兑申请人未能足额交付票款时，承兑银行应无条件支付票款，对承兑申请人执行扣款，并对尚未扣回的承兑金额计算收取罚息。

（五）信用卡

信用卡是指商业银行向个人和单位发行的，可以向特约单位购物、消费和向银行存取现金，且具有消费信用的特制载体卡片。信用卡按使用对象分为单位卡和个人卡；按信用等级分为金卡和普通卡。利用单位卡结算的金额不得高于 100 000 元。信用卡透支金额有明确的规定，不得恶意透支。信用卡透支期限最长为 60 日。

（六）汇兑

汇兑是指汇款人委托银行将其款项支付给收款人的结算方式。单位和个人的各种款项的结算，均可以使用汇兑结算方式。汇兑分为信汇和电汇，由汇款人选择使用。

（七）托收承付

托收承付是指根据购销合同，由收款单位发货后委托银行向异地付款人收取款项，由付款人向银行承认付款的结算方式。根据银行结算办法的规定，使用托收承付结算方式的收款单位和付款单位必须是国有企业、供销合作社及经营管理较好并经开户银行审查同意的城乡集体所有制工业企业。采用托收承付结算方式时，双方必须签有符合《中华人民共和国合同法》的购销合同，并在合同上注明用托收承付结算方式。销货企业按照购销合同发货后，填写托收承付凭证，盖章后连同发运证件和交易单证送交开户银行办理托收手续。办理托收承付的款项，必须是商品交易及因商品交易而产生的劳务供应的款项，不得用于代销、寄销、赊销商品的款项。付款单位承付货款的方式分为验单付款（3 日）和验货付款（10 日）两种。

（八）委托收款

委托收款是指收款人委托银行向付款人收取款项的结算方式。收款人将已承兑商业汇票、债券、存单等付款人的债务证明送交开户银行办理委托收款手续，收款人开户银行受理后，将有关凭证寄交付款单位开户行并由其审核后通知付款单位付款的一种结算方式。委托收款在同城和异地均可使用。

（九）信用证

信用证是一种由银行依照客户的要求和指示开立的有条件承诺付款的书面文件。信用证分为国际信用证和国内信用证。国际信用证用于进出口贸易，是进口方银行应进口方要求，向出口方开立，以受益人按规定提供单据和汇票为前提的、支付一定金额的书面承诺。国内信用证主要服务于国内企事业单位之间的货物贸易和服务贸易，是依照申请人的申请开立的、对相符交单予以付款的承诺。企业向银行申请开立信用证，应按规定向银行提交开证申请书、信用证申请人承诺书和购销合同。

此外，随着互联网的兴起，银行结算出现了一种新的方式——网上银行。网上银行是一种以信息技术和互联网技术为依托，通过互联网平台向用户开展和提供开户、销户、查询、对账、转账、信贷、网上证券、投资理财等各种金融服务的新型银行机构与服务形式，可以为用户提供便捷、实时的金融服务。网上银行支付是指在银联在线支付平台通过输入用户名和密码的方式登录到网络银行，并完成支付的方式。

三、银行存款的核算

为了反映银行存款的收支和结存情况，企业应设置"银行存款"科目，并根据企业在银行开设的各种账户设置明细科目。企业还必须设置银行存款日记账，根据银行存款的收支业务逐日逐笔地记录银行存款的收付，并随时结出余额。银行存款日记账由出纳人员根据收付款凭证进行登记，定期与银行存款总账核对。月末，银行存款日记账应与银行对账单进行核对。

【例2-4】华泰公司20×1年7月发生了如下与银行存款有关的业务：7月6日，用银行存款支付材料款6 000元，增值税额为780元，原材料已验收入库；7月12日，销售一批商品给M公司，价款为20 000元，增值税为2 600元，销售当日收到货款及税金；7月15日，从基本存款账户提取现金15 000元，用于日常周转使用。

根据上述业务，华泰公司的账务处理如下：

（1）购买原材料：

借：原材料　　　　　　　　　　　　　　　　　　　　　　　　6 000
　　应交税费——应交增值税（进项税额）　　　　　　　　　　780
　　贷：银行存款　　　　　　　　　　　　　　　　　　　　　6 780

（2）销售商品：

借：银行存款　　　　　　　　　　　　　　　　　　　　　　　22 600
　　贷：主营业务收入　　　　　　　　　　　　　　　　　　　20 000
　　　　应交税费——应交增值税（销项税额）　　　　　　　　2 600

（3）提取现金：

借：库存现金　　　　　　　　　　　　　　　　　　　　　　　15 000
　　贷：银行存款　　　　　　　　　　　　　　　　　　　　　15 000

四、银行存款的核对

为了防止记账差错,掌握银行存款实有数,企业应至少每月将银行存款日记账与银行对账单核对一次。企业进行账单核对时,应将银行存款日记账的收入、支出和结余的记录与银行对账单逐笔核对。如果两者余额不符,可能有以下两个原因:一是记账错漏;二是出现"未达账项"。所谓未达账项,指企业与银行之间对于同一笔业务,因记账时间的不同而发生的一方已经入账,另一方尚未入账的款项。

未达账项有以下四种情况:

(1)企业已经收款入账,而银行尚未入账的事项;

(2)企业已经付款入账,而银行尚未入账的事项;

(3)银行已经收款入账,而企业尚未入账的事项;

(4)银行已经支付入账,而企业尚未入账的事项。

在将银行对账单与银行存款日记账记录核对时,如有不符事项,必须查明原因,进行相关处理。确属未达账项的,应督促有关人员办理结算手续或记账手续;属于记账错漏的,应予以及时更正。为了便于核对,企业应编制"银行存款余额调节表"。如没有记账错漏,调节后的双方余额应相等。

编制银行存款余额调节表,一般采用"补记式"余额调节法,所采用的计算公式如下:

银行存款日记账余额 + 银行已收企业未收款项 − 银行已付企业未付款项 =
银行对账单余额 + 企业已收银行未收款项 − 企业已付银行未付款项

【例2-5】20×1年7月31日,华泰公司银行存款日记账的余额为48 000元,而银行对账单上的存款余额为52 600元,经逐笔核对后,发现有以下未达账项:

(1)企业7月31日存入转账支票6 850元,银行尚未入账。

(2)企业7月31日开出一张转账支票8 250元,由于持票人尚未到银行办理转账手续,故银行尚未记账。

(3)委托银行代收货款5 300元,7月31日银行已经收到登记入账,由于未接到收账通知,故企业尚未入账。

(4)自来水公司委托银行代收企业应付水费2 100元,7月31日银行已从企业存款中代付,由于未接到付款通知,故企业尚未入账。

根据【例2-5】,该企业20×1年7月31日编制的"银行存款余额调节表"如表2-1所示。

表2-1 银行存款余额调节表

20×1年7月31日 单位:元

项 目	金 额	项 目	金 额
企业银行存款日记账余额	48 000	银行存款对账单余额	52 600
加:银行已收,企业未收	5 300	加:企业已收,银行未收	6 850
减:银行已付,企业未付	2 100	减:企业已付,银行未付	8 250
调节后余额	51 200	调节后余额	51 200

经调节后，如果余额仍不相符，则是企业或银行记账错漏，应查明原因，进行错账更正。值得注意的是，经过上述调整后的余额调节表的余额，反映的是该期末企业银行存款的实际余额。但是，企业并不能将该余额作为调整银行存款账面余额的记账依据。对于银行已经入账而企业尚未入账的未达账项，要等到结算凭证到达企业后才能进行账务处理。

第四节　其他货币资金

一、其他货币资金的含义

其他货币资金，是指企业除库存现金、银行存款以外的其他各种货币资金。其他货币资金主要包括银行汇票存款、银行本票存款、信用卡存款、信用证保证金存款、外埠存款、存出投资款等。

银行汇票存款，是指企业为取得银行汇票按照规定存入银行的款项。银行本票存款，是指企业为取得银行本票按照规定存入银行的款项。信用卡存款，是指企业为取得信用卡按照规定存入银行的款项。信用证保证金存款，是指采用信用证结算方式的企业为开具信用证而存入银行信用证保证金专户的款项。外埠存款，是指企业到外地进行临时或零星采购时，汇往采购地银行开立采购专户的款项。存出投资款，是指企业已存入证券公司但尚未进行短期有价证券投资的款项。

二、其他货币资金的会计核算

为了反映和监督其他货币资金的收支和结存情况，企业应当设置"其他货币资金"账户。该账户借方登记其他货币资金的增加数，贷方登记其他货币资金的减少数，期末余额在借方，反映期末企业实际持有的其他货币资金。本科目应按其他货币资金的种类设置明细科目。

企业存出其他货币资金时，应借记"其他货币资金"科目，贷记"银行存款"等科目；企业支付其他货币资金时，应借记有关科目，贷记"其他货币资金"科目；剩余的其他货币资金转回时，应借记"银行存款"等科目，贷记"其他货币资金"科目。

（一）银行汇票存款

企业办理银行汇票，需要将款项交存开户银行。对于逾期尚未办理结算的银行汇票，应按照规定及时转回，未用的汇票存款也应及时办理退款。

【例2-6】甲公司为增值税一般纳税人，到外地采购原材料，向开户银行申请开具银行汇票。根据有关业务，编制会计分录如下：

（1）向银行提出"银行汇票申请书"，并交存款项100 000元，取得银行开具的银行汇票：

借：其他货币资金——银行汇票存款　　　　　　　　　　　　100 000
　　贷：银行存款　　　　　　　　　　　　　　　　　　　　　100 000

（2）企业用银行签发的银行汇票支付采购材料货款80 000元和应交增值税10 400元，材料已验收入库：

借：原材料　　　　　　　　　　　　　　　　　　　　　　　 80 000
　　应交税费——应交增值税（进项税额）　　　　　　　　　　10 400
　　贷：其他货币资金——银行汇票存款　　　　　　　　　　　 90 400

（3）收到银行退回的多余款收账通知：

借：银行存款　　　　　　　　　　　　　　　　　　　　　　　 9 600
　　贷：其他货币资金——银行汇票存款　　　　　　　　　　　 9 600

（二）银行本票存款

企业办理银行本票，需要将款项交存开户银行。本票存款实行全额结算，本票存款额与结算金额的差异需通过支票或其他方式结清。对于逾期尚未办理结算的银行汇票，应按照规定及时转回。银行本票的账务处理与银行汇票基本相同。

（三）外埠存款

企业到外地采购，可开立临时采购账户。临时采购账户一般采用半封闭式管理的办法，即只付不收，付完为止。除采购人员差旅费可以支取少量现金外，其他支出一律转账支付。

【例2-7】 乙公司为增值税一般纳税人，因经营活动需要，在外地开设采购专户。根据有关业务，编制会计分录如下：

（1）委托其开户银行向外地某银行汇出80 000元，建立采购专户：

借：其他货币资金——外埠存款　　　　　　　　　　　　　　 80 000
　　贷：银行存款　　　　　　　　　　　　　　　　　　　　　 80 000

（2）采购人员在外地采购商品，支付不含增值税的商品价款70 000元，增值税税额9 100元，该批商品已经验收入库：

借：库存商品　　　　　　　　　　　　　　　　　　　　　　　70 000
　　应交税费——应交增值税（进项税额）　　　　　　　　　　 9 100
　　贷：其他货币资金——外埠存款　　　　　　　　　　　　　 79 100

（3）外埠采购结束，将多余的外埠存款转回：

借：银行存款　　　　　　　　　　　　　　　　　　　　　　　　 900
　　贷：其他货币资金——外埠存款　　　　　　　　　　　　　　 900

（四）存出投资款

企业为进行短期的证券投资，可将资金存入证券公司的账户。其核算主要包括向证券公司划出资金和实际使用资金购买证券。

【例 2-8】 丙公司拟利用闲置资金进行证券投资,在某证券公司开立账户,以便购买股票、基金、债券等。根据有关业务,编制会计分录如下:

(1) 存入投资款 1 000 000 元:

借:其他货币资金——存出投资款　　　　　　　　　1 000 000
　　贷:银行存款　　　　　　　　　　　　　　　　　　1 000 000

(2) 购入某公司股票,支付价款 300 000 元,不考虑相关交易费用和税金,企业将其划分为交易性金融资产进行会计核算:

借:交易性金融资产　　　　　　　　　　　　　　　　300 000
　　贷:其他货币资金——存出投资款　　　　　　　　　　300 000

案例探讨

出纳挪用公款被判刑

受网上理财平台高息诱惑,广西壮族自治区田林县某国有控股企业原出纳员谭某文利用公司管理漏洞、借职务之便,在一年多内,把 2 000 余万元公款挪为己用。2022 年,田林县人民法院对这起挪用公款罪案进行了公开开庭审理,被告人谭某文涉嫌挪用公款罪,被判处有期徒刑 10 年。经审理查明,2018 年 9 月底,谭某文在网上经他人推荐投资购买一款声称可以赚钱的"福利彩票",并四处借钱、贷款进行投资,但是越亏越多。由于无力偿还借款,也为了继续投资购买"彩票",谭某文利用职务的便利及单位财务 U 盾管理的漏洞,于 2019 年 6 月开始,先后多次挪用公司资金用于购买"彩票"、偿还贷款和个人生活开支,并伪造银行对账单掩盖其挪用公款的事实。截至 2020 年 9 月,谭某文挪出公款共计 2 063 270 元,其中挪用 18 896 600 元用于在网络上购买"彩票",挪用 1 576 000 元用于个人开支,挪出但未使用后转回公司账户共计 160 040 元。2020 年 10 月 14 日,被告人谭某文主动到田林县监察委投案。

请思考:

为什么谭某文能够挪用公款长达一年之久而未被发现?企业该如何加强货币资金的管理?

思 考 题

1. 货币资金主要包括哪些内容?
2. 货币资金内部控制制度的基本要求有哪些?
3. 银行结算方式主要有哪些?
4. 什么是未达账项?如何编制银行存款余额调节表?
5. 其他货币资金主要包括哪些内容?

练 习 题

1. 20×1年6月30日，甲公司现金清查中，发现现金短缺600元。经过调查，库存现金的短缺应由出纳员承担部分责任，出纳员应赔偿400元。20×1年12月31日，甲公司在现金清查中，发现现金溢余550元，无法查明原因。经有关领导批准，进行了相应处理。

要求：请对上述业务进行相关的账务处理。

2. 乙公司为增值税一般纳税人，到外地采购原材料，3月1日向开户银行申请开具银行汇票，并交存款项150 000元，取得银行开具的银行汇票。3月16日用银行汇票支付采购材料货款130 000元、应交增值税16 900元，材料已验收入库。3月30日收到银行退回的多余款收账通知。

要求：请对上述业务进行相关的账务处理。

第三章 存货

学习目标和要求

本章内容包括存货的含义及分类、存货取得的核算、存货发出的核算、存货期末计价和存货清查。要求掌握存货的含义及分类,掌握存货取得的账务处理,理解存货发出的计价方法及其后果,掌握存货期末计价与跌价准备的计提,熟悉存货清查结果的账务处理。

引导案例

"獐子岛"多次上演"扇贝跑路"大戏,引发社会广泛关注。獐子岛是以一家海珍品种业、海水养殖、海洋食品为主业的上市公司。獐子岛通过养殖并销售扇贝,构成其收入的主要来源。2014年10月,獐子岛发布公告称,因北黄海遭到几十年一遇的异常冷水团,公司在2011年和部分2012年播撒的100多万亩即将进入收获期的虾夷扇贝绝收。受此影响,獐子岛2014年亏损11.89亿元。当时,"扇贝跑路"一事一度震惊整个A股市场。2018年1月,獐子岛再次发生"扇贝跑路"事件。彼时,獐子岛发布公告称,由于2017年降水减少导致扇贝的饵料生物数量下降,养殖规模的大幅扩张更加剧了饵料短缺,再加上海水温度的异常,最后诱发大量扇贝饿死。獐子岛原预计2017年业绩为盈利0.9亿~1.1亿元,最终变为亏损7.23亿元。然而,继"集体跑路、高温饿死"之后,"命途多舛"的獐子岛扇贝在2019年11月再度"离奇"死亡。獐子岛辩称,底播虾夷扇贝大量死亡,是海水温度变化、海域贝类养殖规模及密度过大、饵料生物缺乏、扇贝苗种退化、海底生态环境破坏、病害滋生等多方面因素综合作用的结果。受此影响,獐子岛经营业绩再次出现较大额度亏损,全年亏损近4亿元。

资料来源:https://baijiahao.baidu.com/s?id=1722567101354418284&wfr=spider&for=pc。

请思考:

獐子岛为什么频频上演"扇贝跑路"的戏码,导致公司业绩频繁"变脸"?真相到底如何?

第一节 存货概述

一、存货的概念及特征

存货是指企业在日常活动中持有以备出售的产成品或商品、处在生产过程中的在产品、在生产过程或提供劳务过程中耗用的材料、物料等。

存货主要具有如下特征。

（1）具有一定的实物形态。存货包括原材料、在产品、产成品及商品和周转材料等，都具有实物形态。存货的这一特征，使其区别于商标权、专利权等无形资产。

（2）具有较强的流动性。存货通常会在1年或超过1年的一个经营周期内被销售或耗用，具有较强的变现能力。存货的这一特征，使其区别于其他虽具有实物形态，但变现速度较慢、流动性较弱的资产，如固定资产和在建工程等。

（3）持有目的是在生产经营过程中销售或耗用。例如，企业持有的产成品、商品和准备直接出售的半成品是为出售而持有的，材料和物资是为生产耗用而持有的。

（4）属于非货币性资产，存在价值减损的可能性。由于存货的价值易受市场价格及其他因素变动的影响，因此其能够转换为货币资金的数额是不固定的，具有较大的不确定性，有可能发生存货跌价损失。

二、存货的分类

存货的种类繁多，不同类别存货的核算和管理要求各不相同。为了加强对存货的管理，正确进行存货业务的会计核算，必须对其进行合理的分类。

（一）存货按经济用途分类

存货按经济用途可以分类为原材料、在产品、半成品、库存商品和周转材料等。

1. 原材料

原材料是指企业在生产过程中经加工改变其形态或性质并构成产品主要实体的各种原料及主要材料、辅助材料、外购半成品（外购件）、修理用备件（备品备件）、包装材料、燃料等。为建造固定资产等各项工程而储备的各种材料，不符合存货的定义，因此不能作为企业的存货进行核算。原材料的基本特征是企业取得后未进行再次加工。

2. 在产品

在产品是指企业正在制造尚未完工的产品，包括正在各个生产工序加工的产品和已加工完毕但尚未检验或已检验但尚未办理入库手续的产品。

3. 半成品

半成品是指经过一定生产过程并已检验合格交付半成品仓库保管，但尚未制造完工成为产成品，仍需进一步加工的中间产品。

4. 库存商品

库存商品是指企业存放在仓库准备出售的商品，包括工业企业的产成品和商品流通企业的商品。产成品指工业企业已经完成全部生产过程并验收入库，可以按照合同规定的条件送交订货单位或可以作为商品对外销售的产品。企业接受外来原材料加工制造的代制品和为外单位加工修理的代修品，制造和修理完成验收入库后，应视为同企业的产成品。商品是商品流通企业外购或委托加工完成验收入库用于销售的各种商品。

5. 周转材料

周转材料是指企业能够多次使用但不符合固定资产定义的材料，例如，为了包装本企业商品而储备的各种包装物，各种工具、管理用具、玻璃器皿、劳动保护用品，以及在经营过程中周转使用的容器等低值易耗品和建造承包商的钢模板、木模板、脚手架等。但是，周转材料符合固定资产定义的，应当作为固定资产处理。

（二）存货按存放地点分类

存货按照存放地点，可以分为在库存货、在途物资、在制存货、发出商品和委托加工物资。

1. 在库存货

在库存货是指存放在企业仓库的各项存货。

2. 在途存货

在途存货是指已经取得所有权但尚在运输途中或虽已运抵企业但尚未验收入库的外购材料、外购商品等。

3. 在制存货

在制存货是指在产品。

4. 发出商品

发出商品是指已经发出但尚未确认为销售收入及委托其他单位代销的存货。

5. 委托加工物资

委托加工物资是指委托外单位加工但尚未完工的材料、商品等。

（三）存货按取得方式分类

存货按取得方式，可以分为外购存货、自制存货、委托加工存货、接受投资存货、以债务重组方式取得的存货、盘盈的存货等。

三、存货的确认条件

存货在符合定义的前提下，同时满足下列条件的，才能予以确认。

（1）与该存货有关的经济利益很可能流入企业。企业拥有存货的所有权是存货包含的经济利益很可能流入企业的一个重要标志。在实务中，主要通过判断对该项存货的控制权是否转移到了企业来确定。取得相关商品的控制权，是指能够主导该商品的使用并从中获得几乎全部的经济利益。

（2）存货的成本能够可靠地计量。存货的成本能够可靠地计量必须以取得确凿、可靠的证据为依据，并且具有可验证性。例如，从外部购入的存货需要取得相应的发票等凭证，以确定存货的成本。如果存货成本不能被可靠地计量，则不能确认为存货。

第二节 存货的初始计量

企业取得存货应当按照成本进行计量。企业存货的取得主要通过外购和自制两种途径。根据存货取得的方式不同，存货成本包括采购成本、加工成本和使存货到达目前场所和状态所发生的其他成本。

一、外购存货

（一）科目设置

为了反映原材料的增减变动和结存情况，应设置"原材料""在途物资"等科目。

"原材料"科目用于核算企业库存的各种原材料的实际成本。该科目的借方登记增加原材料的实际成本，贷方登记减少原材料的实际成本，期末借方余额表示库存原材料的实际成本。

"在途物资"科目用于核算企业结算凭证已到、但尚未到达或尚未验收入库存货的实际成本。该科目的借方登记结算凭证已到存货的实际成本，贷方登记已验收入库存货的实际成本，期末借方余额表示结算凭证已到、但尚未验收入库存货的实际成本。"在途物资"科目应按供货单位设置明细科目。

（二）外购存货的成本

企业外购存货主要包括原材料和商品。存货的采购成本，即企业物资从采购到入库前所发生的全部合理支出，包括购买价款、相关税费、运输费、装卸费、保险费及其他可归属于存货采购成本的采购费用。

（1）购买价款是因购货而支付的对价，但不包括按规定可以抵扣的增值税额。其支付的对价一般按照购货发票上注明的货款价格确定。发生现金折扣时，一般也不调整购货价格，而是把获得的现金折扣作为理财收益冲减财务费用。

（2）相关税费，一般是指企业外购货物应计入存货成本的税金及相关费用，如进口关税、资源税及不可抵扣的增值税等。

（3）采购费用，一般是指为使外购存货达到预定可使用状态所支付的除买价及相关税费以外的费用，主要包括：外购存货到达仓库以前发生的仓储费、包装费、运输费、保险费，运输途中的合理损耗？以及入库前的挑选整理费用等。发生这些采购费用时，一般根据这些费用的受益对象，直接计入或选择合理分配标准计入各受益对象。

（三）外购存货的会计处理

企业采购存货，由于采购地点和结算方式的不同，尤其是外埠进货时，结算凭证的取得和存货验收入库的时间可能会不一致，应分别以不同情况进行会计处理。

1. 存货验收入库和货款结算同时进行

此种情况下，企业对存货验收入库的同时，应按发票账单等结算凭证支付货款或开出商业汇票，并按存货的采购成本入账。根据原材料的入账价值，借记"原材料"等科目；根据可以抵扣的增值税额，借记"应交税费——应交增值税（进行税额）"科目；根据全部价款，贷记"银行存款""应付票据"等科目。

【例3-1】甲公司为增值税一般纳税人。20×1年3月7日，购入A材料一批，结算凭证已到，购买价格为80 000元，增税税额为10 400元；另支付运费1 000元，增值税90元；运输保险费150元，增值税9元。材料已验收入库，货款已用银行存款支付。编制相关的会计分录。

材料采购成本 =80 000+1 000+150=81 150（元）

进项税额 =10 400+90+9=10 499（元）

该公司编制会计分录如下：

借：原材料——甲材料　　　　　　　　　　　　　　　　　　81 150
　　应交税费——应交增值税（进项税额）　　　　　　　　　10 499
　　贷：银行存款　　　　　　　　　　　　　　　　　　　　　91 649

2. 货款已结算，但存货尚未入库

此种情况下，企业应在支付货款或开出承兑商业汇票时，按发票账单等结算凭证确定的存货成本入账。企业先把购入存货的成本通过"在途物资"科目核算，待存货到达入库时，再从"在途物资"科目转入"原材料"等科目。

【例3-2】20×1年3月9日，甲公司从外部购入B材料一批，材料价款20 000元，增值税额为2 600元；购进支付运费价款500元，准予抵扣的增值税45元。结算凭证已到，已通过银行支付，但材料尚未到达。3月16日，原材料到达并验收入库。甲公司的账务处理如下：

（1）3月9日，采购原材料：

借：在途物资　　　　　　　　　　　　　　　　　　　　　　20 500
　　应交税费——应交增值税（进项税额）　　　　　　　　　 2 645
　　贷：银行存款　　　　　　　　　　　　　　　　　　　　　23 145

（2）3月16日，材料验收入库：

借：原材料——B材料　　　　　　　　　　　　　　　　　　20 500
　　贷：在途物资　　　　　　　　　　　　　　　　　　　　　20 500

3. 存货已验收入库，货款尚未结算

此种情况下，为了简化会计核算手续，企业在收到存货时可暂不进行会计处理，待结算凭证到达企业后，再按照存货验收入库和货款结算同时进行的情况处理。如果月末发票账单等结算凭证仍未收到，企业应按合同价暂估入账，以保证存货账实相符。暂估入账时，借记"原材料"等科目，贷记"应付账款"科目；下月初编制红字凭证，予以冲回；在结算凭证到达企业时，再按正常情况进行账务处理。

【例3-3】20×1年3月28日，甲公司购入C材料一批，材料到达并已验收入库，但

发票账单未收到。甲公司估计该批材料价值为50 000元。到3月31日，仍未收到发票账单。4月6日，收到发票账单，购买价格为51 000元，增值税税额为6 630元，全部款项为57 630元，已通过银行支付。甲公司的账务处理如下：

（1）3月31日，原材料暂估入账：

借：原材料——C材料　　　　　　　　　　　　　　　　　　　　50 000
　　贷：应付账款——暂估应付账款　　　　　　　　　　　　　　　　50 000

（2）4月1日，红字凭证冲回：

借：原材料——C材料　　　　　　　　　　　　　　　　　　　　50 000
　　贷：应付账款——暂估应付账款　　　　　　　　　　　　　　　　50 000

（3）4月6日收到发票账单：

借：原材料——C材料　　　　　　　　　　　　　　　　　　　　51 000
　　应交税费——应交增值税（进项税额）　　　　　　　　　　　　6 630
　　贷：银行存款　　　　　　　　　　　　　　　　　　　　　　　57 630

4. 预付款采购存货

企业预付款采购存货时，应设置"预付账款"账户，其借方记录预付货款的金额，收到存货时，应贷记存货的价款与增值税的总额。如果预付款多了，则退回多付的预付款；如果预付款不足，则会出现贷方余额，需要补付差额。

5. 现金折扣

现金折扣指销货方为鼓励购货方在规定的期限内尽快付款，而协议许诺给予购货方的一种折扣优惠。现金折扣通常以分数形式反映，如2/10（说明10天内付款可得到2%的折扣）、1/20等。当赊购存货附有现金折扣条件时，应采用总价法进行会计处理，即企业按照不调整现金折扣的购货价格入账。如果购货方在现金折扣期限内付款，获得的现金折扣作为一项理财收益冲减财务费用。购货方享受的现金折扣金额，由双方协商确定计算基数，通常以不含增值税的销售额为基数进行计算。

【例3-4】甲公司赊购一批D材料，进货价格为30 000元，增值税税额3 900元，货款总额为33 900元，付款条件为"1/10、n/30"，且双方约定现金折扣的计算不考虑增值税。根据资料，甲公司的账务处理如下：

（1）购进原材料：

借：原材料——D材料　　　　　　　　　　　　　　　　　　　　30 000
　　应交税费——应交增值税（进项税额）　　　　　　　　　　　　3 900
　　贷：应付账款　　　　　　　　　　　　　　　　　　　　　　　33 900

（2）假定甲公司第10天支付货款。

现金折扣金额＝30 000×1%＝300（元）
实际付款金额＝33 900－300＝33 600（元）

借：应付账款　　　　　　　　　　　　　　　　　　　　　　　　33 900
　　贷：银行存款　　　　　　　　　　　　　　　　　　　　　　　33 600
　　　　财务费用　　　　　　　　　　　　　　　　　　　　　　　　300

(3）假定甲公司第 30 天支付货款，不享受现金折扣，须付全款：

借：应付账款　　　　　　　　　　　　　　　　　　　33 900
　　贷：银行存款　　　　　　　　　　　　　　　　　　　33 900

（四）外购存货发生毁损、短缺的会计处理

企业外购存货的过程中，有时会发生物资毁损、短缺等情况。企业应及时查明原因，区别不同情况进行会计处理。

（1）运输途中的合理损耗，所损耗的金额应计入所购存货的总成本中。这种情况下，存货的总成本不变，但由于验收入库的存货数量减少，会导致单位成本随之增加。

（2）供应单位、外部运输单位的责任等造成的短缺，应由责任人赔偿，不计入存货的采购成本；对于赔偿后尚不能弥补的部分，经批准计入"管理费用"科目。

（3）购进存货过程中发生的非常损失，如因管理不善造成被盗、丢失、霉烂变质的损失（不包括自然灾害造成的损失），应将存货的实际成本与进项税额之和扣除由保险公司及有关责任者赔偿后的净损失计入"营业外支出"科目。

【例 3-5】甲公司购入 E 原材料 200 吨，每吨单价为 500 元，增值税用发票上注明的增值税税额为 13 000 元，支付运费 10 900 元（其中，价款 10 000 元，增值税 900 元），款项已通过银行转账支付，但材料尚在运输途中。待所购材料运达企业后，验收入库的合格品为 180 吨，短缺 20 吨，原因待查。甲公司的账务处理如下：

（1）支付货款和运费时：

借：在途物资　　　　　　　　　　　　　　　　　　　110 000
　　应交税费——应交增值税（进项税额）　　　　　　　13 900
　　贷：银行存款　　　　　　　　　　　　　　　　　　123 900

（2）材料验收入库时：

单位原材料实际成本 = 110 000/200 = 550（元/吨）

单位原材料的进项税额 = 13 900/200 = 69.5（元/吨）

入库原材料的实际成本 = 180 × 550 = 99 000（元）

短缺原材料的实际成本 = 20 × 550 = 11 000（元）

借：原材料——E 材料　　　　　　　　　　　　　　　　99 000
　　待处理财产损溢　　　　　　　　　　　　　　　　　11 000
　　贷：在途物资　　　　　　　　　　　　　　　　　　110 000

（3）查明原因，10 吨短缺系运输部门造成的，运输部门同意赔偿 5 000 元；另外 10 吨短缺是验收入库前失窃被盗造成的，保险公司同意赔偿 4 000 元；赔偿款都尚未收到。

计入管理费用金额 = 10 × 550 − 5 000 = 500（元）

计入营业外支出金额 = 10 × 550 + 10 × 69.5 − 4 000 = 2 195（元）

借：其他应收款——运输部门　　　　　　　　　　　　　5 000
　　　　　　　　——保险公司　　　　　　　　　　　　　4 000
　　管理费用　　　　　　　　　　　　　　　　　　　　　500

营业外支出	2 195
贷：待处理财产损溢	11 000
应交税费——应交增值税（进项税额转出）	695

二、自制存货

企业自制存货的加工成本，指为使得存货达到目前场所和状态，企业所付出的所有成本支出，包括投入的材料成本、人工成本和按照一定方法分配计入的制造费用等。制造费用指企业为生产产品和提供劳务而发生的各项间接费用，包括企业生产部门（如生产车间）管理人员的薪酬、折旧费、办公费、水电费、机物料消耗、劳动保护费、季节性和修理期间的停工损失等。在生产车间只生产一种产品的情况下，企业归集的制造费用可直接计入该产品成本；在生产多种产品的情况下，企业应采用与该制造费用相关的系统合理方法对其进行合理分配。通常采用的方法有生产工人工时比例法、生产工人工资比例法、机器工时比例法、直接成本比例法和按年度计划分配率分配法等。

企业在自制存货的过程中，发生的各项成本支出均归集计入"生产成本"账户，在生产完工、验收入库时，按计算确定的实际成本，再从"生产成本"账户转入"库存商品""原材料""周转材料"等账户。

【例3-6】20×1年8月，甲公司开始投入生产M和N两种产品，其中M产品200件，N产品100件。本月投入原材料300 000元，其中用于M产品148 000元，用于N产品122 000元，用于车间一般性消耗30 000元。月末结算本月人员薪酬，其中M产品直接生产人员薪酬82 000元，N产品直接生产人员薪酬68 000元，车间管理人员薪酬24 000元。本月生产车间计提厂房、设备折旧36 000元。月末，加工的M产品和N产品全部完工，验收入库。

根据资料，甲公司的账务处理如下：

（1）结转原材料成本：

借：生产成本——M产品	148 000
——N产品	122 000
制造费用	30 000
贷：原材料	300 000

（2）结转人工成本：

借：生产成本——M产品	82 000
——N产品	68 000
制造费用	24 000
贷：应付职工薪酬	174 000

（3）计提折旧费用：

借：制造费用	36 000
贷：累计折旧	36 000

（4）分配结转制造费用

本月制造费用由 M 产品和 N 产品共同负担，假定分配标准选择为两种产品的完工数量。

制造费用总额 = 30 000+24 000+36 000 = 90 000（元）
单位产品应负担的制造费用 = 90 000/（200+100）= 300（元/件）
M 产品应负担的制造费用 = 300×200 = 60 000（元）
N 产品应负担的制造费用 = 300×100 = 30 000（元）

借：生产成本——M 产品　　　　　　　　　　　　　　　60 000
　　　　　　——N 产品　　　　　　　　　　　　　　　30 000
　　贷：制造费用　　　　　　　　　　　　　　　　　　90 000

（5）月末产品完工入库。

M 产品总成本 = 148 000+82 000+60 000 = 290 000（元）
M 产品单位成本 = 290 000/200 = 1 450（元）
N 产品总成本 = 122 000+68 000+30 000 = 220 000（元）
N 产品单位成本 = 220 000/100 = 2 200（元）

借：库存商品——M 产品　　　　　　　　　　　　　　290 000
　　　　　　——N 产品　　　　　　　　　　　　　　220 000
　　贷：生产成本——M 产品　　　　　　　　　　　　290 000
　　　　　　　——N 产品　　　　　　　　　　　　220 000

三、委托加工存货

委托加工存货，指由企业提供原材料及主要材料，通过支付加工费，由受托加工单位按合同要求加工成企业所需要的产品或材料等存货。

委托加工业务较多的企业，可单独设置"委托加工物资"科目，并按委托加工合同和受托加工单位设置明细科目。委托加工业务较少且会计核算较简单的情况下，可不单独设置科目，而是通过"库存商品"或"原材料"等科目下设"委托加工"明细科目进行核算。

企业发出原材料委托其他单位加工时，应按照发出原材料的总成本，借记"委托加工物资"科目，贷记"原材料"科目。

企业支付的委托加工物资加工费和运费，应计入委托加工物资的成本。企业支付加工费和运费时，应根据不含增值税的加工费和运费，借记"委托加工物资"科目；根据支付的可抵扣增值税税额，借记"应交税费——应交增值税（进项税额）"科目；根据支付的全部价款，贷记"银行存款"等科目。

企业收回的委托加工物资验收入库时，应根据耗用的原材料和支付的加工费、运费计算收回委托加工物资成本，借记"原材料""库存商品"等科目，贷记"委托加工物资"科目。

【例3-7】甲公司委托乙公司将一批 B 材料加工成 M 产品。4月3日，发出 B 材料，成本为 20 000 元。4月25日，M 产品加工完成，以银行存款支付加工费 6 000 元，增值税税额 780 元；支付往返运费 500 元，增值税税额 45 元；M 产品验收入库。甲公司的账务处理录如下：

（1）发出 B 材料：

借：委托加工物资　　　　　　　　　　　　　　　　　　20 000
　　贷：原材料——B 材料　　　　　　　　　　　　　　　　　20 000

（2）支付加工费和运费：

借：委托加工物资　　　　　　　　　　　　　　　　　　 6 500
　　应交税费——应交增值税（进项税额）　　　　　　　　　825
　　贷：银行存款　　　　　　　　　　　　　　　　　　　　 7 325

（3）M 产品验收入库：

借：库存商品——M 产品　　　　　　　　　　　　　　　26 500
　　贷：委托加工物资　　　　　　　　　　　　　　　　　　26 500

四、投资者投入的存货

投资者投入存货的成本，应当按照投资合同或协议约定的价值来确定，但合同或协议价值不公允的除外。在投资合同或协议约定价值不公允的情况下，按照该项存货的公允价值作为入账价值。投资时，按确定的实际成本借记"原材料"科目，按专用发票上注明的增值税税额借记"应交税费——应交增值税（进项税额）"科目，按其在注册资本中所占有的份额贷记"实收资本"或"股本"科目，按其差额贷记"资本公积"科目。

第三节　存货发出的计量

存货的日常核算方法有两种，即按实际成本计价核算和按计划成本计价核算。

一、实际成本法

按实际成本计价核算，是指在存货的整个核算过程中，始终以存货的实际取得成本作为存货计价的依据。实际工作中，由于存货的品种复杂、收发频繁、单位成本多变等原因，很难保证存货的成本流转与实物流转完全一致。因此，发出存货的计量方法就是按照一个假定的成本流转方式来确定发出存货的成本，而不强求存货的成本流转与实物流转相一致。

（一）发出存货的计价方法

企业应当根据各类存货的实物流转方式、企业管理的要求、存货的性质等实际情况，恰当地选择发出存货成本的计算方法，以合理确定当期发出存货的实际成本。对于性质和用途相似的存货，应当采用相同的成本计算方法确定发出存货的成本。企业可以采用先进先出法、月末一次加权平均法、移动加权平均法和个别计价法等方法，确定发出存货的成本。现行会计准则不允许采用后进先出法确定发出存货的成本。

1. 先进先出法

先进先出法是假定先入库的存货先发出（销售或耗用），并据以对发出存货和期末存货计价的方法。这种方法要求：在收入存货时，按照收货的先后顺序，逐笔登记存货的数量、单价、金额；发出存货时，则依照入库顺序确定发出存货的实际成本。

先进先出法可以随时结转存货发出成本，但工作烦琐。如果存货收发业务较多，且存货单价不稳定时，其工作量较大。在物价持续上升时，期末存货成本接近于市价，而发出成本偏低，会高估企业当期利润和库存存货价值；物价持续下降时，则会低估企业当期利润和库存存货价值。

2. 月末一次加权平均法

月末一次加权平均法，指以当月全部进货数量加上月初存货数量作为权数，去除当月全部进货成本加上月初存货成本，计算出存货的加权平均单位成本，以此为基础计算当月发出存货的成本和期末存货的成本的一种方法。计算公式如下：

$$存货单位成本 = \frac{月初结存存货的实际成本 + 本月收入存货的实际成本}{月初库存存货数量 + 本月收入存货数量}$$

$$本月发出存货的成本 = 本月发出存货的数量 \times 存货单位成本$$

$$月末库存存货成本 = 月初结存存货的实际成本 + 本月收入存货的实际成本 - 本月发出存货的成本$$

采用月末一次加权平均法，只在月末一次性地计算加权平均单价，有利于简化成本计算工作。但由于平时无法从账上提供发出和结存存货的单价及金额，不利于存货成本的日常管理与控制。

3. 移动加权平均法

移动加权平均法，指以每次进货的成本加上原有库存存货的成本，除以每次进货数量与原有库存存货的数量之和，据此计算加权平均单位成本，作为在下次进货前计算各次发出存货成本的依据。计算公式如下：

$$存货单位成本 = \frac{原有库存存货的实际成本 + 本月收入存货的实际成本}{原有库存存货数量 + 本月收入存货数量}$$

$$本次发出存货的成本 = 本次发出存货数量 \times 本次发货前的存货单位成本$$

$$本月月末库存存货成本 = 月初库存存货的实际成本 + 本月收入存货的实际成本 - 本月发出存货的成本$$

采用移动加权平均法能够使企业管理层及时了解存货成本的结存情况，计算出的平均单位成本及发出和结存的存货成本比较客观。但是，由于每次收货都要计算一次平均单位成本，计算工作量较大，收发货较频繁的企业不宜采用此方法。

4. 个别计价法

个别计价法，亦称个别认定法、具体辨认法、分批实际法，其需要逐一辨认各批发出存货和期末存货所属的购进批别或生产批别，分别按其购入或生产时所确定的单位成本计算各批发出存货和期末存货的成本。

个别计价法注重所发出存货具体项目的实物流转与成本流转之间的联系，成本计算准确，符合实际情况，但在存货收发频繁的情况下，工作量较大、实施成本较高。个别计价法适用于一般不能替代使用的存货、为特定项目专门购入或制造的存货，如珠宝、名画等贵重物品。

【例3-8】甲公司3月份Y材料的收发明细表如表3-1所示。分别使用先进先出法、全月一次加权平均法和移动加权平均法，计算发出材料的成本和期末材料的成本。

表3-1 材料收发存明细表

日期	摘要	收入			发出			结存		
		数量/件	单价/（元/件）	金额/元	数量/件	单价/（元/件）	金额/元	数量/件	单价/（元/件）	金额/元
3月1日	期初余额							100	30	3 000
3月8日	购入材料	80	32	2 560						
3月15日	发出材料				120					
3月24日	购入材料	100	28	2 800						
3月28日	发出材料				100					
合计								60		

（1）先进先出法，计算公式为

3月15日发出材料成本 $=30\times100+32\times20=3\ 640$（元）

3月28日发出材料成本 $=32\times60+28\times40=3\ 040$（元）

发出材料总成本 $=3\ 640+3\ 040=6\ 680$（元）

期末库存材料成本 $=28\times60=1\ 680$（元）

（2）全月一次加权平均法，计算公式为

材料加权平均单价 $=\dfrac{3\ 000+2\ 560+2\ 800}{100+80+100}=29.86$（元/件）

发出材料总成本 $=29.86\times220=6\ 569.20$（元）

期末库存材料成本 $=3\ 000+2\ 560+2\ 800-6\ 569.20=1\ 790.80$（元）

（3）移动加权平均法，计算公式为

3月15日发出材料的加权平均单价 $=\dfrac{3\ 000+2\ 560}{100+80}=30.89$（元/件）

3月15日发出材料成本 $=30.89\times120=3\ 706.80$（元）

3月28日发出材料的加权平均单价 $=\dfrac{3\ 000+2\ 560-3\ 706+2\ 800}{100+80-120+100}=29.08$（元/件）

3月28日发出材料成本 $=29.08\times100=2\ 908$（元）

发出材料总成本 $=3\ 706.80+2\ 908=6\ 614.80$（元）

期末库存材料成本 =3 000+2 560+2 800-6 614.80=1 745.20（元）

从上述计算结果可以看出，发出存货的计价方法不同，得出的材料成本结果不同。企业可根据实际情况，恰当地选择发出存货成本的计算方法，以合理确定当期发出存货的实际成本。对性质、用途相似的存货，应采用相同的计价方法。

存货计价方法一旦选定，前后各期应当保持一致。一旦企业使用的存货计价方法发生变动，企业应作为会计政策变更，在会计报表附注中予以披露。

（二）发出存货的会计处理

存货是为了满足企业生产经营的各种需要而储存的，其用途各不相同。因此，企业应当根据各类存货的用途及特点，对发出的存货进行会计处理。

企业生产领用原材料，直接用于生产某一种产品的，其成本直接计入生产产品的成本，计入"生产成本"科目；用于车间共同耗用的，其成本计入"制造费用"科目。管理部门领用原材料，其成本计入"管理费用"科目；销售部门领用原材料，其成本计入"销售费用"科目；在建工程领用原材料，其成本计入"在建工程"科目。

企业对外销售库存商品，取得的销售收入作为主营业务收入，发出的库存商品成本计入主营业务成本。对外销售原材料时，取得的销售收入则作为其他业务收入，发出的原材料成本计入其他业务成本。

周转材料，主要为包装物和低值易耗品。企业应在"周转材料"科目下设置"周转材料——包装物"和"周转材料——低值易耗品"两个二级科目。企业应根据周转材料的领用用途进行相应的会计处理。企业生产领用的低值易耗品，其成本可以采用分次摊销法或一次摊销法进行结转。但为加强实物管理，一次摊销的低值易耗品应当在备查簿上进行登记。

【例3-9】20×1年8月份，甲公司汇总发出原材料的总成本为760 000元，其中生产产品领用400 000元，车间管理部门领用180 000元，行政管理部门领用120 000元，销售部门领用60 000元。甲公司进行相关的账务处理如下：

借：生产成本 400 000
　　制造费用 180 000
　　管理费用 120 000
　　销售费用 60 000
　贷：原材料 760 000

二、计划成本法

（一）计划成本法的含义

计划成本法指存货的收入、发出和结存均按事先制定的计划成本计价，并专门设置"材料成本差异"科目反映实际成本与计划成本之间的差异；月末，再通过对存货成本差异的分摊，将发出存货和结存存货的计划成本调整为实际成本。

采用计划成本法核算的前提是对每一品种、规格的存货制定计划成本。计划成本指在正常的市场条件下，企业取得存货应当支付的合理成本，包括采购成本、加工成本和其他成本，其组成内容应当与实际成本完全一致。计划成本一般由会计部门联合采购等部门共同制定，制定的计划成本应尽可能接近实际，以利于发挥计划成本的考核和控制功能。除特殊情况外，计划成本在年度内一般不作调整。这里主要以原材料为例讲解计划成本法。

采用计划成本法对存货进行计价，不仅可以简化存货的收入、发出及结存的日常核算工作，而且能够考核采购部门的工作业绩，从而加强对存货的控制，提高会计信息的时效性。

（二）计划成本法下的账户设置

在计划成本法下，企业一般应设置"原材料""材料采购""材料成本差异"等账户。

"原材料"账户核算企业库存的各种材料，包括原料及主要材料、辅助材料、外购半成品（外购件）、修理用备件（备品备件）、包装材料、燃料等收入、发出和结存的计划成本等。

"材料采购"账户核算材料采购发生的实际成本，借方登记购入存货时发生的实际成本，贷方登记材料入库时购入存货的计划成本，并将计算的实际成本与计划成本的差额转入"材料成本差异"账户。

"材料成本差异"账户用来登记材料实际成本与计划成本之间的差异，属于资产类账户。取得材料存货并形成差异时，实际成本高于计划成本的超支差异，在该账户的借方登记，实际成本低于计划成本的节约差异，在该账户的贷方登记；发出存货并分摊差异时，超支差异从该科目的贷方用蓝字转出，根据会计惯例节约差异从该科目的贷方用红字转出。"材料成本差异"账户是"原材料"的调整账户，是一种典型的备抵附加账户，根据账户期末余额的方向来判断具体类型。如果余额在借方，反映的是库存材料的超支差异，属于附加账户；如果余额在贷方，反映的是库存材料的节约差异，属于备抵账户。

（三）计划成本法的应用

1. 材料采购与入库的会计处理

采购材料时，按照计算确定的采购成本借记"材料采购"科目，按应予抵扣的进项税额借记"应交税费——应交增值税（进项税额）"科目，按实际付款额贷记"银行存款""库存现金""其他货币资金"等科目。

材料入库时或月份终了，企业根据已经办理结算的入库外购材料的计划成本，借记"原材料"科目，贷记"材料采购"科目。同时，结转入库材料的成本差异。如果是实际成本小于计划成本的节约差额，借记"材料采购"科目，贷记"材料成本差异"科目；反之，如果是实际成本大于计划成本的超支差额，借记"材料成本差异"科目，贷记"材料采购"科目。或者合并做成一笔分录。

【例3-10】甲公司对B材料采用计划成本核算，B材料计划单位成本为300元/kg。20×1年7月，甲公司发生多笔材料采购业务。甲公司相应的账务处理如下：

（1）7月8日采购B材料250kg，材料已验收入库，增值税专用发票上注明的价款为73 000元，增值税进项税额为9 490元，货款已通过银行转账支付：

借：材料采购 73 000
　　应交税费——应交增值税（进项税额） 9 490
　贷：银行存款 82 490

同时，

借：原材料——B材料 75 000
　贷：材料采购 73 000
　　　材料成本差异 2 000

会计实务中，为简化日常的核算手续，平时可以按照计划成本结转材料采购入库，月末统一结转本月入库材料的成本差异。

（2）7月15日从外埠采购B材料140kg，结算凭证到达并办理付款手续，增值税专用发票上注明的价款为42 500元，增值税进项税额为5 525元，货款已通过银行转账支付，材料尚在运输途中：

借：材料采购 42 500
　　应交税费——应交增值税（进项税额） 5 525
　贷：银行存款 48 025

（3）7月21日，收到7月15日从外埠购入的B材料并验收入库：

借：原材料——B材料 42 000
　　材料成本差异 500
　贷：材料采购 42 500

（4）7月28，购入B材料200千克已经验收入库，但发票等结算凭证尚未收到，货款尚未支付。月末时结算凭证仍未到，公司按照该批材料的计划成本暂估入账，下月初再用红字凭证冲回。

本月末：

借：原材料——B材料 60 000
　贷：应付账款 60 000

下月初红字：

借：原材料——B材料 60 000
　贷：应付账款 60 000

2. 发出材料的会计处理

发出材料时，根据领用的部门和具体用途，按发出原材料的计划成本，借记"生产成本""制造费用""管理费用""销售费用""委托加工物资"等科目，贷记"原材料"科目。

【例3-11】甲公司根据本月发料凭证汇总表，共计发出材料380kg，计划成本114 000元。其中：直接用于产品生产260kg，计划成本78 000元；车间一般耗用80kg，计划成本24 000元；管理部门耗用30kg，计划成本9 000元；产品销售方面消耗10kg，计划成本3 000元。甲公司相应账务处理如下：

借：生产成本	78 000
制造费用	24 000
管理费用	9 000
销售费用	3 000
贷：原材料	114 000

3. 月末分摊材料成本差异的会计处理

月份终了，将材料成本差异总额在发出材料和期末库存材料之间分摊，转出发出原材料应负担的材料成本差异。此时，按照发出原材料的计划成本分摊的成本差异额，借记"生产成本""制造费用""管理费用""销售费用"等科目，贷记"材料成本差异"科目，其中：转出超支差异用蓝字登记，转出节约差异用红字登记。

企业一般应采用当月的成本差异率计算发出材料应负担的成本差异；在月初成本差异率与本月成本差异率相差不大的情况下，也可以采用月初的成本差异率计算。为保持会计方法的一贯性，计算方法一经确定不得随意变更。成本差异率的计算公式为

$$本月材料成本差异率 = \frac{月初结存材料的成本差异 + 本期收入材料的成本差异}{月初结存材料的计划成本 + 本期收入材料的计划成本} \times 100\%$$

$$本月材料成本差异率 = \frac{月初结存材料的成本差异}{月初结存材料的计划成本} \times 100\%$$

发出材料负担的成本差异 = 发出材料的计划成本 × 本月材料成本差异率

月末材料负担的成本差异 = 月初结存材料的成本差异 + 本期收入材料的成本差异 − 发出材料负担的成本差异

需要注意，计算差异率时分子中的成本差异，没有暂估材料对应的材料成本差异，为了使公式中分子与分母口径保持一致，分母中一般也不包括暂估入账材料的计划成本。分摊差异使用的差异率计算方法一经确定，不得随意变更。

【例3-12】承【例3-10】、【例3-11】，甲公司20×1年7月初结存原材料的计划成本为18 000元，原材料的材料成本差异为贷方余额为1 200元。甲公司计算本月材料成本差异率，并分摊材料成本差异的会计处理如下：

$$本月材料成本差异率 = \frac{-1\ 200 - 2\ 000 + 500}{1\ 800 + 75\ 000 + 42\ 000} \times 100\% = -2\%$$

生产成本负担的差异 = 78 000 × (−2%) = −1 560（元）

制造费用负担的差异 = 24 000 × (−2%) = −480（元）

管理费用负担的差异 = 9 000 × (−2%) = −180（元）

销售费用负担的差异 = 3 000 × (−2%) = −60（元）

借：生产成本	1 560
制造费用	480
管理费用	180
销售费用	60

贷：材料成本差异　　　　　　　　　　　　　　　　　　　　　　　　2 280

月末结存 B 材料的实际成本计算如下：

"原材料"账户期末借方余额 =18 000+75 000+42 000+60 000－114 000=81 000（元）

"材料成本差异"账户期末贷方余额 =1 200+2 000－500－2 280=420（元）

月末结存原材料的实际成本 =81 000－420=80 580（元）

假定不考虑原材料的存货跌价准备，月末编制资产负债表时，存货中原材料金额为实际成本 80 580 元。

原材料的日常核算，既可以采用计划成本，也可以采用实际成本，还可以对不同的材料分别采用计划成本或实际成本。具体采用哪种方法，由企业根据具体情况自行决定。一般来说，材料品种繁多的企业，可以采用计划成本进行日常核算；规模较小、材料品种较少、业务简单的企业，一般采用实际成本进行日常核算。企业在选用材料核算方法后，一般不得随意变更，如需变更，应按会计政策变更的原则进行处理。

第四节　存货的期末计量

资产负债表日，存货应当按照成本与可变现净值孰低计量。当存货成本低于可变现净值时，存货按成本计量；当存货成本高于可变现净值时，存货按可变现净值计量，同时按照成本高于可变现净值的差额计提存货跌价准备，计入当期损益（资产减值损失）。

存货期末按照成本与可变现净值孰低计量，符合谨慎性原则的要求，避免了资产虚计、收益虚增的现象，也使存货符合资产的定义。

一、可变现净值的确定

（一）存货的可变现净值

存货可变现净值，指企业在日常活动中，存货的估计售价减去至完工时估计将要发生的成本、估计的销售费用及相关税费后的金额。

准确理解存货可变现净值，应注意以下几个问题。

（1）确定存货可变现净值的前提是企业处于正常的经营活动中。如果企业处于清算过程，则不可按照上述方法确定存货的可变现净值。

（2）存货可变现净值表现为存货的预计未来的净现金流入。可变现净值是一个净值的概念，与存货的售价或合同价格并不一致。

（3）确定可变现净值时需考虑存货的持有目的。为直接出售而持有的存货和为加工制造而持有的存货，其可变现净值的确定方法不同。为直接出售而持有的存货，又要区分有合同约定和没有合同约定的，分别确定其可变现净值。

（二）存货可变现净值的确定方法

1. 直接对外出售的存货

直接对外出售的存货与为生产目的而持有的存货的可变现净值的确定方法有所不同。直接对外出售的存货主要包括产成品、商品和用于出售的材料等。这种类型的存货不需要继续加工，不存在生产环节的继续投入，其可变现净值的计算公式如下：

直接对外出售存货的可变现净值 = 估计售价 - 估计销售费用 - 估计发生的相关税费

在确定存货的估计售价时，应区分有合同约定的存货和无合同约定的存货。对于有合同约定的存货，应以存货的合同价格作为估计售价；对于无合同约定的存货，应以市场销售价格作为估计售价。

2. 为生产目的而持有的存货

为生产目的而持有的存货主要包括企业的原材料、在产品和委托加工材料等。这种类型的存货不能直接出售，还要继续加工，因此需要先采用一定方法将其折算为加工完毕后可直接出售存货的数量，确定出售存货的估计售价，然后再计算确定其可变现净值。其计算公式为：

为生产目的持有存货的可变现净值 = 估计售价 - 估计继续的加工成本 - 估计销售费用 - 估计发生的相关税费

二、存货减值的判断

（一）发生存货减值迹象的判断

存在下列迹象的，通常可判断存货的可变现净值低于成本，存货发生了减值：

（1）市价持续下跌，并且在可预见的未来无回升的希望。

（2）企业使用该项原材料生产的产品的成本大于产品的销售价格。

（3）企业因产品更新换代，原有库存原材料已不适应新产品生产的需要，而该原材料的市场价格又低于其账面价值。

（4）企业所提供的商品或劳务过时或消费者偏好改变而使市场需求发生变化，导致市场价格逐渐下跌。

（5）其他足以证明该项存货实质上已经发生减值的情形。

（二）存货价值为零的判断

当存在以下一项或若干项情况时，表明存货的可变现净值为零，此时应将存货账面价值全额计提存货跌价准备并计入当期损益。这些情况包括：

（1）已霉烂变质的存货。

（2）已过期且无转让价值的存货。

（3）生产中已不再需要并且已无使用价值和转让价值的存货。

（4）其他足以证明已无使用价值和转让价值的存货。

三、计提存货跌价准备的方法

（一）比较的基础

计提存货跌价准备时，可以采用不同的方法对成本与可变现净值进行比较。比较的基础主要有三种：按存货项目比较、按存货类别比较和按全部存货比较，具体比较过程见表 3-2。

表 3-2　成本与可变现净值比较　　　　　　　　　　　　　　　　　　　　单位：元

类别	项目	成本	可变现净值	成本与可变现净值孰低的选择金额		
				按存货项目	按存货类别	按全部存货
甲类商品	A 商品	19 000	18 000	18 000		
	B 商品	22 000	25 000	22 000		
	小计	41 000	43 000	40 000	41 000	
乙类商品	M 商品	37 000	34 000	34 000		
	N 商品	48 000	47 000	47 000		
	小计	85 000	81 000	81 000	81 000	
	合计	126 000	124 000	121 000	122 000	124 000
	计提跌价准备			5 000	4 000	2 000

（1）按存货项目比较。按存货具体项目比较时，A 商品、M 商品和 N 商品的可变现净值低于其成本，说明发生了减值，按可变现净值计价；B 商品的可变现净值高于其成本，说明没有发生减值，按成本计价。按存货项目比较时，应对全部存货计提存货跌价准备 5 000 元。

（2）按存货类别比较。按存货类别比较时，甲类商品成本低于其可变现净值，按成本计价；乙类商品的可变现净值低于其成本，按可变现净值计价。按存货类别比较时，应对全部存货计提存货跌价准备 4 000 元。

（3）按全部存货比较。按全部存货比较时，全部存货的可变现净值低于全部存货的成本，按全部存货的可变现净值计价。这种情况下，应对全部存货计提跌价准备 2 000 元。

从上面的计量结果反映出，按单个存货项目比较计提的存货跌价准备最多，也最谨慎，按照存货类别比较计提的存货跌价准备次之，按全部存货比较计提的存货跌价准备最少，也最粗略。

（二）计提存货跌价准备的具体规定

我国企业会计准则规定，企业通常应当按照单个存货项目计提存货跌价准备。在这种方式下，企业应当将每个存货项目的成本与其可变现净值逐一进行比较，按较低者计价，并将成本高于可变现净值的差额计提存货跌价准备。

对于数量繁多、单价较低的存货，也可以按存货类别计提存货跌价准备。即按存货类别成本的总额与可变现净值的总额进行比较，每个存货类别按照较低者计价，从而确定存货期末价值、计提存货跌价准备。

与在同一地区生产和销售的产品系列相关、具有相同或类似最终用途或目的且难以与其他项目分开计量的存货，也可以合并计提存货跌价准备。

但不论企业根据具体情况使用哪一种方法，原则上应保持各期方法的一致性。

需要注意，资产负债表日同一项存货中一部分有合同约定价格，另一部分不存在合同约定价格的，应将其确定为两个存货项目，分别确定其可变现净值，并与相应的存货成本进行比较，分别确定存货跌价准备，由此计提的存货跌价准备不得相互抵销。

（三）材料存货可变现净值的计量

对于为生产而持有的材料存货（包括原材料、在产品、委托加工材料等）的期末计价，不能只考虑其自身的可变现净值与成本的关系，而应当以其所生产的产成品的可变现净值与成产品的生产成本为判断基础。如果用其生产的产成品的可变现净值不低于产成品的成本，无论其市场价格是否下降，这些材料存货仍应当按照成本计量；如果用其生产的产成品的可变现净值低于产成品的成本，这些材料存货应按可变现净值计量，并按其差额计提存货跌价准备。

四、存货跌价准备计提与转回

为核算存货的减值，企业应设置"存货跌价准备"账户，并可按存货种类设置明细科目。该账户是存货的调整账户，属于资产类账户。

资产负债表日，企业应当首先确定存货的可变现净值。在此基础上，企业应采用合理方法对存货成本与可变现净值进行比较。若存货可变现净值低于存货成本，应将该差额作为存货跌价准备账户的应有余额，并与"存货跌价准备"账户原有的余额进行比较，以确定本期应计提或转回的存货跌价准备金额。计算公式为

本期应计提的存货跌价准备 = 当期可变现净值低于成本的差额 − "存货跌价准备"账户原有余额

具体情况如下：如果计提存货跌价准备前，"存货跌价准备"账户无余额，则应按本期可变现净值低于成本的差额计提存货跌价准备；如果本期存货可变现净值低于成本的差额大于"存货跌价准备"账户原有的贷方余额，则应按两者之差补提存货跌价准备；如果本期存货可变现净值低于成本的差额与"存货跌价准备"账户原有的贷方余额相等，则不需要计提存货跌价准备；如果本期存货可变现净值低于成本的差额小于"存货跌价准备"科目原有的贷方余额，表明存货价值有所回升，应按两者的差额转回已计提的存货跌价准备；如果本期存货可变现净值高于成本，表明存货的价值全部得以恢复，应将计提的存货跌价准备全部予以转回。

需要注意，转回已计提的存货跌价准备需要符合相应的条件。即当以前减记存货价值的影响因素已经消失，而不是当期造成存货可变现净值高于成本的其他因素，企业应在原已计提的存货跌价准备的金额内转回。转回的存货跌价准备与计提该跌价准备的存货项目或类别应当直接对应，转回的金额以该存货跌价准备额为限。

计提存货跌价准备时，借记"资产减值损失——存货跌价准备"科目，贷记"存货跌

价准备"科目;存货跌价准备转回时,做相反会计分录。

【例3-13】甲公司自20×1年开始对存货采用成本与可变现净值孰低法计价。20×1年12月31日,甲公司M商品的账面成本为2 000 000元,由于市场价格下跌,预期可变现净值为1 700 000元;20×2年6月30日,M商品的账面成本仍为2 000 000元,由于市场价格有所上升,预计可变现净值变为1 900 000元;20×2年12月31日,M商品的账面成本仍为2 000 000元,由于市场价格进一步上升,预计可变现净值变为2 100 000元。该公司财务处理如下:

(1)20×1年12月31日,计提存货跌价准备:

借:资产减值损失——存货跌价准备　　　　　　　300 000
　　贷:存货跌价准备——库存商品　　　　　　　　　　　300 000

(2)20×2年6月30日,转回计提的存货跌价准备:

借:存货跌价准备——库存商品　　　　　　　　　200 000
　　贷:资产减值损失——存货跌价准备　　　　　　　　　200 000

(3)20×2年12月31日,转回计提的存货跌价准备:

由于M商品的可变现净值已经超过了其成本,因此应在原先计提的存货跌价准备限额内转回,以"存货跌价准备余额"冲减到0为限,故需要转回存货跌价准备100 000元。

借:存货跌价准备——库存商品　　　　　　　　　100 000
　　贷:资产减值损失——存货跌价准备　　　　　　　　　100 000

五、存货跌价准备的结转

已经计提跌价准备的存货,在销售、生产经营领用或其他原因转出时,转出存货部分所计提的跌价准备也应一并转出,即转出存货以账面价值计量。这种情况下,对于存货按项目计提存货跌价准备的,应当按照转出存货成本占该项存货成本的比例计算分配结转存货跌价准备;对于存货按类别计提存货跌价准备的,应当按照转出存货的成本占未转出前该类存货的成本的比例计算分配结转存货跌价准备。

【例3-14】甲公司20×2年1月生产领用一批B材料,B材料账面余额为18 000元,相应的存货跌价准备为2 000元。甲公司的账务处理如下:

借:生产成本　　　　　　　　　　　　　　　　　16 000
　　存货跌价准备　　　　　　　　　　　　　　　2 000
　　贷:原材料——B材料　　　　　　　　　　　　　　　18 000

【例3-15】甲公司20×2年2月将库存M商品出售,该商品的成本为120 000元,已计提存货跌价准备8 000元。结转商品销售成本时,需同时转出其已计提的存货跌价准备,即将售出商品按账面价值予以转出。甲公司的账务处理如下:

借:主营业务成本　　　　　　　　　　　　　　　112 000
　　存货跌价准备——库存商品　　　　　　　　　8 000
　　贷:库存商品　　　　　　　　　　　　　　　　　　　120 000

第五节 存货清查

一、存货清查的含义与方法

存货清查，指通过对存货的实地盘点，确定存货的实有数量，并与账面结存数核对，从而确定存货实存数与账面结存数是否相符的一种专门方法。

存货的种类繁多、收发频繁，在日常收发过程中有可能发生计量偏差、计算错误、自然损耗等，还可能发生损坏变质及贪污、盗窃等情况，造成账实不符，从而形成存货的盘盈、盘亏或毁损。为了加强对存货的控制，维护存货的安全完整，企业应当定期或不定期对存货的实物进行盘点和抽查，并与账面记录进行核对，确保存货账实相符。企业应至少在每年编制年度财务会计报告之前，对存货进行一次定期全面的清查盘点。

存货的清查应采用实地盘点、账实核对的方法。在进行存货清查盘点后，如果发现存货盘盈或盘亏及毁损，应于期末前查明原因，并根据企业的管理权限，报经股东大会、董事会或经理（厂长）会议等机构批准后，在期末结账前处理完毕。

如果盘盈或盘亏的存货在期末结账前尚未经批准处理，在对外提供财务会计报告时，应先根据预估的结果加以处理，并在会计报表附注中做出说明。如果其后批准处理的金额与已处理的金额不一致，应当作为资产负债表日后事项调整会计报表相关项目的金额。

二、存货清查结果的会计处理

（一）存货盘盈

存货盘盈，是指存货的实存数量超过账面结存数量的差额。存货发生盘盈时，企业应按照同类或类似存货的重置成本作为入账价值，及时登记入账，借记"原材料""库存商品"等存货科目，贷记"待处理财产损溢——待处理流动资产损溢"科目。待查明原因，报经批准处理后，冲减当期管理费用。

【例3-16】甲公司在存货清查中发现盘盈一批B材料500kg，重置成本为15 000元，经查是计量不准所导致的；报经有关部门批准后，冲减当期管理费用。甲公司的账务处理如下：

（1）发现盘盈：
借：原材料——B材料　　　　　　　　　　　　　　　　　　　15 000
　　贷：待处理财产损溢——待处理流动资产损溢　　　　　　　　　　15 000
（2）批准处理：
借：待处理财产损溢——待处理流动资产损溢　　　　　　　　　15 000
　　贷：管理费用　　　　　　　　　　　　　　　　　　　　　　　　15 000

（二）存货盘亏和毁损

存货盘亏，指存货的实存数量少于账面结存数量的差额。存货发生盘亏和毁损时，企业应将其账面成本及时转销，借记"待处理财产损溢——待处理流动资产损溢"科目，贷记"原材料""库存商品""周转材料"等存货科目。

存货发生非正常损失（因管理不善造成被盗、丢失、霉烂变质的损失）时，根据税法规定，其进项税额不得从销项税额中抵扣，应将不能抵扣的增值税进项税额一并转出，即贷记"应交税费——应交增值税（进项税额转出）"科目。待查明原因，报经批准处理后，根据造成盘亏和毁损的原因，分别用以下情况进行会计处理：

（1）属于定额内自然损耗和收发计量差错造成的短缺，直接计入管理费用。

（2）属于一般经营损失的，扣除残料价值与可收回的保险赔偿和过失人赔偿后的净损失，计入管理费用。

（3）属于管理不善等原因造成的短缺或毁损，需转出不得抵扣的增值税进项税额，在扣除保险公司和过失人等的赔款和残料回收的价值之后，将净损失计入营业外支出。

（4）属于自然灾害或意外事故造成的毁损，在扣除保险公司的赔款和残料回收的价值之后，将净损失计入营业外支出。

【例 3-17】甲公司在财产清查中发现盘亏 D 材料，实际成本为 900 元；后查明原因，盘亏 D 材料系定额内合理损耗，批准作为管理费用列支。甲公司的账务处理如下：

（1）发现材料盘亏：

借：待处理财产损溢——待处理流动资产损溢　　　　　　　　　　900
　　贷：原材料　　　　　　　　　　　　　　　　　　　　　　　　900

（2）批准处理：

借：管理费用　　　　　　　　　　　　　　　　　　　　　　　　900
　　贷：待处理财产损溢——待处理流动资产损溢　　　　　　　　　900

【例 3-18】乙公司因管理不善，产品被盗，对财产进行清查盘点后，查明被盗产成品的实际成本为 8 000 元，生产被盗产成品耗用的原材料的进项税额为 520 元。经过批准，被盗产成品损失处理结果如下：保险公司已确认赔偿损失 4 000 元，相关责任人应赔偿 850 元，残料估价 1 650 元作为原材料入库，净损失 2 020 元计入营业外支出。乙公司的账务处理如下：

（1）发生产品被盗：

借：待处理财产损溢——待处理流动资产损溢　　　　　　　　　8 520
　　贷：库存商品　　　　　　　　　　　　　　　　　　　　　　8 000
　　　　应交税费——应交增值税（进项税额转出）　　　　　　　　520

（2）批准后处理：

借：原材料　　　　　　　　　　　　　　　　　　　　　　　　1 650
　　其他应收款——保险赔款　　　　　　　　　　　　　　　　4 000
　　　　　　　——责任人　　　　　　　　　　　　　　　　　　850
　　营业外支出　　　　　　　　　　　　　　　　　　　　　　2 020

　　　　　贷：待处理财产损溢——待处理流动资产损溢　　　　　　　　　　　　　8 520

案例探讨

"扇贝跑路"真相在哪里？

　　獐子岛公司于每年年末进行财产清查盘点工作，存货盘点范围包括原材料、库存商品、周转材料、在产品及消耗性生物资产等全部存货。其中原材料、库存商品、周转材料等存货的盘点方法与工业企业相同，实行全面盘点。

　　公司的消耗性生物资产考虑到其生物特殊性，盘点方法一般采用抽盘的方式，具体方法如下。

　　（1）消耗性生物资产——浮筏养殖产品。公司的浮筏养殖产品包括浮筏鲍鱼、虾夷一龄贝、牡蛎等。浮筏养殖产品对每个吊笼按标准投苗，根据季节进行分苗。日常根据产品长势情况，对产品进行规格分选。年末盘点时，抽取一定数量的养殖笼吊进行清点，确定每吊养殖数量、质量、规格，然后再根据同类产品的总挂养的笼吊数，测算出该品种的在养存量。

　　（2）消耗性生物资产——底播养殖产品。海域划分：内区（潜水员采捕区域）为养殖虾夷扇贝、海参、鲍鱼等多品种的养殖区域；外区（拖网采捕区）为以虾夷扇贝为主的养殖区域。当年新增的底播虾夷扇贝、海参等，由于其底播时间为临近年末的11~12月份，利用投苗记录作为盘点数量，不再进行实物盘点。

　　内区盘点方法：确定每个点抽点面积，到达指定区域，潜水员将该点位的盘点产品全部采捕上来，进行数量、质量、规格测量清点，并据此测算各调查海域的存量。

　　外区盘点方法：主要为底播虾夷扇贝，主要采用科研船上的水下摄像系统进行视频观测，根据视频观测和计量数量，统计出该区域内的虾夷扇贝数量；各年份扇贝使用底栖贝类采集器随机取样，将抽样点内的产品采捕上来，进行虾夷扇贝个体质量的测量、称重。根据采捕上来的虾夷扇贝个体平均质量，以及水下摄像系统观测的计数，计算出抽点样区域的存量，再据此测算各底播海域同类虾夷扇贝存量。

　　（资料来源：獐子岛公司披露的2020年年报财务报表附注）

思考题

1. 存货包括的具体内容有哪些？
2. 不同来源取得的存货，其初始成本在构成上有什么不同？
3. 原材料按计划成本核算有哪些处理过程？
4. 材料的可变现净值如何确定？
5. 存货减值迹象有哪些？何时表明存货价值为零？
6. 存货的盘盈、盘亏与毁损如何处理？

练习题

1. 甲公司在 20×1 年发生如下材料采购业务。

（1）8 月 3 日，从外部购入 A 材料一批，材料价款 30 000 元，增值税额为 3 900 元；支付运费价款 500 元，准予抵扣的增值税 45 元。结算凭证已到，已通过银行支付，但材料尚未到达。8 月 9 日，原材料到达并验收入库。

（2）8 月 26 日，购入 B 材料一批，材料到达并已验收入库，但发票账单未收到。到 8 月 31 日，仍未收到发票账单，公司估计该批材料价值为 66 000 元。9 月 4 日，收到发票账单，购买价格为 65 000 元，增值税税额为 8 450 元，全部款项为 73 450 元，已通过银行支付。

（3）8 月 18 日赊购一批 D 材料，进货价格为 160 000 元，增值税税额 20 800 元，货款总额为 180 800 元，付款条件为"1/10、n/30"，且双方约定现金折扣的计算不考虑增值税。公司于 8 月 28 支付了货款。

要求：请对上述业务进行相关的账务处理。

2. 乙公司为增值税一般纳税人，增值税税率为 13%。9 月 6 日，委托加工原材料一批，发出原材料成本为 165 000 元。9 月 15 日支付加工费 30 000 元，增值税 3 900 元。9 月 30 日委托加工的原材料已全部收回验收入库，并支付往返运费 1 000 元，增值税 90 元。

要求：请根据上述业务编制有关的会计分录。

3. 丙公司有 A 材料、P 产品两种存货可能存在减值。A 材料账面价值 1 500 000 元，A 材料加工制成 M 产品，还需发生加工成本 1 600 000 元，产出 M 产品市场价值为 3 000 000 元，估计销售 M 产品发生销售费用为 150 000 元。P 产品账面价值 6 000 000 元，共计 300 件，其中：200 件有销售合同，合同单价 22 000 元，合同销售费用及税金预计为 100 000 元；另外 100 件无销售合同，市场售价总额估计为 1 900 000 元，估计销售费用及相关税费为 150 000 元。

要求：确认 A 材料、P 产品两种存货是否减值，并编制会计分录。

4. 丁公司因管理不善，产品被盗，对财产进行清查盘点后，查明被盗产成品的实际成本为 12 000 元，生产被盗产成品耗用原材料的进项税额为 1 040 元。被盗产成品损失处理结果如下：保险公司已确认赔偿损失 6 000 元，相关责任人应赔偿 1 500 元，残料估价 2 300 元作为原材料入库。

要求：请进行相应的账务处理。

案例分析

扇贝跑路真相在哪里

即测即练

第四章 金融资产

学习目标和要求

本章重点讲金融资产的分类、应收款项、债权投资、其他债权投资、其他权益工具投资、交易性金融资产、金融资产减值和金融资产重分类。要求读者掌握金融资产的分类，掌握应收票据、应收账款等应收款项、债权投资、其他债权投资、其他权益工具投资、交易性金融资产的核算，掌握应收款项和债权投资减值的核算，熟悉金融资产重分类的核算，熟悉摊余成本的含义和实际利率法，理解金融资产减值的三阶段模型，了解金融工具和金融资产的含义，了解其他债权投资减值的核算。

引导案例

雅戈尔公司创建于1979年，是全国纺织服装行业龙头企业。A股服装板块中，雅戈尔（600177.SH）以超过300亿元的市值，位居榜首，将"男人的衣柜"海澜之家等40多家服装公司甩在身后。雅戈尔领先的原因，并不只是衣服卖得有多突出，而是公司还"跨界"房地产和投资。1993年，雅戈尔开始进行金融投资，并逐渐形成"服装纺织板块、金融投资板块、房地产板块"三大业务并行，是我国较早进入专业化金融投资领域的民营企业之一，被外界称为"中国版的伯克希尔·哈撒韦"。

从1999年到2020年，雅戈尔利润总额在580亿元左右，公司通过参股、购买股票等形式进行股权投资，累计投资公司超过100家，收益超过400亿元，制造业和地产贡献的利润和炒股等投资利润的比例大致为3:7。在资本市场上赚的钱太多，以至于该公司董事长都坦言："投资赚了制造业30年的钱。"

雅戈尔2020年发布的业绩财报显示，公司投资业务实现净利润44.7亿元，而同期时尚服装板块净利润仅有10.1亿元。2021年，雅戈尔完成营业收入136.07亿元，同比增长18.57%，实现净利润51.27亿元，却同比下降了29.15%。对于公司净利润下降的主要原因，雅戈尔方面表示"因上年度出售宁波银行2.96亿股，本年度无此事项所致"。当金融和房地产"水大鱼大"的黄金时代远去，不管是主观意愿，还是客观形势，雅戈尔必须回归到服装主业上。

资料来源：http://k.sina.com.cn/article_1907330883_71af8f43001019alu.html。

请思考：

雅戈尔进行的金融投资是如何分类的？应通过哪些会计账户来核算？雅戈尔金融投资实现的损益如何在利润表里列示？

第一节 金融资产概述

一、金融工具

金融在现代经济中占据核心地位，金融市场的健康发展离不开金融工具的广泛运用与不断创新。金融工具是指形成一个企业的金融资产，并形成另一个企业的金融负债或权益工具的合同。其中，合同的形式多种多样，可以是书面的，也可以是其他形式。实务中金融工具合同通常采用书面形式。

金融工具按照权利义务不同分为金融资产、金融负债和权益工具。权益工具，是指能证明拥有某个企业在扣除所有负债后的资产中的剩余权益的合同，如企业发行的普通股。

金融工具按照复杂程度不同分为以下两种。

（1）基础金融工具。基础金融工具是指一切能证明债权、债务、权益关系的具有一定格式的合法书面文件，主要包括持有的现金、存放于金融机构的款项、普通股及代表在未来期间收取或支付金融资产的权利或义务等。

（2）衍生金融工具。衍生金融工具是在基础金融工具的基础上衍生出来的金融工具。衍生金融工具是指具有下列特征的金融工具或其他合同：①其价值随着特定利率、金融工具价格、商品价格、汇率、价格指数、费率指数、信用等级、信用指数等或其他类似变量的变动而变动；②不要求初始投资，或与对市场情况变动有类似反应的其他类型的合同相比，要求很少的初始投资；③在未来一定日期结算。衍生金融工具一般包括远期合同、互换合同、期货合约、期权合约等。

二、金融资产

按照《企业会计准则第22号——金融工具确认和计量》（2017）限定的金融资产的范围，金融资产是指企业持有的货币资金、持有其他企业的权益工具，以及符合下列条件之一的资产。

（1）从其他方收取现金或其他金融资产的权利。如企业的应收账款、应收票据、债权投资、贷款等均属于金融资产。

（2）在潜在有利条件下，与其他方交换金融资产或金融负债的合同权利。如企业持有的看涨期权或看跌期权等。

（3）将来须用或可用企业自身权益工具进行结算的非衍生工具合同，且企业根据该合同将收到可变数量的自身权益工具。

（4）将来须用或可用企业自身权益工具进行结算的衍生工具合同，但以固定数量的自身权益工具交换固定金额的现金或其他金融资产的衍生工具合同除外。

金融资产是企业资产的重要组成部分。一般来说，金融资产包括货币资金、各种短期或长期债权、短期或长期债权投资、短期或长期贷款、购买股票等形成的股权、期货市场交易形成的衍生金融资产等。

本章所讲解的金融资产，主要包括应收票据、应收账款、其他应收款、股权投资、债权投资等，不涉及货币资金（包括现金、银行存款和其他货币资金）和长期股权投资（即企业能对被投资单位施加控制、共同控制和重大影响的股权投资）。

三、金融资产分类

（一）分类的标准

金融资产的分类是金融资产确认和计量的基础。根据《企业会计准则第22号——金融工具确认和计量》（2017）规定，企业应根据其管理金融资产的业务模式和金融资产的合同现金流量特征，基于后续计量视角将金融资产分为以摊余成本计量的金融资产、以公允价值计量且其变动计入其他综合收益的金融资产和以公允价值计量且其变动计入当期损益的金融资产三类。

金融资产分类的标准主要有两个：管理金融资产的业务模式和金融资产的合同现金流特征。

企业管理金融资产的业务模式，指企业管理其金融资产以产生现金流量的方式。业务模式决定了企业所管理金融资产的现金流量的来源是收取合同现金流量、出售金融资产还是两者兼有。企业应当以关键管理人员决定的对金融资产进行管理的特定业务目标为基础，确定管理金融资产的业务模式。在判断企业管理金融资产的业务模式时，应当以客观事实为依据，不能按照合理预期不会发生的情形为基础确定。企业管理金融资产的业务模式主要有三类：

（1）以收取合同现金流为目标的业务模式；
（2）以收取合同现金流量和出售金融资产为目标的业务模式；
（3）其他业务模式。

金融资产的合同现金流量特征，指金融工具合同约定的、反映相关金融资产经济特征的现金流量属性。即相关金融资产在特定日期产生的合同现金流量仅为对本金和以未偿付本金金额为基础的利息的支付。其中：本金指金融资产在初始确认时的公允价值，本金金额可能因提前还款等原因在金融资产的存续期内发生变动；利息包括对货币时间价值、与特定时期未偿付本金金额相关的信用风险，以及其他基本借贷风险、成本和利润的对价。

企业会计准则对金融资产进行的分类，着眼于对金融资产后续计量进行规范，突出强调金融资产后续确认和计量的重要性，有利于规范金融资产会计信息的生成和列报。

（二）金融资产的具体分类

下面具体说明企业会计准则关于金融资产的分类。

1. 以摊余成本计量的金融资产

金融资产同时满足下列条件的，应当分类为以摊余成本计量的金融资产：

（1）企业管理该金融资产的业务模式以收取合同现金流量为目标。

（2）该金融资产的合同条款规定，在特定日期产生的现金流量仅为对本金和以未偿付本金金额为基础的利息的支付。

符合以上条件的金融资产主要包括应收账款、应收票据、其他应收款、债权投资、贷款等。

2. 以公允价值计量且其变动计入其他综合收益的金融资产

金融资产同时满足下列条件的，应当分类为以公允价值计量且其变动计入其他综合收益的金融资产：

（1）企业管理金融资产的业务模式，既以收取合同现金流量为目标，又以出售该金融资产为目标。

（2）该金融资产的合同条款规定，在特定日期产生的现金流量，仅为对本金和以未偿付本金金额为基础的利息的支付。

符合上述条件的金融资产主要包括其他债权投资等。

企业持有的非交易性权益工具投资（如企业持有的限售股等），难以按照通用标准归类，企业会计准则允许将其指定为以公允价值计量且其变动计入其他综合收益的金融资产，其公允价值的后续变动计入其他综合收益，无须计提减值准备。除了获得的股利收入（明确作为投资成本部分收回的股利收入除外）计入当期损益外，其他相关的利得和损失（包括汇兑损益）均计入当期其他综合收益，且后续不得转入损益。当该金融资产终止确认时，之前计入其他综合收益的累计利得或损失应当从其他综合收益中转出，计入留存收益。该指定一经做出，不得撤销。

3. 以公允价值计量且其变动计入当期损益的金融资产

分类为以摊余成本计量的金融资产和以公允价值计量且其变动计入其他综合收益的金融资产之外的金融资产，应归类为以公允价值计量且其变动计入当期损益的金融资产。此类投资包括交易性金融资产和指定为以公允价值计量且其变动计入当期损益的金融资产，如企业对外进行的股票投资、基金投资及可转换债券投资等。

交易性金融资产是典型的以公允价值计量且其变动计入当期损益的金融资产。金融资产满足下列条件之一时，表明企业持有该金融资产的目的是交易性的：

（1）取得相关金融资产的目的，主要是为了近期出售或回购；

（2）相关金融资产在初始确认时属于集中管理的可辨认金融工具组合的一部分，客观证据表明近期实际存在短期获利模式；

（3）相关金融资产属于衍生工具，但符合财务担保合同定义的衍生工具，被指定为有效套期工具的衍生工具除外。

此外，在初始确认时，如果能够消除或显著减少会计错配，企业可以将金融资产指定为以公允价值计量且其变动计入当期损益的金融资产。该指定一经做出，不得撤销。会计错配，指当企业以不同的会计确认方法和计量属性，对在经济上相关的资产和负债进行确认或计量而产生利得或损失时，可能导致的会计确认和计量上的不一致。

综上所述，企业会计准则对金融资产分类的方法为：按一般标准进行基本分类，对特殊事项指定归类。

需要注意的是,企业在非同一控制下的企业合并中确认的或有对价构成金融资产的,该金融资产应当分类为以公允价值计量且其变动计入当期损益的金融资产,不得指定为以公允价值计量且其变动计入其他综合收益的金融资产。

金融资产的分类及分类流程如图 4-1 和图 4-2 所示。

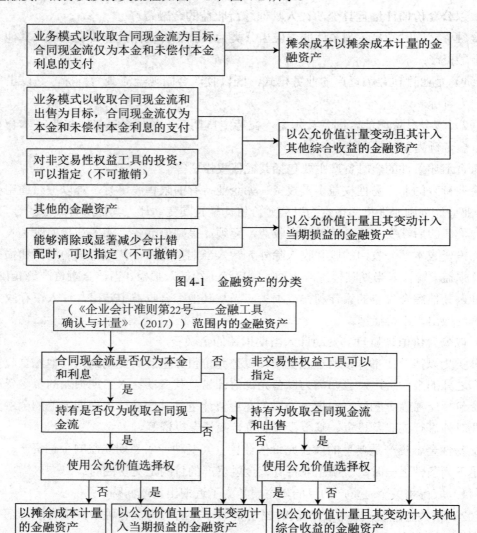

图 4-1 金融资产的分类

图 4-2 金融资产分类流程

第二节 应 收 款 项

应收款项,指企业因经营活动产生的各项债权,包括应收账款、应收票据、其他应收款和预付账款等。

根据企业会计准则的规定，除了预付账款，应收款项属于企业的金融资产。按照金融资产的分类标准，应收款项的业务模式主要是收取合同现金流量，合同现金流的特征主要为应收款项的本金和未付本金的利息（带息应收票据的利息）。根据应收款项的业务模式和现金流特征，应收款项一般应归属于以摊余成本计量的金融资产。企业通常应设置"应收账款""应收票据""预付账款""其他应收款"等科目核算核算应收款项。

一、应收账款

（一）应收账款的含义和计价

应收账款指企业因销售产品、提供劳务等经营活动应向购货单位或接受劳务单位收取的款项，主要包括企业出售商品、材料、提供劳务等应向有关债务人收取的价款及代购货方垫付的运杂费等。

应收账款一般应当按照实际发生额记账。其入账价值包括：销售货物或提供劳务的价款、向购买方收取的增值税，以及代购货方垫付的运杂费、包装费等。我国现行会计准则规定，应收账款如果存在可变对价，应当按照能够收到的最佳估计金额估计入账。在实际工作中，主要考虑的因素有商业折扣和现金折扣。

1. 商业折扣

商业折扣指企业为促进销售而在商品标价上给予的扣除。商业折扣可以用百分比表示优惠比例，企业可以根据商品价目单中所列的价格和优惠比例确定折扣金额，从而确定商品的实际售价。例如，企业为鼓励顾客购买更多的商品而规定购买 10 件以上者给 20% 的折扣，或者给予顾客购货买一送一的优惠等。商业折扣只是用于促销时确定实际销售价格的一种手段，不需要在会计账面上予以反映。因此，在存在商业折扣的情况下，企业应收账款应按扣除商业折扣以后的实际售价确定入账金额。

2. 现金折扣

现金折扣指债权人为鼓励债务人在规定的期限内付款，而向债务人提供的债务扣除。企业为了鼓励客户提前偿付货款，通常给予债务人一定的优惠，债务人在不同期限内付款可享受不同比例的折扣。现金折扣一般用符号"折扣/付款期限"表示。例如，现金折扣"2/10、1/20、n/30"的含义如下，买方在 10 天内付款可按售价给予 2% 的折扣，第 11 天到第 20 天内付款按售价给予 1% 的折扣，第 21 天到第 30 天内付款则不给予折扣。

现金折扣实质上是企业为了尽早收取销货款而采取的一种激励手段，属于交易价格中的可变对价。根据我国企业会计准则的规定，在现金折扣下，应收账款应按照扣除客户最可能获得的现金折扣后的金额入账。

（二）应收账款的核算

为了反映和监督应收账款的增减变动及其结存情况，企业应设置"应收账款"科目，借方登记应收账款的增加，贷方登记应收账款的减少数。期末余额一般在借方，反映企业尚未收回的应收账款；如果期末余额在贷方，则反映企业预收的账款。

（1）有商业折扣。在有商业折扣的情况下，应收账款和销售收入应按扣除商业折扣后的金额入账。

【例4-1】华泰公司赊销商品一批，不含税的销售价格为50 000元，根据销售协议给予买方的商业折扣为10%，扣除商业折扣后实际销售价格为45 000元，适用的增值税税率为13%。华泰公司应进行账务处理如下：

借：应收账款　　　　　　　　　　　　　　　　　　　　　　　50 850
　　贷：主营业务收入　　　　　　　　　　　　　　　　　　　　45 000
　　　　应交税费——应交增值税（销项税额）　　　　　　　　　5 850

收到货款时：

借：银行存款　　　　　　　　　　　　　　　　　　　　　　　50 850
　　贷：应收账款　　　　　　　　　　　　　　　　　　　　　　50 850

（2）有现金折扣。在现金折扣下，应收账款应按照扣除客户最可能获得的现金折扣后的金额入账。如果根据后续交易的进展情况，客户享有的现金折扣发生变化，企业应做出相应的调整。

【例4-2】华泰公司赊销商品一批，不含税的销售价格为100 000元，规定对货款部分的付款条件为"1/20、n/30"，适用的增值税税率为13%。华泰公司根据客户以往付款情况的数据及客户的现实情况，估计客户很可能在20天内结清货款，并很有可能获得1 000（100 000×1%）元的现金折扣。假定计算现金折扣时不考虑增值税额。华泰公司应根据相关业务进行账务处理如下：

（1）销售实现时：

借：应收账款　　　　　　　　　　　　　　　　　　　　　　　112 000
　　贷：主营业务收入　　　　　　　　　　　　　　　　　　　　99 000
　　　　应交税费——应交增值税（销项税额）　　　　　　　　　13 000

（2）客户20天内付款时：

借：银行存款　　　　　　　　　　　　　　　　　　　　　　　112 000
　　贷：应收账款　　　　　　　　　　　　　　　　　　　　　　112 000

（3）如果客户售后20天内未能付款，则客户无法获得现金折扣，应调整营业收入：

借：应收账款　　　　　　　　　　　　　　　　　　　　　　　1 000
　　贷：主营业务收入　　　　　　　　　　　　　　　　　　　　1 000

（4）如果客户在第30天付款：

借：银行存款　　　　　　　　　　　　　　　　　　　　　　　113 000
　　贷：应收账款　　　　　　　　　　　　　　　　　　　　　　113 000

二、应收票据

（一）应收票据概述

1. 应收票据的含义

应收票据是指企业在采用商业汇票结算方式下，因销售商品、提供劳务等而应收的商业汇票款。商业汇票是一种由出票人签发的，委托付款人在指定日期无条件支付确定金额给收款人或持票人的票据。商业汇票的付款期限最长不得超过 6 个月。根据应收票据的业务模式和合同现金流量特征，应收票据一般应划分为以摊余成本计量的金融资产。

商业汇票可以按照不同标准进行分类。按承兑人的不同，商业汇票可以分为银行承兑汇票和商业承兑汇票。按票据本身是否附有利息，商业汇票可以分为带息票据和不带息票据。带息票据是指票据上标明规定的利率，在票据到期日收取票据面值与利息的票据；不带息是据指票据到期日只收取票据面值而不计收利息的票据。

2. 应收票据期限的确定

商业汇票属于短期票据，其到期日是由票据有效期决定的。票据的期限有两种表示方法，即按月或日表示，在不同的表示方法下，企业对票据到期日的确定有所不同。

期限按月表示时，票据到期日应按到期月份中与出票日相对应的那一天确定。例如，7 月 10 日签发的 3 个月期的票据，到期日应为 10 月 10 日。若月末签发的票据，不论月份大小，均以到期月份的月末那一天作为到期日。例如，3 月 31 日签发的 6 个月期的商业汇票，其到期日应为 9 月 30 日。

期限按日表示时，票据的到期日应从出票日起按实际经历天数计算确定。通常，出票日和到期日，只能计算其中的一天，即"算头不算尾"或"算尾不算头"。例如，5 月 9 日签发的 60 天票据，其到期日应为 7 月 8 日。

（二）应收票据日常的会计处理

企业对商业汇票的日常核算，主要包括票据的取得、计息、到期收款等。为了反映和监督持有的商业汇票，企业应设置"应收票据"科目，借方登记取得的应收票据的面值及已计提的利息，贷方登记到期收回票据款或到期前向银行贴现的应收票据的票面余额，期末借方余额，反映企业持有尚未到期的商业汇票的账面价值（票据面值 + 已计提的利息）。

1. 应收票据的取得

企业因销售商品或提供服务等取得商业汇票时，应按取得的票据面值入账。借记"应收票据"科目，贷记"主营业务收入""应交税费——应交增值税（销项税额）"等科目。

【例4-3】华泰公司 20×7 年 3 月 8 日销售一批产品，发票上注明的销售收入为 300 000 元，增值税税额为 39 000 元。公司收到购买方交来的不带息商业承兑汇票一张，期限为 3 个月。

华泰公司应进行账务处理如下：

借：应收票据　　　　　　　　　　　　　　　　　　　　　339 000

贷：主营业务收入	300 000
应交税费——应交增值税（销项税额）	39 000

2. 应收票据的计息

对于带息应收票据，企业应于资产负债表日计提票据利息。企业应根据指定的会计政策，决定是在季末、年末或月末计提票据利息。通常情况下，应收票据的利息金额不大，对财务成果的影响较小，基于重要性原则，企业可以在季末或年末计提应收票据的利息。除非应计利息金额极小，企业至少应在年末计提商业汇票的利息，以便正确计算各年度的财务成果。

计提的票据利息，一方面增加应收票据的账面价值，另一方面冲减财务费用。

利息的计算公式为：

$$应收票据利息 = 票面金额 \times 票面利率 \times 计息期$$

其中，"计息期"指本次计提利息的时间长度。需要注意的是，票面利率通常是以年利率表示的，那么，计息期也应转化为以年来计量。例如，3个月转为3/12年，50天转为50/360年（为计算方便，通常将一年按照360天计算）。

【例4-4】 华泰公司20×7年10月31日销售一批产品，发票上注明的销售收入为200 000元，增值税税额为26 000元。公司收到购买方交来的带息商业承兑汇票一张，票面利率为5%，期限为3个月，到期日为2018年1月31日。按企业会计政策规定，企业应于年末计提应收票据的利息。华泰公司应进行账务处理如下：

（1）销售商品，收到商业汇票：

借：应收票据	226 000
贷：主营业务收入	200 000
应交税费——应交增值税（销项税额）	26 000

（2）20×7年12月31日，计提票据利息：

应计提的票据利息 = 226 000 × 5% × 2/12 = 1 883（元）

借：应收票据	1 883
贷：财务费用	1 883

3. 应收票据的到期收款

不带息商业汇票到期日，企业凭持有的票据收回票据款时，按其票面金额借记"银行存款"，贷记"应收票据"。

带息的应收票据到期日，企业凭持有的票据收回票据的到期值时，应按收到的本息和，借记"银行存款"，按票据的账面价值（含票据面值和已计提的利息），贷记"应收票据"，按尚未计提的利息，贷记"财务费用"。

当票据到期日票据的付款人违约拒付或无力偿还票据款，企业不能收回票款的，应将应收票据的账面价值转化为应收账款，表示双方的债权债务依然存在。对于不带息商业汇票，企业应按票面金额，借记"应收账款"，贷记"应收票据"；对于带息商业汇票，企业则应按票据的到期值借记"应收账款"，按照票据的账面价值贷记"应收票据"，按其差额贷记"财务费用"。

【例4-5】承例4-4，票据到期时，华泰公司收到票据的面值和全部利息。
票据的到期值 = 226 000×（1+5%×3/12）= 228 825（元）
尚未计提的票据利息 = 226 000×5%×3/12 − 1 883 = 942（元）
华泰公司的账务处理如下：
借：银行存款　　　　　　　　　　　　　　　　　228 825
　　贷：应收票据　　　　　　　　　　　　　　　　　　227 883
　　　　财务费用　　　　　　　　　　　　　　　　　　　　942
假定商业票据到期时，客户无力付款，则华泰公司的账务处理如下：
借：应收账款　　　　　　　　　　　　　　　　　228 825
　　贷：应收票据　　　　　　　　　　　　　　　　　　227 883
　　　　财务费用　　　　　　　　　　　　　　　　　　　　942

（三）应收票据的贴现

企业持有的应收票据在到期前，如果出现资金短缺，可以持未到期的商业汇票向其开户银行申请贴现，以便获得所需资金。应收票据贴现指票据持有人将未到期的票据背书后转让给银行，由银行按照票据到期值扣除按银行贴现率计算确定的贴现利息，然后将余额付给持票人的融资行为。

1. 票据贴现的计算

按照中国人民银行《支付结算办法》的规定，实付贴现所得额应按票据的到期值扣除贴现日至汇票到期前一日的利息计算。

票据贴现的计算公式如下：

$$贴现息 = 票据到期值 \times 贴现率 \times 贴现天数 / 360$$

$$贴现所得额 = 票据到期值 − 贴现息$$

其中，贴现天数是指自贴现日起至票据到期前一日止的实际天数。

2. 应收票据贴现的会计核算

商业汇票根据追索权的情况，分为不附追索权的票据和附有追索权的票据两种。对票据持有人而言，票据追索权的不同决定了票据贴现后的承担的风险不同，因此，票据贴现的会计处理方法不同。

（1）不附追索权票据的贴现。不附追索权票据，是指票据贴现后，无论付款人能否偿付票据款，贴现银行均不得再向贴现申请人追偿票据款的票据。银行承兑汇票通常属于不附追索权的票据。采用银行承兑汇票进行结算，收款单位一般不存在财务风险，在到期日能够足额收到商业票据款。因此，通常情况下银行承兑汇票的贴现为不附追索权票据的贴现。

该类票据在贴现时，一般满足金融资产终止确认的条件，可将票据的账面价值转出。企业应按取得的贴现所得额，借记"银行存款"科目；按票据的账面价值，贷记"应收票据"科目；按两者的差额借记或贷记"财务费用"科目。

【例4-6】华泰公司持有一张出票日为6月15日、期限为3个月、面值为300 000元的不带息银行承兑汇票。因急需资金,华泰公司于7月17日向银行申请贴现(不附追索权)。银行年贴现率为6%。

　　到期价值 = 300 000元

　　贴现天数 = 60天(7月17日到9月15日的实际日历天数)

　　贴现息 = 300 000×6%×60/360 = 3 000(元)

　　贴现所得额 = 300 000 - 3 000 = 297 000(元)

　　票据贴现的会计分录为

　　借:银行存款　　　　　　　　　　　　　　　　　　　　　297 000
　　　财务费用　　　　　　　　　　　　　　　　　　　　　　3 000
　　　　贷:应收票据　　　　　　　　　　　　　　　　　　　　300 000

　　(2)附有追索权票据的贴现。附有追索权票据,指向银行贴现后,贴现银行在票据到期日如若不能从付款人处收取票据款,贴现银行有权向贴现申请人追索票据款的票据。商业承兑汇票贴现通常属于带追索权票据的贴现。

　　该类票据在贴现时,通常不能满足金融资产终止确认的条件,不能将票据的账面价值转出,只能当作短期借款处理。企业应按取得的贴现所得额,借记"银行存款"科目,贷记"短期借款"科目。

　　【例4-7】华泰公司持有一张出票日为3月10日、期限为6个月、面值为500 000元的带息商业承兑汇票,票面利率为5%。华泰公司因急需资金,于8月1日向银行申请贴现(附追索权)。银行年贴现率为6%。假定华泰公司按照会计政策规定于年末计提票据利息。

　　到期值 = 500 000 + 500 000×5%×6/12 = 512 500(元)

　　贴现天数 = 40天(8月1日到9月10日的实际日历天数)

　　贴现息 = 512 500×6%×40/360 = 3 417(元)

　　贴现所得额 = 512 500 - 3 417 = 509 083(元)

　　票据贴现的会计分录为

　　借:银行存款　　　　　　　　　　　　　　　　　　　　　509 083
　　　　贷:短期借款　　　　　　　　　　　　　　　　　　　　509 083

　　【例4-8】承例4-7,9月10日商业承兑汇票到期,华泰公司应根据实际情况做出相应的账务处理。

　　(1)假如客户按时付款,华泰公司的账务处理如下:

　　借:短期借款　　　　　　　　　　　　　　　　　　　　　509 083
　　　　贷:应收票据　　　　　　　　　　　　　　　　　　　　500 000
　　　　　　财务费用　　　　　　　　　　　　　　　　　　　　9 083

　　(2)假如客户未按时付款,华泰公司偿还银行票据款,同时结转应收票据,账务处理如下:

　　借:短期借款　　　　　　　　　　　　　　　　　　　　　509 083
　　　财务费用　　　　　　　　　　　　　　　　　　　　　　3 417
　　　　贷:银行存款　　　　　　　　　　　　　　　　　　　　512 500

借：应收账款		512 500
贷：应收票据		500 000
财务费用		12 500

（四）应收票据备查簿

企业应设置应收票据备查簿，逐笔记录每一应收票据的种类、号数和出票日期、票面金额、票面利率、交易合同号、付款人、承兑人、背书人姓名或单位名称、到期日、背书转让日、贴现日、贴现率、贴现净额、收款日、收回金额、退票情况等资料。商业汇票到期结清票款或退票后，应在应收票据备查簿内予以注销。

三、预付账款

预付账款指企业按照购货合同规定预付给供应单位的款项。预付账款是企业暂时被供货单位占用的资金。企业预付货款后，有权要求对方按照购货合同规定发货或提供相应的劳务。企业的预付账款形成了企业的债权，但不属于会计准则规定的金融资产的范畴。

为了反映和监督预付账款的增减变动及结存情况，企业应设置"预付账款"科目，并按照供应单位设置明细科目进行明细核算。期末余额一般在借方，反映企业实际预付的款项。如果出现贷方余额，则属于企业的负债，反映企业应付供应单位的款项。

预付账款的核算包括预付款项和收回货物两个方面。①预付款项时的会计处理。根据购货合同的规定向供应单位预付款项时，借记"预付账款"科目，贷记"银行存款"科目。②收回货物的会计处理。企业收到所购货物时，根据有关发票账单金额，借记"原材料""应交税费——应交增值税（进项税额）"等科目，贷记"预付账款"科目；当预付货款小于采购货物所需支付的款项时，应补付不足部分货款，借记"预付账款"科目，贷记"银行存款"科目；当预付货款大于采购货物所需支付的款项时，收回多余款项，借记"银行存款"科目，贷记"预付账款"科目。

【例4-9】20×1年3月15日华泰公司向M公司预付180 000元货款采购某种原材料；4月12日，华泰公司收到M公司发来的原材料并验收入库，价款200 000元，增值税税额为26 000元，并以银行存款补付不足款项46 000元。

华泰公司根据相关业务进行的账务处理如下：

（1）预付货款：

借：预付账款		180 000
贷：银行存款		180 000

（2）收到原材料并验收入库：

借：原材料		200 000
应交税费——应交增值税（进项税额）		26 000
贷：预付账款		226 000

（3）补付货款：

借：预付账款 46 000
　　贷：银行存款 46 000

四、其他应收款

其他应收款是指除应收票据、应收账款、预付账款以外的其他各种应收、暂付款项。其主要内容包括：应收的各种赔款、罚款；应收的出租包装物租金；应向职工收取的各种垫付款项，如为职工垫付的水电费、医药费、房租费等；存出保证金，如租入包装物支付的押金；其他各种应收暂付款项等。

企业应设置"其他应收款"科目对其他应收款进行核算。该科目属于资产类科目，借方登记发生的各种其他应收款，贷方登记企业收到的款项和结转情况，余额一般在借方，表示尚未收回的其他应收款项。

【例4-10】华泰公司业务员张某3月5日出差预借差旅费7 000元，3月9日出差归来报销差旅费7 650元（其中包含准予抵扣的增值税进项税额650元），用现金补付650元。相关账务处理如下：

（1）出差预借差旅费：

借：其他应收款——张某 7 000
　　贷：库存现金 7 000

（2）报销差旅费：

借：管理费用——差旅费 7 000
　　应交税费——应交增值税（进项税额） 650
　　贷：其他应收款——张某 7 000
　　　　库存现金 650

知识加油站

关于应收账款分类的探讨

应收账款一定属于以摊余成本计量的金融资产吗？在这里，我们具体探讨一下应收账款的分类问题。

首先，需要探讨的是应收账款合同现金流量特征是否符合企业会计准则规定。应收账款一般期限较短且不计利息，所以从严格意义上说，应收账款的合同现金流特征是不符合对本金和以未偿付本金为基础的利息的支付。因此，从理论上讲，根据准则分类标准，我们应该将应收账款分类为以公允价值计量且其变动计入当期损益的金融资产。事实上，一些企业确认已经将部分应收账款作为以公允价值计量且其变动计入当期损益的金融资产进行会计处理。

由于应收账款信用期限较短，利息可以忽略不计，遵循重要性原则，我们可以认为应收账款的合同现金流特征符合准则规定。一般情况下，企业正常商业往来形成的具有一定信用期限的应收账款，如果企业拟根据应收账款的合同现金流量收取现金，且不打算提前处置应收账款，则该应收账款应分类为以摊余成本计量的金融资产。

应收账款能否分类为以公允价值计量且其变动计入其他综合收益的金融资产？答案是肯定的。例如，某企业与银行就部分应收账款签订了无追索权的保理协议，可以根据需要随时向银行出售应收账款，以缓解资金紧张问题。根据历史经验，该企业经常向银行出售应收账款，并且满足金融资产终止确认的规定。这种情况下，这部分应收账款可分类为以公允价值计量且其变动计入其他综合收益的金融资产。

概括起来，大部分应收账款应分类为以摊余成本计量的金融资产，少量的应收账款可分类为以公允价值计量且其变动计入当期损益的金融资产或以公允价值计量且其变动计入其他综合收益的金融资产。

第三节 债权投资

一、债权投资概述

债权投资指企业购入的到期日固定、回收金额固定或可确定，且企业有明确意图和能力持有至到期的各种债券投资。由于企业有明确意图和能力持有债券投资到期，不准备随时出售，因此债权投资的业务管理模式是以在特定日期收取合同现金流量为目标，债权投资的合同现金流量特征是在到期日收取的合同现金流量仅为本金和以未偿付本金金额为基础的利息。根据管理金融资产的业务模式和合同现金流量特征判断，债权投资应分类为以摊余成本计量的金融资产。

企业购入的作为债权投资的债券，按照付息情况可以分为分期付息债券与到期一次付息债券。付息方式不同的债券投资，其入账价值、投资收益、摊余成本的计量及会计处理方法有所不同。

为了反映债权投资的取得、投资收益、处置等情况，企业应当设置"债权投资"科目。该科目应设置"成本""利息调整""应计利息"明细科目，其中："成本"明细科目反映债权投资的面值；"利息调整"反映债权投资的初始入账金额与债券面值的差额及其摊销金额，本质上是对未来票面利息收入的调整；"应计利息"明细科目反映企业计提的到期一次还本付息债权投资应计提的利息。"债权投资——应计利息"与"应收利息"的差异在于：前者反映到期一次还本付息债权投资应计提的利息，一般属于非流动资产；后者反映分期付息债权投资应计提的利息，属于流动资产。

二、债权投资的取得

我国企业会计准则规定，债权投资应按取得时的公允价值和相关交易费用作为初始入账价值，实际支付的价款包括支付的债券实际买价及手续费、佣金等初始直接费用。

企业取得债权投资时，可能是溢价（即高于面值）、折价（即低于面值）或按面值购入的。究其原因，主要是因为债券票面利率与市场利率之间可能存在差异。当债券票面利率低于市场利率时，往往是折价购买；当债券票面利率高于市场利率时，往往是溢价购买；当债券票面利率等于市场利率时，往往是按面值购买。

企业溢价购买的实质是其以后各期能按照高于市场利率的票面利率获取利息而预先支付的一种代价；折价购买的实质是其以后各期只能按照低于市场利率的票面利率获取利息而预先得到的一种补偿。因此，溢价或折价部分均应在"利息调整"明细分类账户中进行反映，并于企业持有该投资期间，在分期确认利息收入时调整增加或减少实际的利息收入。

需要注意的是，初始确认的利息调整，如果是借方差额，反映的是债券溢价金额与初始直接费用之和，或者是初始直接费用大于债券折价金额的差额；如果是贷方差额，反映的是债券折价金额大于初始直接费用的差额。

对于分期付息债券，企业在发行日或付息日购入债券时，实际支付的价款不含有利息；企业在发行日后或两个付息日之间购入债券时，实际支付的价款中含有发行日或付息日至购买日之间的利息，这部分利息应该作为短期债权处理。企业取得债权投资时，应按该投资的面值，借记"债权投资——成本"科目；按照可以抵扣的增值税进项税额，借记"应交税费——应交增值税（进项税额）"科目；按照实际支付的价款中含有发行日或付息日至购买日之间的利息，借记"应收利息"科目；按实际支付的金额贷记"银行存款"等科目；按其差额，借记或贷记"债权投资——利息调整"科目。

对于到期一次付息债券，企业在发行日购入债券时，实际支付的价款不含有利息；企业在发行日后购入债券时，实际支付的价款含有发行日至购买日之间的利息，由于这部分利息不能在1年以内收回，应计入投资成本。企业取得到期一次付息债权投资时，应按该投资的面值，借记"债权投资——成本"科目；按照可以抵扣的增值税进项税额，借记"应交税费——应交增值税（进项税额）"科目；按照实际支付的价款中包含有自发行日至购买日之间的利息，借记"债券投资——应计利息"科目；按实际支付的金额，贷记"银行存款"等科目；按其差额；借记或贷记"债权投资——利息调整"科目。

【例4-11】20×1年1月1日，华泰公司以1 042 300元的价格购入M公司当日发行的面值1 000 000元、票面利率6%、期限5年、每年12月31日付息、到期还本的债券，并分类为以摊余成本计量的金融资产。华泰公司还以银行存款支付了购买债券的交易费用10 600元（其中包括准予抵扣的增值税进项税额600元）。

债权投资的入账金额 = 1 042 300 + 10 600 − 600 = 1 052 300（元）

应确认的利息调整借差 = 1 052 300 − 1 000 000 = 52 300（元）

华泰公司的账务处理如下：

借：债权投资——成本　　　　　　　　　　　　　　　　1 000 000
　　　　　　——利息调整　　　　　　　　　　　　　　　　52 300
　　应交税费——应交增值税（进项税额）　　　　　　　　　600
　　贷：银行存款　　　　　　　　　　　　　　　　　　1 052 900

【例 4-12】20×1 年 1 月 1 日，华泰公司以 927 700 元的价格购入 N 公司当日发行的面值 1 000 000 元、票面利率 5%、期限 5 年、每年 12 月 31 日付息、到期还本的债券，并分类为以摊余成本计量的金融资产。华泰公司还以银行存款支付了购买债券的交易费用 10 600 元（其中包括准予抵扣的增值税进项税额 600 元）。

债权投资的入账金额 = 927 700 + 10 600 - 600 = 937 700（元）

应确认的利息调整贷差 = 1 000 000 - 937 700 = 62 300（元）

华泰公司的账务处理如下：

借：债权投资——成本　　　　　　　　　　　　　　　　　　　1 000 000
　　应交税费——应交增值税（进项税额）　　　　　　　　　　　　600
　　贷：银行存款　　　　　　　　　　　　　　　　　　　　　　938 300
　　　　债权投资——利息调整　　　　　　　　　　　　　　　　　62 300

【例 4-13】20×1 年 1 月 1 日，华泰公司以 938 850 元的价格购入 W 公司当日发行的面值 1 000 000 元、票面利率 6%、期限 5 年、到期一次还本付息的债券，并分类为以摊余成本计量的金融资产。华泰公司还以银行存款支付了购买债券的交易费用 10 600 元（其中包括准予抵扣的增值税进项税额 600 元）。

债权投资的入账金额 = 938 850 + 10 600 - 600 = 948 850（元）

应确认的利息调整贷差 = 1 000 000 - 948 850 = 51 150（元）

华泰公司的账务处理如下：

借：债权投资——成本　　　　　　　　　　　　　　　　　　　1 000 000
　　应交税费——应交增值税（进项税额）　　　　　　　　　　　　600
　　贷：银行存款　　　　　　　　　　　　　　　　　　　　　　949 450
　　　　债权投资——利息调整　　　　　　　　　　　　　　　　　51 150

三、摊余成本和投资收益的确认

（一）摊余成本的含义

按照企业会计准则的规定，债权投资应按摊余成本进行期末计价。

摊余成本指在初始确认金额基础上，扣除已偿还的本金，加上或减去采用实际利率法将初始确认金额与到期日金额之间的差额进行摊销后形成的累计摊销额（如果为分期付息债券，到期日金额为面值，即为利息调整的累计摊销额；如果为一次付息债券，到期日金额为面值加上全部期间的债券利息，即为利息调整的累计摊销额加上应计未付的利息），再扣除累计计提的损失准备后得到的计量结果。计算公式为：

摊余成本 = 初始确认金额 - 已偿还的本金 ± 利息调整累计摊销额 +
　　　　　一次付息债券的应计利息 - 累计计提的损失准备

确认债权投资的摊余成本，首先要确认债权投资的账面余额。在没有已偿还本金的情况下，如果为分期付息债券，即为债权投资的初始入账金额加上（利息调整为贷差时）或减去（利息调整为借差时）利息调整的累计摊销额后的余额，也等于债权投资的面值加上摊销后的利息调整借差余额或减去利息调整贷差余额；如果是一次付息债券，其账面余额还应加上应计未收的利息；如果提前收回了部分本金，账面余额还应扣除已偿还的本金。

在此基础上再考虑债权投资是否发生了减值。如果未发生减值，则债权投资的账面余额即为摊余成本；如果发生减值，则债权投资的账面余额减去提取的减值准备即为摊余成本。

债权投资摊余成本的确定伴随着投资收益的确定，两者密切相关。债权投资账面余额的确定，即利息调整的摊销，有两种方法：直线法与实际利率法。

直线法摊销利息调整，就是将债权投资的初始利息调整总额在债券的存续期内平均分摊到各个会计期间，并以此计算摊余成本的方法。直线法下，各期的摊销额和投资收益固定不变。采用直线法确定摊余成本，操作比较简单。但是，由于随着利息调整的摊销，债券摊余成本在不断变化，各期的投资收益保持不变，因而各期的投资收益率也在变化。在一项投资业务中各期投资收益率不同，不能客观反映各期的经营业绩。而且，按这种方法确定的债权投资的期末余额无法从统一的计量属性的角度进行解释。因此，直线法在理论上存在着明显的缺陷。

采用实际利率法摊销利息调整、确定债权投资的摊余成本，可以克服直线法的不足。我国会计准则规定，企业只能采用实际利率法摊销利息调整，确定摊余成本。

（二）按实际利率法确定摊余成本

实际利率法，指以实际利率为基础计算金融资产（或金融负债）的摊余成本，以及将利息收入（或利息费用）分摊计入各会计期间的方法。应用实际利率法，首先确定债权投资的实际利率（投资回报率），然后每期期末用债权投资的期初摊余成本乘以实际利率确定当期的投资收益，再将当期的投资收益与票面利息相比较的差额作为当期应摊销的利息调整金额。

1. 确定实际利率

实际利率，指将债权投资在预计存续期的估计未来现金流量折现为该债权投资初始入账价值所使用的利率，即将债权投资未来存续期间获得的现金流量（包括收回的本金和利息）用某一利率折现后的现值恰好等于债权投资的初始入账金额，这一折现率就是实际利率，也是该债权投资实际的投资收益率。在确定实际利率时，应当在考虑金融资产所有合同条款（如提前还款、展期、看涨期权或其他类似期权等）的基础上估计预期现金流量，但不应当考虑预期信用损失。

在债券分期付息的情况下，债券面值在到期时一次收回，其现值应根据债券面值乘以复利现值系数计算；债券票面利息分期等额收回，其现值应根据各期债券票面利息乘以年金现值系数计算。其计算公式为：

债券初始入账价值 = 债券面值 × $(P/F, i, n)$ + 债券票面利息 × $(P/A, i, n)$

采用插值法即可计算出债券实际利率 i。

根据例 4-11 的资料，设实际利率为 i，则有

$1\,052\,300 = 1\,000\,000 \times (P/F, i, 5) + 1\,000\,000 \times 6\% \times (P/A, i, 5)$

其中：(P/F, i, 5)是利率为i、期限为5的复利现值系数；(P/A, i, 5)是利率为i、期限为5的年金现值系数。

采用插值法，计算确定债券的实际利率为4.8%。

根据例4-12的资料，设实际利率为r，则有

$$937\ 700 = 1\ 000\ 000 \times (P/F, r, 5) + 1\ 000\ 000 \times 5\% (P/A, r, 5)$$

其中：(P/F, r, 5)是利率为r、期限为5的复利现值系数；(P/A, r, 5)是利率为r、期限为5的年金现值系数。

采用插值法，计算确定债券的实际利率为6.5%。

在债券到期一次还本付息的情况下，其实际利率均可采用下列公式计算：

债券到期价值 = 债券初始入账价值 × (1 + 实际利率i) × n

$$实际利率\ i = \sqrt[n]{\frac{债券到期价值}{债券初始入账价值}} - 1$$

式中，n为债券到期价值折现的期数。

根据例4-13的资料，设实际利率为i，则有：

$948\ 850 \times (1+i)^5 = 1\ 000\ 000 \times (1+6\%\times 5) = 1\ 300\ 000$

$$实际利率\ i = \sqrt[5]{\frac{1\ 300\ 000}{948\ 850}} - 1 = 6.5\%$$

也可采用采用插值法，计算确定债券的实际利率为6.5%。

2. 确定当期的投资收益

当期的投资收益 = 期初摊余成本 × 实际利率

3. 确定当期的利息调整摊销

当期的利息调整摊销 = 投资收益 - 票面利息（或票面利息 - 投资收益）

4. 确定期末摊余成本

期末摊余成本 = 期初摊余成本 + 本期确认的应计利息 ± 本期的利息调整摊销

综合考虑计提票面利息并摊销利息，可编制如下的会计分录：

借：应收利息（分期付息）

　　债权投资——应计利息（一次付息）

　　债权投资——利息调整（倒挤差额）

贷：投资收益

　　债权投资——利息调整（倒挤差额）

5. 实际利率法的特点

实际利率法的特点是各期的投资收益率保持不变。但由于债券投资额在不断变化，各期的投资收益也在不断变化。实际利率法下，债券利息调整借差或贷差摊销额是票面利息与投资收益（即实际利息）的差额，在票面利息不变而投资收益变化的情况下，摊销额也是不断变化的。采用实际利率法能够使一项投资业务中各期的投资收益率相同，正确反映各期经营业绩，而且期末债权投资是统一按照未来现金流量和实际利率计算的现值计量的，但计算较为复杂。

（三）分期付息债券的核算

对于分期付息、一次还本的债权投资，企业应当在付息日或资产负债表日计提债券利息，按照债权投资的面值和票面利率计算确定的票面利息，借记"应收利息"；按照债权投资期初摊余成本和实际利率确定的利息收入，贷记"投资收益"；按照借贷方的差额，借记或贷记"债权投资——利息调整"。实际收到票据利息时，借记"银行存款"等科目，贷记"应收利息"。

【例 4-14】承例 4-11，假定华泰公司购买债券后采用实际利率法确定债权投资的摊余成本，实际利率确定为 4.8%。为了方便各期的账务处理，可以编制利息调整摊销和摊余成本计算表（结果取整数）。

表 4-1 利息调整摊销和摊余成本计算表　　　　　　　　　　　　　　　　单位：元

日期	票面利息 (1) = 面值 ×6%	投资收益 (2) = 期初 (5) ×4.8%	利息调整借差摊销 (3) = (1) - (2)	利息调整余额 (4) = 期初 (4) - (3)	摊余成本 (5) = 期初 (5) - (3)
20×1.01.01				52 300	1 052 300
20×1.12.31	60 000	50 510	9 490	42 810	1 042 810
20×2.12.31	60 000	50 055	9 945	32 865	1 032 865
20×3.12.31	60 000	49 578	10 422	22 443	1 022 443
20×4.12.31	60 000	49 077	10 923	11 520	1 011 520
20×5.12.31	60 000	48 480※	11 520	0	1 000 000
合计	300 000	247 700	52 300		

注：※含尾差调整。

20×1 年 12 月 31 日的账务处理如下：

（1）确认利息收入并进行利息调整摊销：

借：应收利息　　　　　　　　　　　　　　　　　　　　　　　　60 000
　　　贷：投资收益　　　　　　　　　　　　　　　　　　　　　　　50 510
　　　　　债权投资——利息调整　　　　　　　　　　　　　　　　　9 490

（2）收到利息：

借：银行存款　　　　　　　　　　　　　　　　　　　　　　　　60 000
　　　贷：应收利息　　　　　　　　　　　　　　　　　　　　　　　60 000

以后各年的账务处理与此类似，不再展开。20×5 年 12 月 31 日，在计算投资收益时需要进行尾差调整，本期末需要将利息调整余额摊销完毕，摊余成本恢复到面值，因此首先需要确定利息调整摊销额为 11 520 元，然后再确定本期的投资收益 60 000 - 11 520 = 48 480（元）。

同理，20×5 年 12 月 31 日的账务处理如下：

（1）确认利息收入并进行利息调整摊销：

借：应收利息　　　　　　　　　　　　　　　　　　　　　　　　60 000
　　　贷：投资收益　　　　　　　　　　　　　　　　　　　　　　　48 480
　　　　　债权投资——利息调整　　　　　　　　　　　　　　　　　11 520

(2)收到利息:
借:银行存款 60 000
  贷:应收利息 60 000

在利息调整为借差、分期付息的情况下,各期的投资收益率保持不变,但各期的投资收益是逐年减少的;利息调整贷差余额逐年减少,最后为0;期末摊余成本逐年减少,最后一期期末的摊余成本等于债券的面值。

【例4-15】承例4-12,假定华泰公司购买债券后采用实际利率法确定债权投资的摊余成本,实际利率确定为6.5%。为了方便各期的账务处理,可以编制利息调整摊销和摊余成本计算表(结果取整数)。

表4-2 利息调整摊销和摊余成本计算表   单位:元

日 期	票面利息 (1)=面值 ×5%	投资收益 (2)=期初 (5)×6.5%	利息调整摊销 (3)=(2)-(1)	利息调整余额 (4)=期初 (4)-(3)	摊余成本 (5)=期初 (5)+(3)
20×1.01.01				62 300	937 700
20×1.12.31	50 000	60 951	10 951	51 349	948 651
20×2.12.31	50 000	61 662	11 662	39 687	960 313
20×3.12.31	50 000	62 420	12 420	27 267	972 733
20×4.12.31	50 000	63 228	13 228	14 039	985 961
20×5.12.31	50 000	64 039※	14 039	0	1 000 000
合计	250 000	312 300	62 300		

注:※含尾差调整。

20×1年12月31日的账务处理如下:
(1)确认利息收入并进行利息调整摊销:
借:应收利息 50 000
  债权投资——利息调整 10 951
  贷:投资收益 60 951
(2)收到利息:
借:银行存款 50 000
  贷:应收利息 50 000

以后各年的账务处理与此类似,不再展开。20×5年12月31日,在计算投资收益时需要进行尾差调整,本期末需要将利息调整余额摊销完毕,摊余成本恢复到面值,因此首先需要确定利息调整摊销额14 039元,然后再确定本期的投资收益50 000+14 039=64 039(元)。

同理,20×5年12月31日的账务处理如下:
(1)确认利息收入并进行利息调整摊销:
借:应收利息 50 000
  债权投资——利息调整 14 039
  贷:投资收益 64 039

(2)收到利息:

借:银行存款　　　　　　　　　　　　　　　　　　　　　　　　50 000
　　贷:应收利息　　　　　　　　　　　　　　　　　　　　　　　　50 000

从上面的计算和处理过程，可以看出：在利息调整为贷差、分期付息的情况下，各期的投资收益率保持不变，但各期的投资收益是逐年增加的；利息调整贷差余额逐年减少，最后为 0；期末摊余成本逐年增加，最后一期期末的摊余成本等于债券的面值。

（四）一次付息债券的核算

对于到期一次付息还本的债权投资，企业应当在资产负债表日计提债券利息，计提的利息通过"债权投资——应计利息"科目核算。资产负债表日，按照债权投资的面值和票面利率计算确定的票面利息，借记"债权投资——应计利息"科目，按照债权投资期初摊余成本和实际利率确定的利息收入，贷记"投资收益"科目，按照借贷方的差额，借记或贷记"债权投资——利息调整"科目。

【例 4-16】承例 4-13，假定华泰公司购买债券后采用实际利率法确定债权投资的摊余成本，实际利率确定为 6.5%。为了方便各期的账务处理，可以编制利息调整摊销和摊余成本计算表（结果取整数）。

表 4-3　利息调整摊销和摊余成本计算表　　　　　　　　　　　　　　　　单位:元

日　期	票面利息 (1)=面值×6%	投资收益 (2)=期初(5)×6.5%	利息调整摊销 (3)=(2)-(1)	利息调整余额 (4)=期初(4)-(3)	摊余成本 (5)=期初(5)+(1)+(3) 或 (5)=期初(5)+(2)
20×1.01.01				51 150	948 850
20×1.12.31	60 000	61 675	1 675	49 475	1 010 525
20×2.12.31	60 000	65 684	5 684	43 791	1 076 209
20×3.12.31	60 000	69 954	9 954	33 837	1 146 163
20×4.12.31	60 000	74 501	14 501	19 336	1 220 664
20×5.12.31	60 000	79 336※	19 336	0	1 300 000
合计	300 000	351 150	51 150		

注:※含尾差调整。

20×1 年 12 月 31 日，确认利息收入并进行利息调整摊销的账务处理如下：

借:债权投资——应计利息　　　　　　　　　　　　　　　　　　60 000
　　债权投资——利息调整　　　　　　　　　　　　　　　　　　　1 675
　　贷:投资收益　　　　　　　　　　　　　　　　　　　　　　　　61 675

以后各年的账务处理与此类似，不再展开。20×5 年 12 月 31 日，在计算投资收益时需要进行尾差调整，本期末需要将利息调整余额摊销完毕，摊余成本恢复到面值加上各期利息之和，因此首先需要确定利息调整摊销额 19 336 元，然后再确定本期的投资收益 60 000+19 336=79 336（元）。

同理，20×5 年 12 月 31 日的账务处理如下：

借：债权投资——应计利息	60 000	
债权投资——利息调整	19 336	
贷：投资收益		79 336

从上面的计算和处理过程，我们可以看出：在利息调整为贷差、一次付息的情况下，各期的投资收益率保持不变，但各期的投资收益是逐年增加的；利息调整贷差余额逐年减少，最后为0；期末摊余成本逐年增加，最后一期期末的摊余成本等于债券的面值和各期计息之和。

四、债权投资的到期兑现和处置

（一）债权投资的到期兑现

债权投资的到期兑现，指在债权投资期限届满时，按面值收回投资及应收未收的利息。一般来说，在债券投资到期时，利息调整（包括溢价或折价以及交易费用）已经摊销完毕，"债权投资"科目的余额均为债券面值和应计利息。如果是分期付息的债券，到期时企业可以收回债券面值；如果是一次付息的债券，到期时企业可以收回债券面值和各期利息。

【例4-17】承例4-11、例4-12，债券到期，收回债券面值。账务处理如下：

借：银行存款	1 000 000	
贷：债权投资——成本		1 000 000

【例4-18】承【例4-13】，债券到期，收回债券面值和各期利息。账务处理如下：

借：银行存款	1 300 000	
贷：债权投资——成本		1 000 000
——应计利息		300 000

（二）债权投资的处置

企业处置以摊余成本计量的债权投资时，应将所取得的价款与该债权投资账面价值之间的差额计入投资收益。其中，债权投资的账面价值是指债权投资的账面余额减去已计提的减值准备后的差额，即为摊余成本。如果在处置债权投资时，已计入应收项目的债券利息尚未收回，还应从处置价款中扣除该部分债券利息之后，确认处置损益。

企业处置债权投资时，应按实际收到的处置价款，借记"银行存款"等科目；按债权投资的面值，贷记"债权投资——成本"科目；按应计未收的利息，贷记"应收利息"科目或"债权投资——应计利息"科目；按利息调整摊余金额，贷记或借记"债权投资——利息调整"科目；按借贷方的差额，贷记或借记"投资收益"科目。

第四节　其他债权投资

一、其他债权投资概述

其他债权投资是指同时符合下列条件的金融资产：

（1）企业管理该金融资产的业务模式既以收取合同现金流量为目标又以出售该金融资产为目标；

（2）该金融资产的合同条款规定，在特定日期产生的现金流量，仅为对本金和以未偿付本金金额为基础的利息的支付。具体来说，其他债权投资指既可能持有至到期收取合同现金流量，又可能在到期之前出售的债券投资。企业取得其他债权投资，应将其划分为以公允价值计量且其变动计入其他综合收益的金融资产。

其他债权投资采用实际利率法计算的利息收入应当计入当期损益，其计算与处理过程类似于债权投资；该金融资产由于公允价值变动产生的利得或损失，应当计入其他综合收益；该金融资产发生的减值损失或利得，应当同时计入当期损益和其他综合收益，不得直接冲减其他债权投资的账面价值，从而使期末账面价值为其公允价值；该金融资产终止确认时，之前计入其他综合收益的累计利得或损失，应当从其他综合收益中转出，计入当期损益。

为了反映其他债权投资的取得、处置、公允价值变动等情况，企业应当设置"其他债权投资"科目，并设置"成本""利息调整""应计利息""公允价值变动"等明细科目。

二、其他债权投资的取得

企业取得的债券投资如果满足相应的条件划分为其他债权投资，其会计处理与债权投资相同，应按该债券的公允价值和相关交易费用（不含可以抵扣的增值税进项税额）之和作为该金融资产的入账价值，分别借记"其他债权投资——成本""其他债权投资——应计利息"（一次付息）、"应收利息"（分期付息）、"应交税费——应交增值税（进项税额）"科目；根据实际支付的价款，贷记"银行存款"等科目；根据借贷方的差额，借记或贷记"其他债权投资——利息调整"科目。

【例4-19】20×1年1月1日，华泰公司以503 620元的价格购入N公司当天发行的三年期分期付息债券，面值为500 000元，票面利率为6%，每年12月31日付息，并支付交易费用10 600元（其中含有准予抵扣的增值税进项税额600元），实际支付价款514 220元；华泰公司既可能将其持有至到期，也可能提前出售，将其确认为其他债权投资。经计算确定其实际利率为5%。华泰公司编制会计分录如下：

借：其他债权投资——成本　　　　　　　　　　　　　　500 000
　　　　　　　　——利息调整　　　　　　　　　　　　　13 620
　　应交税费——应交增值税（进项税额）　　　　　　　　600
　　贷：银行存款　　　　　　　　　　　　　　　　　　514 220

三、其他债权投资的收益

对于其他债权投资,在每一个计息日或资产负债表日,企业应按照债券的摊余成本和初始确认的实际利率确定投资收益,根据应收的票面利息,借记"应收利息"或"其他债权投资——应计利息"等科目;根据以实际利率计算的利息收入,贷记"投资收益"科目;根据两者的差额,借记或贷记"其他债权投资——利息调整"科目。

【例4-20】承例4-19,华泰公司各年末确认该其他债权投资的投资收益,实际利率为5%。为了简化核算,编制投资收益及利息调整贷差摊销表进行各期的会计处理,详见表4-4。

表4-4 投资收益及利息调整摊销表(分期付息) 单位:元

日期	票面利息	投资收益	利息调整贷差摊销	利息调整余额	摊余成本
	(1)=面值×6%	(2)=期初(5)×5%	(3)=(1)-(2)	(4)=期初(4)-(3)	(5)=期初(5)-(3)
20×1.01.01				13 620	513 620
20×1.12.31	30 000	25 681	4 319	9 301	509 301
20×2.12.31	30 000	25 465	4 535	4 766	504 766
20×3.12.31	30 000	25 234※	4 766	0	500 000

注:※含尾差调整。

20×1年12月31日编制的会计分录如下:

借:应收利息 30 000
  贷:投资收益 25 681
    其他债权投资——利息调整 4 319

实际收到票面利息时:

借:银行存款 30 000
  贷:应收利息 30 000

以后各年的账务处理与此类似,不再展开。2013年12月31日,在计算投资收益时需要进行尾差调整,本期末需要将利息调整余额摊销完毕,摊余成本恢复到面值,因此首先需要确定利息调整摊销额4 766元,然后再确定本期的投资收益25 234(30 000-4 766)元。

同理,2013年12月31日的账务处理如下:

借:应收利息 30 000
  贷:投资收益 25 234
    其他债权投资——利息调整 4 766

实际收到票面利息时:

借:银行存款 30 000
  贷:应收利息 30 000

债券到期,收回债券面值:

借:银行存款 500 000
  贷:其他债权投资——成本 500 000

四、其他债权投资的期末计价

根据企业会计准则的规定,资产负债表日,其他债权投资应当按照公允价值计量。其他债权投资公允价值与账面价值的差额,即公允价值的变动金额,应作为所有者权益变动,计入其他综合收益,不得计入当期损益。此时,借记或贷记"其他债权投资——公允价值变动"科目,借记或贷记"其他综合收益——金融资产公允价值变动"科目。

【例4-21】承例4-19,华泰公司各年末持有该债券投资的公允价值如表4-5所示。

表4-5 公允价值变动计算表　　　　　　　　　　　　　　单位:元

日期	摊余成本(1)	公允价值(2)	累计公允价值变动(3)=(2)-(1)	本期公允价值变动(4)=(3)-期初(3)
20×1.12.31	509 301	509 600	299	299
20×2.12.31	504 766	504 900	134	-165
20×3.12.31	500 000	500 000	0	-134

20×1年12月31日,本期公允价值变动=509 600-509 301=299(元)。编制会计分录如下:

借:其他债权投资——公允价值变动　　　　　　　　　　　　299
　　贷:其他综合收益——金融资产公允价值变动　　　　　　　　　299

20×2年12月31日,累计公允价值变动=504 900-504 766=134(元),本期公允价值变动=134-299=-165(元)。编制会计分录如下:

借:其他综合收益——金融资产公允价值变动　　　　　　　　165
　　贷:其他债权投资——公允价值变动　　　　　　　　　　　　165

20×3年12月31日,累计公允价值变动=500 000-500 000=0,本期公允价值变动=0-134=-134(元)。编制会计分录如下:

借:其他综合收益——金融资产公允价值变动　　　　　　　　134
　　贷:其他债权投资——公允价值变动　　　　　　　　　　　　134

五、其他债权投资的出售

企业出售其他债权投资,应当终止确认该金融资产,将实际收到的金额与其账面价值的差额确认为投资收益;同时,将原计入其他综合收益的累计公允价值变动转出,计入投资收益。企业应根据实际收到的出售价款,借记"银行存款"等科目;根据其账面价值,贷记"其他债权投资"科目;根据其差额,贷记或借记"投资收益"科目。同时,根据原计入其他综合收益的累计公允价值变动金额,借记或贷记"其他综合收益——金融资产公允价值变动"科目,贷记或借记"投资收益"科目。

【例4-22】承例4-19,假定20×3年1月1日,华泰公司出售该债券投资,实际收到的价款为504 800元;该债券的账面价值为504 900元。其中,面值为500 000元,利息调整借差为4 766元,公允价值变动为134元。编制会计分录如下:

借：银行存款	504 800
投资收益	100
贷：其他债权投资——债券面值	500 000
——利息调整	4 766
——公允价值变动	134
借：其他综合收益——金融资产公允价值变动	134
贷：投资收益	134

第五节 其他权益工具投资

一、其他权益工具概述

在初始确认时，企业可以将非交易性权益工具投资（如企业持有的限售股等）指定为以公允价值计量且其变动计入其他综合收益的金融资产。该指定一经做出，不得撤销。例如，企业持有的上市公司限售股由于出售受到限制，不能随时出售，应确认为以公允价值计量且其变动计入其他综合收益的金融资产。期末，其他权益工具投资按照公允价值计量，并将产生的公允价值变动计入其他综合收益；当该金融资产终止确认时，之前计入其他综合收益的累计公允价值变动损益应当转出，计入留存收益。

为了反映其他权益工具投资的取得、处置、公允价值变动等情况，企业应当设置"其他权益工具投资"科目，并按照"成本"和"公允价值变动"设置明细科目。其中："成本"明细科目反映其他权益工具的投资初始入账金额；"公允价值变动"明细科目反映其他权益工具投资在持有期间的公允价值变动金额。该科目借方登记其他权益工具投资的取得成本和公允价值变动增加额，贷方登记其他权益工具投资的公允价值变动减少额和处置成本，期末借方余额表示其他权益工具投资的公允价值。

二、其他权益工具投资的初始计量

企业取得的其他权益工具投资，应按其公允价值和相关交易费用（不包括可以抵扣的增值税进项税额）之和作为初始投资成本，借记"其他权益工具投资——成本"科目；按照可以抵扣的增值税进项税额，借记"应交税费——应交增值税（进项税额）"科目；按照支付的价款中包含的已宣告但尚未发放的现金股利，借记"应收股利"科目；按实际支付的金额，贷记"银行存款"等科目。

【例4-23】20×1年4月1日，华泰公司购入M公司股票50 000股，每股市价为16元，实际支付价款800 000元，另付交易费用2 120元（其中可以抵扣的增值税进项税额为120元），该股票在两年内不得出售，华泰公司将其划分为其他权益工具投资。

华泰公司取得股票的账务处理如下：

借：其他权益工具投资——成本　　　　　　　　　　　　　　802 000
　　应交税费——应交增值税（进项税额）　　　　　　　　　120
　　贷：银行存款　　　　　　　　　　　　　　　　　　　　802 120

三、其他权益工具投资持有期间的收益

其他权益工具投资，在持有期间被投资单位宣告发放的现金股利，投资方按应享有的份额确认为投资收益，借记"应收股利"科目，贷记"投资收益"科目；收到现金股利时，应借记"银行存款"等科目，贷记"应收股利"科目。

【例 4-24】20×2 年 3 月 12 日，M 公司宣告分派现金股利 0.3 元/股，3 月 25 日 M 公司实际发放现金股利。

华泰公司进行账务处理如下：

（1）M 公司宣告发放现金股利：

借：应收股利　　　　　　　　　　　　　　　　　　　　　15 000
　　贷：投资收益　　　　　　　　　　　　　　　　　　　　　15 000

（2）华泰公司实际收到现金股利：

借：银行存款　　　　　　　　　　　　　　　　　　　　　15 000
　　贷：应收股利　　　　　　　　　　　　　　　　　　　　　15 000

四、其他权益工具投资的期末计价

资产负债表日，其他权益工具投资应当按照公允价值计量，其公允价值与账面价值的差额，即公允价值的变动金额，应计入其他综合收益。如果其他权益工具投资的公允价值高于账面价值，应按其差额，借记"其他权益工具投资——公允价值变动"科目，贷记"其他综合收益"科目；如果其他权益工具投资的公允价值低于账面价值，应按其差额做相反的会计处理。

【例 4-25】承例 4-23，20×1 年 12 月 31 日，M 公司股票的每股市价为 18 元，华泰公司持有 M 公司股票的公允价值为 900 000 元，账面价值为 802 000 元，公允价值上升了 98 000 元。

华泰公司进行账务处理如下：

借：其他权益工具投资——公允价值变动　　　　　　　　　98 000
　　贷：其他综合收益——金融资产公允价值变动　　　　　　　98 000

五、其他权益工具投资的处置

企业出售其他权益工具投资，应终止确认该金融资产，并将实际收到的价款与其账面价值的差额，计入留存收益；同时将该金融资产原计入其他综合收益的累计利得或损失对应处置部分的金额从其他综合收益转出，计入留存收益。

处置其他权益工具投资时，企业应根据实际收到的出售价款，借记"银行存款"等科目；根据该金融资产的账面价值，贷记"其他权益工具投资"科目；根据其差额，贷记或借记"盈余公积""利润分配——未分配利润"科目。同时，将原计入其他综合收益的累计利得或损失对应处置部分的金额转出，借记或贷记"其他综合收益——公允价值变动"科目，贷记或借记"盈余公积""利润分配——未分配利润"科目。

【例4-26】承例4-23，20×2年4月6日，华泰公司将持有的M公司股票全部出售，收取价款986 000元；M公司股票的账面价值为900 000元。其中，初始投资成本为802 000元，公允价值变动为98 000元。假定华泰公司按照10%提取盈余公积。

华泰公司进行账务处理如下：

（1）出售M公司股票：

借：银行存款　　　　　　　　　　　　　　　　　986 000
　　贷：其他权益工具投资——成本　　　　　　　　802 000
　　　　　　　　　　　　——公允价值变动　　　　 98 000
　　　　盈余公积　　　　　　　　　　　　　　　　　8 600
　　　　利润分配——未分配利润　　　　　　　　　 77 400

（2）结转累计计入其他综合收益的公允价值变动：

借：其他综合收益——公允价值变动　　　　　　　　98 000
　　贷：盈余公积　　　　　　　　　　　　　　　　　9 800
　　　　利润分配——未分配利润　　　　　　　　　 88 200

第六节　交易性金融资产

一、交易性金融资产的含义

企业会计准则规定，不属于以摊余成本计量，也不属于以公允价值计量且其变动计入其他综合收益的金融资产应归类为以公允价值计量且其变动计入当期损益的金融资产。以公允价值计量且其变动计入当期损益的金融资产主要包括交易性金融资产和初始确认时直接认定为以公允价值计量且其变动计入当期损益的金融资产。

金融资产满足下列条件之一时，表明企业持有该金融资产的目的是交易性的：

（1）取得相关金融资产的目的，主要是为了近期出售或回购；

（2）相关金融资产在初始确认时属于集中管理的可辨认金融工具组合的一部分，客观证据表明近期实际存在短期获利模式；

（3）相关金融资产属于衍生工具，但符合财务担保合同定义的衍生工具以及被指定为有效套期工具的衍生工具除外。交易性金融资产主要包括以交易为目的债券、股票、基金和权证等。

二、交易性金融资产的取得

为了反映交易性金融资产的取得、处置、公允价值变动等情况，企业应当设置"交易性金融资产"科目，并设置"成本"和"公允价值变动"明细科目。其中："成本"明细科目反映交易性金融资产的投资初始入账金额；"公允价值变动"明细科目反映交易性金融工具在持有期间的公允价值变动金额。需要注意的是，企业持有的直接指定为公允价值计量且其变动计入当期损益的金融资产，也通过"交易性金融资产"科目核算。

交易性金融资产应当按照取得时的公允价值作为初始入账金额，相关的交易费用在发生时直接计入当期损益。其中，交易费用指可直接归属于购买、发行或处置金融工具的增量费用。增量费用指企业没有发生购买、发行或处置相关金融工具就不会发生的费用，主要包括支付给代理机构、咨询公司、券商、证券交易所、政府有关部门的手续费、佣金及其他必要的支出。

企业在取得交易性金融资产所支付的款项中，如果包含已宣告但尚未发放的现金股利或已到付息期但未领取的债券利息，应当单独确认为应收项目（应收股利或应收利息），不计入初始取得成本。

企业取得交易性金融资产时，应当按照该金融资产的购买价格（不包括应收股利或应收利息）作为其初始成本，借记"交易性金融资产——成本"科目；按照已经宣告但尚未发放的现金股利或已到付息期但尚未领取的债券利息，借记"应收股利"或"应收利息"科目；按照取得该金融资产所发生的相关交易费用，借记"投资收益"科目；按照所支付的全部款项，贷记"银行存款"等科目。企业在收到上述现金股利或债券利息时，应借记"银行存款"等科目，贷记"应收股利"或"应收利息"科目。

【例4-27】20×1年5月8日，华泰公司按照每股6.7元的价格以银行存款购入N公司股票30 000股，支付价款中包含每股0.2元已宣告但尚未发放的现金股利。另支付相关交易费用金额为1 060元（其中准予抵扣的增值税进项税额为60元）。华泰公司将其划分为交易性金融资产。该现金股利于5月20日发放。

华泰公司进行相关的账务处理如下：

（1）购入股票：

借：交易性金融资产——成本　　　　　　　　　　　　　195 000
　　应收股利　　　　　　　　　　　　　　　　　　　　　6 000
　　投资收益　　　　　　　　　　　　　　　　　　　　　1 000
　　应交税费——应交增值税（进项税额）　　　　　　　　　60
　　贷：银行存款　　　　　　　　　　　　　　　　　　202 060

（2）收到现金股利：

借：银行存款　　　　　　　　　　　　　　　　　　　　6 000
　　贷：应收股利　　　　　　　　　　　　　　　　　　　6 000

三、交易性金融资产持有期间投资收益的确认

企业取得股票并划分为交易性金融资产的，在持有期间，只有在同时符合下列条件时，才能确认股利收入并计入当期投资收益：①企业收取股利的权利已经确立；②与股利相关的经济利益很可能流入企业；③股利的金额能够可靠计量。企业取得债券并划分为交易性金融资产核算的，在持有期间，应于每一资产负债表日或付息日计提债券利息，计入当期投资收益。

交易性金融资产在持有期间，被投资单位宣告发放现金股利同时满足股利收入的确认条件时，投资方按应享有的份额，借记"应收股利"科目，贷记"投资收益"科目；资产负债表日或付息日，投资方按债券面值和票面利率计提利息时，借记"应收利息"科目，贷记"投资收益"科目。收到上述现金股利或债券利息时，借记"银行存款"科目，贷记"应收股利"或"应收利息"科目。

【例4-28】承例4-27，华泰公司持有N公司股票30 000股。20×2年3月10日，N公司宣告利润分配方案，每股派发现金股利0.2元，并于2012年4月5日实际发放现金股利。

华泰公司进行相关的账务处理如下：

（1）N公司宣告发放现金股利：

借：应收股利　　　　　　　　　　　　　　　　　　　　6 000
　　贷：投资收益　　　　　　　　　　　　　　　　　　　　6 000

（2）实际收到现金股利：

借：银行存款　　　　　　　　　　　　　　　　　　　　6 000
　　贷：应收股利　　　　　　　　　　　　　　　　　　　　6 000

四、交易性金融资产的期末计量

资产负债表日，交易性金融资产应按公允价值反映。企业应按交易性金融资产的公允价值对其账面价值进行调整，将公允价值与账面价值之间的差额计入当期损益。

当交易性金融资产的公允价值高于其账面价值时，按其差额，借记"交易性金融资产——公允价值变动"科目，贷记"公允价值变动损益"科目；当交易性金融资产的公允价值低于其账面价值时，按其差额做相反的会计处理。

【例4-29】承例4-27，20×1年12月31日，N公司股票的市价为每股8元，华泰公司持股的公允价值为240 000元，公允价值高于账面价值45 000元。20×2年12月31日，M公司股票的市价为每股7元，华泰公司持股的公允价值为210 000元，公允价值低于账面价值30 000元。

华泰公司进行相关的账务处理如下：

（1）20×1年12月31日，按公允价值调整：

借：交易性金融资产——公允价值变动　　　　　　　　　　45 000
　　贷：公允价值变动损益　　　　　　　　　　　　　　　　45 000

（2）20×2年12月31日，按公允价值调整：

借：公允价值变动损益　　　　　　　　　　　　　　　　　　　　　　30 000
　　贷：交易性金融资产——公允价值变动　　　　　　　　　　　　　　　　30 000

五、交易性金融资产的出售

交易性金融资产出售时，应当终止确认该金融资产，并将出售该金融资产收取的全部价款与其账面价值的差额确认为投资收益。

企业应根据实际收取的全部价款，借记"银行存款"等科目；根据出售该金融资产的初始成本，贷记"交易性金融资产——成本"科目；根据出售该金融资产的累计公允价值变动金额，贷记或借记"交易性金融资产——公允价值变动"科目；根据借贷方的差额，贷记或借记"投资收益"科目。

【例4-30】承例4-27，20×3年1月10日，华泰公司将持有的N公司的30 000股股票全部出售，实际收到出售价款236 000元，存入银行。股票出售日，华泰公司持有该交易性金融资产的账面价值为210 000元，其中，成本195 000元，公允价值变动15 000元。

华泰公司进行相关的账务处理如下：

借：银行存款　　　　　　　　　　　　　　　　　　　　　　　　　236 000
　　贷：交易性金融资产——成本　　　　　　　　　　　　　　　　　　195 000
　　　　　　　　　　——公允价值变动　　　　　　　　　　　　　　　15 000
　　　　投资收益　　　　　　　　　　　　　　　　　　　　　　　　 26 000

第七节　金融资产的减值

一、计提损失准备的金融资产的范围

企业应当以预期信用损失为基础，对下列项目进行减值会计处理并确认损失准备：

（1）以摊余成本计量的金融资产和以公允价值计量且其变动计入其他综合收益的债权类金融资产（其他债权投资）；

（2）租赁应收款；

（3）合同资产；

（4）企业发行的分类为以公允价值计量且其变动计入当期损益的金融负债以外的贷款承诺和特定的财务担保合同。

损失准备，是指针对以摊余成本计量的金融资产、租赁应收款和合同资产的预期信用损失计提的准备，以公允价值计量且其变动计入其他综合收益的债权类金融资产（其他债权投资）的累计减值金额，以及针对贷款承诺和特定的财务担保合同的预期信用损失计提的准备。

值得注意的是，交易性金融资产和以公允价值计量且其变动计入其他综合收益的权益性金融资产（其他权益工具投资）是不需要计提减值损失准备的。

二、金融资产减值的一般性规定

现行的《企业会计准则第22号——金融工具的确认和计量》对金融资产减值的规定做出了重大调整，针对2008年金融危机后社会各界对金融资产计提减值损失"太迟太少"的质疑，将减值模型由"已发生损失"模型调整为"预期信用损失"模型。

（一）预期信用损失

预期信用损失是指以发生违约的风险为权重的债权投资信用损失的加权平均值。

信用损失，是指企业按照原实际利率折现的、根据合同应收的所有合同现金流量与预期收取的所有现金流量之间的差额，即全部现金短缺的现值。其中，对于企业购买或源生的已发生信用减值的金融资产，应按照该金融资产经信用调整的实际利率折现。由于预期信用损失考虑付款的金额和时间分布，因此即使企业预计可以全额收款但收款时间晚于合同规定的到期期限，也会产生信用损失。

估计预期信用损失的目的并非对最坏的情形或最好的情形做出估计。预期信用损失的估计应当始终反映发生信用损失的可能性及不发生信用损失的可能性。

企业通常能够可靠估计金融工具的预计存续期。在极少数情况下，金融工具预计存续期无法可靠估计的，企业应当基于该金融工具的剩余合同期间计算确定预期信用损失。

（二）三阶段模型

除特殊情形以外，企业应当在每个资产负债表日评估相关金融工具的信用风险自初始确认后是否已显著增加，并按照下列情形分别计量其损失准备、确认预期信用损失及其变动。

（1）如果该金融工具的信用风险自初始确认后并未显著增加。（阶段1）

此时，企业应当按照相当于该金融工具未来12个月内预期信用损失的金额计量其损失准备。

未来12个月内预期信用损失，指因资产负债表日后12个月内（若金融工具的预计存续期少于12个月，则为预计存续期）可能发生的金融工具违约事件而导致的预期信用损失，是整个存续期预期信用损失的一部分。其金额为因资产负债表日后12个月内（若金融工具的预计存续期少于12个月则为更短的存续期间）可能发生的违约事件而导致的金融工具在整个存续期内现金流缺口的加权平均现值。未来12个月内预期信用损失，不是预计在未来12个月内将发生的现金短缺，也不是预计在未来12个月内的现金流缺口的加权平均现值。例如，企业预计一项剩余存续期为3年的债务工具在未来12个月内将发生债务重组，重组将对该工具整个存续期内的合同现金流量进行调整，则所有合同现金流量的调整（无论归属在哪个期间）都属于计算12个月内预期信用损失的考虑范围。

（2）如果该金融工具的信用风险自初始确认后已显著增加，但没有客观证据（信用

损失事件）表明发生减值的金融工具。（阶段2）

此时，企业应当按照相当于该金融工具整个存续期内预期信用损失的金额计量其损失准备。整个存续期预期信用损失，指因金融工具整个预计存续期内所有可能发生的违约事件而导致的预期信用损失。对这类金融工具，企业按照金融资产的账面总额（即不扣减预期信用损失）与实际利率计算利息收入。

企业在进行相关评估时，应当考虑所有合理且有依据的信息，包括前瞻性信息。为确保自金融工具初始确认后信用风险显著增加即确认整个存续期预期信用损失，企业在一些情况下应当以组合信息为基础考虑评估信用风险是否显著增加。

（3）在财务报告日，有客观证据（信用损失事件）表明金融工具发生减值。（阶段3）

对这类金融工具，企业同样应确认整个存续期的预期信用损失，但是计算利息收入时是按照资产的账面净额（即账面总额减去预期信用损失）与实际利率相乘来计算的。

当对金融资产预期未来现金流量具有不利影响的一项或多项事件发生时，该金融资产成为已发生信用减值的金融资产。

金融资产已发生信用减值的证据包括下列可观察信息：①发行方或债务人发生重大财务困难；②债务人违反合同，如偿付利息、本金违约或逾期等；③债权人出于与债务人财务困难有关的经济或合同考虑，给予债务人在任何其他情况下都不会做出的让步；④债务人很可能破产或进行其他财务重组；⑤发行方或债务人财务困难导致该金融资产的活跃市场消失；⑥以大幅折扣购买或源生一项金融资产，该折扣反映了发生信用损失的事实。

金融资产发生信用减值，有可能是多个事件的共同作用所致，未必是可单独识别的事件所致。

无论企业评估信用损失的基础是单项金融工具还是金融工具组合，由此形成的损失准备的增加或转回金额，都应当作为减值损失或利得计入当期损益。如果发生减值损失，除其他债权投资外，应当将该金融资产的账面价值减记至预计未来现金流量的现值，其会计分录为：借记"信用减值损失"科目，贷记"××减值准备"科目；如果发生减值损失转回（减值利得），则做相反的会计分录：借记"××减值准备"科目，贷记"信用减值损失"科目。

（三）信用风险是否显著增加的判断

企业在评估金融工具的信用风险自初始确认后是否已显著增加时，应当考虑金融工具预计存续期内发生违约风险的变化，而不是预期信用损失金额的变化。企业应当通过比较金融工具在资产负债表日发生违约的风险与在初始确认日发生违约的风险，以确定金融工具预计存续期内发生违约风险的变化情况。

企业在评估金融工具的信用风险自初始确认后是否已显著增加时，应当考虑违约风险的相对变化，而非违约风险变动的绝对值。在同一后续资产负债表日，对于违约风险变动的绝对值相同的两项金融资产，初始确认时违约风险较低的金融工具比初始确认时违约风险较高的金融工具的信用风险变化更为显著。

企业在确定信用风险自初始确认后是否显著增加时，无须付出不必要的额外成本或努力即可获得合理且有依据的前瞻性信息的,不得仅依赖逾期信息来确定信用风险自初始确认后是否显著增加。企业必须付出不必要的额外成本或努力才可获得合理且有依据的逾期信息以外的单独或汇总的前瞻性信息的,可以采用逾期信息来确定信用风险自初始确认后是否显著增加。

企业通常应当在金融工具逾期前确认该工具整个存续期预期信用损失。无论企业采用何种方式评估信用风险是否显著增加,通常情况下,如果逾期超过 30 日,则表明金融工具的信用风险已经显著增加。如果交易对手方未按合同规定时间支付约定的款项,则表明该金融资产发生逾期。

企业确定金融工具在资产负债表日只具有较低的信用风险的,可以认定该金融工具的信用风险自初始确认后并未显著增加。

金融资产减值的三阶段模型,可按照信用质量、减值确认和利息收入进行概括归纳,如表 4-6 所示。

表 4-6 三阶段模型的主要内容

阶 段	信用质量	减值确认	利息收入
阶段 1	低信用风险或初始确认后信用质量无显著恶化	12 个月预期信用损失	以账面余额乘以实际利率计算
阶段 2	初始确认后信用风险显著增加,但报告日无客观减值证据	整个存续期的预期信用损失	以账面余额乘以实际利率计算
阶段 3	报告日存在客观减值证据	整个存续期的预期信用损失	以摊余成本乘以实际利率计算

(四)信用损失的确定

企业计量金融工具预期信用损失的方法应当反映下列各项要素:①通过评价一系列可能的结果而确定的无偏概率加权平均金额;②货币时间价值;③在资产负债表日无须付出不必要的额外成本或努力即可获得的有关过去事项、当前状况及未来经济状况预测的合理且有依据的信息。

信用损失是应收取的合同现金流量与预期收取的现金流量之间差额的现值;所有的现金差额(无论正负)都应包含在预期信用损失的计算中。对于金融资产,信用损失应为企业应收取的合同现金流量与预期收取的现金流量之间差额的现值。

企业应当以概率加权平均为基础对预期信用损失进行计量。企业对预期信用损失的计量应当反映发生信用损失的各种可能性,但不必识别所有可能的情形。企业不得仅基于最坏的结果或以最佳估计数来估计预期信用损失。在计量预期信用损失时,企业需考虑的最长期限为企业面临信用风险的最长合同期限(包括考虑续约选择权),而不是更长期间,即使该期间与业务实践相一致。

(五)减值损失的转回

减值模型是对称处理的。企业在前一会计期间已经按照相当于金融工具整个存续期内预期信用损失的金额计量了损失准备,但在当期资产负债表日,该金融工具已不再属于自初始确认后信用风险显著增加的情形的，企业应当在当期资产负债表日按照相当于未来12个月内预期信用损失的金额计量该金融工具的损失准备，由此形成的损失准备的转回金额应当作为减值利得计入当期损益。

例如，债权投资确认减值损失后，如有客观证据表明该资产的价值得以恢复，且客观上与确认该损失后发生的事项有关，原确认的减值损失应当予以转回，计入当期损益。但是，该转回后的账面价值不应超过假定不计提减值准备情况下该债权投资在转回日的摊余成本。

三、减值的特殊规定

（一）购买或源生的已发生信用减值的金融资产

对于购买或源生的已发生信用减值的金融资产，企业应当在资产负债表日仅将自初始确认后整个存续期内预期信用损失的累计变动确认为损失准备。

在每个资产负债表日，企业应当将整个存续期内预期信用损失的变动金额作为减值损失或利得计入当期损益。如果该资产负债表日确定的整个存续期内预期信用损失小于初始确认时估计现金流量所反映的预期信用损失的金额，企业也应当将预期信用损失的有利变动确认为减值利得。

（二）计提损失准备的简化方法

对于不包含重大融资成分的应收款项和合同资产，企业应当始终按照整个存续期内预期信用损失的金额计量其损失准备。需要注意的是，企业对这种简化处理没有选择权。

对包含重大融资成分的应收款项、合同资产和规范的租赁应收款，会计准则允许企业做出会计政策选择，可以选择始终按照相当于整个存续期内预期信用损失的金额计量其损失准备。企业可分别对应收款项、合同资产和应收租赁款做出不同的会计政策选择。

四、应收款项的减值

（一）概述

企业会计准则规定，企业对于不含重大融资成分的应收款项，应当采用简化的减值核算方法，始终按照整个存续期内预期信用损失的金额计量其损失准备。由于应收款项通常属于短期债权，预计未来现金流量与其现值相差很小，在确定应收款项信用损失金额时，可以不对预计未来现金流量进行折现处理。因此，应收款项的预期信用损失应当按照预期不能收回的应收款项金额计量，即按照应收取的合同现金流量与预期收取的现金流量两者之间的差额计量。

会计实务中，确定应收款项预期信用损失（通常称为坏账损失）的具体方法通常有余额百分比法和账龄分析法两种。

（二）坏账与备抵法

坏账是指企业无法收回或收回可能性极小的应收款项。企业由于发生坏账而产生的损失称为坏账损失。通常，符合下列条件之一即可认为发生了坏账：

（1）债务人依法宣告破产、撤销，其剩余财产确实不足清偿的应收款项；

（2）债务人死亡或依法被宣告死亡、失踪，其财产或遗产确实不足清偿的应收款项；

（3）债务人较长时间未履行偿债义务（一般为超过3年），并有足够证据表明无法收回或收回的可能性极小的应收款项。

对应收款项估计的坏账损失称为坏账准备，其在会计上有两种核算方法：一是直接转销法；二是备抵法。直接转销法是在实际发生坏账时直接冲销有关的应收款项，并确认为坏账损失，借记"信用减值损失"科目，贷记"应收账款"科目。直接转销法方法简单，容易操作，但不符合权责发生制和收入与费用的配比原则，也不符合谨慎性原则，不够科学合理。因此现行会计准则规定，企业应当采用备抵法核算各项应收款项的坏账。

备抵法是根据应收款项可收回金额按期估计坏账损失并形成坏账准备，在实际发生坏账时再冲销坏账准备的方法。采用备抵法核算坏账，每期估计的坏账损失直接计入当期损益，既如实反映应收账款的净额，又避免了因应收账款价值虚列造成的利润虚增，体现了谨慎性原则的要求。

在备抵法下，企业应设置"坏账准备"科目。"坏账准备"科目是应收款项的调整科目，是用来抵减应收款项的。按期估计坏账损失时，借记"信用减值损失"科目，贷记"坏账准备"科目；实际发生坏账时，借记"坏账准备"科目，贷记"应收账款"等科目。在资产负债表上，各应收款项按照该应收款项余额减去提取的坏账准备后的净额反映。

采用备抵法核算各应收款项的坏账，应采用一定的方法合理估计各会计期间的坏账损失。按期估计坏账损失的方法主要有两种，即余额百分比法和账龄分析法。

（三）余额百分比法

应收账款余额百分比法是按应收款项余额和预期信用损失率计算确定应收款项的预期信用损失的方法。预期信用损失率，是指应收款项的预期信用损失金额占应收款项账面余额的比例。企业应当以应收款项的历史信用损失率为基础，结合当前实际情况并考虑无须付出不必要的额外成本或努力即可获得的合理且有依据的前瞻性信息，合理确定预期信用损失率。企业还应当定期对预期信用损失率进行检查，并根据实际情况作必要调整。

资产负债表日，企业可按下列公式计算确定本期应计提（或冲减）的坏账准备金额：

本期预期信用损失金额 = 本期应收款项期末余额 × 预期信用损失率

（1）如果本期预期信用损失金额大于坏账准备科目原有贷方余额：

本期应计提的坏账准备金额 = 本期预期信用损失金额 - 坏账准备科目原有贷方余额

（2）如果本期预期信用损失金额小于坏账准备科目原有贷方余额：

本期应冲减的坏账准备金额 = 坏账准备科目原有贷方余额 - 本期预期信用损失金额

（3）如果坏账准备科目原有借方余额：

本期应计提的坏账准备金额 = 本期预期信用损失金额 + 坏账准备科目原有借方余额

经过上述会计处理后,各个期末"坏账准备"科目的贷方余额应等于本期预期信用损失金额。

采用余额百分比法对坏账进行会计处理,需要注意:发生坏账时,应抵减坏账准备,按实际发生的坏账金额,借记"坏账准备"科目,贷记"应收账款""其他应收款"等科目;已经确认的坏账又收回时,应首先恢复债权以反映债务人的信誉状况,根据估计收回的数额,借记"应收账款"等科目,贷记"坏账准备"科目,然后再收回债权,借记"银行存款"等科目,贷记"应收账款"科目。

下面以应收账款为例,说明按余额百分比法计提坏账准备的会计处理方法。

【例 4-31】 华泰公司采用余额百分比法计算确定应收账款的预期信用损失。根据以往的营业经验、客户的财务状况和现金流量等情况,华泰公司确定预期信用损失率为 10%。根据发生的有关经济业务,进行相应的会计处理。

(1) 20×1 年 12 月 31 日,应收账款的年末余额为 300 000 元,"坏账准备"科目无余额:

本年计提坏账准备 = 300 000 × 10% = 30 000(元)

借:信用减值损失　　　　　　　　　　　　　　　　　　　　30 000
　　贷:坏账准备　　　　　　　　　　　　　　　　　　　　　　30 000

年末,应收账款净额为 270 000(300 000-30 000)元。

(2) 20×2 年 7 月实际发生坏账 18 000 元:

借:坏账准备　　　　　　　　　　　　　　　　　　　　　　　18 000
　　贷:应收账款　　　　　　　　　　　　　　　　　　　　　　18 000

(3) 20×2 年 12 月 31 日,应收账款余额为 400 000 元:

坏账准备原有贷方余额 = 30 000-18 000 = 12 000(元)

本年计提坏账准备 = 400 000 × 10% - 12 000 = 28 000(元)

借:信用减值损失　　　　　　　　　　　　　　　　　　　　28 000
　　贷:坏账准备　　　　　　　　　　　　　　　　　　　　　　28 000

年末,应收账款净额为 360 000(400 000 - 40 000)元。

(4) 20×3 年 4 月已经确认为坏账的 18 000 元又收回了 6 000 元:

借:应收账款　　　　　　　　　　　　　　　　　　　　　　　6 000
　　贷:坏账准备　　　　　　　　　　　　　　　　　　　　　　6 000
借:银行存款　　　　　　　　　　　　　　　　　　　　　　　6 000
　　贷:应收账款　　　　　　　　　　　　　　　　　　　　　　6 000

(5) 20×3 年 12 月 31 日,应收账款余额为 360 000 元:

坏账准备原有贷方余额 = 40 000 + 6 000 = 46 000(元)

本年冲销坏账准备 = 46 000 - 360 000 × 10% = 10 000(元)

借:坏账准备　　　　　　　　　　　　　　　　　　　　　　　10 000
　　贷:信用减值损失　　　　　　　　　　　　　　　　　　　　10 000

年末,应收账款净额为 324 000(360 000 - 36 000)元。

(四)账龄分析法

账龄分析法按各应收款项账龄的长短进行分组,并分别确定其预期信用损失率,据此计算确定预期信用损失金额的方法。这里所指的账龄是客户所欠账款的时间。虽然应收款项能否收回及其回收的程度并不完全取决于应收款项欠款时间的长短,但是应收款项账龄与其能否收回及其回收的程度具有密切的关联,账龄越长,发生信用损失的可能性就越大。因此企业按应收款项的账龄估计坏账准备,具有一定的合理性。

【例4-32】华泰公司20×1年年末应收账款余额为1 300 000元。该公司将应收账款根据账龄分为七组,并编制应收账款账龄分析汇总表,如表4-7所示。

表4-7 应收账款账龄分析汇总

20×1年12月31日

项目账龄	20×1年12月31日		20×0年12月31日	
	应收账款金额/元	百分比/%	应收账款金额/元	百分比/%
1个月以内	500 000	38.46	450 000	36
1个月至3个月	300 000	23.08	310 000	24.8
3个月至6个月	200 000	15.38	210 000	16.8
6个月至1年	120 000	9.23	130 000	10.4
1年至2年	80 000	6.15	90 000	7.2
2年至3年	60 000	4.62	50 000	4.0
3年以上	40 000	3.08	10 000	0.8
合计	1 300 000	100	1 250 000	100

华泰公司根据历史资料并结合当前情况和前瞻性信息,对上述各账龄的应收账款分别确定预期信用损失率,编制应收账款预期信用损失计算表,如表4-8所示。

表4-8 预期信用损失计算

20×1年12月31日

项目账龄	应收账款金额/元	预期信用损失率/%	预期信用损失金额/元
1个月以内	500 000	1	5 000
1个月至3个月	300 000	5	15 000
3个月至6个月	200 000	10	20 000
6个月至1年	120 000	20	24 000
1年至2年	80 000	30	24 000
2年至3年	60 000	50	30 000
3年以上	40 000	80	32 000
合计	1 300 000		150 000

采用账龄分析法,各期估计的坏账准备应与账面上原有的坏账准备进行比较,并调整"坏账准备"科目余额,调整后的"坏账准备"科目余额应与估计的预期信用损失金额一

致。其核算原理与余额百分比法下的调整方法相同。下面以应收账款为例，说明期末对"坏账准备"科目的调整方法。

假定华泰公司20×1年年末"坏账准备"科目的贷方余额为130 000元，20×2年实际发生坏账损失20 000元。20×2年年末，计提坏账准备前，"坏账准备"科目有贷方余额110 000（130 000-20 000）元，本年需计提坏账准备为40 000（150 000-110 000）元。

华泰公司补提坏账准备的会计分录如下：

借：信用减值损失　　　　　　　　　　　　　　　　　　　　　40 000
　　贷：坏账准备　　　　　　　　　　　　　　　　　　　　　　　40 000

从以上分析可以看出，余额百分比法和账龄分析法实际上都是百分比法，只是估计坏账准备的基础不同。采用余额百分比法计提坏账准备不考虑账龄结构，实际上是对不同账龄的应收款项按一个综合的预期信用损失率计提坏账准备，可以看作是账龄分析法的特例。采用账龄分析法按不同账龄分别确定不同的预期信用损失率计提坏账准备，相对来说更加客观、准确。

（五）实际应用

根据我国企业会计准则的有关规定，在资产负债表日，企业应对各项应收款项进行减值测试。一般企业应根据本单位的实际情况，对单项金额重大和单项金额非重大的应收款项分别采用不同的方式估计坏账准备。对于单项金额重大的应收款项，应当单独进行减值测试，根据其未来现金流量现值低于其账面价值的差额确认预期信用损失，计提坏账准备。对于单项金额非重大的应收款项和未有客观证据表明或经单独测试后未发生减值的单项金额重大的应收款项，可按照信用风险特征采用组合的方式进行坏账准备的计提。应收款项组合的类型通常分为账龄组合、低风险组合和无风险组合。

五、债权投资的减值

在资产负债表日，企业应当对债权投资的信用风险自初始确认后是否已经显著增加进行评估，并按照预期信用损失的三阶段模型计提其损失准备，确认预期信用损失。

为了反映债权投资减值准备的提取和核销情况，应设置"债权投资减值准备"科目。"债权投资减值准备"科目属于债权投资的备抵调整科目。该科目的贷方登记提取的债权投资减值准备，借方登记转回或核销的债权投资减值准备，期末贷方余额表示已经提取但尚未转回或核销的债权投资减值准备。资产负债表日，"债权投资"科目借方余额扣除"债权投资减值准备"科目贷方余额后的差额，反映债权投资的账面价值。

债权投资发生减值时，应当将该债权投资的账面价值减记至预计未来现金流量的现值，减记的金额确认为信用减值损失，借记"信用减值损失"科目，贷记"债权投资减值准备"科目。预计未来现金流量的现值，一般按该债权投资合理确定的实际利率折现。

债权投资确认减值损失后，如果因债权投资信用风险有所降低，导致其预期信用损失减少，应将减少的预期信用损失金额予以转回，计入当期损益，借记"债权投资减值准备"

科目，贷记"信用减值损失"科目。但是，该转回后的账面价值不应超过假定不计提减值准备情况下该债权投资在转回日的摊余成本。

【例4-33】 20×1年1月1日，华泰公司购入S公司当日发行的面值1 000 000元、票面利率6%、期限5年、每年12月31日付息、到期还本的债券，并分类为以摊余成本计量的金融资产，初始入账金额为1 043 300元，初始确认时确定的实际利率为5%。华泰公司在初始确认时，采用实际利率法编制利息调整摊销和账面余额计算表（结果取整数）如表4-9所示。

表4-9 利息调整摊销和摊余成本计算表   单位：元

日期	票面利息 (1)=面值×6%	投资收益 (2)=期初(5)×5%	利息调整借差摊销 (3)=(1)-(2)	利息调整余额 (4)=期初(4)-(3)	摊余成本 (5)=期初(5)-(3)
20×1.01.01				43 300	1 043 300
20×1.12.31	60 000	52 165	7 835	35 465	1 035 465
20×2.12.31	60 000	51 773	8 227	27 238	1 027 238
20×3.12.31	60 000	51 362	8 638	18 600	1 018 600
20×4.12.31	60 000	50 930	9 070	9 530	1 009 530
20×5.12.31	60 000	50 470※	9 530	0	1 000 000
合计	300 000	256 700	43 300		

注：※含尾差调整。

在各个资产负债表日，华泰公司根据该债券信用风险的评估结果计提或转回损失准备，财务处理如下：

（1）20×1年12月31日。

首先，确认利息收入，并摊销利息调整：

借：应收利息　　　　　　　　　　　　　　　　　　　　　　　　　60 000
　　贷：债权投资——利息调整　　　　　　　　　　　　　　　　　　7 835
　　　　投资收益　　　　　　　　　　　　　　　　　　　　　　　52 165

其次，评估该债券的信用风险并据以计提损失准备。自初始确认后到本期末，华泰公司通过信用风险评估认为该债券的信用风险并未显著增加，因此华泰公司按照相当于该债券未来12个月的预期信用损失的金额计提其损失准备。假定通过计算确定未来12个月的预期信用损失为2 000元。

借：信用减值损失　　　　　　　　　　　　　　　　　　　　　　　2 000
　　贷：债权投资减值准备　　　　　　　　　　　　　　　　　　　　2 000

（2）20×2年12月31日。

首先，确认利息收入，并摊销利息调整：

借：应收利息　　　　　　　　　　　　　　　　　　　　　　　　　60 000
　　贷：债权投资——利息调整　　　　　　　　　　　　　　　　　　8 227
　　　　投资收益　　　　　　　　　　　　　　　　　　　　　　　51 773

其次，评估该债券的信用风险并据以计提损失准备。自初始确认后到本期末，华泰公司通过信用风险评估认为该债券的信用风险已显著增加，但并没有客观证据表明已发生信用减值。因此，华泰公司按照相当于该债券整个存续期内预期信用损失的金额计提其损失准备，并采用总额法计算确定利息收入。假定通过计算确定整个存续期内预期信用损失为16 000元：

华泰公司本年应计提损失准备 = 16 000-2 000 = 14 000（元）

借：信用减值损失　　　　　　　　　　　　　　　　　　　14 000
　　贷：债权投资减值准备　　　　　　　　　　　　　　　　　14 000

（3）20×3年12月31日。

假定20×3年1月1日有客观证据表明上述债券投资已发生信用减值。那么从20×3年起该债券投资资产减值进入了第三阶段，本期该债券的利息收入应当采用净额为基础计算。

首先，确认利息收入，并摊销利息调整：

确认的利息收入 =（1 027 238-16 000）×5% = 50 561.90（元）

借：应收利息　　　　　　　　　　　　　　　　　　　　　　60 000
　　贷：债权投资——利息调整　　　　　　　　　　　　　　 9 438.10
　　　　投资收益　　　　　　　　　　　　　　　　　　　　50 561.90

其次，评估该债券的信用风险并据以计提损失准备。华泰公司按照相当于该债券整个存续期内预期信用损失的金额计提其损失准备。假定通过计算确定整个存续期内预期信用损失为38 000元：

华泰公司本年应计提损失准备 = 38 000-16 000 = 22 000（元）

借：信用减值损失　　　　　　　　　　　　　　　　　　　22 000
　　贷：债权投资减值准备　　　　　　　　　　　　　　　　22 000

（4）20×4年12月31日。

首先，确认利息收入，并摊销利息调整。由于自初始确认后到上期末，该债券的信用风险已显著增加且有客观证据表明已发生信用减值，因此本期该债券的利息收入应当采用净额为基础计算：

该债券期初摊余成本 =（1 027 238-9 438.10）-（16 000+22 000）= 979 799.90（元）

本期利息收入 = 979 799.90×5% = 48 990（元）

利息调整摊销 = 60 000-48 990 = 11 010（元）

借：应收利息　　　　　　　　　　　　　　　　　　　　　　60 000
　　贷：投资收益　　　　　　　　　　　　　　　　　　　　48 990
　　　　债权投资——利息调整　　　　　　　　　　　　　　11 010

其次，评估该债券的信用风险并据以计提损失准备。华泰公司按照相当于该债券整个存续期内预期信用损失的金额计提其损失准备。假定通过计算确定整个存续期内预期信用损失为28 000元：

华泰公司本年应转回损失准备=38 000-28 000=10 000（元）

借：债权投资减值准备　　　　　　　　　　　　　　　10 000
　　贷：信用减值损失　　　　　　　　　　　　　　　　　　　10 000

（5）20×5年12月31日。

首先，确认利息收入，并摊销利息调整。由于本期是最后一期，直接将剩余利息调整余额6 789.90（27 238-9 438.10-11 010）元全部摊销完毕，并将票面利息与利息调整的摊销额的差额53 210.10（60 000-6 789.90）元确认为投资收益：

借：应收利息　　　　　　　　　　　　　　　　　　　60 000
　　贷：债权投资——利息调整　　　　　　　　　　　　　　6 789.90
　　　　投资收益　　　　　　　　　　　　　　　　　　　　53 210.10

其次，假定债券到期，收回了最后一期利息，但债券面值只收回了980 000元，有20 000元未收回：

调整已计提的损失准备金额=28 000-20 000=8 000（元）

借：债权投资减值准备　　　　　　　　　　　　　　　8 000
　　贷：信用减值损失　　　　　　　　　　　　　　　　　　　8 000

收回债券面值980 000元和最后一期利息60 000元时：

借：银行存款　　　　　　　　　　　　　　　　　　　1 040 000
　　债权投资减值准备　　　　　　　　　　　　　　　　20 000
　　贷：债权投资——成本　　　　　　　　　　　　　　　1 000 000
　　　　应收利息　　　　　　　　　　　　　　　　　　　　60 000

六、其他债权投资的减值

对于其他债权投资，企业应当运用预期信用损失的三阶段模型，确认信用减值损失，计提减值准备。但是，其他债权投资预期发生信用损失时，应在其他综合收益中确认其减值准备，而不应减少该金融资产的账面价值，并将减值损失或利得计入当期损益。

为了反映该金融资产减值准备的计提和核销等情况，应在"其他综合收益"科目下设置"信用减值准备"明细科目。资产负债表日，企业应当按照本期需确认的其他债权投资的信用减值损失金额，借记"信用减值损失"科目，贷记"其他综合收益——信用减值准备"科目；如果在随后的会计期间因其信用风险降低导致预期信用损失减少，应按照减少的预期信用损失金额转回原已确认的预期信用损失，借记"其他综合收益——信用减值准备"科目，贷记"信用减值损失"科目。

【例4-34】20×1年1月1日，华泰公司购入W公司当天发行的三年期分期付息债券，面值为500 000元，票面利率为6%，到期一次付息，实际支付价款524 500元，将其确认为其他债权投资，计算确定的实际利率为4%。华泰公司在初始确认时编制投资收益及利息调整摊销表，详见表4-10。

表 4-10　投资收益及利息调整摊销表（分期付息）　　　　　单位：元

日　期	票面利息 （1）=面值 ×6%	投资收益 （2）=期初（5） ×4%	利息调整贷差摊销 （3）=（2）-（1）	利息调整余额 （4）=期初 （4）-（3）	摊余成本 （5）=期初 （5）+（2）
20×1.01.01				24 500	524 500
20×1.12.31	30 000	20 980	9 020	15 480	545 480
20×2.12.31	30 000	21 819	8 181	7 299	567 299
20×3.12.31	30 000	22 701	7 299	0	590 000

（1）20×1年12月31日。

确认利息收入，并摊销利息调整，编制会计分录：

借：其他债权投资——应计利息　　　　　　　　　　　　30 000
　　贷：投资收益　　　　　　　　　　　　　　　　　　　20 980
　　　　其他债权投资——利息调整　　　　　　　　　　　　9 020

确认公允价值变动，本期末W公司债券的市价为544 000元：

本期公允价值变动 = 544 000-545 480 = -1 480（元）

编制会计分录：

借：其他综合收益——金融资产公允价值变动　　　　　　1 480
　　贷：其他债权投资——公允价值变动　　　　　　　　　1 480

确认预期信用损失。自初始确认后到本期末，华泰公司通过信用风险评估认为该债券的信用风险并未显著增加，因此华泰公司按照相当于该债券未来12个月的预期信用损失的金额计提其损失准备。假定通过计算确定未来12个月的预期信用损失为860元：

编制会计分录：

借：信用减值损失　　　　　　　　　　　　　　　　　　860
　　贷：其他综合收益——信用减值准备　　　　　　　　　860

（2）20×2年12月31日。

确认利息收入，并摊销利息调整，编制会计分录：

借：其他债权投资——应计利息　　　　　　　　　　　　30 000
　　贷：投资收益　　　　　　　　　　　　　　　　　　　21 819
　　　　其他债权投资——利息调整　　　　　　　　　　　　8 181

确认公允价值变动，本期末W公司债券的市价为560 000元：

累计公允价值变动 = 560 000-567 299 = -7 299（元）

本期公允价值变动 = -7 299-（-1 480）= -5 819（元）

编制会计分录：

借：其他综合收益——金融资产公允价值变动　　　　　　5 819
　　贷：其他债权投资——公允价值变动　　　　　　　　　5 819

确认预期信用损失。自初始确认后到本期末，华泰公司通过信用风险评估认为该债券的信用风险已显著增加，但并没有客观证据表明已发生信用减值，因此华泰公司按照该债券剩余存续期内预期信用损失的金额计提其损失准备。假定通过计算确定整个存续期内预期信用损失为12 000元。

华泰公司本年应计提损失准备＝12 000－860＝11 140（元）

编制会计分录：

借：信用减值损失　　　　　　　　　　　　　　　　　　　　　11 140
　　贷：其他综合收益——信用减值准备　　　　　　　　　　　　11 1400

（3）20×3年12月31日，M公司债券到期，华泰公司共收回面值和利息570 000元。

确认利息收入，并摊销利息调整：

编制会计分录：

借：其他债权投资——应计利息　　　　　　　　　　　　　　　30 000
　　贷：投资收益　　　　　　　　　　　　　　　　　　　　　　22 701
　　　　其他债权投资——利息调整　　　　　　　　　　　　　　 7 299

确认公允价值变动，本期末M公司债券的市价为570 000元：

累计公允价值变动＝570 000－590 000＝－20 000（元）

本期公允价值变动＝－20 000－（－7 299）＝－12 701（元）

编制会计分录：

借：其他综合收益——金融资产公允价值变动　　　　　　　　　12 701
　　贷：其他债权投资——公允价值变动　　　　　　　　　　　　12 701

确认预期信用损失。最终实际发生信用损失20 000（590 000－570 000）元，由于以前期间累计确认了信用损失12 000元，本期需要确认信用损失8 000元：

编制会计分录：

借：信用减值损失　　　　　　　　　　　　　　　　　　　　　 8 000
　　贷：其他综合收益——信用减值准备　　　　　　　　　　　　 8 000

收回债券面值和利息570 000元。编制会计分录：

借：银行存款　　　　　　　　　　　　　　　　　　　　　　　570 000
　　其他债权投资——公允价值变动　　　　　　　　　　　　　　20 000
　　贷：其他债权投资——成本　　　　　　　　　　　　　　　　500 000
　　　　　　　　　　——应计利息　　　　　　　　　　　　　　 90 000

同时，将计入其他综合收益的公允价值变动和信用减值准备相互核销。编制会计分录：

借：其他综合收益——信用减值准备　　　　　　　　　　　　　 20 000
　　贷：其他综合收益——金融资产公允价值变动　　　　　　　　20 000

第八节 金融资产的重分类

一、金融资产重分类概述

当企业外部或内部经营条件发生变动,改变其管理金融资产的业务模式时,应当对所有受影响的相关金融资产进行重分类。企业购入的债券根据业务管理模式可以分别确认为债权投资、其他债权投资、交易性金融资产。金融资产的重分类,指企业购入债券投资的重分类,即金融资产在债权投资、其他债权投资、交易性金融资产之间的重分类。企业购入的股权、基金等投资,可以分别确认为交易性金融资产或其他权益工具投资,但分类方式一经确定后不得变更。

企业进行金融资产重分类的条件是改变管理金融资产的业务模式。企业不能仅仅因为管理金融资产的意图或目的发生变化,就对金融资产进行重分类调整。管理金融资产的业务模式是企业在经营过程中形成的一种客观事实,并且业务模式一旦形成,就会保持相对稳定。只有当企业开始或终止某项影响重大的活动时,如当收购、处置或终止某一业务线时,其管理金融资产的业务模式才会发生变更。由于管理金融资产的业务模式极少发生变更,因而金融资产发生重分类的可能性很小。

企业对金融资产重分类,应当自重分类日起采用未来适用法进行相关会计处理,不得对以前已经确认的利得、损失(包括减值损失或利得)或利息进行追溯调整。重分类日,指导致企业对金融资产进行重分类的业务模式发生变更后的首个报告期间的第一天。例如:甲公司决定于20×1年5月27日改变其管理某金融资产的业务模式,则重分类日为20×1年7月1日(下一个季度会计期间的期初);乙公司决定于20×1年11月17日改变其管理某金融资产的业务模式,则重分类日为20×2年1月1日。

二、以摊余成本计量的金融资产的重分类

(一)债权投资重分类为交易性金融资产

企业将一项债权投资重分类为交易性金融资产时,应当按照该资产在重分类日的公允价值进行计量。原账面价值与公允价值之间的差额计入当期损益。重分类日,企业应根据该金融资产的公允价值,借记"交易性金融资产——成本"科目;根据已计提的债权投资减值准备,借记"债权投资减值准备"科目;根据该金融资产的原账面余额,贷记"债权投资"科目;同时,应根据该金融资产公允价值与摊余成本的差额,贷记或借记"公允价值变动损益"科目。

【例4-35】华泰公司20×5年12月31日持有一项债权投资,账面价值为580 000元,其中,债券面值为500 000元,利息调整借差为8 000元,应计利息为75 000元,已计提减值准备为3 000元;该债券到期日为20×7年12月31日。由于业务需要,华泰公司将该项债权投资重分类为交易性金融资产。20×8年1月1日,该债券的公允价值为587 000元。

20×8年1月1日，在重分类日，华泰公司进行账务处理如下：

借：交易性金融资产——成本 587 000
　　债权投资减值准备 3 000
　　贷：债权投资——债券面值 500 000
　　　　　　　　——利息调整 8 000
　　　　　　　　——应计利息 75 000
　　　　公允价值变动损益 7 000

20×8年1月1日，该交易性金融资产的账面价值为587 000元。

（二）债权投资重分类为其他债权投资

企业将一项债权投资重分类为其他债权投资时，应当按照该金融资产在重分类日的公允价值进行计量。原账面价值与公允价值之间的差额计入其他综合收益。该金融资产重分类不影响其实际利率和预期信用损失的计量。

重分类日，企业应根据该金融资产的账面余额，借记"其他债权投资"科目，贷记"债权投资"等科目。同时，根据该金融资产公允价值与账面余额的差额，借记或贷记"其他债权投资——公允价值变动"科目，贷记或借记"其他综合收益——金融资产公允价值变动"科目。根据该金融资产原先计提的信用损失减值准备，借记"债权投资减值准备"科目，贷记"其他综合收益——信用减值准备"科目。

【例4-36】华泰公司20×5年12月31日持有一项债权投资，账面价值为580 000元，其中，债券面值为500 000元，利息调整借差为8 000元，应计利息为75 000元，已计提减值准备为3 000元，该债券到期日为20×7年12月31日。由于业务需要，华泰公司将该项债权投资重分类为其他债权投资。20×8年1月1日，该债券的公允价值为587 000元。

20×8年1月1日，在重分类日，华泰公司进行账务处理如下：

（1）结转该债券账面余额：

借：其他债权投资——成本 500 000
　　　　　　　　——利息调整 8 000
　　　　　　　　——应计利息 75 000
　　贷：债权投资——债券面值 500 000
　　　　　　　　——利息调整 8 000
　　　　　　　　——应计利息 75 000

（2）调整公允价值与账面余额的差额：

借：其他债权投资——公允价值变动 7 000
　　贷：其他综合收益——金融资产公允价值变动 7 000

（3）结转原先计提的债权投资减值准备：

借：债权投资减值准备 3 000
　　贷：其他综合收益——信用减值准备 3 000

20×8年1月1日，该其他债权投资的账面价值为587 000（580 000+7 000）元。

三、以公允价值计量且其变动计入其他综合收益的金融资产的重分类

（一）其他债权投资重分类为债权投资

企业将一项其他债权投资重分类为债权投资时，应当将之前计入其他综合收益的累计利得或损失转出，调整该金融资产在重分类日的公允价值，并以调整后的金额作为新的账面价值，即视同该金融资产一直以摊余成本计量。该金融资产重分类不影响其实际利率和预期信用损失的计量。

重分类日，企业应根据该金融资产的账面余额，借记"债权投资"科目，贷记"其他债权投资"科目；将计入其他综合收益的累计公允价值变动利得或损失予以转回，借记或贷记"其他综合收益——金融资产公允价值变动"科目，贷记或借记"其他债权投资——公允价值变动"科目；结转累计计提的资产减值准备，借记"其他综合收益——信用减值准备"科目，贷记"债权投资减值准备"科目。

【例4-37】 华泰公司于20×1年12月31日持有一项其他债权投资，该债券的账面价值为563 000元，其中，债券面值为500 000元，利息调整借差为7 299元，应计利息为60 000元，公允价值变动为4 299元；累计计提的金融资产减值准备为12 000元。华泰公司由于管理其金融资产业务模式的转变，做出决定，将持有的确认为其他债权投资的债券投资重分类为债权投资。

20×2年1月1日，华泰公司进行金融资产重分类的账务处理如下：

（1）结转摊余成本：

借：债权投资——债券面值　　　　　　　　　　　　　　　　500 000
　　　　　　——利息调整　　　　　　　　　　　　　　　　　　7 299
　　　　　　——应计利息　　　　　　　　　　　　　　　　　 60 000
　　贷：其他债权投资——债券面值　　　　　　　　　　　　　500 000
　　　　　　　　　　——利息调整　　　　　　　　　　　　　　7 299
　　　　　　　　　　——应计利息　　　　　　　　　　　　　 60 000

（2）结转公允价值变动：

借：其他债权投资——公允价值变动　　　　　　　　　　　　　4 299
　　贷：其他综合收益——金融资产公允价值变动　　　　　　　　4 299

（3）结转金融资产减值准备：

借：其他综合收益——信用减值准备　　　　　　　　　　　　 12 000
　　贷：债权投资减值准备　　　　　　　　　　　　　　　　　12 000

20×2年1月1日，该债权投资的账面价值为555 299（500 000 + 7 299 + 60 000 - 12 000）元，即视同该债权投资一直采用摊余成本计量。

（二）其他债权投资重分类为交易性金融资产

企业将一项其他债权投资重分类为交易性金融资产时，应当继续以公允价值计量该金融资产。同时，企业应将之前计入其他综合收益的累计利得或损失从其他综合收益转入当期损益。

重分类日，企业应根据该金融资产的公允价值，借记"交易性金融资产"科目，贷记"其他债权投资"科目；根据原计入其他综合收益的累计公允价值变动，借记或贷记"其他综合收益"科目，贷记或借记"公允价值变动损益"科目；冲销原计提的减值准备，借记"其他综合收益——信用减值准备"科目，贷记"信用减值损失"科目。

【例4-38】华泰公司于20×1年12月31日持有一项其他债权投资，该债券的账面价值为563 000元，其中，债券面值为500 000元，利息调整借差为7 299元，应计利息为60 000元，公允价值变动为-4 299元；累计计提的金融资产减值准备为12 000元。华泰公司由于管理其金融资产业务模式的转变，做出决定，将持有的确认为其他债权投资的债券投资重分类为交易性金融资产。

20×2年1月1日，华泰公司进行金融资产重分类的账务处理如下：

（1）结转金融资产的账面余额：

借：交易性金融资产——成本　　　　　　　　　　　　　563 000
　　其他债权投资——公允价值变动　　　　　　　　　　4 299
　　贷：其他债权投资——债券面值　　　　　　　　　　500 000
　　　　　　　　　　——利息调整　　　　　　　　　　7 299
　　　　　　　　　　——应计利息　　　　　　　　　　60 000

（2）结转计入其他综合收益的金融资产公允价值变动：

借：公允价值变动损益　　　　　　　　　　　　　　　　4 299
　　贷：其他综合收益——金融资产公允价值变动　　　　4 299

（3）结转金融资产的减值准备：

借：其他综合收益——信用减值准备　　　　　　　　　　12 000
　　贷：信用减值损失　　　　　　　　　　　　　　　　12 000

四、以公允价值计量且其变动计入当期损益的金融资产的重分类

（一）交易性金融资产重分类为债权投资

企业将一项交易性金融资产重分类为债权投资时，应当以其在重分类日的公允价值作为新的账面余额，以该金融资产在重分类日的公允价值确定其实际利率。其后，按照债权投资的相关规定进行后续计量，并将重分类日视为初始确认日。重分类日，企业应根据该金融资产的公允价值，借记"债权投资"科目，贷记"交易性金融资产"科目。

【例4-39】华泰公司于20×2年12月31日持有一项划分为交易性金融资产的债券投资，该债券的公允价值为693 000元，其中，成本为618 000元，公允价值变动为75 000元；该债券系N公司于20×1年1月1日发行，债券面值为600 000元、5年期、票面利率为6%、到期一次还本付息。由于管理该金融资产的业务模式发生改变，华泰公司决定将该交易性金融资产重分类为债权投资，并于每年年末确认投资收益。

20×3年1月1日，华泰公司进行金融资产重分类，计算结转该债券的账面价值：

债券面值＝600 000（元）

应计利息 = 600 000 × 6% × 2 = 72 000（元）

利息调整 = 693 000 - 600 000 - 72 000 = 21 000（元）

编制会计分录如下：

借：债权投资——债券面值　　　　　　　　　　　　　　　　600 000
　　　　　　——应计利息　　　　　　　　　　　　　　　　　72 000
　　　　　　——利息调整　　　　　　　　　　　　　　　　　21 000
　　贷：交易性金融资产——成本　　　　　　　　　　　　　618 000
　　　　　　　　　　——公允价值变动　　　　　　　　　　　75 000

重新计算确定其实际利率：

$$\text{实际利率} \ i = \sqrt[3]{\frac{600\,000 \times (1 + 6\% \times 5)}{693\,000}} - 1 = 4.02\%$$

计算求得债券的实际利率为4.02%。其后，按债权投资的相关规定进行后续处理。

（二）交易性金融资产重分类为其他债权投资

企业将一项交易性金融资产重分类为其他债权投资时，应当继续以公允价值计量该金融资产，并根据该金融资产在重分类日的公允价值确定其实际利率。之后，按照其他债权投资的相关规定进行后续计量，并将重分类日视为初始确认日。重分类日，企业应根据该金融资产的公允价值，借记"其他债权投资"科目，贷记"交易性金融资产"科目。

【例4-40】承例4-39，假定华泰公司决定将该交易性金融资产重分类为其他债权投资。20×3年1月1日，华泰公司进行金融资产重分类的账务处理如下：

借：其他债权投资——成本　　　　　　　　　　　　　　　　600 000
　　　　　　　——应计利息　　　　　　　　　　　　　　　　72 000
　　　　　　　——利息调整　　　　　　　　　　　　　　　　21 000
　　贷：交易性金融资产——成本　　　　　　　　　　　　　618 000
　　　　　　　　　　——公允价值变动　　　　　　　　　　　75 000

重新计算确定其实际利率为4.02%。其后，按其他债权投资的相关规定进行后续处理。

案例探讨

交易性金融资产市价波动引发上市利润波动的风险

交易性金融资产按照公允价值计量，公允价值变动计入当期损益。拥有大量交易性金融资产的上市公司会因为证券市场及公司本身股价的变动，给公司带来利润的大幅波动。例如，上海莱士2015—2018年交易性金融资产就给利润带来较大的波动。2015—2017年上海莱士的交易性金融资产占资产比重增加，2017年占比最高，达到21.69%，2018年交易性金融资产占总资产比重出现明显下降，仅占比2.87%。公允价值变动损益从2015年开始逐年下降，在2017年开始形成损失，2018年产生严重亏损，亏损达到了8.7亿元，成为近四年来亏损最高的一年。上海莱士的投资收益在2015—2018年呈现波动下降的趋势,在2016年达到最高,2018年亏损严重,其投资收益主要是处置交易性金融资产而产生的。该公司近四年利润中,2016年净利润最高,与2016年相比,2017年净利润下滑50.42%;2018年净利润为-15.23亿元,出现巨额亏损,主要原因是交易性金融资产的公允价值变动损益和投资收益导致的。相关数据见表4-11。

表4-11 上海华莱士2015—2018年相关财务数据

项 目	2018年	2017年	2016年	2015年
交易性金融资产/亿	3.27	31.36	21.57	16.13
占总资产比重/%	2.87	21.69	16.31	13.96
公允价值变动损益/亿	-8.7	-1.78	1.56	8.65
投资收益/亿	-11.25	4.27	6.72	0.09
净利润/亿	-15.23	8.32	16.5	14.8

资料来源:施璐茜,王茂超.交易性金融资产核算与企业利润波动——以上海莱士为例[J].市场周刊,2019(08):81-83。

请思考:

交易性金融资产按照公允价值计量的利和弊?如何加强对金融资产的管理,以减轻资产市场价格波动带来的风险?

思 考 题

1. 根据企业会计准则,金融资产的分类标准是什么?金融资产是如何分类的?
2. 应收票据贴现如何处理?
3. 企业销售过程中的现金折扣该如何处理?
4. 债权投资的利息调整包括哪些内容?
5. 什么是摊余成本?如何计算摊余成本?
6. 什么是实际利率法?如何采用实际利率法确认投资收益和利息调整摊销?
7. 分期付息和一次付息债权投资的会计处理有什么不同?
8. 其他债权投资期末如何计价?
9. 其他权益工具投资的会计处理有何特点?
10. 什么是金融资产减值的三阶段模型?
11. 应收款项如何计提坏账准备?
12. 其他债权投资发生信用减值损失该如何处理?
13. 如何进行金融资产重分类的会计处理?

练 习 题

1. 甲公司按照应收账款余额的10%提取坏账准备。该公司第一年末应收账款余额为2 400 000元;第二年发生坏账140 000元,其中A公司80 000元,B公司60 000元,年末应收账款余额为3 200 000元;第三年,上年已核销的B公司应收账款60 000元被重新收回，年末应收账款余额为 2 900 000 元。

要求：计算甲公司每年应计提的坏账准备，进行相关的账务处理。

2. 甲公司 20×1 年发生有关的投资业务如下所列。

（1）3 月 9 日，用银行存款以每股 3.6 元的价格购买 B 公司股票 1 000 000 股，另外支付交易费用 8 480 元（其中包括准予抵扣的增值税进项税额 480 元）。甲公司将该股票投资划分为交易性金融资产。

（2）3 月 31 日，B 公司的股票价格为每股 4.1 元。

（3）4 月 10 日，收到 B 公司发放的现金股利 50 000 元。

（4）6 月 30 日，B 公司的股票市价为每股 3.9 元。

（5）7 月 10 日，出售全部的 B 公司股票，实收款 3 960 000 元存入银行。

要求：根据上述资料编制有关的会计分录。

3. 甲公司于 20×1 年 1 月 1 日以 1 856 000 元的价格购入 M 公司当日发行的面值 2 000 000 元、票面利率 5%、期限 5 年、每年 12 月 31 日付息、到期还本的债券，并分类为以摊余成本计量的金融资产。甲公司还以银行存款支付了购买债券的交易费用 21 200 元（其中包括准予抵扣的增值税进项税额 1 200 元）。假定实际利率为 6.5%。

要求：根据上述资料，编制债券投资全过程的会计分录。

4. 甲公司于 20×1 年 1 月 1 日以 2 073 000 元的价格购入 W 公司当日发行的面值 2 000 000 元、票面利率 8%、期限 5 年、到期一次还本付息的债券，并分类为以摊余成本计量的金融资产。甲公司还以银行存款支付了购买债券的交易费用 21 200 元（其中包括准予抵扣的增值税进项税额 1 200 元），假定实际利率为 6%。

要求：根据上述资料，编制债券投资全过程的会计分录。

5. 甲公司 20×1 年 6 月 2 日购入丁公司股票 160 000 股，购买价每股 5 元，另支付交易手续费 5 300 元（其中准予抵扣的增值税进项税额为 300 元）。甲公司将其指定为以公允价值计量且其变动计入其他综合收益的金融资产，款项以银行存款支付。20×1 年 12 月 31 日，S 公司股票每股收盘价为 6.5 元。20×2 年 12 月 31 日，S 公司股票收盘价下跌到每股 5.8 元。20×3 年 1 月 10 日，甲公司将丁公司股票全部卖掉，实际收取价款 958 000，款项收到存入银行。

要求：根据以上经济业务进行相应的账务处理。

第五章
长期股权投资

学习目标和要求

本章主要讲授长期股权投资取得的核算、长期股权投资的成本法与权益法、长期股权投资的期末计价与处置、股权投资核算方法的转换等知识。要求读者掌握企业合并形成的长期股权投资的核算、成本法和权益法的会计处理、成本法与权益法的转换；熟悉权益法下损益调整的会计处理、金融资产与成本法和权益法之间的转换、长期股权投资的处置；了解长期股权投资的期末计量。

引导案例

在2010年"3Q大战"（即腾讯与360之争）之后，腾讯控股经过一番反思，转换思路，依靠核心能力——资本和流量进行了广泛的战略投资，建立起庞大的投资帝国，扶持起了一大批互联网公司，京东、美团、拼多多等巨头都在其中。2014年，腾讯收购了约3.52亿股京东股票，战略性入股京东。随后，在京东赴美首次公开募股完成后，腾讯追加认购京东普通股的5%股份，成为京东的第一大股东。同时，腾讯和京东在电子商务领域、移动平台使用、电子支付等方面进行战略合作。在合作的八年中，京东市值从2014年的约300亿美元，增长到2021年的1 150亿美元。

2021年12月23日，腾讯宣布将自身持有的4.57亿股京东股票作为特别中期股息进行分红，创下我国上市公司中以所投资公司股票巨额派息的"先河"。此次涉及的待分配京东股票占腾讯持有总股数的86.4%，按当日京东股票收市价每股259.6港元计算，总市值折合为人民币约971亿元。2022年3月25日，腾讯宣布向符合资格股东分配京东股票的相关事宜已处理完毕，腾讯对京东的持股比例由17%降至2.3%。

腾讯减持式派息京东股票，是完成初始投资目标后的主动退出，也是为了规避政策风险、主动调整投资战略的重大抉择。根据腾讯2021年度财务报表，此次减持式派息京东股票，腾讯获得了780亿元的投资收益，占"其他收益净额"的52%，占税前利润的31%。

资料来源：https://baijiahao.baidu.com/s?id=1720286764494533316&wfr=spider&for=pc。

请思考：

在2021年腾讯减持式派息京东股票之前，腾讯作为第一大股东能控制京东吗？腾讯对京东的股权投资该如何核算？减持后腾讯又该如何核算对京东剩余股权投资？

第一节　长期股权投资概述

一、长期股权投资的概念

股权投资，又称权益性投资，是指通过付出现金或非现金资产等取得被投资单位的股份或股权，享有一定比例的权益份额代表的资产。长期股权投资是指企业能够对被投资企业实施控制、共同控制或施加重大影响的权益性投资。长期股权投资主要是对子公司、合营企业和联营企业的投资，通过股权投资能够对被投资企业实施控制、共同控制或施加重大影响，这对于企业的战略发展、资本运作和产业布局等都具有重要的意义。

二、投资企业与被投资企业的关系

投资企业与被投资企业的关系依据其施加影响的程度，分为控制、共同控制或重大影响三类。

（一）控制

控制指投资方拥有被投资方的权力，通过参与被投资方的相关活动而享有可变回报，并且有能力运用其对被投资方的权力影响其回报金额。在投资方能够对被投资方实施控制的情况下，投资方与被投资方之间形成母子公司关系。拥有控制权的投资企业一般称为母公司；被母公司控制的企业一般称为子公司。

在确定能否对被投资方实施控制时，投资方应当根据《企业会计准则第33号——合并财务报表》（2014）的相关规定进行判断。

一般来说，投资方拥有下列实质性权利，可以视为能够对被投资方实施控制。

（1）投资方通过直接或间接持有被投资方半数以上的表决权。

（2）投资方通过直接或间接持有被投资方半数或以下的表决权，但通过与其他表决权持有人之间的协议能够控制半数以上表决权。

（3）投资方直接或间接持有被投资方半数或以下的表决权，但在综合考虑以下情形后，确定投资方对被投资方是否拥有权力：①投资方持有的表决权份额相对于其他投资方持有的表决权份额的大小，以及其他投资方持有的表决权的分散程度；②投资方和其他投资方持有的被投资方的潜在表决权，如可转换公司债券、可执行认股权证等；③其他合同安排产生的权力；④被投资方以往的表决权行使情况等其他相关事实和情况。

（4）在难以判断其享有的实质性权利是否足以使其拥有控制被投资方的权力时，如果存在其具有实际能力以单方面主导被投资方相关活动的证据，视为拥有控制被投资企业的权力。这些证据包括但不限于下列事项：①能够任命或批准被投资方的关键管理人员；②能够出于其自身利益决定或否决被投资企业的重大交易；③能够掌控被投资方董事会等类似权力机构成员的任命程序；④与被投资方的关键管理人员或董事会等类似权力机构中的多数成员存在关联方关系。

知识加油站

AB股制度也叫双层股权架构，指企业可以同时发行A、B两类普通股。这两类股票都可以享受现金收益，但投票权完全不同。A类股票每1股有1票投票权，B类股票每1股有多票投票权。A类股票通常由外部投资人持有，B类股票则由创业团队持有。通常情况下，每1股B类股票享有10票投票权；个别情况下，每1股B类股票甚至享有20票投票权。AB股制度本质上是将企业的现金流权和控制权进行分离，目的是让创始人在持有少量股权的情况下，依然能够依靠极高的投票权牢牢掌控自己的企业。京东、小米、百度等企业都使用了AB股制度。例如，京东集团AB股制度实施情况如下：普通股分为A类股和B类股两类，B类股每1股拥有20票投票权，A类股每1股拥有1票投票权；刘强东拥有B类股和A类股，其他投资人拥有A类股票；A类股上市交易，B类股不上市交易。刘强东通过持有15%左右的股票，掌握了70%以上的投票权，牢牢控制了京东集团。

（二）共同控制

共同控制，是指投资方持有的对构成合营企业的合营安排的投资。合营安排，指一项由两个或两个以上的参与方共同控制的安排。合营安排的主要特征包括：各参与方均受到该安排的约束，两个或两个以上的参与方对该安排实施共同控制。共同控制的特点是实施共同控制的任何一个投资方都不能单独控制被投资企业，对被投资企业具有共同控制的任何一个投资方均能够阻止其他投资方或投资方组合单独控制被投资企业。被各投资方共同控制的企业，一般被称为投资企业的合营企业。

（三）重大影响

重大影响，是指企业对被投资企业的财务和经营政策有参与决策的权力，但并不能够控制或与其他投资方一起共同控制这些政策的制定。在确定能否对被投资单位施加重大影响时，应当考虑投资方和其他方持有的被投资单位当期可转换公司债券、当期可执行认股权证等潜在表决权因素。投资方能够对被投资方施加重大影响的权益性投资，通常称为投资企业的联营企业。

企业通常可以通过下列情形来判断是否能对被投资方施加重大影响：

（1）在被投资单位的董事会或类似权力机构中派有代表；
（2）参与被投资单位的政策制定过程，包括股利分配政策等的制定；
（3）与被投资单位之间发生重要交易；
（4）向被投资单位派出管理人员；
（5）向被投资单位提供关键技术资料。

第二节　长期股权投资的初始计量

长期股权投资的初始计量，是指取得长期股权投资的初始投资成本的确定。因长期股权投资取得方式不同，其初始投资成本的确定方式存在差异。长期股权投资的取得可以分为两大类：一类是企业合并形成的长期股权投资，另一类是非企业合并形成的长期股权投资。企业合并是指一家公司通过股权投资取得对另一家公司控制权的行为。企业合并形成的长期股权投资又分为同一控制下企业合并和非同一控制下企业合并形成的长期股权投资。非企业合并形成的长期权投资，包括对合营企业和联营企业的长期股权投资。不同方式取得的长期权投资，会计处理方法有所不同。

企业应设置"长期股权投资"科目，对长期股权投资进行会计核算。在"长期股权投资"科目下，可根据核算方法的不同分别设置"投资成本""损益调整""其他综合收益""其他权益变动"等不同的二级科目进行明细核算。

一、同一控制下企业合并形成的长期股权投资

（一）概念与计量原则

同一控制下的企业合并，是指参与合并的企业在合并前后均受同一方或相同的多方最终控制，且该控制并非暂时性的。例如，P 公司为 X 公司和 Y 公司的母公司，P 公司将其持有 Y 公司 80% 的股权转让给 X 公司。转让股权后，X 公司持有 Y 公司 80% 的股权．但 X 公司和 Y 公司仍由 P 公司所控制。

同一控制下的企业合并，在合并日取得对其他参与合并企业控制权的一方为合并方，参与合并的其他企业为被合并方。合并日，是指合并方实际取得对被合并方控制权的日期。

同一控制下的企业合并，合并双方的合并行为不完全是以自愿为基础进行的市场化交易行为，从能够对参与合并各方均能实施控制的最终控制方角度看，其能够控制的资产在合并前和合并后并没有发生变化，属于企业集团内部资产与权益的重新组合。因此，根据我国企业会计准则的规定，合并方应以合并日被合并方所有者权益账面价值的份额，对长期股权投资进行初始计量。需要注意的是，被合并方所有者权益账面价值，不是被合并方个别财务报表中体现的有关资产、负债的价值，而是从最终控制方的角度，被合并方自其被最终控制方开始控制时开始，对于其所持有的资产、负债从最终控制方所确定的价值持续计算至合并日的账面的价值。

（二）账务处理

1. 以支付货币资金、转让非现金资产或承担债务等方式取得被合并方的股权

合并方以支付货币资金、转让非现金资产或承担债务等方式取得被合并方的股权。应在合并日按照取得被合并方所有者权益账面价值的份额作为长期股权投资的初始投资成

本，借记"长期股权投资——投资成本"科目；按照支付的货币资金或转让非现金资产、承担债务的账面价值，贷记"银行存款"及相应的资产或负债科目。

比较长期股权投资初始投资成本与支付的现金、转让的非现金资产及所承担债务账面价值，如果前者大于后者，出现贷方差额，则调增资本公积，即贷记"资本公积——资本溢价或股本溢价"科目；如果前者小于后者，出现借方差额，则调减资本公积（资本溢价或股本溢价），资本公积的余额（资本溢价或股本溢价）不足冲减的，冲减留存收益，即依次借记"资本公积——资本溢价或股本溢价""盈余公积""利润分配——未分配利润"科目。投资企业支付的价款中如果含有已宣告发放但尚未支取的现金股利，应作为债权处理，计入"应收股利"科目，不计入长期股权投资成本。

2. 以发行股票等权益性证券等方式取得被合并方的股权

合并方以发行股票等权益性证券等方式取得被合并方的股权，应在合并日按照取得被合并方所有者权益账面价值的份额作为长期股权投资的初始投资成本，借记"长期股权投资——投资成本"科目；按照发行股份的面值总额作为股本，贷记"股本"科目。长期股权投资初始投资成本大于所发行股份面值总额的差额，贷记"资本公积——资本溢价或股本溢价"科目。长期股权投资初始投资成本小于所发行股份面值总额的差额，调减资本公积（资本溢价或股本溢价），资本公积（资本溢价或股本溢价）不足冲减的，调整留存收益。

3. 企业合并中发生的各项费用的处理

合并方为进行企业合并发生的各项直接相关费用，包括支付的审计费用、评估费用、法律服务费用等，应当于发生时计入当期损益，根据直接相关费用的金额借记"管理费用"科目，贷记"银行存款"等科目。

企业合并中，合并方发行债券或承担其他债务支付的手续费、佣金等，应当计入所发行债券及其他债务的初始成本；合并方发行权益性证券发生的手续费、佣金等费用，应当抵减权益性证券溢价收入，溢价收入不足冲减的，冲减留存收益。

【例5-1】华泰公司为M公司和N公司的母公司。20×1年1月1日，华泰公司将其持有N公司80%的股权转让给M公司，双方协商确定的价格为25 000 000元，以货币资金支付；此外，M公司还以货币资金支付审计、评估费21 200元（其中准予抵扣的增值税为1 200元）。合并日，N公司所有者权益的账面价值为30 000 000元；M公司资本公积（资本溢价）余额为4 000 000元。

根据以上资料，编制M公司取得长期股权投资的会计分录。

M公司初始投资成本 = 30 000 000 × 80% = 24 000 000（元）

会计分录如下：

借：长期股权投资——投资成本　　　　　　　　　　　　　　　24 000 000
　　资本公积——资本溢价　　　　　　　　　　　　　　　　　　1 000 000
　　管理费用　　　　　　　　　　　　　　　　　　　　　　　　　 20 000
　　应交税费——应交增值税（进项税额）　　　　　　　　　　　　 1 200
　　贷：银行存款　　　　　　　　　　　　　　　　　　　　　　25 021 200

【例5-2】华泰公司为M公司和N公司的母公司，持有M公司70%的股权，持有

N 公司 80% 的股权。20×1 年 1 月 1 日,M 公司以发行每股面值为 1 元的股票 20 000 000 股,换取华泰公司持有的 N 公司 80% 的股权,并以银行存款支付发行股票手续费 318 000 元,其中可以抵扣的增值税为 18 000 元。合并日,N 公司所有者权益的账面价值为 30 000 000 元。

根据以上资料,编制 M 公司取得长期股权投资的会计分录。

M 公司初始投资成本 = 30 000 000 × 80% = 24 000 000(元)

会计分录如下:

借:长期股权投资——投资成本	24 000 000
应交税费——应交增值税(进项税额)	18 000
贷:股本	20 000 000
资本公积——资本溢价	3 700 000
银行存款	318 000

二、非同一控制下企业合并形成的长期股权投资

(一)概念与计量原则

非同一控制下的企业合并,指参与合并的各方在合并前后不受同一方或相同的多方最终控制。非同一控制下的企业合并,在购买日取得对其他参与合并企业控制权的一方为购买方,参与合并的其他企业为被购买方。购买日,指购买方实际取得对被购买方控制权的日期。

相对于同一控制下的企业合并而言,非同一控制下的企业合并是以合并各方自愿为基础进行的市场交易行为,属于市场化的资产购买行为,作价比较公平、合理,应当以付出对价的公允价值为基础进行计量。

(二)账务处理

1. 以支付货币资金的方式取得被购买方的股权

购买方在购买日以支付货币资金的方式取得被购买方的股权,应以支付的货币资金作为初始投资成本,借记"长期股权投资——投资成本"科目,贷记"银行存款"科目。购买方支付的价款中如果含有已宣告发放但尚未支取的现金股利,应作为债权处理,计入"应收股利"科目,不计入长期股权投资成本。

2. 以付出货币资金以外的其他资产的方式取得被购买方的股权

购买方在购买日以付出货币资金以外的其他资产的方式取得被购买方的股权,付出的资产应按存货销售或资产处置的方式进行处理。企业应按照付出资产的公允价值和增值税销项税额作为初始投资成本,借记"长期股权投资——投资成本"科目;按照资产的价值,贷记"主营业务收入""其他业务收入""固定资产清理""应交税费——应交增值税(销项税额)"等科目;同时结转付出资产的成本,将其公允价值与账面价值的差额计入当期损益。其中,付出资产为固定资产、无形资产的,付出资产公允价值与账面价值的差额计

入"资产处置损益";付出资产为金融资产的,付出资产公允价值与账面价值的差额一般计入"投资收益";付出资产为存货的,按照公允价值确认为营业收入,同时按其账面价值结转营业成本。

3. 以发行股票等权益性证券或承担债务方式取得被购买方的股权

购买方以发行股票等权益性证券方式取得被购买方的股权,应在购买日按照发行股票等的公允价值作为长期股权投资的初始投资成本,借记"长期股权投资——投资成本"科目;按照发行股份的面值总额作为股本,贷记"股本"科目;按照长期股权投资初始投资成本与所发行股份面值总额之间的差额,贷记"资本公积——资本溢价或股本溢价"科目。

购买方以承担债务的方式取得被购买方的股权,应按照承担债务的公允价值作为初始投资成本,借记"长期股权投资——投资成本"科目,贷记有关负债科目。

4. 发生直接相关费用的处理

购买方为进行长期股权投资发生的审计、法律服务、评估咨询等中介费用及其他相关费用,应于发生时计入当期损益,根据直接相关费用的金额,借记"管理费用"科目,贷记"银行存款"等科目。

【例5-3】20×1年1月1日,华泰公司以货币资金16 000 000元及一批库存商品、专利权为对价购入S公司80%的股权。库存商品的账面价值为1 300 000元,未计提存货跌价准备,公允价值为1 500 000元,增值税销项税额为195 000元;专利权的原始价值为12 000 000元,累计摊销为4 000 000元,公允价值为9 000 000元,增值税销项税额为540 000元。此外,华泰公司还以货币资金支付审计、评估费265 000元(其中可以抵扣的增值税为15 000元)。购买日,S公司所有者权益的账面价值为25 000 000元。华泰公司与S公司无关联方关系。

根据上述资料,华泰公司对S公司的长期股权投资属于非同一控制下的企业合并形成的,编制华泰公司取得长期股权投资的会计分录。

(1)取得长期股权投资:

W公司初始投资成本=货币资金+库存商品、专利权的公允价值+库存商品、专利权的增值税销项税额=16 000 000+1 500 000+9 000 000+195 000+540 000=27 235 000(元)

专利权转出的资产处置损益=9 000 000-(12 000 000-4 000 000)=1 000 000(元)

会计分录如下:

借:长期股权投资——投资成本　　　　　　　　　　　　　27 235 000
　　管理费用　　　　　　　　　　　　　　　　　　　　　　　250 000
　　应交税费——应交增值税(进项税额)　　　　　　　　　　 15 000
　　累计摊销　　　　　　　　　　　　　　　　　　　　　　4 000 000
　贷:银行存款　　　　　　　　　　　　　　　　　　　　 16 265 000
　　　主营业务收入　　　　　　　　　　　　　　　　　　　1 500 000
　　　无形资产　　　　　　　　　　　　　　　　　　　　 12 000 000
　　　应交税费——应交增值税(销项税额)　　　　　　　　　735 000
　　　资产处置损益　　　　　　　　　　　　　　　　　　　1 000 000

（2）结转商品销售成本。会计分录如下：

借：主营业务成本　　　　　　　　　　　　　　　　　　1 300 000
　　贷：库存商品　　　　　　　　　　　　　　　　　　　　　1 300 000

三、非企业合并方式取得的长期股权投资

非企业合并方式取得的长期股权投资，包括企业取得的对合营企业和联营企业的权益性投资。非企业合并方式取得的长期股权投资的初始投资成本，应以付出对价的公允价值进行计量，即以付出的货币资金、转让非现金资产的公允价值、发行权益性证券的公允价值等确定初始投资成本。其初始投资成本的确定方法与非同一控制企业合并形成的长期股权投资基本相同，但发生的审计、法律服务、评估咨询等中介费用及其他相关费用应计入长期股权投资成本。

（1）以支付现金取得的长期股权投资，应当按照实际支付的购买价款作为初始投资成本，包括与取得长期股权投资直接相关的费用、税金及其他必要支出，但不包括应自被投资单位收取的已宣告但尚未发放的现金股利或利润。

【例5-4】P公司于20×1年1月1日以银行存款购入S公司30%的股权，能够对S公司施加重大影响，P公司确认为长期股权投资，实际支付购买价款9 300 000元，其中包括已宣告但尚未支付的现金股利300 000元，并支付相关审计费42 400元（其中可以抵扣的增值税为2 400元）。购买日，S公司所有者权益账面价值为29 000 000元，公允价值为32 000 000元。公司账务处理如下：

借：长期股权投资——投资成本　　　　　　　　　　　　9 040 000
　　应收股利　　　　　　　　　　　　　　　　　　　　　　300 000
　　应交税费——应交增值税（进项税额）　　　　　　　　　　2 400
　　贷：银行存款　　　　　　　　　　　　　　　　　　　　9 342 400

（2）企业以发行权益性证券取得的长期股权投资，应当按照发行权益性证券的公允价值作为初始投资成本，但不包括应自被投资单位收取的已宣告但尚未发放的现金股利或利润。为发行权益性证券支付的手续费、佣金等与发行直接相关的费用，不构成长股权投资的初始投资成本，应自所发行权益性证券的溢价发行收入中扣除，溢价收入不足冲减的，应依次冲减盈余公积和未分配利润。

第三节　长期股权投资的后续计量

长期股权投资的后续计量，有成本法和权益法两种处理方法。其中，成本法适用于对子公司的长期股权投资，权益法适用于对合营企业和联营企业的长期股权投资。

一、长期股权投资的成本法

成本法，是指投资按成本计价的方法。采用成本法核算的长期股权投资，应按照初始投资成本计价，一般不予变更，只有在追加或收回投资及长期股权投资减值时，才调整长期股权投资的账面价值。成本法适用于投资企业对子公司的长期股权投资。

成本法下，在持有投资期间，当被投资企业宣告发放现金股利时，投资企业应作为投资收益处理，借记"应收股利"科目，贷记"投资收益"科目；收到现金股利时，应借记"银行存款"等科目，贷记"应收股利"科目。如果收到的股利为股票股利，由于不影响持股比例，无须进行会计处理，但需要调整持股数量，降低每股持股成本。

长期股权投资的成本法核算，反映了投资企业和被投资企业是两个独立法人的事实，简单明了，易于操作，但在个别报表上无法充分反映股权投资价值的增减变动。

【例5-5】华泰公司于20×1年8月10日以36 000 000元从非关联方处取得D公司80%的股权，相关手续于当日完成，并能够对D公司实施控制。20×2年4月5日，D公司宣告分派现金股利600 000元，华泰公司按照持股比例可取得480 000元。华泰公司于20×2年4月26日收到D公司分派的现金股利。

根据以上资料，华泰公司的账务处理如下：

（1）取得长期股权投资：

借：长期股权投资——成本　　　　　　　　　　　　36 000 000
　　贷：银行存款　　　　　　　　　　　　　　　　　　36 000 000

（2）宣告发放现金股利：

借：应收股利　　　　　　　　　　　　　　　　　　　480 000
　　贷：投资收益　　　　　　　　　　　　　　　　　　　480 000

（3）收到现金股利：

借：银行存款　　　　　　　　　　　　　　　　　　　480 000
　　贷：应收股利　　　　　　　　　　　　　　　　　　　480 000

二、长期股权投资的权益法

（一）权益法的含义和适用范围

权益法，是指长期股权投资以初始成本计量后，在持有期间内，根据被投资企业所有者权益的变动，投资企业按应享有（或应分担）被投资企业所有者权益的份额调整持有期间投资账面价值的方法。即长期股权投资的账面价值要随着被投资企业所有者权益的变动而相应变动，大致反映在被投资企业所有者权益中占有的份额。

长期股权投资核算的权益法，适用于对能够实施共同控制的合营企业和施加重大影响的联营企业长期股权投资的后续计量。

（二）权益法核算的科目设置

采权益法进行长期股权投资的核算，可以在"长期股权投资"科目下面设置"投资成本""损益调整""其他综合收益调整""其他权益变动"等明细科目。其中："投资成本"明细科目反映经调整后的初始投资成本，即购入股权时在被投资企业按公允价值确定的所有者权益中占有的份额及初始投资成本大于占有份额形成的商誉；"损益调整"明细科目反映购入股权以后应享有或应分担的被投资单位净损益及应享有的分派现金股利或利润的份额，即享有的被投资企业留存收益增减变动的份额；"其他综合收益调整"明细科目反映购入股权以后应享有的被投资企业其他综合收益增减变动的份额；"其他权益变动"明细科目反映购入股权以后应享有被投资企业除了净损益、利润分配、其他综合收益以外的所有者权益增减变动的份额。

（三）权益法下初始投资成本的调整

采用权益法进行长期股权投资的核算，投资企业为了更为客观地反映在被投资企业所有者权益中享有的份额，应将初始投资成本按照被投资企业可辨认净资产的公允价值和持股比例进行调整。可辨认净资产的公允价值，指被投资企业可辨认资产的公允价值减去负债及或有负债公允价值后的余额。

投资企业取得对联营企业或合营企业的投资以后，对于取得投资时投资成本与应享有被投资单位公允价值份额之间的差额，应区别情况进行处理。

长期股权投资的初始投资成本大于投资时应享有被投资企业可辨认净资产公允价值份额的差额，视同投资过程中通过买价体现出的与所取得股权份额相对应的商誉，不需要调整长期股权投资的初始投资成本；长期股权投资的初始投资成本小于投资时应享有被投资企业可辨认净资产公允价值份额的差额，体现为在交易作价过程中转让方的让步，应当计入当期的营业外收入，同时调整长期股权投资的账面价值，借记"长期股权投资——投资成本"科目，贷记"营业外收入"科目。

【例5-6】承例5-4，P公司于20×1年1月1日以银行存款购入S公司30%的股权，能够对S公司施加重大影响，P公司确认为长期股权投资，初始投资成本为9 040 000元。购买日，S公司所有者权益账面价值为29 000 000元，可辨认净资产的公允价值为32 000 000元。

P公司享有S公司可辨认净资产公允价值的份额=32 000 000×30%=9 600 000（元）
P公司应调整初始投资成本=9 600 000-9 040 000=560 000（元）
账务处理如下：
借：长期股权投资——投资成本　　　　　　　　　　　560 000
　　贷：营业外收入　　　　　　　　　　　　　　　　　　560 000

如果购买日，S公司可辨认净资产的公允价值为28 000 000元，则P公司按持股比例30%应享有的份额为8 400 000元。初始投资成本大于应享有被投资单位可辨认净资产公允价值的份额640 000元，性质属于商誉，不调整长期股权投资的账面价值。

(四) 权益法下投资损益的确认

因被投资单位实现净损益产生的所有者权益变动，投资企业应当按照应享有或应分担被投资单位实现净利润或发生净亏损的份额，调整长期股权投资的账面价值，并确认为当期投资收益。如果被投资单位实现了净利润，投资企业应按照享有的份额，借记"长期股权投资——损益调整"科目，贷记"投资收益"科目；如果被投资单位发生净亏损，投资企业应按照分担的份额，借记"投资收益"科目，贷记"长期股权投资——损益调整"科目。

权益法下，在确认应享有或应分担被投资单位的净利润或净亏损时，在被投资单位账面净利润的基础上，应考虑下列因素的影响进行调整。

（1）被投资单位采用的会计政策及会计期间与投资企业不一致的，应按照投资企业的会计政策及会计期间对被投资单位的财务报表进行调整。

（2）投资企业取得长期股权投资时，被投资单位有关资产、负债的公允价值与其账面价值不同的，应考虑其在未来期间的持续影响，据此调整被投资单位未来期间计提的折旧额、摊销额及资产减值准备金额。

被投资单位个别利润表里的净利润是以其持有的资产、负债的账面价值为基础持续计算的。取得长期股权投资时，其初始投资成本已经按照股权取得日被投资单位可辨认净资产的公允价值进行了调整，因此长期股权投资的投资收益所代表的是在投资日被投资单位资产、负债以公允价值计量的情况下在未来期间经营产生的损益中归属于投资企业的部分。所以，被投资企业的净利润应以股权取得日各项可辨认资产、负债的公允价值为基础进行调整后加以确定。

会计实务中，基于重要性原则，通常应考虑的调整因素为：以取得投资时被投资企业固定资产、无形资产的公允价值为基础计提的折旧额或摊销额，以及减值准备的金额对被投资企业净利润的影响。其他项目如属重要的，也应进行调整。

如果无法合理确定取得投资时被投资企业各项可辨认资产的公允价值，或者投资时被投资企业可辨认资产的公允价值与其账面价值相比，两者之间的差额不具有重要性，也可以按照被投资企业的账面净利润与持股比例计算的结果确认投资收益，但应在财务报表附注中说明无法按照企业会计准则规定进行核算的原因。

（3）投资企业与被投资企业发生的未实现内部交易损益应予以抵销。权益法下，如果投资企业与合营企业或联营企业之间发生内部交易，其未实现的内部损益中属于投资企业享有的份额，投资企业在确认投资收益时均应予以扣除。未实现内部交易损益的抵销既包括顺流交易（即投资企业向合营企业或联营企业出售资产），又包括逆流交易（即联营企业或合营企业向投资企业出售货物）。

在顺流交易的情况下，投资企业已经在个别财务报表中确认了销售损益，而联营企业或合营企业未实现对外销售，其销售损益未能最终实现；但是，从投资企业的角度看，未实现的损益中，属于其他股东享有的份额部分已经实现，在确认投资收益时不需要进行抵销处理，因此只需要对其中属于投资企业应享有的份额予以抵销。

在逆流交易的情况下，合营企业或联营企业已经在个别财务报表中确认了销售损益，而投资企业未实现对外销售,其销售损益未能最终实现;但是,从投资企业的角度看,未实现的损益中,属于其他股东享有的份额相当于向其他股东购买货物的价值,合营企业或联营企业的销售损益已经实现,在确认投资收益时不需要进行抵销处理,因此只需要对其中属于投资企业享有的份额予以抵销。

【例5-7】P公司于20×1年1月1日以银行存款购入S公司30%的股权。取得股权日,S公司所有者权益账面价值为29 000 000元,可辨认净资产的公允价值为32 000 000元;S公司某专利权的账面价值为5 000 000元,公允价值为8 000 000元,采用直线法按10年进行摊销,净残值为0;其他可辨认资产、负债的公允价值与账面价值一致。该专利权按照账面价值计提的年摊销额为500 000元,按照公允价值应计提的年摊销额为800 000元。S公司20×1年度实现的账面净利润为2 700 000元,不考虑所得税影响。

按照S公司的账面净利润计算确定的投资收益应为810 000元(2 700 000×30%);基于投资时固定资产的公允价值调整后的S公司净利润为2 400 000元(2 700 000-(800 000-500 000)),P公司按照持股比例计算确认的当期投资收益应为720 000元(2 400 000×30%)。根据以上资料,P公司确认投资收益的账务处理如下:

借:长期股权投资——损益调整　　　　　　　　　　　　　　720 000
　　贷:投资收益　　　　　　　　　　　　　　　　　　　　　　720 000

【例5-8】承例5-7,S公司20×2年度实现的账面净利润为3 000 000元,当年S公司向P公司销售一批商品,不含增值税的销售价格为2 000 000元,商品销售成本为1 600 000元;P公司将购入的商品确认为存货,至20×2年12月31日该批存货尚未出售。

首先,计算P公司20×2年应确认的投资收益:

S公司账面净利润=3 000 000(元)

调整S公司无形资产的公允价值与账面价值差额对摊销的影响额=800 000-500 00=300 000(元)

S公司销售商品未实现内部交易利润=2 000 000-1 600 000=400 000(元)

调整后的净利润=3 000 000-300 000-400 000=2 300 000(元)

P公司按照持股比例计算确认的投资收益=2 300 000×30%=690 000(元)

其次,进行确认投资收益的账务处理:

借:长期股权投资——损益调整　　　　　　　　　　　　　　690 000
　　贷:投资收益　　　　　　　　　　　　　　　　　　　　　　690 000

【例5-9】承例5-8。S公司20×3年度实现的账面净利润为3 300 000元;20×3年P公司将上年从S公司购入的商品全部对外销售;20×3年6月30日P公司向S公司销售一件商品,不含增值税的销售价格为1 000 000元,商品销售成本为800 000元;S公司将购入的商品确认为管理用固定资产,折旧年限为5年,采用直线法计提折旧,不考虑净残值。

首先,计算P公司20×3年应确认的投资收益:

S公司账面净利润=3 300 000(元)

调整S公司无形资产的公允价值与账面价值差额对摊销的影响额=800 000-500 00=300 000(元)

P公司销售从S公司购入商品实现内部交易利润＝400 000（元）

P公司销售商品未实现内部交易利润＝1 000 000-800 000＝200 000（元）

当年S公司从P公司购入固定资产按照买价多计提的折旧额＝200 000/5×6/12＝20 000（元）

调整后的净利润＝3 300 000-300 000＋400 000-200 000＋20 000＝3 220 000（元）

P公司按照持股比例计算确认的投资收益＝3 220 000×30%＝966 000（元）

其次，进行确认投资收益的账务处理：

借：长期股权投资——损益调整　　　　　　　　　　　　　　　966 000
　　　贷：投资收益　　　　　　　　　　　　　　　　　　　　　　966 000

（4）超额亏损的确认。由于投资企业承担有限责任，因此投资企业在确认投资损失时，应以长期股权投资的账面价值及其他实质上构成对被投资企业净投资的长期权益减记至零为限，投资企业负有承担额外损失义务的除外。其他实质上构成对被投资企业净投资的长期权益，通常指长期应收项目。例如，企业对被投资企业的长期债权，该债权没有明确的清收计划且在可预见的未来期间不准备收回的，实质上构成对被投资单位的净投资。

投资企业在确认应分担被投资企业发生的亏损时，一方面确认投资损失，借记"投资收益"科目。另一方面，应当按照以下顺序进行处理：首先，减记长期股权投资的账面价值，贷记"长期股权投资——损益调整"科目；其次，长期股权投资的账面价值减记至零时，如果存在实质上构成对被投资企业净投资的长期权益项目，应以该长期权益的账面价值为限减记长期权益的账面价值，贷记"长期应收款减值准备"科目；再次，当长期权益的账面价值减记至零时，如果按照投资合同或协议约定需要企业承担额外义务的，应按预计承担的义务金额，确认为预计负债，贷记"预计负债"科目。

按照以上顺序处理后，如果仍有尚未确认的投资损失，投资企业应在备查簿上登记。在被投资企业以后期间实现盈利时，其收益分享额应按上述相反的顺序处理，即依次弥补未确认的亏损分担额、冲减预计负债、恢复长期权益的价值、恢复长期股权投资的价值。

【例5-10】M公司持有N公司40%的股权，能够对N公司施加重大影响，采用权益法进行长期股权投资的核算。20×7年12月31日，M公司长期股权投资的账面价值为3 800 000元，其中，"投资成本"为3 000 000元，"损益调整"为800 000元；长期应收款账面价值为800 000元，属于实质上构成对N公司净投资的长期权益项目。20×7年度，N公司发生巨额亏损，以投资时可辨认资产等的公允价值为基础调整后的净亏损为12 000 000元。20×8年度，N公司以投资时可辨认资产等的公允价值为基础调整后实现的净利润为2 000 000元。

（1）20×7年年末：

应分担的投资损失＝12 000 000×40%＝4 800 000（元）

以长期股权投资和长期权益账面价值为限实际确认的投资损失＝3 800 000＋800 000＝4 600 000（元）

未确认的投资损失＝4 800 000-4 600 000＝200 000（元）

会计分录如下：

借：投资收益	4 600 000	
贷：长期股权投资——损益调整		3 800 000
长期应收款减值准备		800 000

20×7年年末，长期股权投资的账面价值为0，长期应收款的账面价值为0。

（2）20×8年末：

应享有的投资收益＝2 000 000×40%＝800 000（元）

弥补未确认的损失后，实际确认的投资收益＝800 000-200 000＝600 000（元）

会计分录如下：

借：长期应收款减值准备	600 000	
贷：投资收益		600 000

20×8年年末，长期股权投资的账面价值为0，长期应收款的账面价值为600 000元。

（五）权益法下被投资企业分派股利的调整

采用权益法核算长期股权投资，被投资企业分派现金股利，会导致其所有者权益减少，应视同投资的收回。投资企业应按照以被投资企业宣告分派的现金股利和持股比例计算的应分得现金股利，相应抵减长期股权投资的账面价值，借记"应收股利"科目，贷记"长期股权投资——损益调整"科目。

【例5-11】P公司持有3 000 000股S公司股票，占30%的份额，能够对S公司施加重大影响，P公司确认为长期股权投资。S公司20×3年4月6日宣告现金分红方案，每股派发现金股利0.5元；4月27日实际发放现金股利。

（1）4月6日宣告分派现金股利：

P公司应收股利＝3 000 000×0.5＝1 500 000（元）

会计分录如下：

借：应收股利	1 500 000	
贷：长期股权投资——损益调整		1 500 000

（2）4月27日实际收到现金股利。会计分录如下：

借：银行存款	1 500 000	
贷：应收股利		1 500 000

（六）权益法下被投资企业其他综合收益的调整

采用权益法核算长期股权投资，当被投资企业其他综合收益发生变动时，也会影响被投资企业的所有者权益总额，进而影响投资企业应享有被投资企业的所有者权益的份额，投资企业应调整长期股权投资的账面价值，并计入其他综合收益。如果被投资企业其他综合收益增加，则借记"长期股权投资——其他综合收益调整"科目，贷记"其他综合收益"科目。如果被投资企业其他综合收益减少，投资企业做相反的处理。

【例5-12】承例5-11。S公司20×3年因持有其他权益工具投资的公允价值变动导致其他综合收益增加1 200 000元。

P 公司其他综合收益调整 = 1 200 000 × 30% = 360 000（元）

会计分录如下：

借：长期股权投资——其他综合收益调整　　　　　　　　　360 000
　　贷：其他综合收益　　　　　　　　　　　　　　　　　360 000

（七）权益法下被投资企业其他权益变动的调整

采用权益法核算长期股权投资，被投资企业除净损益、利润分配、其他综合收益以外所有者权益的其他变动，投资企业应按照占有的份额调整长期股权投资的账面价值，并计入资本公积（其他资本公积）。如果被投资企业其他所有者权益增加，则借记"长期股权投资——其他权益变动"科目，贷记"资本公积——其他资本公积"科目。如果被投资企业其他所有者权益减少，投资企业做相反的处理。

【例 5-13】 承例 5-11。S 公司 20×3 年资本公积增加 800 000 元。

P 公司其他权益变动调整 = 800 000 × 30% = 240 000（元）

P 公司确认其他权益变动调整的账务处理如下：

借：长期股权投资——其他权益变动　　　　　　　　　　　240 000
　　贷：资本公积——其他资本公积　　　　　　　　　　　240 000

权益法下，投资企业需要对享有被投资方所有者权益变动的份额进行确认。基本确认原则是：

（1）按照应享有或应分担的被投资单位实现经过调整后的净损益，确认投资收益，同时调整长期股权投资的账面价值，被投资单位净损益的调整事项主要有取得投资时可辨认资产公允价值与账面价值差额的影响和内部交易未实现损益的影响。

（2）投资方按照被投资单位宣告分派的利润或现金股利计算应享有的部分，视为投资的收回，相应减少长期股权投资的账面价值。

（3）按照应享有或应分担的被投资单位其他综合收益的份额，确认其他综合收益，同时调整长期股权投资的账面价值。

（4）投资方对于应享有的被投资单位除净损益、其他综合收益和利润分配以外所有者权益的其他变动，应当调整长期股权投资的账面价值，并计入资本公积。

相应份额的具体确认方法如图 5-1 所示。

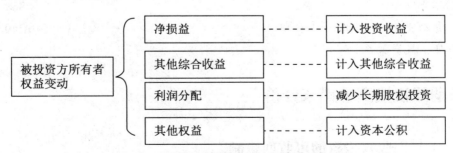

图 5-1　权益法下长期股权投资的账务处理

第四节 长期股权投资的处置与期末计价

一、长期股权投资的处置

处置长期股权投资时，企业应相应结转与所售股权对应的账面价值，其实际取得价款与账面价值的差额应当确认为投资损益。投资企业应根据实际收到的价款，借记"银行存款"等科目；根据处置长期股权投资的账面价值，贷记"长期股权投资"等科目；根据两者的差额，借记或贷记"投资收益"科目。

采用权益法核算的长期股权投资，如果处置后对有关投资终止采用权益法的，原计入其他综合收益（不能结转损益的除外）或资本公积（其他资本公积）中的金额应全部结转，计入当期损益；如果处置后因具有重大影响或共同控制仍然采用权益法核算的，将原计入其他综合收益（不能结转损益的除外）或资本公积（其他资本公积）中的金额与所售股权比例相对应的部分，在处置时从其他综合收益或资本公积转入当期损益；原计入其他综合收益中不能结转损益的部分，在处置时应转为留存收益。

【例5-14】20×1年1月8日，P公司将持有的S公司长期股权投资全部出售，收取价款36 000 000元。该股权投资采用权益法核算，处置时账面价值为34 600 000元，其中投资成本为28 000 000元，损益调整为6 000 000元，其他综合收益（能够结转损益）为360 000元，其他权益变动为240 000元。根据以上资料，P公司处置长期股权投资的账务处理如下：

（1）处置长期股权投资：

借：银行存款　　　　　　　　　　　　　　　　　　　　　36 000 000
　　贷：长期股权投资——投资成本　　　　　　　　　　　　28 000 000
　　　　　　　　　　——损益调整　　　　　　　　　　　　　6 000 000
　　　　　　　　　　——其他综合收益调整　　　　　　　　　　360 000
　　　　　　　　　　——其他权益变动　　　　　　　　　　　　240 000
　　　　投资收益　　　　　　　　　　　　　　　　　　　　1 400 000

（2）结转其他综合收益和其他权益变动：

借：其他综合收益　　　　　　　　　　　　　　　　　　　　　360 000
　　资本公积——其他资本公积　　　　　　　　　　　　　　　240 000
　　贷：投资收益　　　　　　　　　　　　　　　　　　　　　600 000

二、长期股权投资的期末计价

（一）长期股权投资的可收回金额

每年年末，企业应对长期股权投资的账面价值进行检查。如果出现减值迹象，应对其可收回金额进行估计。可收回金额应当根据长期股权投资的公允价值减去处置费用后的净额与长期股权投资预计未来现金流量的现值两者之间较高者确定。

之所以选择较高者确定可收回金额,是因为企业具有处理长期股权投资的选择权,能够在处置价值和持有价值中做出有利于自身的选择。

(二)长期股权投资减值损失

如果长期股权投资可收回金额的计量结果表明其可收回金额低于账面价值,说明长期股权投资已经发生减值损失,需要确认减值损失,计提减值准备。此时,企业应当将其账面价值减记至可收回金额,借记"资产减值损失"科目,贷记"长期股权投资减值准备"科目。长期股权投资减值损失一经确认,在以后会计期间不得转回。

【例5-15】20×2年12月31日P公司确认持有的L公司长期股权投资账面价值为36 800 000元,确定的可收回金额为34 000 000元,可收回金额低于账面价值,需要确认长期股权投资减值损失2 800 000元。根据以上资料,P公司确认减值损失的账务处理如下:

借:资产减值损失　　　　　　　　　　　　　　　　　　　2 800 000
　　贷:长期股权投资减值准备　　　　　　　　　　　　　　　2 800 000

第五节　股权投资核算方法的转换

股权投资核算方法根据投资方能否对被投资方施加控制、共同控制或重大影响分别采取成本法、权益法或按照《企业会计准则第22号——金融工具确认和计量》(CAS22)的规定进行核算,具体的核算方法如图5-2所示。

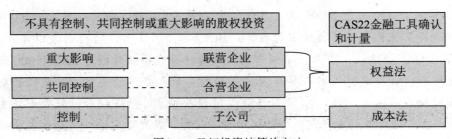

图5-2　股权投资核算的方法

企业在投资期间,由于追加投资或处置部分投资,会使投资企业与被投资企业的关系发生变化,其股权投资的后续计量方法也应随之进行相应调整。股权投资方法的转换类型主要分为六种,分别为金融工具模式转换为权益法、金融工具模式转换为成本法、权益法转换为成本法、权益法转换为金融工具模式、成本法转换为金融工具模式、成本法转换为权益法,具体转换方式如图5-3所示。

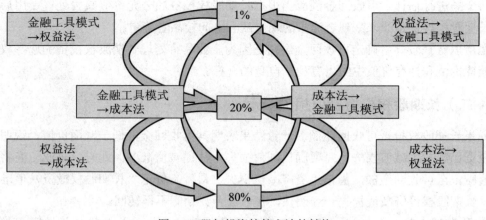

图 5-3 股权投资核算方法的转换

一、公允价值计量转为权益法核算

投资企业对按照《企业会计准则第 22 号——金融工具确认和计量》进行会计处理的股权投资，因追加投资等原因导致持股比例增加，使其能够对被投资单位实施共同控制或重大影响而转按权益法核算的，应在转换日按照原股权的公允价值加上为取得新增投资而应支付对价的公允价值，作为改按权益法核算的初始投资成本。

如原投资属于分类为公允价值计量且其变动计入其他综合收益的其他权益工具投资，与其相关的原计入其他综合收益的累计公允价值变动转入按权益法核算的转换当期的留存收益，不得计入当期损益。在此基础上，比较初始投资成本与获得共同控制或重大影响时应享有被投资单位可辨认净资产公允价值份额之间的差额，前者大于后者的，视同商誉部分，不调整长期股权投资的账面价值；前者小于后者的，调整长期股权投资的账面价值，并计入当期营业外收入。

【例 5-16】M 公司于 20×1 年 2 月取得 N 公司 5% 股权，投资成本为 1 200 000 元，M 公司划分为其他权益工具投资进行核算。20×2 年 7 月 1 日，M 公司又以 4 500 000 元取得 N 公司 15% 的股权，当日 N 公司可辨认净资产公允价值总额为 28 000 000 元。取得该部分股权后，M 公司能够派人参与 N 公司的财务和生产经营决策，对该项长期股权投资转为采用权益法核算。假定 M 公司在取得对 N 公司 5% 的股权后，双方未发生任何内部交易，未派发现金股利或利润。除所实现净利润外，未发生其他所有者权益变动事项。20×2 年 7 月 1 日，M 公司对 N 公司投资原 5% 股权的公允价值为 1 500 000 元，原计入其他综合收益的累计公允价值变动收益为 300 000 元。

（1）M 公司追加投资形成长期股权投资。

追加投资后，长期股权投资的初始投资成本 = 1 500 000 + 4 500 000 = 6 000 000（元），应享有 N 公司可辨认净资产公允价值份额 = 28 000 000 × 20% = 5 600 000（元），前者大于后者 400 000 元，视同商誉，不调整长期股权投资的账面价值，会计分录如下：

借：长期股权投资——投资成本　　　　　　　　　　　　　　　　6 000 000

```
        贷：银行存款                                    4 500 000
            其他权益工具投资——成本                    1 200 000
                        ——公允价值变动                  300 000
```

（2）将原计入其他综合收益的累计公允价值变动收益300 000元转入留存收益，会计分录如下：

```
        借：其他综合收益                                  300 000
            贷：盈余公积                                      30 000
                利润分配——未分配利润                     270 000
```

二、公允价值计量转换为成本法

企业因追加投资形成控制（即实现企业合并）而将以公允价值计量的金融资产转换为对子公司的长期股权投资，按照关于对子公司投资初始计量的相关规定处理，应当根据追加投资所形成的企业合并类型，确定对子公司长期股权投资的初始投资成本。

（一）追加投资最终形成同一控制下企业合并的

合并方应当按照形成企业合并时的累计持股比例计算的合并日应享有被合并方所有者权益在最终控制方合并财务报表中的账面价值份额，作为长期股权投资的初始投资成本。然后比较原以公允价值计量的金融资产持有的股权投资账面价值和合并日取得进一步股份新支付的对价之和与初始投资成本，对于前者小于后者的差额，应当计入资本公积（资本溢价或股本溢价）；对于前者大于后者的差额，应当冲减资本公积（仅限于资本溢价或股本溢价），资本公积的余额不足冲减的，应依次冲减盈余公积、未分配利润。

（二）追加投资最终形成非同一控制下企业合并的

购买方应当按原作为以公允价值计量的金融资产的账面价值与购买日取得进一步股份新支付对价的公允价值之和，作为长期股权投资的初始投资成本。原指定为以公允价值计量且其变动计入其他综合收益的其他权益工具投资，因追加投资转换为长期股权投资时，原确认为其他综合收益的累计公允价值变动应同时转出，计入留存收益。

【例5-17】M公司和N公司为两个独立的法人企业，在合并之前不存在任何关联方关系。20×1年1月1日，M公司以3 000 000元的价款取得N公司12%有表决权的股份，M公司将其指定为以公允价值计量且其变动计入其他综合收益的金融资产（即其他权益工具投资）；至20×1年12月31日，该项金融资产的账面价值为4 000 000元。20×2年1月1日，M公司再次以13 000 000元的价款取得N公司40%有表决权的股份。至此，M公司已累计持有N公司52%有表决权的股份，能够对N公司实施控制，因此，将原其他权益工具投资转换为长期股权投资并采用成本法核算。M公司按10%提取法定盈余公积。

初始投资成本=4 000 000+13 000 000=17 000 000（元）

M公司账务处理如下：

借：长期股权投资——N公司	17 000 000
贷：其他权益工具投资——成本	3 000 000
——公允价值变动	1 000 000
银行存款	13 000 000
借：其他综合收益	1 000 000
贷：盈余公积	100 000
利润分配——未分配利润	900 000

三、权益法转换为成本法

投资方因追加投资等原因使原持有的对联营企业或合营企业的投资转变为对子公司的投资，长期股权投资的核算方法应当由权益法转换为成本法。转换核算方法时，应当根据追加投资所形成的企业合并类型，确定按照成本法核算的初始投资成本。

（1）追加投资形成同一控制下企业合并的，应当按照取得的被合并方所有者权益在最终控制方合并财务报表中的账面价值的份额，作为改按成本法核算的初始投资成本。

（2）追加投资形成非同一控制下企业合并的，应当按照原持有的股权投资账面价值与新增投资成本之和，作为改按成本法核算的初始投资成本。

原采用权益法核算时确认的其他综合收益，暂不作会计处理，待将来处置该项长期股权投资时，采用与被投资方直接处置相关资产或负债相同的基础进行会计处理；原采用权益法核算时确认的其他权益变动，也暂不作会计处理，而应待将来处置该项长期股权投资时，转为处置当期投资收益。

【例5-18】20×1年1月10日，M公司以3 300 000元的价款取得N公司30%的股份，能够对N公司施加重大影响，采用权益法核算；当日，N公司可辨认净资产公允价值为12 000 000元，M公司调增了该项股权投资成本300 000元，同时计入当期营业外收入。20×1年度，N公司实现净收益1 000 000元，M公司确认投资收益300 000元；N公司还确认了其他综合收益（其他权益工具公允价值变动利得）600 000元，M公司确认其他综合收益180 000元。20×2年4月1日，M公司又以4 000 000元的价款取得N公司25%的股份，至此，M公司对N公司的持股比例已增至55%，对N公司形成控制，长期股权投资的核算方法由权益法转换为成本法。假定该项合并为非同一控制下的企业合并。

成本法下的初始投资成本=（3 600 000+300 000+180 000）+4 000 000=8 080 000（元）

M公司的账务处理如下：

借：长期股权投资——N公司	8 080 000
贷：长期股权投资——投资成本	3 600 000
——损益调整	300 000
——其他综合收益	180 000
银行存款	4 000 000

M公司采用权益法核算期间确认的在N公司其他综合收益中应享有的份额180 000元，暂不作会计处理，应待将来处置该项长期股权投资时，转为留存收益。

四、成本法转换为权益法

投资企业因处置部分投资对被投资企业不再具有控制权，但仍存在共同控制或重大影响的，应当将剩余投资改按权益法进行核算，并对该剩余股权视同自取得时即采用权益法核算进行追溯调整。

首先，调整剩余长期股权投资成本。比较剩余长期股权投资账面价值与原投资时按照剩余持股比例计算应享有被投资企业可辨认净资产公允价值的份额，前者大于后者的差额，属于投资作价中体现的商誉部分，无须对剩余长期股权投资的初始成本进行调整；前者小于后者的差额，应调整长期股权投资初始成本，同时调整期初留存收益。

其次，调整净损益的影响。对于原取得投资时至处置投资当期期初被投资单位实现的净损益（扣除已发放的现金股利及利润）中应享有的份额，应调整长期股权投资的账面价值，同时调整留存收益；对于处置投资当期期初至处置投资之日被投资单位实现的净损益（扣除已发放及已宣告发放的现金股利及利润）中享有的份额，应调整长期股权投资的账面价值，同时调整当期损益。

最后，其他原因导致被投资单位所有者权益变动中应享有的份额，在调整长期股权投资账面价值的同时，根据被投资单位所有者权益变动的内容，应当分别计入"其他综合收益"或"资本公积——其他资本公积"科目。

【例5-19】20×1年1月1日，X公司支付6 000 000元购入Y公司80%的股权，属于非同一控制下的企业合并，购买日Y公司可辨认净资产公允价值为7 000 000元（假定可辨认净资产公允价值与账面价值相同），初始投资成本中包含的投资商誉为400 000（6 000 000-7 000 000×80%）元。20×3年1月1日，X公司将持有Y公司50%股权出售，收取价款4 400 000元，转让后持股比例为30%，能对其施加重大影响。Y公司20×1年实现净利润800 000元，未分配现金股利；20×2年实现净利润1 000 000元，分配现金股利400 000元，其他综合收益（其他权益工具的公允价值变动）增加300 000元；20×3年1月1日Y公司可辨认净资产公允价值为9 000 000元，账面价值为8 700 000元。假定X、Y公司提取盈余公积的比例均为10%。

根据以上资料，编制会计分录。

（1）处置投资：

出售投资的成本=6 000 000×50%÷80%=3 750 000（元）

会计分录如下：

借：银行存款　　　　　　　　　　　　　　　　　4 400 000
　　贷：长期股权投资——投资成本　　　　　　　　3 750 000
　　　　投资收益　　　　　　　　　　　　　　　　　650 000

（2）对剩余股权改按权益法核算。

①处置投资后，剩余长期股权投资的投资成本=6 000 000-3 750 000=2 250 000（元）。

按照剩余投资比例计算原投资日享有Y公司可辨认净资产公允价值的份额
=7 000 000×30%=2 100 000（元）。

X公司剩余长期股权投资的账面价值高于按照剩余持股比例计算原投资日应享有Y公司可辨认净资产公允价值的份额的差额150 000元，属于投资的商誉部分，不对剩余长期股权投资账面价值进行调整。

② 20×1年1月1日至20×2年12月31日Y公司累计净损益变动＝800 000＋1 000 000－400 000＝1 400 000（元）。

X公司剩余股权投资享有Y公司累计净损益变动的份额＝1 400 000×30%＝420 000（元）。

会计分录如下：

借：长期股权投资——损益调整　　　　　　　　　　　　　420 000
　　贷：盈余公积　　　　　　　　　　　　　　　　　　　　 42 000
　　　　利润分配——未分配利润　　　　　　　　　　　　　378 000

③ 20×1年1月1至20×2年12月31日Y公司其他综合收益增加300 000元。

X公司剩余股权投资享有Y公司其他综合收益变动的份额＝300 000×30%＝90 000（元）。

会计分录如下：

借：长期股权投资——其他综合收益调整　　　　　　　　　 90 000
　　贷：其他综合收益　　　　　　　　　　　　　　　　　　 90 000

上述②③可以合并进行账务处理：

借：长期股权投资——损益调整　　　　　　　　　　　　　420 000
　　　　　　　　　——其他综合收益调整　　　　　　　　　 90 000
　　贷：盈余公积　　　　　　　　　　　　　　　　　　　　 42 000
　　　　利润分配——未分配利润　　　　　　　　　　　　　378 000
　　　　其他综合收益　　　　　　　　　　　　　　　　　　 90 000

经过上述调整后，X公司长期股权投资账面价值为2 760 000（2 250 000＋420 000＋90 000）元。

五、成本法转公允价值计量的金融资产

投资企业原持有的采用成本法核算的子公司投资，因部分处置等原因导致持股比例下降，不能再对被投资单位实施控制，同时亦不具有共同控制能力或重大影响的，应将剩余股权改按《企业会计准则第22号——金融工具确认和计量》的要求进行会计处理，并于丧失控制权日将剩余股权按公允价值重新计量，公允价值与其账面价值的差额计入当期损益。

【例5-20】X公司持有Y公司80%股权并能控制Y公司，投资成本为7 200 000元，按成本法核算，20×3年7月10日，X公司出售Y公司75%股权给非关联方，所得价款为7 500 000元，剩余5%股权于丧失控制权日的公允价值为500 000元，X公司将其分类为以公允价值计量且其变动计入当期损益的金融资产。假定不考虑其他因素，编制会计分录。

（1）出售股权，确认投资收益：

出售75%股权的账面价值＝7 200 000÷80%×75%＝6 750 000（元）

会计分录如下：

借：银行存款	7 500 000	
贷：长期股权投资——投资成本		6 750 000
投资收益		750 000

（2）剩余股权转为交易性金融资产：

剩余5%股权的账面价值=7 200 000÷80%×5%=450 000（元）

会计分录如下：

借：交易性金融资产	500 000	
贷：长期股权投资——投资成本		450 000
投资收益		50 000

六、权益法转公允价值计量的金融资产

投资企业原持有采用权益法核算的合营企业或联营企业的投资，因部分处置等原因导致持股比例下降，不能再对被投资单位实施共同控制或重大影响的，应于失去共同控制或重大影响时，按照《企业会计准则第22号——金融工具确认和计量》的规定对剩余股权进行会计处理。对剩余股权改按公允价值计量时，公允价值与其原账面价值之间的差额计入当期损益。同时，原采用权益法核算的相关其他综合收益应当在终止采用权益法核算时，采用与被投资单位直接处置相关资产或负债相同的基础进行会计处理；因被投资单位除净损益、其他综合收益和利润分配以外的其他所有者权益变动而确认的资本公积（资本溢价或股本溢价），应当在终止采用权益法时全部转入当期损益。

【例5-21】X公司持有Y公司25%的股份，能够对Y公司施加重大影响，对该股权投资采用权益法核算。20×3年9月1日，X公司对外出售持有Y公司15%的股权，取得价款4 800 000元。X公司持有Y公司剩余10%的股权，无法再对Y公司施加重大影响，转为以公允价值计量且其变动计入其他综合收益的其他权益工具投资核算。股权出售日，剩余股权的公允价值为3 200 000元。出售该股权时，长期股权投资的账面价值为7 600 000元，其中，投资成本6 000 000元，损益调整1 000 000元，其他综合收益（被投资单位其他权益工具投资累计公允价值变动享有份额）400 000元，资本公积200 000元。不考虑相关税费等其他因素影响。

（1）确认相关股权投资的处置损益：

出售15%股权的账面价值=7 600 000÷25%×15%=4 560 000（元）

会计分录如下：

借：银行存款	4 800 000	
贷：长期股权投资——投资成本		3 600 000
——损益调整		600 000
——其他综合收益		240 000
——资本公积		120 000
投资收益		240 000

（2）终止权益法核算，将原确认的相关其他综合收益全部转入留存收益。因为这是由于被投资单位其他权益工具投资累计公允价值变动引起的，被投资单位在处置该项权益工具投资时应将其转入留存收益；投资企业应采取与之相同的会计处理：

借：其他综合收益　　　　　　　　　　　　　　　　　　400 000
　　贷：盈余公积　　　　　　　　　　　　　　　　　　　 40 000
　　　　利润分配——未分配利润　　　　　　　　　　　　360 000

（3）终止权益法核算，将原计入资本公积的其他权益变动全部转入当期损益：

借：资本公积　　　　　　　　　　　　　　　　　　　　200 000
　　贷：投资收益　　　　　　　　　　　　　　　　　　 200 000

（4）剩余股权投资转为其他权益工具投资，并以公允价值计量：

剩余10%股权的账面价值＝7 600 000÷25%×10%＝3 040 000（元）

借：其他权益工具投资　　　　　　　　　　　　　　　3 200 000
　　贷：长期股权投资——投资成本　　　　　　　　　 2 400 000
　　　　　　　　　　——损益调整　　　　　　　　　　 400 000
　　　　　　　　　　——其他综合收益　　　　　　　　 160 000
　　　　　　　　　　——资本公积　　　　　　　　　　　80 000
　　　　投资收益　　　　　　　　　　　　　　　　　　 160 000

知识加油站

长期股权投资核算方法的转换，关键在于对原先（或剩余）股权的计量，以及累计其他综合收益的处理。财政部自《企业会计准则解释第4号》引入了国际财务报告准则（international financial report standard，IFRS）下的"跨越会计处理界线"的概念，即，从不具有控制、共同控制或重大影响，跨越到具有重大影响、共同控制或控制，或者相反方向的跨越，属于一项重大经济事项，需要对原持有股权视同处置后，按转换日的公允价值重新计量。相反，如果未跨越界线，则不对原持有股权进行重新计量。

思考题

1. 在不同情况下如何确认长期股权投资的初始投资成本？
2. 同一控制下和非同一控制下取得长期股权投资的会计处理为什么不同？
3. 成本法和权益法核算分别适用于哪些类型的长期股权投资？
4. 权益法下，长期股权投资核算的损益调整应调整哪些内容？
5. 长期股权投资核算的权益法核算的内容有哪些？
6. 股权投资后续计量方法转换有哪些类型？如何从成本法转换为权益法核算？

练习题

1. 甲公司为M公司和N公司的母公司。20×1年1月1日，甲公司将其持有N公司

60%的股权转让给 M 公司,双方协商确定的价格为 14 500 000 元,以货币资金支付;此外,M 公司还以货币资金支付审计、评估费 10 600 元(其中准予抵扣的增值税为 1 200 元)。合并日,N 公司所有者权益的账面价值为 22 000 000 元;M 公司资本公积(资本溢价)余额为 1 000 000 元。

要求:请编制 M 公司取得投资的会计分录。

2. 20×1 年 7 月 16 日,甲公司以一项专利技术、一批库存商品和银行存款 3 000 000 元向乙公司投资(甲公司和乙公司不属于同一控制的两个公司),占乙公司注册资本的 80%。该专利技术的账面原价为 9 000 000 元,已计提累计摊销 5 400 000 元,公允价值为 4 000 000 元,增值税税率为 6%。库存商品的账面价值为 2 200 000 元,不含增值税的公允价值为 3 000 000 元,增值税税率为 13%。甲公司以银行存款支付审计、评估费 50 000 元。不考虑其他相关税费。

要求:请编制甲公司相关的会计分录。

3. 20×7 年 4 月 1 日,甲公司购买乙公司 80% 的股权,实现了对乙公司的控制,实际支付银行存款 8 320 000 元,其中包括已宣告但尚未发放的现金股利 320 000 元。甲公司和乙公司不属于同一控制的两个公司)。甲公司另外以银行存款支付审计、评估费 31 800 元(其中可以抵扣的增值税为 1 800 元)。4 月 18 日,甲公司收取前述现金股利 320 000 元。8 月 10,乙公司宣告发放现金股利 1 000 000 元,每股 0.10 元。甲公司于 8 月 30 日收到现金股利,存入银行。

要求:请为甲公司的投资业务编制相应的会计分录。

4. 乙公司发生有关长期股权投资的经济业务如下:20×4 年 1 月 1 日,购入丙股份公司股票 240 万股(对方总股本 1 200 万股),每股 5 元,并支付相关税费 53 000 元(其中可以抵扣的增值税为 3 000 元)。乙公司持股比例为 20%,对丙公司具有重大影响。丙公司 20×4 年 1 月 1 日可辨认净资产账面价值为 50 000 000 元,公允价值为 53 000 000 元,差额全部为固定资产的价值差额,假定固定资产采用直线法计提折旧,剩余折旧年限为 10 年,当年按 12 个月计提折旧,不考虑净残值。20×4 年度 X 公司实现净利润 5 300 000 元,其他综合收益增加 1 500 000 元。20×5 年 3 月 15 日,X 公司宣告发放现金股利 1 200 000 元,即每 10 股发放 1 元。3 月 20 日,收到丙公司发放的现金股利,存入银行。20×5 年度丙公司发生净亏损 15 000 000 元。

要求:请为以上的投资业务编制相应的会计分录。

案例分析

中国制造向"中国智造"转型升级

即测即练

第六章 固定资产

学习目标和要求

本章主要讲解了固定资产的含义和分类、固定资产取得、固定资产折旧、固定资产后续支出、固定资产处置、固定资产的期末计价与清查的核算。要求读者掌握外购和自行建造固定资产的会计核算,固定资产折旧的计算和会计处理,固定资产改扩建的账务处理;熟悉固定资产的性质和分类,固定资产的期末计量和盘盈、盘亏的账务处理;了解附有弃置义务固定资产的核算问题。

引导案例

AS公司是一家大型钢铁股份公司。在最近两年内,AS公司先后两次发布公告,宣布变更固定资产的折旧年限,其中房屋、建筑的折旧年限由20年增加到40年,机器设备的折旧年限由10年增加到19年,传导设备的折旧年限由15年增加到19年,动力设备的折旧年限由10年增加到12年。对此,AS公司在公告中给出的解释为:公司近年来投资于固定资产的力度不断加大,对房屋建筑物的维护和设备的维修加强了,提高了房屋建筑物的使用寿命及设备仪器的使用性能,从而在实际上延长了固定资产的使用寿命。并进一步宣称:"调整后,本公司的折旧年限符合同行业同类固定资产折旧年限平均水平。"根据年报显示,AS公司调整固定资产折旧年限后的当年营业收入同比下滑6.86%,经营未见好转,但是利润总额同比增长105%,实现扭亏为盈。扭亏为盈主要依靠于因调整固定资产折旧年限带来的9亿元净利润的增加。

资料来源:https://baijiahao.baidu.com/s?id=1720286764494533316&wfr=spider&for=pc。

请思考:

AS公司调整固定资产折旧年限的处理是否合理、合规?从短期和长期看,固定资产折旧年限调整会对公司的财务业绩产生什么影响?

第一节 固定资产概述

固定资产是企业生产经营过程中的重要劳动资料。它能够在若干个生产经营周期内发挥作用,并保持其原有的实物形态。由于固定资产在持有过程中会发生有形和无形的损耗,它的价值会逐渐降低。这部分减少的价值以折旧的形式，分期结转至产品成本或者费用中，并最终在销售收入中得到补偿。

一、固定资产的含义与特征

固定资产是指同时具有以下特征的有形资产：①为生产商品、提供劳务、出租或经营管理而持有的；②使用寿命超过一个会计年度。

固定资产具有以下三个方面特征。

第一，为生产商品、提供劳务、出租或经营管理而持有。企业持有固定资产的目的，是为了生产商品、提供劳务、出租或经营管理的需要，是作为劳动工具或手段使用的，而不像商品一样为了对外出售。其中，出租的固定资产，指企业以经营租赁方式出租的机器设备类固定资产。这是固定资产区别于商品等流动资产的重要特征，也是固定资产不同于投资性房地产的重要特征。

第二，使用寿命超过一个会计年度。固定资产的使用寿命，指企业使用固定资产的预计期间，或者该固定资产所能生产产品或提供劳务的数量。这一特征表明企业固定资产的收益期较长，能在1年以上的时间里为企业创造经济利益。

第三，固定资产为有形资产。固定资产具有实物特征，这一特征将固定资产与无形资产区别开来。

二、固定资产的分类

固定资产种类繁多，为了便于固定资产的管理与核算，应按照不同的标准进行合理的分类。

（一）按经济用途分类

按照经济用途进行分类，固定资产可分为房屋及建筑物、机器设备、运输设备、动力传导设备、工具器具和管理用具等。

按照经济用途对固定资产进行分类，可以提供不同用途固定资产的价值信息，帮助企业管理者分析企业市场需求和生产能力信息，做出固定资产的增加或处置等决策。

（二）按使用情况分类

按照使用情况进行分类，固定资产可以分为在用固定资产和暂时闲置固定资产。在用固定资产指正在使用的各种固定资产；暂时闲置固定资产指尚未投入使用或因进行改建、扩建等暂停使用的各种固定资产。

按照使用情况进行分类，可以提供固定资产使用状况的信息，帮助企业管理者了解固定资产使用效率，加强闲置固定资产的管理，合理有效地利用固定资产。

（三）按所有权分类

按所有权进行分类，固定资产可以分为自有固定资产和租入固定资产。自有固定资产指企业拥有所有权的各种固定资产；租入固定资产指企业在租赁期间不拥有所有权但是具有实质控制权的各种固定资产。

这种分类可以提供固定资产所有权的归属信息，帮助企业管理者分析考核租入和自有固定资产的使用情况和经济效益，加强固定资产筹资管理。

三、固定资产的确认

企业在确认固定资产时，除了符合固定资产的定义外，还应同时满足以下两个条件。

（1）与该固定资产有关的经济利益很可能流入企业。资产最基本的特征就是预期能给企业带来经济利益。所以，要确认某项目是否属于固定资产，首先应判断其是否预期能给企业带来经济利益的流入。

（2）该固定资产的成本能够被可靠地计量。成本能够被可靠地计量，是资产确认的一项基本条件。固定资产作为企业资产的重要组成部分，企业要予以确认，必须取得确凿证据，从而能够可靠地计量其成本。但是，有时需要根据所获得的最新资料，对固定资产的成本进行合理的估计。

在实务中，对于固定资产进行确认时，需要注意，固定资产的各组成部分如果具有不同使用寿命或以不同方式为企业提供经济利益，适用不同折旧率或折旧方法的，应当分别将各组成部分确认为单项固定资产。

四、固定资产的计价

为了准确反映企业持有固定资产的价值，应选取合理的计价标准对固定资产进行计量。固定资产的计价标准一般有以下四种。

（一）原始价值

原始价值又称原价或原值，指固定资产在达到预定可使用状态之前所发生的全部耗费的货币金额。不同的取得方式下，固定资产的价值构成不同。例如：外购固定资产的原始价值包括固定资产的买价、采购过程中的费用及使用前安装调试的费用等；自行建造的固定资产的原始价值包括建造过程中发生的全部耗费。

（二）重置价值

重置价值指在当前条件下，企业重新购置同样固定资产所需付出的货币金额。重置价值主要应用于盘盈或接受捐赠固定资产的计价。

（三）折余价值

折余价值又称净值，是指固定资产的原始价值减去已计提折旧后的余额。

（四）现值

现值是指固定资产在使用期间及处置时预计产生的未来现金流量的折现值。现值主要用于固定资产减值测试，是确定可收回金额的两种计价标准之一。

五、会计科目的设置

为了核算固定资产的增减变动，一般需要设置"固定资产""累计折旧""工程物资""在建工程"和"固定资产清理"等科目。

"固定资产"科目核算企业固定资产的原价。该科目借方登记企业增加的固定资产原价，贷方登记企业减少的固定资产原价，期末借方余额反映企业结存固定资产的原价。

"累计折旧"科目属于"固定资产"科目的备抵调整科目，用于核算企业固定资产由于损耗而减少的价值。该科目贷方登记计提的固定资产折旧，借方登记处置固定资产转出的累计已提折旧，期末贷方余额反映企业结存固定资产的累计折旧额。

"工程物资"科目核算企业各种工程物资的实际成本。该科目借方登记企业验收入库工程物资的实际成本，贷方登记领用工程物资的实际成本，期末借方余额反映企业结存工程物资的实际成本。

"在建工程"科目核算企业进行各项工程建设发生的实际成本。该科目借方登记企业各项在建工程的实际支出，贷方登记完工工程转出的实际成本，期末借方余额反映企业各项未完工程的实际成本。

"固定资产清理"科目核算企业因出售、报废或毁损等原因转入清理的固定资产价值及其在清理过程中所发生的清理费用和清理变价收入等。

第二节　固定资产的初始计量

固定资产的初始计量，是指确定固定资产的初始取得成本。取得成本包括企业为购建某项固定资产达到预定可使用状态前发生的所有合理的、必要的支出。固定资产的取得方式有多种，包括购置、自行建造、接受投资者投入、接受捐赠、非货币资产交换、债务重组、固定资产盘盈等。在不同的取得方式下，固定资产成本的构成内容和确定方法也有所不同。

一、外购固定资产

企业外购固定资产的初始取得成本应当包括：购买价款、相关税费、使固定资产达到预定可使用状态前所发生的可归属于该项资产的运输费、装卸费、安装费和专业人员服务费等。其中，相关税费是指根据规定应该计入固定资产成本的进口关税、消费税、车辆购置税，以及不得抵扣的增值税进项税额等。

企业购进的固定资产，根据购入过程中是否需要安装，可以分为不需要安装和需安装两种情况。

（一）购入不需要安装的固定资产

企业购入不需要安装即可直接交付使用的固定资产，购入后即可达到预定可使用状态，因此购入时可直接通过"固定资产"账户进行核算。其原始价值应该根据实际支付的买价、运输费、保险费、装卸费等计算确定。购入时，应根据固定资产的原始价值，借记"固定资产"科目；根据可以抵扣的增值税进项税额，借记"应交税费——应交增值税（进项税额）"科目；根据实际支付的价款，贷记"银行存款"等科目。

【例6-1】20×1年3月12日，甲公司购入不需要安装的设备一台，其增值税专用发票上注明的价款200 000元，增值税26 000元，另支付运输费1 500元，运输费增值税135元，款项均以银行存款支付。根据以上资料，编制会计分录。

固定资产的入账价值 = 200 000 + 1 500 = 201 500（元）

增值税进项税额 = 26 000+135 = 26 135（元）

会计分录如下：

借：固定资产　　　　　　　　　　　　　　　　　　　　　　　　201 500
　　应交税费——应交增值税（进项税额）　　　　　　　　　　　　26 135
　　贷：银行存款　　　　　　　　　　　　　　　　　　　　　　227 635

（二）购入需要安装的固定资产

需要安装的固定资产，是指企业购置的固定资产，须经过安装后才能交付使用，达到预定可使用状态。固定资产的入账价值应在固定资产购入成本的基础上加上安装调试的成本。在核算过程中，需要使用"在建工程"账户。在固定资产达到预定可使用状态之前，发生的所有支出，包括买价、运输费、装卸费、安装费等，先计入"在建工程"科目的借方，待安装完毕达到预定可使用状态时，再根据全部的安装工程成本从"在建工程"科目转入"固定资产"科目。

【例6-2】20×1年3月26日甲公司购入一台需要安装的设备，增值税专用发票上注明的设备买价为150 000元，增值税额为19 500元，运输费用1 000元，运输费增值税90元，以上款项均以银行转账付讫。另外，用银行存款支付安装费2 000元，增值税260元。根据上述资料，进行账务处理如下：

（1）购入设备：

借：在建工程　　　　　　　　　　　　　　　　　　　　　　　　151 000
　　应交税费——应交增值税（进项税额）　　　　　　　　　　　　19 590
　　贷：银行存款　　　　　　　　　　　　　　　　　　　　　　170 590

（2）支付安装费：

借：在建工程　　　　　　　　　　　　　　　　　　　　　　　　　2 000

　　　　应交税费——应交增值税（进项税额）　　　　　　　　　　　　260
　　　　　贷：银行存款　　　　　　　　　　　　　　　　　　　　　2 260
　（3）设备安装完毕交付使用：
固定资产入账价值 = 151 000 + 2 000 = 153 000（元）
会计分录如下：
　借：固定资产　　　　　　　　　　　　　　　　　　　　　　　153 000
　　　贷：在建工程　　　　　　　　　　　　　　　　　　　　　　153 000

如果企业赊购固定资产，支付方式超过正常信用条件（如采用分期付款方式购买固定资产），且在合同中规定的付款期限比较长，那么该项购货合同实质上具有融资性质。此时，购入固定资产的成本不能以各期付款额之和确定，而应以各期付款额的现值之和确定。购入固定资产时，按购买价款的现值，借记"固定资产"或"在建工程"等科目；按应支付的金额，贷记"长期应付款"科目；按其差额，借记"未确认融资费用"科目。未确认融资费用需要在付款期间按照实际利率法进行摊销，计入财务费用。

二、自行建造固定资产

　　企业自行建造的固定资产，应将建造该项资产达到预定可使用状态前发生的所有必要支出，包括工程物资成本、人工成本、相关税费、应予以资本化的借款费用及应分摊的间接费用等，作为固定资产的入账价值。企业自建固定资产的方式，包括自营方式建造和出包方式建造两种类型。

（一）自营方式建造

　　采用自营方式建造固定资产，指企业自行采购工程物资、自行组织施工人员施工，独立完成整个工程建设。
　　自营工程采购工程物资时，应借记"工程物资""应交税费——应交增值税（进项税额）"科目，贷记"银行存款""应付账款"等科目。自营工程领用工程物资时，应借记"在建工程"科目，贷记"工程物资"科目。自营工程领用生产用原材料和库存商品时，应借记"在建工程"科目，贷记"原材料""库存商品"科目。自营工程应负担的职工薪酬，应借记"在建工程"科目，贷记"应付职工薪酬"科目。企业的辅助生产经营部门为自营工程提供水、电、设备安装、运输等产品或劳务时，应根据实际成本，借记"在建工程"科目，贷记"生产成本"科目。
　　企业为自营工程借入资金产生的借款费用，在工程达到预定可使用状态之前，符合资本化条件的部分，应计入工程成本，借记"在建工程"科目，贷记"应付利息"等科目。自营工程发生的报废损失，应计入工程成本；发生的残料收入，则应冲减工程成本，借记"原材料"科目，贷记"在建工程"科目。
　　当自营建造的固定资产达到预定可使用状态交付使用时，无论是否办理竣工结算，都应该从"在建工程"科目转入"固定资产"科目。如果自营工程办理竣工结算前就交付使用的，应合理估计该固定资产的成本并予以入账。待办理竣工结算后，再调整原来的暂估价值，根据该固定资产的实际价值与原入账价值的差额，借记或贷记"固定资产"科目，贷记或借记"在建工程"科目。需要注意，固定资产在竣工结算前已经计提的折旧，不需要再进行追溯调整。

【例6-3】丁公司采用自营方式建造一条全自动生产线。在建造过程中发生下列支出：20×2年3月1日，用银行存款购入工程物资一批，价款100 000元，增值税13 000元，工程物资验收入库；20×2年3月10日，工程开工建设，实际领用工程物资100 000元；领用库存原材料一批，实际成本8 000元；辅助生产部门为工程提供水、电等劳务支出3 000元；工程应负担的职工薪酬30 000元。20×2年6月1日，生产线建设完成，达到预定可使用状态。

根据以上资料，丁公司账务处理如下：

（1）购入工程物资：

借：工程物资 100 000
　　应交税费——应交增值税（进项税额） 13 000
　　贷：银行存款 113 000

（2）工程领用工程物资：

借：在建工程 100 000
　　贷：工程物资 100 000

（3）工程领用库存原材料：

借：在建工程 8 000
　　贷：原材料 8 000

（4）负担水、电支出：

借：在建工程 3 000
　　贷：生产成本 3 000

（5）负担工程人员薪酬：

借：在建工程 30 000
　　贷：应付职工薪酬 30 000

（6）工程完工，结转固定资产：

工程建造的实际成本：100 000 + 8 000 + 3 000 + 30 000 = 141 000（元）

会计分录如下：

借：固定资产 141 000
　　贷：在建工程 141 000

（二）出包方式建造

出包方式建造是指企业通过招标等方式将工程项目发包给建造承包商，由建造承包商（即施工企业）组织工程项目的施工。企业采用出包方式的情况下，其工程成本包括实际支付的全部工程价款及应负担的借款费用。

当企业预付工程款时，借记"预付账款"科目，贷记"银行存款"等科目；当企业按合理估计的工程进度和合同规定结算工程进度款时，借记"在建工程""应交税费——应交增值税（进项税额）"科目，贷记"预付账款""银行存款"等科目；当工程完工达到预定可使用状态时，按全部的工程成本，借记"固定资产"科目，贷记"在建工程"科目。

【例6-4】20×2年8月1日，丁公司采用出包方式建造一栋厂房。工程总成本为2 000 000元。按合同约定，工程建设周期为6个月，工程启动时预付25%工程款；20×2年年末，工程进度为80%，丁公司按实际工程进度结算工程款；20×3年2月1日，工程按期完工并验收合格，支付剩余20%工程款。根据上述资料，丁公司进行账务处理如下：

（1）20×2年8月1日预付工程款：

借：预付账款　　　　　　　　　　　　　　　　　　　　　　　500 000
　　贷：银行存款　　　　　　　　　　　　　　　　　　　　　　500 000

（2）20×2年末结算工程进度款1 600 000元，增值税144 000元，合计1 744 000元。扣除预付工程款500 000元，用银行存款支付1 244 000元：

借：在建工程——厂房　　　　　　　　　　　　　　　　　　　1 600 000
　　应交税费——应交增值税（进项税额）　　　　　　　　　　　144 000
　　贷：预付账款　　　　　　　　　　　　　　　　　　　　　　500 000
　　　　银行存款　　　　　　　　　　　　　　　　　　　　　1 244 000

（3）20×3年3月1日工程完工，结算剩余工程款：

借：在建工程——厂房　　　　　　　　　　　　　　　　　　　　400 000
　　应交税费——应交增值税（进项税额）　　　　　　　　　　　　36 000
　　贷：银行存款　　　　　　　　　　　　　　　　　　　　　　436 000

（4）厂房交付使用，结转为固定资产：

借：固定资产——厂房　　　　　　　　　　　　　　　　　　　2 000 000
　　贷：在建工程——厂房　　　　　　　　　　　　　　　　　2 000 000

三、其他方式取得的固定资产

（一）投资者投入的固定资产

企业接受投资者投入的固定资产，应当按照投资合同或协议约定的价值确定，但合同或协议约定价值不公允的除外。当投资合同或协议约定价值不公允时，应当按照固定资产的公允价值作为入账价值。

（二）盘盈的固定资产

盘盈的固定资产应作为前期差错处理，按照固定资产的重置成本入账，并通过"以前年度损益调整"科目进行核算。

（三）通过非货币性资产交换、债务重组、企业合并等方式取得的固定资产

企业通过非货币性资产交换、债务重组、企业合并等方式取得的固定资产，应按照相应准则的规定确定其取得成本。但是，后续的会计计量和披露应按照《企业会计准则第4号——固定资产》的规定执行。

四、弃置费用的考虑

对于某些特殊行业的特殊固定资产，在确定其原始价值时，还应考虑弃置费用。弃置费用通常指根据国家法律和行政法规、国际公约等规定，企业因承担的环境保护、生态恢复等义务而预计发生的支出，例如，核电站的核设施等的弃置和恢复环境义务。固定资产预计发生的弃置费用应计入固定资产的原始价值，并通过折旧方式予以补偿。由于弃置费用数额通常较大，而且发生在具有较长时间间隔的未来，因此，需要考虑货币的时间价值。弃置费用应按照取得固定资产时实际利率进行折现后的现值入账，借记"固定资产""在建工程"等科目，贷记"预计负债"科目。预计未来将会发生的弃置费用与其现值之间的差额，应在固定资产使用期间内，按照实际利率法分期摊销，确认为财务费用。

第三节　固定资产的后续计量

固定资产在使用过程中，一方面要根据价值的损耗计提折旧，另一方面还可能会发生修理或改扩建等后续支出，因此后续计量主要包括两方面的内容：折旧的计提和后续支出的计量。

一、固定资产的折旧

（一）折旧的性质

固定资产折旧是指固定资产由于损耗而减少的价值。固定资产在使用过程中因为有形和无形的损耗，其使用价值会逐渐下降，直至报废。有形损耗指固定资产在使用过程中由于使用和自然力的作用在使用价值和价值上的损耗；无形损耗指由于技术进步和劳动生产率的提高而引起的固定资产价值上的损耗。固定资产损耗的价值，以折旧费的形式分期计入成本费用，并从企业取得的收入中得到补偿。

折旧的计提，是指在固定资产的使用寿命内，按照一定的方法对应计折旧额进行的系统分摊。因此，折旧的计提本质上是价值分摊的过程。应计折旧额，指应当计提折旧的固

定资产的原价扣除预计净残值后的余额。如果已对固定资产计提减值准备，还应当扣除已计提的规定资产减值准备累计金额。

（二）影响固定资产折旧计提的因素

影响固定资产折旧计提的因素主要有以下四个方面。

（1）固定资产的原始价值，一般为固定资产的成本。

（2）固定资产的净残值，是指固定资产预计使用终了时可以收回的残余价值扣除预计清理费用后的数额。预计净残值一般按照固定资产原值乘以预计净残值率计算。

（3）固定资产的使用寿命，指企业使用固定资产的预计期间，或者该固定资产所能生产产品或提供劳务的数量。在确定固定资产使用寿命时，通常应当考虑下列因素：该资产的预计生产能力或实物产量；该资产的有形损耗，如设备使用中发生磨损、房屋建筑物受到自然侵蚀等；该资产的无形损耗，如因新技术的出现而使现有的资产技术水平相对陈旧、市场需求变化使产品过时等；有关资产使用限制的法律或者类似规定。

（4）固定资产减值准备，是指固定资产已计提的固定资产减值准备累计金额。固定资产计提减值准备后，以后期间计提折旧额时应考虑已确认的减值金额，根据调整后的账面价值和预计净残值予以计算。

（三）折旧的计算方法

企业应当根据固定资产所含经济利益的预期消耗方式，合理选择折旧方法。常用的折旧计算方法有年限平均法、工作量法、双倍余额递减法和年数总和法。

1. 年限平均法

年限平均法，又称为直线法，是指将固定资产的应计折旧额均衡地分摊到固定资产预计使用寿命内的一种方法，即按照预计使用年限平均计提折旧。采用这种方法计算的每期折旧额均是相等的。年限平均法的计算公式如下：

$$年折旧额 = \frac{应计提折旧总额}{预计作用年限} = \frac{原值 - 预计净残值}{预计作用年限}$$

$$月折旧额 = 年折旧额 \div 12$$

会计实务中，固定资产折旧额一般根据固定资产原值乘以折旧率计算。计算公式如下：

$$年折旧率 = \frac{1 - 预计净残值}{预计作用年限}$$

$$月折旧率 = 年折旧率 \div 12$$

$$月折旧额 = 固定资产原值 \times 月折旧率$$

【例6-5】 甲公司某项机器设备原值为 600 000 元，预计使用年限为 10 年，预计报废时净残值率为 4%。其折旧率和折旧额的计算如下：

年折旧率 =（1-4%）÷ 10 = 9.6%

月折旧率 = 9.6% ÷ 12 = 0.8%

月折旧额 = 600 000 × 0.8% = 4 800（元）

采用年限平均法计提折旧，固定资产的转移价值平均摊配于其使用的各个会计期间。优点是使用方便，易于理解。但是，这种方法没有考虑固定资产不同使用年限提供的经济效益是不同的。一般来说，固定资产在使用前期工作效率相对较高，所带来的经济利益较多，在使用后期由于工作效率下降导致所带来的经济利益逐渐减少。这种方法也没有考虑不同使用年限发生的维修费用存在较大差异。如果固定资产各期负荷程度存在差异时，采用年限平均法计提折旧就不能如实反映固定资产的实际使用情况。

2. 工作量法

工作量法指按照固定资产预计完成的工作总量平均计提折旧的方法。采用工作量法，首先计算确定单位工作量折旧额，然后根据某月实际完成的工作量和单位工作量折旧额的乘积计算该月的折旧额。工作量法一般适用于各月工作量不均衡且价值较高的大型精密机床和运输设备等固定资产折旧的计算。工作量法的计算公式如下：

$$单位工作量折旧额 = \frac{应计提折旧总额}{预计工作总量} = \frac{原值 - 预计净残值}{预计工作总量}$$

$$月折旧额 = 单位工作量折旧额 \times 当月工作量$$

【例6-6】 甲公司有一大型精密机床，原值为 1 000 000 元，预计净残值率为 5%，预计工作总时间为 10 000 小时。20×1 年 7 月该机床使用了 200 小时。

该机床 20×1 年 7 月的折旧额计算如下：

单位工作小时折旧额 = 1 000 000 ×（1-5%）÷ 10 000 = 95（元/小时）

本月折旧额 = 95 × 200 = 19 000（元）

3. 双倍余额递减法

双倍余额递减法是指在不考虑固定资产预计净残值的情况下，根据每期期初固定资产净值（原价减去累计折旧的金额）和双倍直线折旧率计提折旧的方法。其计算公式如下：

$$双倍直线折旧率 = \frac{2}{预计使用年限} \times 100\%$$

$$固定资产年折旧额 = 固定资产期初净值 \times 双倍直线折旧率$$

$$固定资产月折旧额 = \frac{固定资产年折旧额}{12}$$

采用双倍余额递减法计提折旧，一般不考虑固定资产预计净残值。但是，必须注意在预计使用年限结束时，应避免出现固定资产净值大于预计净残值的情况。如果固定资产净值大于预计净残值，意味着该项固定资产在预计使用年限内少提了折旧。因此，采用双倍余额递减法计提折旧，一般应在预计使用年限到期前两年内改按年限平均法计提折旧，即将固定资产净值扣除预计净残值后的余额平均摊销。

【例6-7】 某企业某项固定资产原值为 90 000 元，预计净残值为 3 000 元，预计使用年限为 5 年。该项固定资产采用双倍余额递减法计提折旧。年折旧率及各年折旧额计算见表 6-1。

表 6-1　折旧计算表 1

（双倍余额递减法）　　　　　　　　　　　　　　　　　　　　　　　　　　　　　　　　　单位：元

年份	期初净值	年折旧率	年折旧额	累计折旧额	期末净值额
1	90 000	40%	36 000	36 000	54 000
2	54 000	40%	21 600	57 600	32 400
3	32 400	40%	12 960	70 560	19 440
4	19 440		8 220	78 780	11 220
5	11 220		8 220	87 000	3 000

从表 6-1 中可以看出，该项固定资产第 4 年如果仍按双倍余额递减法计提折旧，年折旧额应为 7 776（19 440×40%）元；如果改按年限平均法计提折旧，年折旧额应为 8 220 元。由于第 4 年按双余额递减法计提的折旧额小于按年限平均法计提的折旧额，因此从第 4 年开始，该项固定资产改按年限平均法计提折旧。

需要注意，前述固定资产折旧的年份为固定资产的使用年份，而不是日历年份，且在使用年份内各月的折旧额是相等的。例 6-7 中，假定该项固定资产于 20×1 年 7 月开始计提折旧，则 20×1 年 7 月至 20×2 年 6 月，各月的折旧额为 3 000（36 000÷12）元；20×2 年 7 月至 20×3 年 6 月，各月的折旧额为 1800（21 600÷12）元。该项固定资产 20×2 年的折旧额为 28 800（3 000×6＋1 800×6）元。

4. 年数总和法

年数总和法是指按固定资产的原价减去预计净残值的余额（即应计提折旧总额），乘以一个逐年递减的折旧率计算每年的折旧额，这个折旧率的分子为某年尚可使用年数，分母为各年尚可使用年数总和。其年折旧率和年折旧额的计算公式如下：

$$年折旧率 = \frac{该年尚可使用年数}{各年尚可使用年数总和} = \frac{预计使用年限 - 已使用年数}{预计使用年限 \times \frac{预计使用年数 + 1}{2}}$$

$$年折旧额 = （固定资产原价 - 预计净残值）\times 年折旧率$$

【例 6-8】某企业某项固定资产原值为 90 000 元，预计净残值为 6 000 元，预计使用年限为 6 年。该项固定资产按年数总和法计提折旧。该项固定资产的年数总和为：

年数总和 =6+5+4+3+2+1=21（年）

或年数总和 =6×（6+1）÷2=21（年）

各年折旧率和折旧额计算见表 6-2（年数总和法）。

表 6-2　折旧计算表 2

　　单位：元

年份	尚可使用年限（年）	应计提折旧总额	年折旧率	年折旧额（元/年）	累计折旧额
1	6	84 000	6/21	24 000	24 000
2	5	84 000	5/21	20 000	44 000
3	4	84 000	4/21	16 000	60 000
4	3	84 000	3/21	12 000	72 000

续表

年份	尚可使用年限（年）	应计提折旧总额	年折旧率	年折旧额（元/年）	累计折旧额
5	2	84 000	2/21	8 000	80 000
6	1	84 000	1/21	4 000	84 000

双倍余额递减法和年数总和法都属于加速折旧法。加速折旧法，指在固定资产使用初期计提折旧较多而在后期计提折旧较少，从而相对加速折旧的方法。采用加速折旧法，各年的折旧额呈递减趋势。

采用加速折旧法计提折旧，克服了直线法的不足，一方面将折旧的计提与固定资产的使用效益有机联系起来，另一方面也保持了各个会计期间负担的固定资产使用成本的均衡性。此外，在税法允许将各种方法计提的折旧费作为税前费用扣除的前提下，还能够减少前期的所得税额，有利于资金的周转，也符合谨慎性原则。但是，加速折旧法计算相对复杂，工作量较大。

按照可比性原则，固定资产的折旧方法一经选定，不得随意改变。如果企业根据具体情况的变化决定改变折旧方法，一般应于年初进行变更，以保持年度内折旧方法的一致性。

（四）计提折旧的范围

除了下列两种情况外，企业应当对所有固定资产计提折旧：①已经提足折旧继续使用的固定资产；②过去单独估价入账的土地。在确定计提折旧的范围时还应注意下列情况。

（1）固定资产应当按月计提折旧，并根据用途计入相关资产的成本或者当期损益。为了简化核算，当月增加的固定资产当月不计提折旧，从下月起计提折旧；当月减少的固定资产当月仍计提折旧，从下月起不再计提折旧。

（2）固定资产提足折旧后，不论能否继续使用，均不再计提折旧，提前报废的固定资产也不再补提折旧。所谓提足折旧，是指已经提足该项固定资产应提的折旧总额。

（3）已达到预定可使用状态但尚未办理竣工决算的固定资产，应当按照估计价值确定其成本，并计提折旧；等办理竣工决算后再按实际成本调整原来的入账价值，但原已计提的折旧额不需要调整。

（五）计提折旧的会计处理

固定资产应当按月计提折旧，并根据用途计入相关资产的成本或当期损益。企业基本生产车间所使用的固定资产，其计提的折旧应计入制造费用；管理部门所使用的固定资产，其计提的折旧应计入管理费用；销售部门所使用的固定资产，其计提的折旧应计入销售费用；自行建造固定资产过程中使用的固定资产，其计提的折旧应计入在建工程成本；经营租出的固定资产，其计提的折旧应计入其他业务成本；未使用的固定资产，其计提的折旧应计入管理费用。

在会计实务中，企业应按月根据固定资产计提折旧的范围和采用的折旧方法，编制固定资产折旧计算表。

【例6-9】华泰公司20×1年3月计提折旧196 000元,当月增加固定资产应计提的折旧额为64 000元,当月减少固定资产应计提的折旧额为28 000元。华泰公司编制20×1年4月固定资产折旧分配表如表6-3所示。

表6-3　固定资产折旧分配表

20×1年4月　　　　　　　　　　　　　　　　　　　　　　　　　　　　　　　单位:元

使用部门	3月实际计提的固定资产折旧额	3月增加固定资产应计提的折旧额	3月减少固定资产应计提的折旧额	4月应计提的固定资产折旧额	计入成本、费用账户
生产车间	128 000	43 000	24 000	147 000	制造费用
行政部门	32 000	17 000	3 000	46 000	管理费用
销售部门	23 000	4 000	1 000	26 000	销售费用
自营工程	13 000			13 000	在建工程
合计	196 000	64 000	28 000	232 000	

根据表6-3,编制会计分录如下:

借:制造费用　　　　　　　　　　　　　　　　　　　　　　147 000
　　管理费用　　　　　　　　　　　　　　　　　　　　　　 46 000
　　销售费用　　　　　　　　　　　　　　　　　　　　　　 26 000
　　在建工程　　　　　　　　　　　　　　　　　　　　　　 13 000
　贷:累计折旧　　　　　　　　　　　　　　　　　　　　　232 000

二、固定资产的后续支出

固定资产的后续支出指固定资产使用过程中发生的更新改造支出、修理费用等。

固定资产的后续支出,分为资本化的后续支出和费用化的后续支出。例如,固定资产的更新改造支出,在满足固定资产的确认条件时,该支出即为资本化的后续支出,应当计入相关固定资产的成本。当后续支出不满足固定资产的确认条件时,如固定资产的修理费用,即为费用化的后续支出,应当在发生时计入当期损益。

(一)费用化的后续支出

为了维护固定资产的正常运转和使用,充分发挥其使用效能,企业需要对固定资产进行必要的修理。固定资产修理的主要目的是为了恢复其使用价值,由于不满足固定资产的确认条件,应在实际发生时计入当期损益。

根据我国现行的会计准则规定,生产车间与行政管理部门发生的固定资产修理费用等后续支出,应当计入"管理费用"科目;专设销售机构的固定资产发生的修理费用等后续支出,应当计入"销售费用"科目;企业经营出租的固定资产发生的维护和修理费用,应当计入"其他业务成本"科目。企业固定资产发生的更新改造支出不满足资本化条件的,在发生时也应直接计入当期损益。如果固定资产修理支出的数额较大,也可以确认为长期待摊费用,在一定期间内予以摊销。

【例6-10】20×1年7月,甲公司生产车间进行经常性修理,支付修理费5 650元(其中含可抵扣的进项税额650元),已用银行存款转账支付。甲公司的账务处理如下:

借:管理费用　　　　　　　　　　　　　　　　　　　　　　　　5 000
　　应交税费——应交增值税(进项税额)　　　　　　　　　　　　650
　　贷:银行存款　　　　　　　　　　　　　　　　　　　　　　　5 650

(二)资本化的后续支出

固定资产的更新改造支出一般指固定资产的改扩建支出。固定资产的改扩建指对原有固定资产进行的改良和扩充。改扩建后,有些会延长使用寿命,有些会提高产品质量或增加生产能力。改扩建支出一般属于资本化的后续支出。

固定资产发生的资本化的后续支出,通过"在建工程"科目核算。当固定资产发生资本化的后续支出时,企业首先应将固定资产的账面价值(即原价扣除已计提的累计折旧和减值准备后剩余的价值)转入在建工程。若原固定资产中有替换的部分,则应将拆除部分的残值冲减在建工程支出。在改扩建过程中,固定资产应停止计提折旧。

当固定资产发生的改扩建工程完工并达到预定可使用状态时,应从在建工程转为固定资产,视同取得一项新的固定资产,并重新确定固定资产原价、预计使用寿命、预计净残值,并按照相应的折旧方法计提折旧。

【例6-11】甲公司拥有一条生产线,原值1 280 000元,预计使用年限为10年,预计净残值30 000元,已经使用6年,已经提折旧为750 000元。为提高生产能力,甲公司决定对该生产线进行改扩建。改建过程中用银行存款支付改建工程款226 000元,其中可抵扣的增值税税额为26 000元,改建过程中拆除部件的残料计价6 000元入库。工程完工后,延长使用寿命2年,预计净残值提升到40 000元。

根据以上资料,甲公司的账务处理如下:

(1)将改扩建固定资产转入在建工程:

借:在建工程　　　　　　　　　　　　　　　　　　　　　　　　530 000
　　累计折旧　　　　　　　　　　　　　　　　　　　　　　　　750 000
　　贷:固定资产　　　　　　　　　　　　　　　　　　　　　　1 280 000

(2)用银行存款支付改建工程款:

借:在建工程　　　　　　　　　　　　　　　　　　　　　　　　200 000
　　应交税费——应交增值税(进项税额)　　　　　　　　　　　　26 000
　　贷:银行存款　　　　　　　　　　　　　　　　　　　　　　　226 000

(3)拆除部件的残料入库:

借:原材料　　　　　　　　　　　　　　　　　　　　　　　　　6 000
　　贷:在建工程　　　　　　　　　　　　　　　　　　　　　　　6 000

(4)改建工程完工:

借:固定资产　　　　　　　　　　　　　　　　　　　　　　　　724 000
　　贷:在建工程　　　　　　　　　　　　　　　　　　　　　　　724 000

$$\text{改建后的固定资产每年计提的折旧额} = \frac{724\,000 - 40\,000}{6} = 114\,000\,（元）$$

第四节　固定资产的处置

一、固定资产终止确认的条件

固定资产的处置，是指在账面上对固定资产进行终止确认。固定资产处置包括固定资产的出售、转让、报废或毁损、对外投资、非货币性资产交换和债务重组等。

固定资产满足下列条件之一的，应当予以终止确认。

（1）该固定资产处于处置状态。处于处置状态的固定资产不再用于生产商品、提供劳务、出租或经营管理，因此不再符合固定资产的定义，应当予以终止确认。

（2）该固定资产预期通过使用或处置不能产生经济利益。如果一项固定资产预期通过使用或处置不能产生经济利益，那么，它就不再符合固定资产的定义和确认条件，应当予以终止确认。

二、固定资产处置的账务处理

（一）科目设置与处置过程

为了反映固定资产的处置过程，企业应设置"固定资产清理"科目。固定资产清理是资产类科目，借方记录清理过程中的各项费用，包括转入清理过程的固定资产账面价值和清理过程中发生的清理费用等；贷方记录清理过程中的各项收入，包括转让收入、残料收入以及应收的赔款等。借贷方的差额反映的是清理过程中的净损益，如果是贷差，则为净收益，应从借方转出，转入资产处置损益（利得）或营业外收入；如果是借差，则为净损失，应从贷方转出，转入资产处置损益（损失）或营业外支出。

企业处置固定资产的过程，具体包括以下几个环节。

1. 固定资产转入清理

企业出售、报废或毁损固定资产时，应按处置过程中固定资产的账面价值转入固定资产清理科目。账面价值是固定资产的原值减去已计提折旧和减值准备后的剩余价值。企业应按固定资产账面价值借记"固定资产清理"科目，按已计提的累计折旧借记"累计折旧"科目，按已计提的减值准备借记"固定资产减值准备"科目，按固定资产账面余额贷记"固定资产"科目。

2. 发生清理费用

固定资产清理过程中发生的有关费用和应支付的相关税费，应借记"固定资产清理""应交税费——应交增值税（进项税额）"科目，贷记"银行存款"等科目。

3. 出售收入和残料回收

企业收回出售固定资产的价款、报废固定资产的残料价值和变价收入等，应冲减清理支出。企业按实际收到的出售价款及回收的残料价值等，借记"银行存款""原材料"等科目，贷记"固定资产清理""应交税费——应交增值税（销项税额）"等科目。

4. 保险赔偿的处理

对于应由保险公司或过失人赔偿的损失，应冲减清理支出，借记"银行存款""其他应收款"等科目，贷记"固定资产清理"科目。

5. 清理净损益的处理

固定资产清理完成后的净收益或净损失，属于正常出售、转让所产生的利得，借记"固定资产清理"科目，贷记"资产处置损益"科目，属于正常出售、转让所产生的损失，借记"资产处置损益"科目，贷记"固定资产清理"科目。

属于报废或自然灾害发生毁损等原因进行清理的净损失，应借记"营业外支出——非流动资产报废"或"营业外支出——非常损失"科目，贷记"固定资产清理"科目；属于正常报废所产生的利得，应借记"固定资产清理"科目，贷记"营业外收入——非流动资产报废"科目。

（二）固定资产出售的账务处理

按照现行的会计准则，固定资产的转让或出售，属于企业的日常经营活动，其产生的利得或损失应计入"资产处置损益"科目。资产处置损益属于营业利润的组成部分。

【例6-12】甲公司出售一台机器设备，原价200 000元，累计计提折旧120 000元；出售过程中，用现金支付清理费用500元；收到出售的价款90 000元，增值税额为11 700元，存入银行。根据上述资料，甲公司的账务处理如下：

（1）注销固定资产账面价值：

借：固定资产清理　　　　　　　　　　　　　　　　　　　　　　　80 000
　　累计折旧　　　　　　　　　　　　　　　　　　　　　　　　　120 000
　　贷：固定资产　　　　　　　　　　　　　　　　　　　　　　　200 000

（2）支付清理费用：

借：固定资产清理　　　　　　　　　　　　　　　　　　　　　　　　　500
　　贷：库存现金　　　　　　　　　　　　　　　　　　　　　　　　　500

（3）收到出售价款：

借：银行存款　　　　　　　　　　　　　　　　　　　　　　　　101 700
　　贷：固定资产清理　　　　　　　　　　　　　　　　　　　　　 90 000
　　　　应交税费——应交增值税（销项税额）　　　　　　　　　　 11 700

（4）结转固定资产清理利得：

借：固定资产清理　　　　　　　　　　　　　　　　　　　　　　　 9 500
　　贷：资产处置损益　　　　　　　　　　　　　　　　　　　　　　9 500

（三）固定资产报废或毁损的账务处理

固定资产报废按照报废的原因，可分类为正常报废和提前报废。其中，正常报废是由于资产使用期限已满不再继续使用而形成的，提前报废是由于对折旧年限估计不准确或非正常原因造成的。固定资产报废不属于企业的日常经营活动，其净损益应计入"营业外支出"或"营业外收入"科目。提前报废的固定资产未提足折旧，不再补提，而是体现在最终确定的清理净损益上。

由于自然灾害或意外事故等造成的固定资产毁损，扣除应由保险公司或责任人的赔偿后，其净损失应计入"营业外支出"科目。

【例6-13】华泰公司某项固定资产原值为120 000元，预计净残值为3 000元，预计使用年限为8年，现已经使用了9年，折旧已经提足，由于购买了新设备而将其报废。报废时残料入库计价4 000元，用银行存款支付清理费用600元。根据上述资料，进行账务处理如下：

（1）注销固定资产账面价值：

借：固定资产清理	3 000
累计折旧	117 000
贷：固定资产	120 000

（2）支付清理费用：

借：固定资产清理	600
贷：银行存款	600

（3）残料计价入库：

借：原材料	4 000
贷：固定资产清理	4 000

（4）结转固定资产清理净损益：

清理净收益 = 4 000 - （3 000 + 600） = 400（元）

会计分录如下：

借：固定资产清理	400
贷：营业外收入	400

【例6-14】华泰公司因自然灾害造成某生产线毁损，该生产线原值为800 000元，累计计提折旧为520 000元。清理过程中出售残料，收取价款30 000元，增值税3 900元；用银行存款支付清理费用1 200元；应收保险公司赔偿款160 000元。根据上述资料，进行账务处理如下：

（1）注销固定资产账面价值：

借：固定资产清理	280 000
累计折旧	520 000
贷：固定资产	800 000

（2）支付清理费用：

借：固定资产清理	1 200

　　　　贷：银行存款　　　　　　　　　　　　　　　　　　　　　　　　1 200
　（3）收到出售价款：
　　借：银行存款　　　　　　　　　　　　　　　　　　　　　　　　　33 900
　　　　贷：固定资产清理　　　　　　　　　　　　　　　　　　　　　　30 000
　　　　　　应交税费——应交增值税（销项税额）　　　　　　　　　　　3 900
　（4）结转保险公司赔款：
　　借：其他应收款——保险理赔　　　　　　　　　　　　　　　　　160 000
　　　　贷：固定资产清理　　　　　　　　　　　　　　　　　　　　 160 000
　（5）结转固定资产清理净损失：
　　清理净损失=（280 000+1 200）-（30 000+160 000）=91 200（元）
　　会计分录如下：
　　借：营业外支出——非常损失　　　　　　　　　　　　　　　　　　91 200
　　　　贷：固定资产清理　　　　　　　　　　　　　　　　　　　　　91 200

第五节　固定资产的期末计量

一、固定资产的减值

（一）固定资产减值迹象的判断

　　每年年末，企业应对固定资产的账面价值进行全面检查。如果出现以下情况之一，表明该固定资产出现减值迹象，应对固定资产的可收回金额进行估计：

　　（1）固定资产的市价当期大幅度下跌，其跌幅明显高于因时间的推移或正常使用而造成的下跌。

　　（2）企业经营所处的经济、技术或法律等环境及固定资产所处的市场在当期或将在近期发生重大变化，从而对企业产生不利影响。

　　（3）市场利率或其他市场投资报酬率在当期已经提高，从而影响企业计算固定资产预计未来现金流量现值的折现率，导致固定资产可收回金额大幅度降低。

　　（4）有证据表明固定资产已经陈旧过时。

　　（5）固定资产已经或将被闲置、终止使用或计划提前处置。

　　（6）企业内部报告的证据表明固定资产的经济绩效已经低于或将低于预期，如固定资产所创造的净现金流量或实现的营业利润（亏损）远远低于（高于）预计金额等；

　　（7）其他表明固定资产可能已经发生减值的迹象。

（二）固定资产可收回金额的计算

　　可收回金额，应当根据固定资产的公允价值减去处置费用后的净额与固定资产预计未来现金流量的现值两者之间较高者确定。即固定资产的可收回金额是企业在固定资产的处置价值与继续使用价值中选择的一个较高价值。

固定资产公允价值的确定,应遵循如下顺序:根据公平交易中销售协议的价格确定固定资产的公允价值;不存在销售协议但存在资产活跃市场的,应当按照该固定资产的活跃市场价格确定;在不存在销售协议和活跃市场的情况下,应当以可获取的最佳信息为基础,估计固定资产的公允价值。

如果按照上述方法仍然无法可靠估计固定资产的公允价值,则应当以固定资产预计未来现金流量的现值作为可收回金额。

(三)固定资产减值损失的确定

当固定资产可收回金额低于账面价值时,表明固定资产已发生减值,企业应当将该固定资产的账面价值减记至可收回金额,减记的金额确认为减值损失,计入当期损益。计提固定资产减值准备时,应借记"资产减值损失"科目,贷记"固定资产减值准备"科目。

固定资产减值损失一经确认,在以后会计期间不得转回。

需要注意,固定资产减值损失确认后,企业在未来期间计提固定资产折旧时应当做相应的调整,即视为产生了一项新的固定资产,重新确定其应计提折旧额(即调整后的账面价值)、预计净残值和预计使用寿命,并选择合理的折旧方法计算未来期间的折旧,系统地分摊调整后的固定资产账面价值。

【例 6-15】甲公司 20×7 年 12 月 31 日的一台机床出现减值迹象。该设备原值为 306 000 元,预计使用 10 年,预计净残值为 6 000 元,按年限平均法计提折旧,累计已计提折旧 120 000 元,账面价值为 186 000 元。20×7 年 12 月 31 日,经过减值测试,该机床公允价值减去处置费用后的金额为 160 000 元,预计未来现金流量的现值 156 000 元。计提减值准备后,该机床剩余的使用寿命为 5 年,预计净残值为 7 000 元。

20×7 年 12 月 31 日,编制会计分录。

(1)确定可收回金额:

固定资产的公允价值减去处置费用后的净额(160 000 元)>固定资产预计未来现金流量的现值(156 000)元

可收回金额选择两者之间的较高者确定,为 160 000 元。

(2)计提减值准备:

应确认的减值损失=186 000-160 000=26 000(元)

会计分录如下:

借:资产减值损失　　　　　　　　　　　　　　　　　　　　　　　26 000
　　贷:固定资产减值准备　　　　　　　　　　　　　　　　　　　　26 000

(3)调整以后的折旧额。

从 20×8 年 1 月起,每个月计提折旧金额如下:

$$月折旧额 = \frac{160\,000 - 7\,000}{12 \times 5} = 2\,550(元)$$

二、固定资产的清查

固定资产是一种价值较高、使用期限较长的有形资产,因此,对于管理规范的企业而言,盘盈、盘亏的固定资产较为少见。企业应定期或不定期地对固定资产进行清查盘点,至少每年年末应对固定资产进行全面清查,以掌握固定资产的实有数量及其分布,保证固定资产核算的真实性和完整性,充分挖掘企业固定资产的使用潜力。在固定资产清查过程中,如果发现盘盈、盘亏的固定资产,应填制固定资产盘盈盘亏报告表。企业应及时查明固定资产的盘盈、盘亏的原因,将清查损益在期末结账前处理完毕。

(一)固定资产盘盈的会计处理

在财产清查中盘盈的固定资产,企业应作为前期差错进行处理,并通过"以前年度损益调整"科目核算。盘盈的固定资产,应按重置成本确定其入账价值,借记"固定资产"科目,贷记"以前年度损益调整"科目。

【例6-16】甲公司于20×2年12月31日财产清查过程中,发现盘盈设备一台,确定其重置成本为80 000元,与其计税基础一致。该公司适用的所得税税率为25%,按净利润的10%提取法定盈余公积。甲公司的账务处理如下:

(1)盘盈固定资产:

借:固定资产　　　　　　　　　　　　　　　　　　80 000
　　贷:以前年度损益调整　　　　　　　　　　　　　　80 000

(2)调整应缴纳所得税:

借:以前年度损益调整　　　　　　　　　　　　　　20 000
　　贷:应交税费——应交所得税　　　　　　　　　　20 000

(3)结转以前年度损益调整至留存收益:

借:以前年度损益调整　　　　　　　　　　　　　　60 000
　　贷:盈余公积　　　　　　　　　　　　　　　　　6 000
　　　　利润分配——未分配利润　　　　　　　　　54 000

(二)固定资产盘亏的会计处理

固定资产盘亏造成的损失,应当计入当期损益。在财产清查中发现固定资产盘亏的,企业应按盘亏固定资产的账面价值,借记"待处理财产损溢——待处理固定资产损溢"科目;按已计提的累计折旧,借记"累计折旧"科目;按已计提的减值准备,借记"固定资产减值准备"科目;按固定资产原价,贷记"固定资产"科目。按管理权限报经批准处理时,按可收回的保险赔偿或过失人赔偿,借记"其他应收款"科目;按净损失金额,借记"营业外支出——盘亏损失"科目,贷记"待处理财产损溢——待处理固定资产损溢"科目。

【例6-17】甲公司于20×2年12月31日进行财产清查时盘亏机器设备一台,其账面原价为280 000元,已计提折旧为160 000元,该设备已计提的减值准备为20 000元。经报相关部门批准,净损失作为营业外支出处理。甲公司的账务处理如下:

（1）盘亏固定资产：

借：待处理财产损溢——待处理固定资产损溢　　　　100 000
　　　累计折旧　　　　　　　　　　　　　　　　　　160 000
　　　固定资产减值准备　　　　　　　　　　　　　　 20 000
　　　贷：固定资产　　　　　　　　　　　　　　　　　　　　280 000

（2）报经批准处理：

借：营业外支出——盘亏损失　　　　　　　　　　　100 000
　　　贷：待处理财产损溢——待处理固定资产损溢　　　　　　100 000

案例探讨

新冠疫情的暴发，对航空市场造成了重大的不利影响。各大航空公司在积极开展营业自救行为的同时，也进行了会计处理上的调整，主要就是变更了部分固定资产的折旧方法。2020 年，中国国航（601111.SH）、东方南方航空（600029.SH）的固定资产及使用权资产占总资产的比例均超过了 70%。对于重资产行业尤其是以固定资产及使用权资产为主的航空公司而言，通过固定资产折旧方法改变对企业利润的影响可能是巨大的。

中国国航、南方航空和东方航空三大航空公司先后发布公告，变更对固定资产及使用权资产中的发动机替换件折旧方法，并采用未来适用法进行会计处理，无须进行追溯调整。变更的理由为"该变动主要是由于公司受新型冠状病毒感染疫情影响，实际执行飞行小时同比下降所致"。据估计，此举将导致中国国航 2020 年度减少合并折旧费用约 16.11 亿元，约占 2019 年利润总额的 18%；将减少南方航空亏损总额约 16.18 亿元，约占 2019 年利润总额的 40%。

请思考：

新冠肺炎疫情下，三大航空公司变更对发动机替换件的折旧方法是否合法、是否合理？

思考题

1. 什么样的资产才属于固定资产？它们有哪些分类？
2. 如何确定自行建造固定资产的成本？
3. 什么是固定资产的有形损耗？什么是无形损耗？
4. 固定资产的折旧方法有哪些？加速折旧法有何优点？
5. 固定资产的后续支出怎样核算？
6. 固定资产如何进行期末计价？
7. 固定资产清理包括哪几种情况？如何进行核算？

练习题

1. 甲公司 20×1 年 6 月 30 日，购入一台不需要安装的机器设备，不含增值税的价款为 310 000 元，增值税 40 300 元，以银行存款支付。该机器设备的预计使用年限为 5 年，预计净残值为 100 000 元。

要求：请编制固定资产取得的会计分录，并分别按照年限平均法和双倍余额递减法计算各年的折旧额。

2. 乙公司 20×1 年 12 月 31 日，购入一台不需要安装的机器设备，不含增值税的价款为 500 000 元，增值税 65 000 元，以银行存款支付。该机器设备的预计使用年限为 5 年，预计净残值为 20 000 元，采用年数总和法计提折旧。20×5 年 1 月 1 日，将该机器设备出售，不含增值税的价款为 150 000 元，增值税 19 500 元，款项收到存入银行，并以银行存款支付清理费用 10 000 元。

要求：根据上述资料，进行以下会计处理：

（1）计算 20×2 至 20×4 各年应计提的折旧额；

（2）编制该机器设备进行清理的会计分录。

3. 甲公司拥有一条生产线，原值 3 600 000 元，预计使用年限为 10 年，预计净残值 100 000 元，已经使用 6 年，计提了 6 年的提折。为提高生产能力，甲公司决定对该生产线进行改扩建。改建过程中用银行存款支付改建工程款 1 130 000 元，其中可抵扣的增值税税额为 130 000 元，改建过程中拆除部件的残料计价 60 000 元入库。工程完工后，延长使用寿命 4 年，预计净残值提升到 120 000 元。

要求：请编制固定资产改扩建的会计分录，并计算改扩建后每年的折旧额。

即测即练

第七章 无形资产

学习目标和要求

本章内容主要讲授了无形资产的含义及分类、无形资产取得的核算、无形资产的摊销、无形资产的处置与期末计价。要求了解无形资产的性质与分类,掌握购入、自行研究开发无形资产的核算、无形资产摊销的核算、无形资产出租的核算、无形资产处置的核算;理解无形资产减值的核算。

引导案例

华为是我国民族企业的一面旗帜。根据华为发布的《2021可持续发展报告》,华为2021年研发费用支出为1 427亿元人民币,约占全年收入的22.4%,过去十年累计投入超过8 450亿元,在全球员工保障方面投入达150多亿元人民币。截至2021年年底,华为全球共持有有效授权专利4.5万余族(超过11万件),90%以上专利为发明专利,在中国国家知识产权局和欧洲专利局2021年度专利授权量均排名第一。国际专利数据公司IPLytics公布的数据显示,华为5G专利申请量全球第一,占比达到15.39%,超过了高通的11.24%。从2021年开始华为对5G专利收取使用费,单台5G设备专利许可费上限为2.5美元(约合人民币16元),几乎每一家手机公司都或多或少需要向华为缴纳这笔费用。

资料来源:https://baijiahao.baidu.com/s?id=1741484010571504599&wfr=spider&for=pc。

请思考:

华为公司的研发投入如何核算?是列入当期费用,还是计入无形资产?巨额的研发费用会对华为公司产生哪些影响?

第一节 无形资产概述

一、无形资产的含义与特征

无形资产是指企业拥有或控制的没有实物形态的可辨认非货币性资产。一般来说,无形资产具有下列特征。

（一）不具有实物形态

无形资产通常表现为某种权利、某项技术或是某种获取超额利润的综合能力，没有实物形态。这一特征，主要是相对于固定资产、存货等具有实物形态的资产而言的。但需要指出，某些无形资产的存在依赖于物质载体。例如，计算机软件需要存储在介质中，但这并没有改变无形资产本身不具有实物形态的特性。

（二）可辨认性

无形资产能够从企业中分离或者划分出来，并能单独或与相关合同、资产或负债一起，用于出售、转移、授予许可、租赁或交换。商誉是与企业整体价值联系在一起的，其存在无法与企业自身区分开来，不可单独辨认。虽然商誉也是没有实物形态的非货币性资产，但并不构成无形资产。

（三）非货币性资产

无形资产属于非货币性资产。非货币性资产指企业持有的货币资金和以固定或可确定的金额收取的资产以外的其他资产。无形资产由于没有发达的交易市场，一般不容易转化为现金，不属于以固定或可确定的金额收取的资产。这一特征，主要是相对于应收账款等没有实物形态的货币性资产而言的。

（四）不确定性

无形资产主要是通过某些权利、技术等优势为企业带来经济利益，但能为企业带来多少未来的经济利益具有较大的不确定性。当代科学技术高速发展，新技术、新工艺、新产品不断涌现，再加上市场需求的变化和同行业的激烈竞争，使得许多无形资产的经济寿命难以准确地预计，因而也使得无形资产能为企业带来多少未来的经济利益难以被准确地预计。

二、无形资产的分类

无形资产可以按照不同的标准进行分类。

（一）按经济内容分类

无形资产按其反映的经济内容，可以分为专利权、非专利技术、商标权、著作权、土地使用权和特许权等。

（1）专利权。专利权是指经国家专利管理机关审定并授予发明者在一定年限内对其成果的制造、使用和出售的专门权利。专利权一般包括发明专利权、实用新型专利权和外观设计专利权等。有效期内，专利权受法律保护。其中，发明专利权的期限是20年，实用新型和外观设计专利权的期限是10年，均自申请日起计算。专利权具有独占性、有效性和收益性等特点。

（2）非专利技术。非专利技术也称为专有技术，是指在生产经营过程中已经采用了的、不享有法律保护的、可以带来经济利益的各种技术和诀窍。非专利技术一般包括先进的生产经验、技术设计资料与原料配方等。非专利技术没有在有关管理机关注册登记，依靠自我保密的方式维持其独占性，具有经济性、机密性和动态性等特点。非专利技术没有固定的有效期。

（3）商标权。商标是用来辨认特定的商品或劳务的标记。商标权是指企业拥有的在某类指定的商品或产品上使用特定名称或图案的权利。商标经管理机关核准后，成为注册商标，受法律保护。注册商标的有效期为10年，自核准注册之日起计算。注册商标有效期满，可以申请续展注册，每次续展注册的有效期为10年。

（4）著作权。著作权也称为版权，是指作者对其创作的文学、科学和艺术作品依法享有的在一定年限内发表、制作、出版和发行其作品的专有权利。著作权包括作者署名权、发表权、修改权和保护作品完整权，还包括复制权、发行权、出租权、表演权、放映权、广播权等权利。著作权属于作者，受法律保护，署名权、发表权和保护作品完整权的保护期不受限制，公民的其他权利的保护期为作者终生及其死亡后50年，截止于作者死亡后第50年的12月31日。

（5）土地使用权。土地使用权是指国家准许某一企业在一定期间内对国有土地开发、利用和经营的权利。在我国土地实行公有制，任何单位和个人不得侵占、买卖或以其他形式非法转让。企业以缴纳土地出让金等方式外购的土地使用权、投资者投入等方式取得的土地使用权，作为无形资产核算。

（6）特许权。特许权是指企业在某一地区经营或销售某种特定商品的权利，或是一家企业接受另一家企业使用其商标、商号、技术秘密等的权利。特许权可以是政府授予的，也可以是某单位或个人授予的。通常在特许权转让合同中规定了特许权转让的期限、转让人和受让人的权利和义务。

（二）按来源途径分类

无形资产按其来源途径，可以分为外来无形资产和自创无形资产。

（1）外来无形资产。外来无形资产是指企业通过从国内外科研单位及其他企业购进、接受投资等方式从企业外部取得的无形资产。如从外部购入的土地使用权、商标权等。

（2）自创无形资产。自创无形资产是指企业自行开发、研制的无形资产。如企业自行开发的专利权、非专利技术等。

（三）按经济寿命期限分类

无形资产按是否具备确定的经济寿命期限，可以分为期限确定的无形资产和期限不确定的无形资产。

（1）期限确定的无形资产。期限确定的无形资产是指在有关法律或合同中规定了最长有效期限的无形资产，如专利权、商标权、著作权、土地使用权和特许权等。这些无形资产在法律或合同规定的有效期限内受法律保护。

（2）期限不确定的无形资产。期限不确定的无形资产是指没有相应法律规定其有效期限，其经济寿命难以预先准确估计的无形资产，如非专利技术。这种无形资产的经济寿命取决于技术保密工作和技术进步等因素。

三、无形资产的确认

无形资产应当在符合无形资产的定义，并同时满足以下两个条件时，才能予以确认。

（1）与该无形资产有关的经济利益很可能流入企业。无形资产产生未来经济利益的形式体现在增加商品销售、提供劳务的收入中，或减少节约的成本中，又或体现在获得的其他利益中。企业进行判断时，需要综合考虑各种经济因素做出合理估计，并且要有明确的证据支持。

（2）该无形资产的成本能够可靠地计量。例如，企业内部产生的品牌等，因其成本无法被可靠地计量，故不能作为无形资产确认。

第二节 无形资产的初始计量

无形资产应当按照实际成本进行初始计量，即取得无形资产并使其达到预定用途而发生的全部支出。企业的无形资产，按其取得方式主要可以分为外购、自行研究开发和投资者投入的无形资产。

一、外购的无形资产

（一）一般性外购的无形资产

企业购入无形资产的实际成本，包括购买价款、相关税费及直接归属于使该项资产达到预定用途所发生的必要支出，如律师费、咨询费、公证费、鉴定费、注册登记费等。企业应根据购入无形资产的实际成本，借记"无形资产"科目；根据支付的可抵扣增值税额，借记"应交税费——应交增值税（进项税额）"科目；根据支付的全部价款，贷记"银行存款"等科目。

如果购入的无形资产超过正常信用条件延期支付价款，实质上具有融资性质的，应按所取得无形资产购买价款的现值计量其成本，现值与应付价款之间的差额作为未确认融资费用，在付款期间内按照实际利率法分期摊销确认为利息费用。

【例7-1】华泰公司购入一项专利权，双方协商成交价格为800 000元，增值税为48 000元，款项通过银行存款转账支付。根据以上资料，编制会计分录如下：

借：无形资产——专利权　　　　　　　　　　　　　　800 000
　　应交税费——应交增值税（进项税额）　　　　　　 48 000
　　贷：银行存款　　　　　　　　　　　　　　　　　848 000

（二）购入的土地使用权

企业购入的土地使用权，由于其用途和计价方式各异，应根据以下情况分别进行确认。

（1）企业购入的用于非房屋建筑物的土地使用权，应单独确认为无形资产，在使用寿命期限内分期摊销。

（2）企业购入的用于自行建造房屋建筑物的土地使用权，由于土地使用权和房屋建筑物的使用年限不同，应单独确认为无形资产，不计入房屋建筑物成本；土地使用权和房屋建筑物成本在使用期限内应分别摊销和计提折旧。

（3）企业购入房屋建筑物实际支付价款中包含的土地使用权价值，应采用合理的方法将支付的价款在土地和地上建筑物之间进行分配，土地价值单独确认为无形资产；如果确实无法进行合理分配的，则应全部作为固定资产计入房屋建筑物成本。

（4）房地产开发企业购入的土地使用权，用于建造对外出售房屋建筑物的，应计入所建造的房屋建筑物等存货成本，不确认为无形资产。

【例7-2】20×1年1月1日，甲公司购入一块土地的使用权，以银行存款转账支付21 800 000元（其中含增值税税额1 800 000元），并在该土地上自行建造办公楼等工程，领用工程物资18 000 000元，结算工程人员的薪酬费用10 000 000元，发生其他相关费用24 000 000元。20×1年12月31日工程完成达到预定可使用状态。假定土地使用权的使用年限为50年，该办公楼的使用年限为40年，两者都没有净残值，都采用年限平均法摊销和计提折旧。为简化核算，不考虑其他相关税费。

甲公司购入土地使用仅，使用年限为50年，在该土地上自行建造了使用年限为40年的办公楼，应将土地使用权和办公楼分别作为无形资产和固定资产进行核算，并假定按年采用年限平均法进行摊销和计提折旧。

甲公司的账务处理如下：

（1）购买土地使用权：

借：无形资产——土地使用权　　　　　　　　　　　　　20 000 000
　　应交税费——应交增值税（进项税额）　　　　　　　 1 800 000
　　贷：银行存款　　　　　　　　　　　　　　　　　　21 800 000

（2）在土地上自行建造办公楼：

借：在建工程　　　　　　　　　　　　　　　　　　　　52 000 000
　　贷：工程物资　　　　　　　　　　　　　　　　　　18 000 000
　　　　应付职工薪酬　　　　　　　　　　　　　　　　10 000 000
　　　　银行存款　　　　　　　　　　　　　　　　　　24 000 000

（3）办公楼达到预定可使用状态：

借：固定资产　　　　　　　　　　　　　　　　　　　　52 000 000
　　贷：在建工程　　　　　　　　　　　　　　　　　　52 000 000

（4）自20×1年起，每年年末对土地使用权计提摊销：

每年计提的摊销额 = 20 000 000 ÷ 50 = 400 000（元）

会计分录如下：

借：管理费用　　　　　　　　　　　　　　　　　　　　　　400 000
　　贷：累计摊销　　　　　　　　　　　　　　　　　　　　　400 000
（5）自20×2年起，每年末对办公楼计提折旧：
每年计提的摊销额 = 52 000 000 ÷ 40 = 1 300 000（元）
会计分录如下：
借：管理费用　　　　　　　　　　　　　　　　　　　　　1 300 000
　　贷：累计折旧　　　　　　　　　　　　　　　　　　　　1 300 000

二、自行研究开发的无形资产

企业自行研究开发的项目，应当区分研究阶段与开发阶段，分别按照企业会计准则规定进行相关核算。

研究指为获取并理解新的科学或技术知识而进行的具有独创性的有计划调查。研究阶段的特点在于：①计划性，研究阶段是建立在有计划的调研基础上，即研发项目已经董事会或相关管理层的批准，并着手收集相关资料、进行市场调查等；②探索性，研究阶段是为了进一步的开发活动进行资料及相关方面的准备，在这一阶段不会形成阶段性成果，基本上是探索性的。

从研究活动的特点看，将来是否能够转入开发、开发后是否能够形成无形资产等具有较大的不确定性。因此，企业研究阶段发生的支出应予以费用化。企业应根据自行研究开发项目在研究阶段发生的支出，借记"研发支出——费用化支出""应交税费——应交增值税（进项税额）"科目，贷记有关科目；期末应根据发生的全部研究支出，借记"管理费用"或"研发费用"科目，贷记"研发支出——费用化支出"科目。由于在利润表中需要单独列示研发费用，因此企业可以单设"研发费用"科目，反映企业当期发生的费用化研发支出和前期资本化研发支出的本期摊销额。

开发指在进行商业性生产或使用前，将研究成果或其他知识应用于某项计划或设计，以生产出新的或具有实质性改进的材料、装置、产品等。开发阶段的特点在于：①针对性，开发阶段是建立在研究阶段基础上的，因而对项目的开发具有针对性；②相对确定性，相对研究阶段而言，开发阶段应当是完成了研究阶段的工作，并且在很大程度上形成一项新产品或新技术的基本条件已经具备，形成成果的可能性较大。

企业自行研究开发项目在开发阶段发生的支出，同时满足下列条件的，应当予以资本化：
（1）完成该无形资产以使其能够使用或出售在技术上具有可行性。
（2）具有完成该无形资产并使用或出售的意图。
（3）无形资产产生经济利益的方式，包括能够证明运用该无形资产生产的产品存在市场或无形资产自身存在市场，无形资产将在内部使用的，应当证明其有用性。
（4）有足够的技术、财务资源和其他资源支持，以完成该无形资产的开发，并有能力使用或出售该无形资产。
（5）归属于该无形资产开发阶段的支出能够被可靠地计量。

企业开发阶段发生的研发支出，符合资本化条件的，应借记"研发支出——资本化支出""应交税费——应交增值税（进项税额）"科目，贷记"应付职工薪酬""银行存款""原材料"等科目；在研究开发项目达到预定用途确认无形资产时，应根据发生的累计资本化支出，借记"无形资产"科目，贷记"研发支出——资本化支出"等科目。企业开发阶段发生的研发支出，不满足资本化条件的，应作费用化处理，计入"研发支出——费用化支出"科目。

如果确实无法区分研究阶段支出和开发阶段支出的，应当将其发生的研发支出全部费用化处理，计入当期损益。

【例7-3】甲公司决定自行开发一项与人工智能有关的专利技术，于20×1年1月1日启动研发项目。财务部门与研发部门共同分析认定，该项目与20×1年7月1日进入开发阶段，并于20×1年12月31日达到预定用途。研究阶段发生材料费1 800 000元，人工工资2 400 000元，支付其他费用1 200 000元。开发阶段共发生材料费1 600 000元，人工工资2 800 000元，支付其他费用1 400 000元，其中应予以费用化的支出1 800 000元，符合资本化条件的支出4 000 000元。

根据以上资料，甲公司编制会计分录如下：

（1）研究阶段发生各项支出：

借：研发支出——费用化支出　　　　　　　　　　　　5 400 000
　　贷：原材料　　　　　　　　　　　　　　　　　　1 800 000
　　　　应付职工薪酬　　　　　　　　　　　　　　　2 400 000
　　　　银行存款　　　　　　　　　　　　　　　　　1 200 000

（2）结转研究阶段费用化支出：

借：管理费用——研发费用　　　　　　　　　　　　　5 400 000
　　贷：研发支出——费用化支出　　　　　　　　　　5 400 000

（3）开发阶段发生各项支出：

借：研发支出——费用化支出　　　　　　　　　　　　1 800 000
　　　　　　——资本化支出　　　　　　　　　　　　4 000 000
　　贷：原材料　　　　　　　　　　　　　　　　　　1 600 000
　　　　应付职工薪酬　　　　　　　　　　　　　　　2 800 000
　　　　银行存款　　　　　　　　　　　　　　　　　1 400 000

（4）20×1年12月31日达到预定用途：

借：管理费用——研发费用　　　　　　　　　　　　　1 800 000
　　无形资产——专利权　　　　　　　　　　　　　　4 000 000
　　贷：研发支出——费用化支出　　　　　　　　　　1 800 000
　　　　　　　　——资本化支出　　　　　　　　　　4 000 000

知识加油站

会计实务中，对自行进行的研究开发项目，如何合理划分研究阶段和开发阶段及是否满足资本化支出的条件,是一个难点问题。企业也常利用这一事项进行盈余管理甚至利润操纵。具体说来,研究阶段与开发阶段具有以下四个方面的不同。①目标不同。研究阶段一般没有具有针对性的具体目标;开发阶段多有针对性的具体目标。②对象不同。研究阶段一般难以具体化到特定项目上;开发阶段往往形成对象化的成果。③风险不同。研究阶段一般成功率较低,风险不较大;开发阶段成功率较高,风险相对较小。④结果不同。研究阶段一般形成研究报告等基础性成果;开发阶段一般会形成具体的新技术、新产品等。

三、投资者投入的无形资产

企业可以接受投资者以无形资产的形式向企业进行投资,以换取企业的权益。投资者投入的无形资产,应当按照投资合同或协议约定的价值作为入账价值。如果投资合同或协议约定的价值不公允的,应当按照无形资产的公允价值作为无形资产的初始成本入账。无形资产的入账价值与折合资本额之间的差额,作为资本溢价或股本溢价,计入资本公积。

【例7-4】华泰公司因业务发展的需要接受 W 公司以一项专利权向企业进行的投资。根据投资双方签订的投资合同,此项专利权协商作价 4 000 000 元,与公允价值一致,应交增值税进项税额 240 000 元,折合为公司的股票 2 000 000 股,每股面值 1 元。华泰公司接受投资的账务处理为:

借:无形资产——专利权　　　　　　　　　　　　　4 000 000
　　应交税费——增值税（进项税额）　　　　　　　　240 000
　　贷:股本　　　　　　　　　　　　　　　　　　　2 000 000
　　　　资本公积——股本溢价　　　　　　　　　　　2 240 000

第三节　无形资产的后续计量

无形资产的后续计量,应区分使用寿命确定的和使用寿命不确定的无形资产,分别进行处理。对于使用寿命有限的无形资产,应当在预计的使用寿命期间内采用合理的方法摊销无形资产的价值;对于使用寿命不确定的无形资产,则不予以摊销,但应在每个会计期末进行减值测试。

一、无形资产使用寿命的确定

企业应当于取得无资产时分析判断其使用寿命。如果无形资产的使用寿命是有限的,则应估计该使用寿命的年限或构成使用寿命的产量等类似计量单位数量;无法预见无形资产为企业带来经济利益期限的,应当视为使用寿命不确定的无形资产。

企业在估计无形资产使用寿命时,应主要考虑下列因素:①该资产通常的产品寿命周期,以及可获得的类似资产使用寿命的信息;②该资产技术、工艺等方面的现实情况及对其未来发展的估计;③以该资产在该行业运用的稳定性和生产的产品或服务的市场需求情况;④现在或潜在的竞争者预期采取的行动;⑤为维持该资产产生未来经济利益的能力所需要的维护支出,以及企业预计支付有关支出的能力;⑥对该资产的控制期限,以及对该资产使用的法律或类似限制,如特许使用期间、租赁期间等;⑦与企业持有的其他资产使用寿命的关联性等。

确定无形资产的使用寿命时,企业应按照如下原则处理。

(1) 若无形资产的取得源自合同性权利或其他法定权利,其使用寿命不应超过合同或法律的规定;但是如果企业使用资产的预期期限短于合同或法律规定期限的,应按照企业预期使用的期限确定其使用寿命。

(2) 如果合同性权利或其他法定权利能够在到期时因续约等延续,仅当有证据表明续约不需要付出重大成本时,续约期才能够包括在使用寿命中。

(3) 合同或法律没有明确规定使用寿命的,企业应综合各方面因素进行判断,合理确定无形资产能为企业带来经济利益的期限。

企业应定期对无形资产的使用寿命进行复核。企业至少应当于每年年度终了,对无形资产的使用寿命及摊销方法进行复核。对于使用寿命有限的无形资产,如果有证据表明无形资产的使用寿命及摊销方法不同于以前的估计,则应改变其摊销年限和摊销方法,并按照会计估计变更进行会计处理。对于使用寿命不确定的无形资产,如果有证据表明其使用年限是有限的,则应视为会计估计变更,应当估计其使用寿命并按照使用寿命有限的无形资产的处理原则进行处理。

二、使用寿命有限的无形资产

对使用寿命有限的无形资产,企业应在预计的使用寿命内采用合理的方法对其应摊销金额进行摊销。无形资产的应摊销金额为其成本扣除预计残值后的金额。已计提减值准备的无形资产,还应扣除已计提的无形资产减值准备累计金额。

使用寿命有限的无形资产,其残值一般情况下视为零。在两种特殊情况下,使用寿命有限的无形资产是有残值的,需要合理估计其净残值:①如果有第三方承诺在无形资产使用寿命结束时购买该无形资产;②可以根据活跃市场得到预计残值信息,并且该市场在无形资产使用寿命结束时很可能存在。

无形资产应自可供使用(即其达到预定用途)起开始摊销,至终止确认时停止摊销,即无形资产摊销的起止时间为:当月增加的无形资产,当月开始摊销;当月减少的无形资产,当月不再摊销。

企业选择的无形资产的摊销方法,应当反映与该项无形资产有关的经济利益的预期消耗方式,并一致地运用于不同会计期间。无形资产摊销方法包括直线法、产量法等多种方法。有特定产量限制的专利权或特许经营权,应采用产量法进行摊销;受技术进步影响较大的专利权或专有技术,可采用类似固定资产加速折旧的方法进行摊销。无法可靠确定其预期消耗方式的,应当采用直线法进行摊销。

为了分别反映无形资产的原始价值和累计摊销额,应设置"无形资产"及其备抵调整科目"累计摊销"。无形资产的摊销额一般应当计入当期损益,用于产品生产的专利权、非专利技术等无形资产的摊销,应计入"制造费用"科目;用于行政管理及商标权等无形资产的摊销,应计入"管理费用"科目;用于出租的无形资产摊销,应计入"其他业务成本"科目。

【例 7-5】 华泰公司购入一项商标权,用银行存款支付价款 3 000 000 元和增值税额 180 000 元,合同规定商标权的使用年限为 5 年,采用年限平均法摊销,不预计净残值。根据以上资料,编制会计分录。

(1) 购入商标权,会计分录如下:

借:无形资产——商标权　　　　　　　　　　　　　　　3 000 000
　　应交税费——应交增值税(进项税额)　　　　　　　　180 000
　　贷:银行存款　　　　　　　　　　　　　　　　　　　3 180 000

(2) 摊销商标权:

年摊销额 = 3 000 000 ÷ 5 = 600 000(元)

月摊销额 = 600 000 ÷ 12 = 50 000(元)

会计分录如下:

借:管理费用　　　　　　　　　　　　　　　　　　　　　50 000
　　贷:累计摊销　　　　　　　　　　　　　　　　　　　　50 000

三、使用寿命不确定的无形资产

如果无法合理估计某项无形资产的使用寿命的,应作为使用寿命不确定的无形资产进行核算。对于使用寿命不确定的无形资产,在持有期间内不需要摊销,但应当在每个会计期间进行减值测试。如经减值测试表明无形资产的可收回金额低于其账面价值,则该无形资产已发生减值,需要计提相应的减值准备,借记"资产减值损失"科目,贷记"无形资产减值准备"科目。

第四节　无形资产的处置和期末计量

一、无形资产的处置

无形资产的处置包括无形资产的出售、出租和报废等。

(一)无形资产的出售

无形资产的出售是指将无形资产的所有权转让给他人。无形资产出售产生的损益,属于企业日常经营活动的损益,应计入"资产处置损益"科目。

企业出售无形资产时,应按出售无形资产的全部价款,借记"银行存款"等科目;按无形资产的累计摊销额,借记"累计摊销"科目;按应缴纳的增值税,贷记"应交税费——应交增值税(销项税额)"科目;按无形资产的原始价值,贷记"无形资产"科目;如果计提了减值准备,还应借记"无形资产减值准备"科目;按其差额,贷记或借记"资产处置损益"科目。

【例7-6】华泰公司出售一项专利技术,收取价款5 000 000元,增值税销项税300 000元;该项无形资产的原始价值为7 000 000元,累计摊销额为3 000 000元,未计提减值准备。根据以上资料,编制会计分录。

无形资产的账面价值 = 7 000 000-3 000 000 = 4 000 000(元)

出售无形资产净损益 = 5 000 000-4 000 000 = 1 000 000(元)

会计分录如下:

借:银行存款 5 300 000
　　累计摊销 3 000 000
　　贷:应交税费——应交增值税(销项税额) 300 000
　　　　无形资产 7 000 000
　　　　资产处置损益 1 000 000

(二)无形资产的出租

企业将拥有无形资产的使用权让渡给他人,并收取租金,属于企业日常活动取得的收入。在满足收入确认条件的情况下,应确认相关的出租收入及成本。企业取得无形资产的租金收入时,应借记"银行存款"等科目,贷记"其他业务收入""应交税费——应交增值税(销项税额)"等科目;摊销出租无形资产的成本并发生与出租有关的各项支出时,应借记"其他业务成本"科目,贷记"累计摊销"等科目。

【例7-7】华泰公司对外出租一项专利技术,租期5年,每年收取租金1 000 000元,增值税60 000元;该项专利权的原始价值为6 000 000元,摊销期限为10年,净残值为0。出租该专利权后,华泰公司自身不再使用该专利技术。根据以上资料,编制会计分录如下:

(1)每年取得租金收入:

借:银行存款 1 060 000
　　贷:其他业务收入 1 000 000
　　　　应交税费——应交增值税(销项税额) 60 000

(2)每年对专利技术进行摊销:

借:其他业务成本 600 000
　　贷:累计摊销 600 000

(三)无形资产的报废

无形资产报废是指无形资产由于已被其他新技术所代替或超过法律保护期限等原因,

预期不能为企业带来经济利益而进行的转销处理。无形资产报废时，应按照累计摊销额，借记"累计摊销"科目；按照计提的减值准备，借记"无形资产减值准备"科目；按照原始价值，贷记"无形资产"科目；按照其差额，借记"营业外支出"科目。

【例7-8】由于出现了更为先进的新技术，华泰公司的一项专利技术于20×3年7月提前报废。该无形资产的账面原值为6 000 000元，已提累计摊销为3 900 000元，已计提减值准备为900 000元。华泰公司的账务处理如下：

借：累计摊销　　　　　　　　　　　　　　　　　　　　　　3 900 000
　　无形资产减值准备　　　　　　　　　　　　　　　　　　　　900 000
　　营业外支出——处置非流动资产损失　　　　　　　　　　　1 200 000
　　贷：无形资产　　　　　　　　　　　　　　　　　　　　　6 000 000

二、无形资产的期末计价

企业应当定期或至少每年年末，对无形资产的账面价值逐项进行检查，判断资产是否存在可能发生减值的迹象。如果存在可能发生减值的迹象时，应对无形资产的可收回金额进行估计。可收回金额应当根据无形资产的公允价值减去处置费用后的净额与无形资产预计未来现金流量的现值两者之间较高者确定。

无形资产可收回金额的计量结果表明，资产可收回金额低于其账面价值的，应当将资产的账面价值减记至可收回金额，减记金额确认为减值损失，借记"资产减值损失"科目，贷记"无形资产减值准备"科目。

无形资产减值损失确认后，以后期间的摊销费用应当做相应调整，以使调整后的无形资产账面价值在剩余使用寿命内系统地分摊。

需要注意，无形资产减值损失一经确认，在以后会计期间不得转回。

【例7-9】华泰公司拥有一项专利权，因为新技术的出现而出现减值迹象。20×1年12月31日，该专利技术的账面价值为3 000 000元；预计未来现金流量的现值为2 800 000元，公允价值减去处置费用的净额为2 700 000元。该项专利权发生减值以后预计剩余使用年限为5年，净残值为0。根据以上资料，编制会计分录。

（1）确定可收回金额。

专利权的公允价值减去处置费用后的净额小于其预计未来现金流量的现值，因此应选取两者之间较高者即预计未来现金流量的现值2 800 000元作为可收回金额。

（2）计提减值准备：

应计提的减值准备＝3 000 000－2 800 000＝200 000（元）

会计分录如下：

借：资产减值损失　　　　　　　　　　　　　　　　　　　　　200 000
　　贷：无形资产减值准备　　　　　　　　　　　　　　　　　200 000

（3）计算剩余使用年限内的年摊销额

剩余使用年限内年摊销额＝（3 000 000－200 000）÷5＝560 000（元）

在资产负债表中,"无形资产"项目反映全部无形资产的账面价值,应以无形资产的原始价值扣除累计摊销和无形资产减值准备后的净额列示;"开发支出"项目反映处于开发阶段全部符合资本化条件的支出,按照"研发支出"科目的余额直接列示。

思政小贴士

"企业是创新的主体,是推动创新创造的生力军"。

"关键核心技术是要不来、买不来、讨不来的。只有把关键核心技术掌握在自己手中,才能从根本上保障国家经济安全、国防安全和其他安全。"

——习近平总书记在中国科学院第十九次院士大会、中国工程院第十四次院士大会上的讲话

思考题

1. 无形资产有哪些特征?
2. 自行开发取得的无形资产应该如何核算?
3. 无形资产如何进行摊销?
4. 无形资产的使用寿命如何确定?
5. 无形资产出租与出售有哪些区别?

练习题

1. 甲公司企业决定自行开发一项与节能专利技术,于20×1年1月1日启动研发项目。财务部门与研发部门共同分析认定,该项目与20×2年1月1日进入开发阶段,并于20×2年7月1日达到预定用途。研究阶段发生材料费3 200 000元,人工工资2 600 000元,支付其他费用1 400 000元。开发阶段共发生材料费1 800 000元,人工工资1 500 000元,支付其他费用800 000元,其中应予以费用化的支出1 600 000元,其余为符合资本化条件的支出。

要求:请对上述业务进行相应的账务处理。

2. 乙公司于20×1年1月1日购入用于生产Y产品的专利技术,以银行存款支付买价3 000 000元,增值税180 000元,合计3 180 000元。根据相关法律,该项专利技术的有限期限为10年,无残值。20×5年12月31日,相关经济因素发生不利变化,致使该专利技术发生减值。公司估计其可收回金额为1 200 000元,预计剩余使用年限变为4年。20×7年1月1日,甲公司将该项专利技术出售,收取价款800 000元,增值税48 000元。

要求:请对上述业务进行相应的账务处理,其中专利技术摊销按年编写会计分录。

第八章
投资性房地产

学习目标和要求

本章主要讲解了投资性房地产的含义和范围、投资性房地产的初始计量和后续计量、投资性房地产的转换和处置。要求掌握投资性房地产取得的核算、后续两种计量模式、投资性房地产处置的核算，熟悉投资性房地产转换的账务处理；了解投资性房地产计量模式转换的规定和会计处理。

引导案例

临近年底，一些家底薄的上市企业为了避免亏损或实现预期利润，用手中"余粮"做交换，开始排队卖房。事实上，这是很多公司迎接新年的常规操作。每到年底，就有上市公司采取突击交易卖房的手段冲击年末业绩。例如，2019年年底，中房股份出售持有的新疆兵团大厦裙楼一层和三层的房产，该笔交易完成后，增加公司当期营业收入1.26亿元，增加净利润51 000 000元左右。素有"玻璃大王"之称的曹德旺曾调侃，"中国的上市公司手里都握有大量房地产，年底经营不好了卖两套、发不出来工资了卖两套、连年亏损了卖两套……"Wind数据统计，截至2019年三季度末，在A股上市的3 743家公司中，有1 826家上市公司持有投资性房地产，占比超过48%，合计持有市值达13 340亿元，较年初增长超1 150亿元，增幅为9.43%。

资料来源：https://baijiahao.baidu.com/s?id=16530436372202815610&wfr=spider&for=pc。

请思考：

什么样的房地产属于投资性房地产？公司出售自用房地产或投资性房地产的会计处理有什么不同？通过卖房实现盈利是否一种可持续的行为？

第一节　投资性房地产概述

一、投资性房地产的含义和范围

房地产是土地和房屋及其权属的总称。在我国，土地归国家或集体所有，企业只能取得土地使用权。因此，房地产中的土地是指土地使用权，房屋是指土地上的房屋等建筑物及构筑物。

投资性房地产是指为赚取租金或资本增值，或两者兼有而持有的房地产。投资性房地产的范围包括：已出租的土地使用权；持有并准备增值后转让的土地使用权；出租的建筑物。

（1）已出租的土地使用权，是指企业通过出让或转让方式取得的、以经营租赁方式出租的土地使用权。企业取得的土地使用权，既包括在一级市场上以交纳土地出让金的方式取得的土地使用权，也包括在二级市场上接受其他单位转让的土地使用权。

（2）持有并准备增值后转让的土地使用权，是指企业取得的、准备增值后转让的土地使用权。在我国实务中，持有并准备增值后转让的土地使用权的情况较为少见。

（3）已出租的建筑物，是指企业以经营租赁方式出租的建筑物，主要包括自行建造或开发活动完成后用于出租的建筑物，以及正在建造或开发过程中将来用于出租的建筑物。这是基于房地产状态或目的的判断。

投资性房地产有别于企业自用的房地产和房地产开发企业作为存货的房地产。企业自用的房地产是企业自用的厂房、办公楼等生产经营场所，企业应当将其作为固定资产或无形资产核算。作为存货的房地产是房地产开发企业销售的或为销售正在开发的商品房和土地，属于房地产企业的开发产品，应当作为存货处理。

二、投资性房地产的确认

投资性房地产只有在符合定义的前提下，同时满足以下两个条件，才能予以确认：

（1）与该投资性房地产有关的经济利益很可能流入企业。

（2）该投资性房地产的成本能够被可靠地计量。

对于已出租的土地使用权和已出租的建筑物，确认投资性房地产的时点一般为租赁期开始日，即土地使用权和建筑物已进入出租状态、开始赚取租金的日期；对于持有并准备增值后转让的土地使用权，确认为投资性房地产的时点是企业将自用土地使用权停止自用，准备增值后转让的日期。

三、投资性房地产的后续计量模式

投资性房地产的后续计量模式有成本模式和公允价值模式两种。企业通常应当采用成本模式对投资性房地产进行后续计量，有确凿证据表明投资性房地产的公允价值能够持续可靠取得的，也可以采用公允价值模式对投资性房地产进行后续计量。同一个企业只能采用一种后续计量模式，不得对一部分投资性房地产采用成本模式计量，对另一部分投资性房地产采用公允价值模式计量。

为了反映投资性房地产的增加变动及其余额，企业需设置"投资性房地产"科目。如果采用成本模式计量，"投资性房地产"账户的结构类似于"固定资产"或"无形资产"账户；如果采用公允价值模式计量，需要在"投资性房地产"科目下设置"成本"和"公允价值变动"两个明细科目。

第二节 投资性房地产的初始计量

投资性房地产应当按照成本进行初始计量。投资性房地产的取得方式有外购、自行建造等多种类型。取得方式不同，其成本的具体构成内容也有所不同。

一、外购的投资性房地产

外购的投资性房地产按取得时的实际成本进行初始计量。外购房地产的成本包括购买价款、相关税费和可直接归属于该资产的其他支出。如果外购的房地产部分用于出租（或资本增值）、部分自用，用于出租（或资本增值）的部分可以单独确认为投资性房地产的，应按照不同部分的公允价值占公允价值总额的比例将成本在不同部分之间进行合理分配。

外购投资性房地产时，应按照确定的实际成本，借记"投资性房地产"科目（成本计量模式）或"投资性房地产——成本"科目（公允价值计量模式）；按照支付增值税税金，借记"应交税费——应交增值税（进项税额）"科目；按照支付的全部价款，贷记"银行存款"等科目。

【例8-1】20×1年7月，甲公司计划购入写字楼用于对外出租。7月10日，甲公司与M公司签订了经营租赁合同，约定自写字楼购买日起，将该写字楼出租给M公司使用，租赁期为8年。7月31日甲公司购入写字楼，实际支付购买价款48 000 000元，增值税4 320 000元。根据租赁合同，租赁期开始日为20×1年8月1日。相关账务处理如下：

（1）假定采用成本模式进行后续计量：

借：投资性地产——写字楼　　　　　　　　　　　　　48 000 000
　　　应交税费——应交增值税（进项税额）　　　　　　4 320 000
　　贷：银行存款　　　　　　　　　　　　　　　　　　52 320 000

（2）假定采用公允价值式进行后续计量：

借：投资性地产——成本　　　　　　　　　　　　　　48 000 000
　　　应交税费——应交增值税（进项税额）　　　　　　4 3200 000
　　贷：银行存款　　　　　　　　　　　　　　　　　　52 320 000

二、自行建造的投资性房地产

企业自行建造的投资性房地产，其成本由建造该项资产达到定可使用状态前发生的必要支出构成，包括土地开发费、建筑成本、安装成本、应予以资本化的借款费用、支付的其他费用和分摊的间接费用等。建造过程中发生的非正常损失，直接计入当期损益，不计入建造成本。

自行建造的投资性房地产达到可使用状态时，应按照确定的实际成本，借记"投资性房地产"（成本计量模式）科目或"投资性房地产——成本"（公允价值计量模式）科目，贷记"在建工程""开发产品"等科目。

投资性房地产还可能通过接受投资者投入、债务重组、非货币性资产交换、企业合并等方式取得，其取得投资性房地产的实际成本，应按照相关会计准则的规定处理。

第三节　投资性房地产的后续计量

投资性房地产的后续计量模式有成本模式和公允价值模式。同一个企业的所有投资性房地产只能采用一种计量模式对其所有投资性房地产进行后续计量，不得同时采用两种计量模式。计量模式一经确定，不得随意变更。

一、采用成本模式进行后续计量

企业通常采用成本模式对投资性房地产进行后续计量。采用成本模式计量的投资性房地产比照固定资产或无形资产，对已出租的建筑物或土地使用权进行计量，并计提折旧或摊销。为了反映投资性房地产的累计折旧和累计摊销，可以设置"投资性房地产累计折旧（摊销）"科目。企业计提已出租的建筑物折旧或摊销已出租土地使用权时，应借记"其他业务成本"科目，贷记"投资性房地产累计折旧（摊销）"科目。取得的租金收入，借记"银行存款"等科目，贷记"其他业务收入""应交税费——应交增值税（销项税）"等科目。

如果投资性房地产存在减值迹象，应当进行减值测试；确定发生减值的，应计提相应的减值准备，借记"资产减值损失"科目，贷记"投资性房地产减值准备"科目。投资性房地产的减值损失一经确认，在以后的会计期间不得转回。

【例 8-2】承【例 8-1】，甲公司将写字楼出租给 M 公司使用 8 年，每月收取租金 150 000 元，增值税金 13 500 元。该写字楼采用成本模式进行后续计量，预计使用寿命为 40 年，预计净残值为 0，按照年限平均法计提折旧。根据上述资料，甲公司的账务处理如下：

（1）每月确认租金收入：

借：银行存款　　　　　　　　　　　　　　　　　　　　163 500
　　贷：其他业务收入　　　　　　　　　　　　　　　　　150 000
　　　　应交税费——应交增值税（销项税额）　　　　　　 13 500

（2）每月计提折旧：

每月计提折旧 =（48 000 000 ÷ 40）÷ 12 = 100 000（元）

借：其他业务成本　　　　　　　　　　　　　　　　　　100 000
　　贷：投资性房地产累计折旧　　　　　　　　　　　　　100 000

二、采用公允价值模式进行后续计量

采用公允价值模式计量，企业需要在期末按照公允价值调整投资性房地产的账面价值，

并将公允价值变动计入当期损益。从理论上讲，采用公允价值模式进行后续计量更符合投资性房地产的特点，但实务中能否持续可靠地取得公允价值，以及是否存在利用公允价值进行盈余管理存在较大的挑战。为此，会计准则对于公允价值模式的应用条件进行了严格的规定。采用公允价值模式计量的投资性房地产，应当同时满足以下条件。

（1）投资性房地产所在地有活跃的房地产交易市场。所在地，通常指投资性房地产所在的城市。对于大中型城市，应当为投资性房地产所在的城区。

（2）企业能够从房地产交易市场上取得同类或类似房地产的市场价格及其他相关信息，从而对投资性房地产的公允价值做出科学合理的估计。同类或类似的房地产，对建筑物而言，指所处地理位置和地理环境相同、性质相同、结构类型相同或相近、新旧程度相同或相近、可使用状况相同或相近的建筑物；对土地使用权而言，指同一城区、同一位置区域、所处地理环境相同或相近、可使用状况相同或相近的土地。

采用公允价值模式计量的企业，应当在"投资性房地产"科目下设置"成本"和"公允价值变动"两个明细科目，分别核算投资性房地产的取得成本和持有期间的累计公允价值变动金额。

采用公允价值模式计量的投资性房地产，不计提折旧或摊销。资产负债表日，应以投资性房地产的公允价值为基础，对其账面价值进行调整，差额计入当期损益。当投资性房地产的公允价值高于其账面余额时，按其差额，借记"投资性房地产——公允价值变动"科目，贷记"公允价值变动损益"科目。公允价值低于账面余额的差额，做相反的会计分录。

【例8-3】承【例8-1】，甲公司该写字楼采用公允价值模式进行后续计量，20×1年12月31日，该写字楼的公允价值为53 000 000元；20×2年12月31日，该写字楼的公允价值为51 000 000元。根据上述资料，编例会计分录。

（1）20×1年12月31日，确认公允价值变动损益。

公允价值变动损益=53 000 000-48 000 000=5 000 000（元）

会计分录如下：

借：投资性房地产——公允价值变动　　　　　　　　　　　5 000 000
　　贷：公允价值变动损益　　　　　　　　　　　　　　　　5 000 000

（2）20×2年12月31日，确认公允价值变动损益。

公允价值变动损益=51 000 000-53 000 000=-2 000 000（元）

会计分录如下：

借：公允价值变动损益　　　　　　　　　　　　　　　　　2 000 000
　　贷：投资性房地产——公允价值变动　　　　　　　　　　2 000 000

三、后续计量模式的转换

企业对投资性房地产的计量模式一经确定，不得随意变更。只有在房地产市场比较成熟、能够满足采用公允价值模式条件的情况下，才允许企业对投资性房地产从成本模式计量变更为公允价值模式计量。

成本模式转为公允价值模式的，应当作为会计政策变更处理，需要进行追溯调整。计量模式变更时，投资性房地产公允价值与账面价值的差额，应调整期初留存收益。

发生变更时，企业应当按照"投资性房地产"的账面价值，借记"投资性房地产——成本"科目；按照已计提的累计折旧或摊销，借记"投资性房地产累计折旧（摊销）"科目；已计提减值准备的，按照计提金额，借记"投资性房地产减值准备"；按照投资性房地产的原账面余额，贷记"投资性房地产"科目。同时，按照变更日投资性房地产公允价值与账面价值的差额，借记或贷记"投资性房地产——公允价值变动"科目；贷记或借记"盈余公积""利润分配——未分配利润"科目。

已采用公允价值模式计量的投资性房地产，不得从公允价值模式转为成本模式。

第四节　投资性房地产的转换

一、投资性房地产的转换形式和转换日

（一）转换形式

房地产的转换，是因房地产用途发生改变而对房地产进行的重新分类。房地产转换是针对房地产用途发生改变而言，而不是后续计量模式的转变。企业必须有确凿证据表明房地产用途发生改变，才能将投资性房地产转为非投资性房地产或将非投资性房地产转换为投资性房地产，例如将自用的办公楼改为出租等。

房地产的转换形式包括：①投资性房地产开始自用，相应地将投资性房地产转换为固定资产或无形资产；②作为存货的房地产，改为出租；③自用土地使用权停止自用，用于赚取租金或资本增值，相应地由无形资产转换为投资性房地产；④自用建筑物停止自用，改为出租，相应地由固定资产转换为投资性房地产；⑤房地产企业将用于经营性出租的房地产重新开发用于对外销售，从投资性房地产转换为存货。

（二）转换日

转换日指房地产因用途发生改变，状态相应发生改变的日期。因为关系到资产的确认时点和入账价值，转换日的确定非常重要。转换日的确定标准主要包括以下几项。

（1）投资性房地产开始自用，转换日为房地产到达自用状态，企业开始将房地产用于生产商品、提供劳务或经营管理的日期。

（2）投资性房地产转换为存货，转换日为租赁期届满、企业董事会或类似机构做出书面决议明确将其重新开发用于对外销售的日期。

（3）作为存货的房地产改为出租，或自用建筑物或土地使用权停止自用改为出租，转换日通常为租赁期开始日，即承租人有权行使其使用租赁资产权利的日期。

二、非投资性房地产转换为投资性房地产

由于市场环境或经营策略变化等原因,企业将作为自用房屋建筑物改用于出租,或将存货的房地产改用于出租,又或将自用的土地使用权改用于出租或资本增值,应将上述资产转换为投资性房地产。

(一)投资性房地产采用成本模式计量

在成本模式下,企业应将其他资产转换前的账面价值作为转换后投资性房地产的入账价值。

1. 自用房地产转换为投资性房地产

企业将自用房地产转换为以成本模式计量的投资性房地产时,应将该项建筑物或土地使用权在转换日的原始价值、累计折旧或累计摊销分别予以结转,借记"投资性房地产""累计折旧"或"累计摊销"科目,贷记"固定资产"或"无形资产""投资性房地产累计折旧(摊销)"等科目。原已计提减值准备的,借记"固定资产减值准备"或"无形资产减值准备"科目,贷记"投资性房地产减值准备"科目。

【例8-4】华泰公司对投资性房地产采用成本模式进行后续计量。20×1年12月31日,华泰公司将自用的办公楼改为出租。该办公楼的原始价值为60 000 000元,累计折旧为20 000 000元,计提的减值准备为6 000 000元,账面价值为34 000 000元。

转换日,华泰公司进行账务处理如下:

```
借:投资性房地产                        60 000 000
    累计折旧                            20 000 000
    固定资产减值准备                     6 000 000
  贷:固定资产                                      60 000 000
      投资性房地产累计折旧(摊销)                    20 000 000
      投资性房地产减值准备                            6 000 000
```

2. 作为存货的房地产转换为投资性房地产

企业将作为存货的房地产转换为以成本模式计量的投资性房地产时,应于租赁期开始日将该项存货在转换日的账面价值予以结转,借记"投资性房地产"科目;原已计提跌价准备的,借记"存货跌价准备"科目;按其账面余额,贷记"开发产品"等科目。

(二)投资性房地产采用公允价值模式计量

自用房地产或存货转换为采用公允价值模式计量的投资性房地产时,应将转换当日的公允价值作为投资性房地产的入账价值。转换日的公允价值小于原账面价值的,其差额计入当期损益;转换日的公允价值大于原账面价值的,其差额计入其他综合收益。这种不对称的会计处理,体现了会计处理的谨慎性原则。

1. 自用房地产转换为投资性房地产

按照房地产在转换日的公允价值,借记"投资性房地产——成本"科目;按已计提

的累计折旧或累计摊销,借记"累计折旧"或"累计摊销"科目;原已计提减值准备的,借记"固定资产减值准备""无形资产减值准备"科目;按其账面余额,贷记"固定资产"或"无形资产"科目。同时,转换日公允价值小于账面价值的,按其差额借记"公允价值变动损益"科目;转换日公允价值大于账面价值的,按其差额贷记"其他综合收益"科目。当该项投资性房地产处置时,应将因转换计入其他综合收益的金额转入当期损益。

【例8-5】承【例8-4】,华泰公司对投资性房地产采用公允价值模式进行后续计量。20×1年12月31日,该办公楼的账面价值为34 000 000元,公允价值为36 000 000元。

转换日:

华泰公司进行账务处理如下:公允价值变动=36 000 000-34 000 000=2 000 000(元)

借:投资性房地产——成本	36 000 000
累计折旧	20 000 000
固定资产减值准备	6 000 000
贷:固定资产	60 000 000
其他综合收益	2 000 000

如果该办公楼的公允价值为33 000 000元,则公允价值变动=33 000 000-34 000 000=-1 000 000(元),华泰公司进行账务处理时,应借记"公允价值变动损益",编制会计分录如下:

借:投资性房地产——成本	33 000 000
累计折旧	20 000 000
固定资产减值准备	6 000 000
公允价值变动损益	1 000 000
贷:固定资产	60 000 000

2. 作为存货的房地产转换为投资性房地产

按照房地产在转换日的公允价值,借记"投资性房地产——成本"科目;原已计提减值准备的,借记"存货跌价准备"科目;按其账面余额,贷记"开发产品"等科目。同时,转换日公允价值小于账面价值的,按其差额借记"公允价值变动损益"科目;转换日公允价值大于账面价值的,按其差额贷记"其他综合收益"科目。

三、投资性房地产转换为非投资性房地产

企业的投资性房地产如果转为自用,应将投资性房地产转换为非投资性房地产。

(一)投资性房地产采用成本模式计量

在成本模式下,企业应将投资性房地产在转换日的账面价值作为转换后自用房地产的入账价值,转换时,应将原始价值、累计折旧或累计摊销、减值准备分别进行结转。此时,应借记"固定资产"或"无形资产""投资性房地产累计折旧(摊销)""投资性房地产

减值准备"等科目,贷记"投资性房地产""累计折旧""累计摊销""固定资产减值准备"或"无形资产减值准备"等科目。

【例8-6】华泰公司投资性房地产采用成本模式进行后续计量。20×2年12月31日,华泰公司将出租的办公楼收回改为自用。该投资性房地产的原始价值为50 000 000元,累计折旧为30 000 000元,未计提减值准备,账面价值为20 000 000元。

转换日,华泰公司进行账务处理如下:

借:固定资产　　　　　　　　　　　　　　　　　　　　　　　50 000 000
　　投资性房地产累计折旧(摊销)　　　　　　　　　　　　　30 000 000
　　贷:投资性房地产　　　　　　　　　　　　　　　　　　　50 000 000
　　　　累计折旧　　　　　　　　　　　　　　　　　　　　　30 000 000

(二)投资性房地产采用公允价值模式计量

采用公允价值模式计量的投资性房地产转换为自用房地产时,应当以其转换当日的公允价值作为自用房地产的入账价值,公允价值与原账面价值的差额计入当期损益。转换日,按该投资性房地产的公允价值,借记"固定资产"或"无形资产"科目,按照该项投资性房地产的成本,贷记"投资性房地产——成本"科目,按该项投资性房地产的累计公允价值变动,贷记或借记"投资性房地产——公允价值变动"科目,按其差额,贷记或借记"公允价值变动损益"科目。

【例8-7】华泰公司对投资性房地产采用公允价值进行后续计量。20×2年8月15日,华泰公司将出租的办公楼收回改为自用。20×2年8月15日,该办公楼的公允价值为60 000 000元;该办公楼的账面价值为58 000 000元,其中:成本为50 000 000元,公允价值变动为增值8 000 000元。

转换日,华泰公司进行账务处理如下:

借:固定资产　　　　　　　　　　　　　　　　　　　　　　　60 000 000
　　贷:投资性房地产——成本　　　　　　　　　　　　　　　50 000 000
　　　　　　　　　　——公允价值变动　　　　　　　　　　　 8 000 000
　　　　公允价值变动损益　　　　　　　　　　　　　　　　　 2 000 000

第五节　投资性房地产的处置

投资性房地产处置主要包括投资性房地产的出售或报废。企业在出售投资性房地产或投资性房地产永久退出使用且预计不能从其处置中取得经济利益时,应当终止确认该项投资性房地产。处置投资性房地产时,出售投资性房地产的收入应计入其他业务收入,并将处置收入扣除其账面价值和相关税费后的差额计入当期损益。

一、采用成本模式计量的投资性房地产处置

处置采用成本模式计量的投资性房地产时,确认出售收入,应根据实际收到的全部价款,借记"银行存款"等科目;根据确认的收入和收取的增值税额,贷记"其他业务收入"和"应交税费——应交增值税(销项税额)"科目。同时,结转投资性房地产成本,根据投资性房地产的账面价值,借记"其他业务成本"科目,根据累计折旧或累计摊销额,借记"投资性房地产累计折旧(摊销)"科目;根据已计提的减值准备,借记"投资性房地产减值准备"科目;根据投资性房地产的账面余额,贷记"投资性房地产"科目。

【例8-8】华泰公司对投资性房地产采用成本模式进行后续计量。20×3年12月31日,华泰公司将原出租的写字楼出售,原始价值80 000 000元,累计折旧52 000 000元,账面价值28 000 000元;取得出售收入36 000 000元,增值税额3 240 000元,款项收到存入银行。

华泰公司进行账务处理如下:

(1)取得出售收入:

借:银行存款 39 240 000
    贷:其他业务收入 36 000 000
        应交税费——应交增值税(销项税额) 3 240 000

(2)结转出售成本:

借:其他业务成本 28 000 000
    投资性房地产累计折旧(摊销) 52 000 000
    贷:投资性房地产 80 000 000

二、采用公允价值模式计量的投资性房地产处置

处置采用公允价值模式计量的投资性房地产时,确认出售收入,应根据实际收到的全部价款,借记"银行存款"等科目;根据确认的收入和收取的增值税额,贷记"其他业务收入""应交税费——应交增值税(销项税额)"科目。结转投资性房地产的账面余额,根据投资性房地产账面价值,借记"其他业务成本"科目;根据投资性房地产的初始成本,贷记"投资性房地产——成本"科目;根据其累计公允价值变动,借记或贷记"投资性房地产——公允价值变动"科目。如果存在其他资产转换为投资性房地产时计入其他综合收益的金额,也应一并结转,借记"其他综合收益"科目,贷记"其他业务成本"科目。

【例8-9】华泰公司对投资性房地产采用公允价值模式进行后续计量。20×5年2月1日,华泰公司将原出租的办公楼出售,取得出售收入42 000 000元,增值税额3 780 000元,款项收到存入银行。该办公楼20×4年12月31日的账面价值为40 000 000元,其中成本为36 000 000元,公允价值变动为增值4 000 000元;原由存货转换为投资性房地产时确认其他综合收益3 000 000元。

华泰公司进行账务处理如下:

（1）记录出售收入：

借：银行存款　　　　　　　　　　　　　　　　　　　45 780 000
　　贷：其他业务收入　　　　　　　　　　　　　　　　　42 000 000
　　　　应交税费——应交增值税（销项税额）　　　　　 3 780 000

（2）结转投资性房地产的账面余额：

借：其他业务成本　　　　　　　　　　　　　　　　　40 000 000
　　贷：投资性房地产——成本　　　　　　　　　　　　36 000 000
　　　　　　　　　　——公允价值变动　　　　　　　　 4 000 000

（3）结转原转换日确认的其他综合收益：

借：其他综合收益　　　　　　　　　　　　　　　　　 3 000 000
　　贷：其他业务成本　　　　　　　　　　　　　　　　 3 000 000

上述（2）（3）可以合并编制一个综合分录：

借：其他业务成本　　　　　　　　　　　　　　　　　37 000 000
　　其他综合收益　　　　　　　　　　　　　　　　　　 3 000 000
　　贷：投资性房地产——成本　　　　　　　　　　　　36 000 000
　　　　　　　　　　——公允价值变动　　　　　　　　 4 000 000

案例探讨

四川安控科技股份有限公司变更投资性房地产后续计量模式

2021年12月8日，四川安控科技股份有限公司发布公告称，公司董事会审议并通过了《关于投资性房地产会计政策变更的议案》，拟对投资性房地产的后续计量模式进行会计政策变更，由成本计量模式变更为公允价值计量模式。该公司称，公司对投资性房地产的计量方法初始确定为成本计量模式，为了更加客观地反映公司持有的投资性房地产公允价值，根据相关规定，公司拟自2021年12月1日起对投资性房地产的后续计量模式进行会计政策变更，由成本计量模式变更为公允价值计量模式。会计政策变更后，公司将按评估机构出具的相关投资性房地产评估结果作为投资性房地产的公允价值。

请思考：

四川安控科技股份有限公司为什么要变更投资性房地产的后续计量模式？这次变更会对ST安控的财务状况和财务业绩产生什么影响？

思 考 题

1. 投资性房地产包括哪些类型？
2. 投资性房地产有哪两种后续计量模式？两种计量模式是否可以进行转换？
3. 采用公允价值模式计量的前提条件有哪些？
4. 公允价值模式下投资性房地产的转换如何处理？
5. 采用公允价值模式计量的投资性房地产处置时如何处理？

练习题

1. 甲公司计划购入写字楼用于对外出租。20×1年6月30日甲公司购入写字楼,实际支付购买价款24 600 000元,增值税2 160 000元。根据租赁合同,租赁期开始日为20×1年7月1日。甲公司将写字楼出租给M公司使用8年,每月收取租金80 000元,增值税金7 200元。该写字楼采用成本模式进行后续计量,预计使用寿命为40年,预计净残值为600 000元,按照年限平均法计提折旧。

要求:请编制取得投资性房地产及购入后每月收取租金和计提折旧的会计分录。

2. 乙公司对投资性房地产采用公允价值模式进行后续计量。20×1年12月31日,华泰公司将自用的办公楼改为出租。该办公楼的原始价值为20 000 000元,累计折旧为12 000 000元,计提的减值准备为1 000 000元。当日,该办公楼的公允价值为900 000元。

要求:请对该销售业务编制相关的会计分录。

3. 丙公司对投资性房地产采用公允价值模式进行后续计量。20×5年1月1日,丙公司将原出租的办公楼出售,取得出售收入12 000 000元,增值税额1 080 000元,款项收到存入银行。该办公楼20×4年12月31日的账面价值为12 000 000元,其中成本为10 800 000元,公允价值变动为增值1 200 000元;原由存货转换为投资性房地产时确认其他综合收益1 500 000元。

案例分析
变更投资性房地产后续计量模式

即测即练

第九章 流动负债

学习目标与要求

通过本章学习，希望读者了解负债的性质、含义、特点及分类；了解流动负债的性质和分类；掌握短期借款、应付票据、应付职工薪酬及应交增值税的内容及账务处理方法；掌握或有事项的分类及确认、计量方法；理解应付账款、教育费附加及其他应付款项的核算。

引导案例

近年来，上市公司"存贷双高"的现象引发了资本市场的关注。存贷双高是指公司货币资金与有息负债同时处于较高的水平。从康美药业、康得新到东旭光电、辅仁药业等，很多存贷双高的企业接连"爆雷"，部分企业有息负债占比甚至达到货币资金的两倍以上，货币资金余额远低于有息负债余额。其中，有的企业是采用虚增货币资金这种造假的方式让账面华丽变身，有的则是因为大股东和实际控制人占据公司大量资金，掏空情况较为严重，使得企业不得不大额举债。

资料来源：https://baijiahao.baidu.com/s?id=1732487283249678724&wfr=spider&for=pc。

请思考：

存贷双高是否说明企业一定有问题？在实际业务中，应该结合哪些因素有重点地对流动负债展开分析呢？

第一节 流动负债概述

一、流动负债的划分

按照偿还期限的长短（即流动性）划分，负债一般分为流动负债和非流动负债两类。

通常情况下，满足以下任意一个条件的负债都属于流动负债：①预计在1年或一个营业周期中清偿；②为交易目的而持有；③自资产负债表日起1年内到期应予以清偿；④企业无权自主地将清偿推迟至资产负债表日后1年以上。常见的流动负债有短期借款、应付账款、应付职工薪酬、应交税费等，通过不同项目的对比分析可以大致了解企业的短期偿债能力。

除了流动负债以外的负债就属于非流动负债,主要包括长期借款、应付债券及长期应付款等。

二、流动负债的分类及计量

根据企业不同的交易事项,流动负债可以分为不同的类别。例如:企业从银行等金融机构因筹集资金而产生的短期借款等;在正常生产经营过程中因权责发生制核算基础产生的应付职工薪酬、应交税费等债务;因赊购行为而与外单位结算时产生的应付账款或应付票据等。在实际业务中,流动负债一般会按照应付金额是否确定进行划分,包括金额可以直接确定的、金额根据经营结果确定的及金额需要估计的三类。其中:对于能够按照双方签订的合约要求或法律规定明确具体负债金额、支付方式和付款日期,且到期必须无条件归还的负债,都属于金额确定的流动负债,如应付职工薪酬、应付账款、应付票据、短期借款等;对于需要企业在一个会计期间或经营期末才能确定的负债金额被归为视经营结果而定的流动负债,如应付股利、应交税费等;除了上述两种外,还有一类就是在资产负债表日仍难以确定具体的清偿金额甚至债权人,企业只能依据已有的经验或判断进行估计,如因产品质量保证提取的预计负债等。

流动负债的计量指各项流动负债经确认后可以确定的入账金额。考虑到流动负债期限较短,其到期值或面值与现值之间不会产生太大的差异,我国企业在实务中通常按照未来应支付的金额或面值进行计量。

第二节 短 期 借 款

为了维持正常的生产经营活动或清偿某些债务,企业会向银行或其他金融机构等借入期限在一年以内(含一年)的各种借款,这类款项就是短期借款。短期借款的借入和偿还都通过"短期借款"账户进行核算,企业可以根据具体情况设置借款种类和债权人等明细账。"短期借款"账户只记录本金数,与借款有关的利息作为一项财务费用直接计入当期损益,通过"应付利息"账户进行核算。

【例9-1】甲企业20×1年6月1日从银行取得短期借款400 000元,年利率6%,期限5个月,到期一次还本付息,每月末计提利息。

(1)6月1日借入款项,账务处理如下:

借:银行存款　　　　　　　　　　　　　　　　　　　　　400 000
　　贷:短期借款　　　　　　　　　　　　　　　　　　　　400 000

(2)6月30日计提利息:

每月利息费用 = 400 000 × 6% ÷ 12 = 2 000(元)

账务处理如下:

借：财务费用　　　　　　　　　　　　　　　　　　　　　2 000
　　　　贷：应付利息　　　　　　　　　　　　　　　　　　　　2 000
以后每个月计提利息时的业务处理与上述分录相同。
　　（3）到期归还借款本息：
　　借：短期借款　　　　　　　　　　　　　　　　　　　　400 000
　　　　应付利息　　　　　　　　　　　　　　　　　　　　 10 000
　　　　贷：银行存款　　　　　　　　　　　　　　　　　　 410 000

第三节　应付账款与应收账款

一、应付账款

　　应付账款是企业在生产经营过程中因购买原材料、商品或接受劳务等应支付给交易方的款项。具体在会计实务中，又分为票到货未到和货到票未到两种情况。对于前一种情况，应付账款的入账时间通常就是企业收到发票的时间；如果货物到达或劳务接受的时间早于发票凭证，那么企业应当对负债进行估价入账以客观反映所承担的债务。
　　在实际业务中，为了尽快回笼资金以缓解现金流压力，企业会给予购货方不同程度的现金折扣优惠。总价法下，不考虑现金折扣因素，应将享受现金折扣前的销售总额作为应付账款的入账金额；如果在折扣期内付款，现金折扣作为理财费用，计入财务费用。会计实务中，一般采取总价法进行账务处理。

二、应付票据

　　应付票据是由出票人出票，承兑人允诺在一定时间内支付特定金额给持票人的一种书面证明。在我国，应付票据仅指商业汇票，付款期限最长为6个月。按照承兑人不同，商业汇票分为商业承兑汇票和银行承兑汇票，前者承兑人为付款人，后者承兑人为银行。相对而言，银行承兑汇票能够为款项的支付提供更多的信用背书。
　　企业应通过"应付票据"账户核算签发、承兑的各种商业汇票。在购买原材料、商品或接受劳务时，按照票面金额借记"原材料""应交税费——应交增值税（进项税额）"等科目，贷记"应付票据"科目。由企业申请签发的银行承兑汇票应按相关要求支付给银行一定的手续费，这部分费用直接计入当期损益。票据到期时，企业按照票面金额偿还应付票据。对于带息的商业汇票，应根据票面金额和利率计算支付相应利息，借记"应付票据""财务费用"等科目，贷记"银行存款"科目。如果商业汇票到期时企业无力支付票据款项，那么企业应根据承兑人的不同分别进行处理：若为商业承兑汇票，则将应付票据的金额转至"应付账款"科目，借记"应付票据"科目，贷记"应付账款"科目；若采用银行承兑汇票的方式进行结算，应由承兑银行先代为支付款项，同时将应付票据转为对付款人的逾期贷款，借记"应付票据"科目，贷记"短期借款"科目。

【例9-2】甲企业3月1日购入一批原材料，买入价为100 000元，增值税为13 000元，共计113 000元，材料到达企业并已验收入库，企业按照支付金额签发一张不带息的商业汇票，付款期限为2个月。5月1日，用银行存款支付票据款项113 000元。根据上述材料，其账务处理如下：

（1）签发商业汇票时：

借：原材料　　　　　　　　　　　　　　　　　　　　　　　100 000
　　应交税费——应交增值税（进项税额）　　　　　　　　　　13 000
　　贷：应付票据　　　　　　　　　　　　　　　　　　　　　　113 000

（2）到期支付货款时：

借：应付票据　　　　　　　　　　　　　　　　　　　　　　　113 000
　　贷：银行存款　　　　　　　　　　　　　　　　　　　　　　113 000

（3）假定该票据为商业承兑汇票，5月1日到期时企业无法支付票据款项：

借：应付票据　　　　　　　　　　　　　　　　　　　　　　　113 000
　　贷：应付账款　　　　　　　　　　　　　　　　　　　　　　113 000

（4）假定该票据为银行承兑汇票，5月1日到期时企业无法支付票据款项：

借：应付票据　　　　　　　　　　　　　　　　　　　　　　　113 000
　　贷：短期借款　　　　　　　　　　　　　　　　　　　　　　113 000

第四节　预收账款与其他应付款

一、预收账款

预收账款是企业根据买卖双方的购销协议或合同规定，预先向购货方收取的全部或部分款项而形成的一项负债。款项收到后，销货方应按照协议内容在规定的期限内发出货物或提供劳务，否则应将预收款项如数退回至购货方账户。企业设置"预收账款"账户核算预收账款业务。在收到预收货款时，企业应借记"银行存款"等科目，贷记"预收账款"科目；在用原材料、货物或劳务进行冲减时，应借记"预收账款"科目，贷记"主营业务收入""其他业务收入""应交税费——应交增值税（销项税额）"等科目。在发出商品或提供劳务后，如果预收账款的金额不足以支付全部的货款，企业在收到对方偿还的剩余款项时，应借记"银行存款"科目，贷记"预收账款"科目。

【例9-3】20×1年3月18日，甲企业收到乙企业的预付货款82 000元。3月26日，甲企业发出商品并开具增值税发票，注明货款120 000元，增值税税率13%。该批货物成本为98 000元。3月30日，甲企业收到对方补付的剩余款项。其账务处理如下：

（1）3月18日，甲企业收到预收账款时：

借：银行存款　　　　　　　　　　　　　　　　　　　　　82 000
　　贷：预收账款　　　　　　　　　　　　　　　　　　　　82 000

（2）3月26日，甲企业发出货物并确认收入、结转成本时：

借：预收账款　　　　　　　　　　　　　　　　　　　　　135 600
　　贷：主营业务收入　　　　　　　　　　　　　　　　　　120 000
　　　　应交税费——应交增值税（进项税额）　　　　　　　15 600
借：主营业务成本　　　　　　　　　　　　　　　　　　　　98 000
　　贷：库存商品　　　　　　　　　　　　　　　　　　　　98 000

（3）3月30日，甲企业收到对方支付的剩余货款时。

借：银行存款　　　　　　　　　　　　　　　　　　　　　53 600
　　贷：预收账款　　　　　　　　　　　　　　　　　　　　53 600

延伸阅读

预收账款指企业根据买卖双方的协议或合同，由购货方向供应方预先支付的全部或部分货款而形成的一项负债。通常情况下，企业在收到预收款项时贷记"预收账款"科目，表现为一项负债；等企业发出商品或提供劳务时，冲销预先收取的款项，按交易价款借记"预收账款"科目。在实务中，企业"预收账款"的期末余额一般在借方，表示预收款项金额小于实际支付的价款，具有应收款项的性质，可通过"应收账款"科目核算。在期末列报时，如果"预收账款"为借方余额则应列入"应收账款"科目借方，如为贷方余额则保持不变。如果企业预收账款的业务不多，可将预收的款项直接计入"应收账款"账户的贷方，不设置"预收账款"账户。

二、其他应付款

其他应付款是指除了短期借款、应付票据、应付账款、应付职工薪酬、应交税费、应付利息、应付利润、预收账款、长期应收款等以外的各种应付、暂收款项，如出租、出借包装物收取的押金等。发生其他应付款时，应借记有关科目，贷记"其他应付款"科目；偿付其他应付款时，应借记"其他应付款"科目，贷记"银行存款"等科目。

第五节　应付职工薪酬

一、职工薪酬的核算内容

应付职工薪酬是在职工为企业提供服务后，企业应当支付给职工的各种形式的报酬或补偿。

职工指与企业订立劳动合同的所有人员,包括各种全职、兼职及临时员工,以及虽然未与企业订立劳动合同但是由企业正式任命的人员。通过企业与劳务中介公司签订用工合同而向企业提供服务的人员,也属于职工的范畴。

职工薪酬指企业为获得职工提供的服务或解除劳动关系而给予的各种形式的报酬或补偿,具体包括短期薪酬、离职后福利、辞退福利和其他长期职工福利四部分。企业提供给职工配偶、子女、受赡养人、已故员工遗属及其他受益人等的福利,也属于职工薪酬。

(一)短期薪酬

短期薪酬是指企业在职工提供相关服务的年度报告期间结束后 12 个月内需要全部予以支付的职工薪酬,因解除与职工的劳动关系给予的补偿除外。短期薪酬具体包括:职工工资、奖金、津贴和补贴,职工福利费,医疗保险费、工伤保险费和生育保险金等社会保险费,住房公积金,工会经费和职工教育经费,短期带薪缺勤,短期利润分享计划,非货币性福利及其他短期薪酬。

其中,职工工资、奖金、津贴和补贴,是指企业按照国家规定构成职工薪酬总额的计时工资、计件工资及超额劳动报酬等,为补偿职工特殊贡献或额外劳动消耗和其他特殊原因而支付的津贴,以及为了保证职工工资水平不受物价变动的影响而支付给职工的物价补贴等。企业按照短期奖金计划向职工发放的奖金属于短期薪酬,按照长期奖金计划向职工发放的奖金属于其他长期职工福利。

职工福利费,是指企业向职工提供的生活困难补助、丧葬费、抚恤费、异地安家费和防暑降温费等福利支出。

社会保险费,是指企业按照国家规定的基准和比例计算,向社会保险经办机构缴存的医疗保险费、工伤保险费和生育保险金等。

住房公积金,是指企业按照国家有关规定的基准和比例计算,向住房公积金管理机构缴存的公积金。

工会经费和职工教育经费,是指企业为了改善职工文化生活水平、提高职工业务素质,按照国家规定比例从成本费用中提取资金,用于开展工会活动和职工教育及职业技能培训等相关的支出。

带薪缺勤,是指职工虽然缺勤但企业仍向其支付报酬或提供补偿的安排,包括年休假、短期伤残、病假、婚假、产假、丧假、探亲假等。

利润分享计划,是指因职工提供服务而与职工达成的基于利润或其他经营成果提供薪酬的协议。

非货币性福利,是指企业以非货币性资产支付给职工的薪酬,包括以自产产品发放给职工作为福利、将企业拥有的资产无偿提供给职工使用以及为职工无偿提供医疗保健服务等。

(二)离职后福利

离职后福利是指企业为获得职工提供的服务而在职工退休或与企业解除劳动关系后,

提供的各种形式的报酬和福利，属于短期薪酬和辞退福利的除外。按照企业承担的风险和义务情况，离职后福利分为设定提存计划和设定受益计划两类。其中，设定提存计划是指企业向独立的基金缴存固定费用后，不再承担进一步支付义务的离职后福利，除设定提存计划以外的离职后福利就属于设定收益计划。

（三）辞退福利

辞退福利是指企业在职工劳动合同到期之前解除与职工的劳动关系，或为鼓励职工自愿接受裁减而给予职工的补偿，通常采取解除劳动关系或自愿接受裁减时一次性支付补偿的方式。

（四）其他长期职工福利

其他长期职工福利是指除短期薪酬、离职后福利、辞退福利之外所有的职工薪酬，包括长期带薪缺勤、长期残疾福利、长期利润分享计划等。

二、应付短期薪酬

下面就分别按照货币性短期薪酬、非货币性福利和其他短期薪酬展开介绍。

（一）货币性短期薪酬

货币性短期薪酬一般包括职工工资、大部分的福利费、医疗保险费、工伤保险费和生育保险金等社会保险费、住房公积金、工会经费和职工教育经费。

1. 应付工资

工资总额是指企业在一定时期内实际支付给职工的劳动报酬总数，主要由计时工资、计件工资、奖金、津贴和补贴、加班加点工资及特殊情况下支付的工资六个部分构成。有关应付工资的核算，包括工资结算的核算和工资分配的核算。

（1）工资结算的核算。工资结算包括工资的计算和发放。实务工作中，企业还为社保、税务等部门代扣社会保险费、个人所得税等一些款项，应付职工的工资总额减去代扣款即为应发给职工的现金。为了便于进行工资结算的核算，企业应编制工资结算汇总表，分别按照职工类别和工资总额构成项目予以反映。

【例9-4】甲企业编制了7月份的工资结算汇总表（表9-1），按照职工类别和项目构成分别反映。

表 9-1　工资结算汇总表　　　　　　　　　　　　单位：元

项目名称	应付工资	企业代扣项目			应发现金
		社会保险费等	个人所得税	合计	
生产工人	30 000	12 650	2 125	14 775	15 225
车间管理人员	10 000	3 550	1 375	4 925	5 075

续表

项目名称	应付工资	企业代扣项目			应发现金
		社会保险费等	个人所得税	合计	
企业管理人员	24 000	8 120	3 700	11 820	12 180
销售人员	5 600	1 828	930	2 758	2 842
在建工程人员	70 000	27 850	6 625	34 475	35 525
研发人员	20 400	7 202	2 845	10 047	10 353
合计	160 000	61 200	17 600	78 800	81 200

在进行业务处理时，为了反映企业与职工工资的结算情况，应在"应付职工薪酬"科目下设置"工资"明细科目。实际发放工资时，按照实发工资金额，借记"应付职工薪酬——工资"科目，贷记"银行存款""库存现金"科目。结转代扣社会保险费和住房公积金时，借记"应付职工薪酬——工资"科目，贷记"其他应付款"等科目；结转代扣个人所得税时，借记"应付职工薪酬——工资"科目，贷记"应交税费"科目；在实际缴纳社会保险费、住房公积金和个人所得税时，借记"其他应付款""应交税费"科目，贷记"银行存款"等科目。

【例9-5】承【例9-4】，甲企业根据7月份的工资结算汇总表进行账务处理，编制有关会计分录如下：

（1）采用银行转账方式，实际发放工资时：

　　借：应付职工薪酬——工资　　　　　　　　　　　　　　81 200
　　　　贷：银行存款　　　　　　　　　　　　　　　　　　　81 200

（2）结转代扣款项时：

　　借：应付职工薪酬——工资　　　　　　　　　　　　　　78 800
　　　　贷：其他应付款——应付社会保险费等　　　　　　　 61 200
　　　　　　应交税费——应交个人所得税　　　　　　　　　 17 600

（3）缴纳由职工个人负担的社会保险费等：

　　借：其他应付款——应付社会保险费等　　　　　　　　　61 200
　　　　贷：银行存款　　　　　　　　　　　　　　　　　　　61 200

（4）缴纳个人所得税：

　　借：应交税费——应交个人所得税　　　　　　　　　　　17 600
　　　　贷：银行存款　　　　　　　　　　　　　　　　　　　17 600

（2）工资分配的核算。工资分配是指企业将发放的工资在月末按照用途进行分配。在进行工资分配时，企业应按照工资的具体用途分别计入对应的科目。通常情况下，生产工人的工资计入"生产成本"科目；车间管理人员的工资计入"制造费用"科目；销售人员的工资，计入"销售费用"科目；在建工程人员工资，计入"在建工程"科目；自行开发无形资产人员的工资，计入"研发支出"科目；其他人员的工资，计入"管理费用"科目。为了便于对工资分配进行核算，企业应编制工资分配汇总表。

【例9-6】承【例9-5】，根据出勤记录和产量计算，甲企业编制了7月份的工资分配汇总表（表9-2）。

表 9-2　工资分配汇总表　　　　　　　　　　　　　单位：元

应借科目	生产工人	车间管理人员	企业管理人员	销售人员	在建工程人员	研发人员	总计
生产成本	30 000						30 000
制造费用		10 000					10 000
管理费用			24 000				24 000
销售费用				5 600			5 600
在建工程					70 000		70 000
研发支出						20 400	20 400
合计	30 000	10 000	24 000	5 600	70 000	20 400	160 000

根据表 9-2 的分配汇总数据进行账务处理，编制有关会计分录如下：

借：生产成本　　　　　　　　　　　　　　　　　　　　　　　30 000
　　制造费用　　　　　　　　　　　　　　　　　　　　　　　10 000
　　管理费用　　　　　　　　　　　　　　　　　　　　　　　24 000
　　销售费用　　　　　　　　　　　　　　　　　　　　　　　 5 600
　　在建工程　　　　　　　　　　　　　　　　　　　　　　　70 000
　　研发支出　　　　　　　　　　　　　　　　　　　　　　　20 400
　　贷：应付职工薪酬——工资　　　　　　　　　　　　　　　160 000

2. 应付福利费

应付福利费指企业从费用中提取的、用于职工福利补助方面的资金，包括职工的医疗卫生费和职工的生活困难补助费等。为了反映职工福利的支付与分配情况，企业应在"应付职工薪酬"科目下设置"职工福利"明细科目。

企业发生福利费支出时，应借记"应付职工薪酬——职工福利"科目，贷记"银行存款"等有关科目。月末，企业应对发生的职工福利费按照具体用途进行分配。在各月实际发生的职工福利费相差不多的情况下，企业可根据实际发生的金额进行分配；反之，则应根据估计的金额进行分配，年末再进行调整。在对职工福利费进行分配时，应借记"生产成本""管理费用""销售费用""制造费用""研发支出""在建工程"等科目，贷记"应付职工薪酬——职工福利"科目。

【例 9-7】20×1 年 8 月，甲企业用银行存款支付研发人员的福利费 80 000 元，账务处理如下：

（1）支付福利费时：

借：应付职工薪酬——职工福利　　　　　　　　　　　　　　80 000
　　贷：银行存款　　　　　　　　　　　　　　　　　　　　80 000

（2）月末分配福利费时：

借：研发支出　　　　　　　　　　　　　　　　　　　　　　80 000
　　贷：应付职工薪酬——职工福利　　　　　　　　　　　　80 000

3. 应付医疗、工商和生育保险金及住房公积金

（1）计提社会保险费及住房公积金。社会保险费是按照国家规定的数额和期限，由企业和职工向社会保险管理机构缴纳的费用,包括医疗、工伤、生育保险等。住房公积金是按照国家规定由单位和在职职工共同负担的用于解决职工住房问题的资金。需要注意,职工负担的社会保险费及住房公积金属于职工薪酬的范畴;企业负担的社会保险费和住房公积金,应在"应付职工薪酬"科目下设置"社会保险费"和"住房公积金"明细科目,以反映其提取和缴纳情况。

由企业负担的社会保险费及住房公积金,应在职工为其提供服务的会计期间内(即职工在职期间),根据职工工资的一定比例计算,并按照规定的用途进行分配,借记"生产成本""制造费用""管理费用""销售费用""在建工程""研发支出"等科目,贷记"应付职工薪酬——社会保险费"和"应付职工薪酬——住房公积金"科目。

(2)缴纳社会保险费及住房公积金。在企业缴纳社会保险费及住房公积金时,应借记"应付职工薪酬——社会保险费"和"应付职工薪酬——住房公积金"科目,贷记"银行存款"科目。

【例9-8】8月份,甲企业应负担研究开发人员的医疗、工伤和生育等社会保险费8 000元,行政管理人员的医疗、工伤和生育等社会保险费2 000元,车间生产工人的医疗、工伤、失业和生育等社会保险费10 000元,车间管理人员的医疗、工伤和生育等社会保险费7 000元,销售人员的医疗、工伤和生育等社会保险费4 000元,在建工程人员的医疗、工伤和生育等社会保险费5 000元,共计36 000元。相关账务处理如下:

(1)提取社会保险费时:

借:研发支出   8 000
  管理费用   2 000
  生产成本   10 000
  制造费用   7 000
  销售费用   4 000
  在建工程   5 000
  贷:应付职工薪酬——社会保险费   36 000

(2)企业缴纳应负担的社会保险费时:

借:应付职工薪酬——社会保险费   36 000
  贷:银行存款   36 000

4. 应付工会经费和职工教育经费

工会经费是按照国家规定由企业负担的用于工会开展活动方面的费用。职工教育经费是按照国家规定由企业负担的用于职工教育培训方面的经费。为了反映工会经费和职工教育经费的提取和使用情况,企业应在"应付职工薪酬"下设置"工会经费"和"职工教育经费"明细科目。

在计提工会经费和职工教育经费时,企业应根据职工工资的一定比例(一般为2%和1.5%)计算,并按照具体用途进行分配,借记"生产成本""制造费用""管理费用""销售费用""在建工程""研发支出"等科目,贷记"应付职工薪酬——工会经费""应付职工薪酬——职工教育经费"明细科目。

向工会社会团体划拨工会经费或发生工会经费支出、职工教育经费支出时，应借记"应付职工薪酬——工会经费"或"应付职工薪酬——职工教育经费"科目，贷记"银行存款"等科目。

【例9-9】8月份，甲企业分别按照工资总额的2%和1.5%提取工会经费和职工教育经费。其中：按照研究开发人员工资总额计提3 000元工会经费和2 250元职工教育经费，按照行政管理人员工资总额计提800元工会经费和600元职工教育经费，按照车间生产工人工资总额计提4 000元工会经费和3 000元职工教育经费，按照车间管理人员工资总额计提2 000元工会经费和1 500元职工教育经费，按照销售人员工资总额计提1 200元工会经费和900元职工教育经费，按照在建工程人员工资总额计提1 600元工会经费和1 200元职工教育经费，共计22 050元。甲企业9月份为研究开发人员支付教育经费2 250元，为生产工人支付教育经费3 000元，共计5 250元，款项已通过银行转账支付。相关账务处理如下：

（1）提取工会经费、职工教育经费时：

借：研发支出　　　　　　　　　　　　　　　　　　　　　　5 250
　　管理费用　　　　　　　　　　　　　　　　　　　　　　1 400
　　生产成本　　　　　　　　　　　　　　　　　　　　　　7 000
　　制造费用　　　　　　　　　　　　　　　　　　　　　　3 500
　　销售费用　　　　　　　　　　　　　　　　　　　　　　2 100
　　在建工程　　　　　　　　　　　　　　　　　　　　　　2 800
　贷：应付职工薪酬——工会经费　　　　　　　　　　　　　12 600
　　　　　　　　　——职工教育经费　　　　　　　　　　　9 450

（2）支付职工教育经费时：

借：应付职工薪酬——职工教育经费　　　　　　　　　　　　5 250
　贷：银行存款　　　　　　　　　　　　　　　　　　　　　5 250

（二）非货币性福利

非货币性福利薪酬指企业以自产产品或外购商品发放给职工作为福利，或将自有资产提供给职工无偿使用，包括企业提供给高端人才的住房、为职工提供的免费医疗保健服务等。在应用过程中，要根据具体的业务内容区别处理：①以自产产品或外购商品等发放给职工作为福利的，视同企业的正常销售行为，按照产品的公允价值和相关税费进行计量，在产品发出时确认销售收入并结转产品成本；②以住房等自有固定资产或将租入的房屋提供给职工无偿使用时，应将该固定资产每期计提的折旧额或支付的租金作为应付职工薪酬的入账价值，并根据受益对象的不同计入当期损益或相关资产的成本中。

【例9-10】甲企业决定以自产的毛巾作为福利发放给车间生产人员，不含税的销售价格为282 000元，适用增值税税率13%，成本为26 000元，相关账务处理如下：

（1）实际发放毛巾时：

借：应付职工薪酬——非货币性福利　　　　　　　　　　　　318 660
　贷：主营业务收入　　　　　　　　　　　　　　　　　　　282 000

　　　　应交税费——应交增值税（销项税额）　　　　　　　　　　36 660
同时结转产品成本：
　借：主营业务成本　　　　　　　　　　　　　　　　　　　　26 000
　　　贷：库存商品　　　　　　　　　　　　　　　　　　　　　26 000
　（2）按受益对象对非货币性福利进行归集：
　借：生产成本　　　　　　　　　　　　　　　　　　　　　　318 660
　　　贷：应付职工薪酬——非货币性福利　　　　　　　　　　　318 660

【例9-11】乙企业拥有一批住房，无偿提供给高管人员使用，每月计提房屋折旧费46 000元，并在每月末对其用途进行分配。相关账务处理如下：
　借：应付职工薪酬——非货币性福利　　　　　　　　　　　　46 000
　　　贷：累计折旧　　　　　　　　　　　　　　　　　　　　　46 000
　借：管理费用　　　　　　　　　　　　　　　　　　　　　　　46 000
　　　贷：应付职工薪酬——非货币性福利　　　　　　　　　　　46 000

（三）其他短期薪酬

其他短期薪酬主要包括短期带薪缺勤、应付利润分享计划等，下面介绍短期带薪缺勤。

带薪缺勤指企业在职工年休假、产假、短期伤残、病假等期间支付的薪酬或提供的补偿。短期带薪缺勤分为累积带薪缺勤和非累积带薪缺勤。累积带薪缺勤，指带薪缺勤权利可以结转下期的带薪缺勤，本期尚未用完的带薪缺勤权利可以在未来期间使用。例如，员工因当期或当年度工作任务繁重未能按时享受企业提供的年休假，如果企业规定有效期可以延长1年，那么这个年休假就属于累积带薪缺勤，企业应在"应付职工薪酬"科目下设置"累积带薪缺勤"明细科目，确认与累积带薪缺勤相关的职工薪酬，并根据累积未行使权利而增加的预期支付现金流进行计量。非累积带薪缺勤，指带薪缺勤权利不能结转下期的带薪缺勤，本期尚未用完的带薪缺勤权利将予以取消，并且职工离开企业时也无权获得现金支付。仍沿用上述例子，如果企业规定年休假只限于当年有效，那么这个年休假就属于非累积带薪缺勤。我国企业职工享有的产假、探亲假、病假等期间的工资通常都属于非累积带薪缺勤。由于职工本期未使用的缺勤天数不会产生一种权利，因此对于非累积带薪缺勤，企业无须计提相关的费用和负债。

【例9-12】甲公司规定，每名员工每年都可以享受8天带薪休假。对于当年没有使用的休假，可以向后延后一年享受带薪休假。由于当年工作任务较重，行政管理办公室的刘某当年未能带薪休假，其日工资为300元。账务处理如下：
　（1）当年确认未使用的累积带薪缺勤2 400（8×300）元时：
　借：管理费用　　　　　　　　　　　　　　　　　　　　　　　2 400
　　　贷：应付职工薪酬——累积带薪缺勤　　　　　　　　　　　2 400
　（2）第二年享受上一年度未享受的带薪休假时：
　借：应付职工薪酬——累积带薪缺勤　　　　　　　　　　　　　2 400
　　　贷：管理费用　　　　　　　　　　　　　　　　　　　　　2 400

> **知识加油站**

新冠肺炎疫情期间，为了做好疫情防控工作，部分单位通过自行采购的方式将酒精、口罩、消毒液等防疫物资发放给职工，部分单位则直接给员工发放购买补贴。这部分业务在处理时，对于第一种直接购买后发放的，如果企业取得了增值税专用发票，应作为"劳动保护费"而非职工福利进行处理，进项税可以正常抵扣，无须转出。对于第二种发放补贴的情况，应列为职工福利，在不超过工资和薪金总额14%的部分内，可予以税前扣除。

三、离职后福利

离职后福利指企业为获得职工提供的服务而在职工退休或与企业解除劳动关系后提供的各种形式的报酬和福利。离职后福利计划包括设定提存计划和设定受益计划。

设定提存计划，指向独立的基金缴存固定费用后，企业不再承担进一步支付义务的离职后福利计划，其主要包括企业负担的待业、养老等社会保险费。企业应当在职工为其提供服务的会计期间，将根据设定提存计划确定的应缴存金额确认为负债，在"应付职工薪酬"科目下设置"设定提存计划"明细科目，同时计入当期损益或相关资产成本。

设定受益计划，指除设定提存计划以外的离职后福利计划，在"应付职工薪酬"科目下设置"设定受益计划"明细科目进行核算。企业应当将设定收益计划所产生的义务予以折现，以确定设定受益计划义务的现值和当期服务成本。在确认设定受益计划产生的应付职工薪酬时，借记"生产成本"等科目，贷记"应付职工薪酬——设定受益计划"科目；在期末确认有关的利息费用，借记"财务费用"等科目，贷记"应付职工薪酬——设定受益计划"科目。后续期间，企业应采用适当的精算方法确认和计量设定受益计划所产生的义务，根据变动的金额，借记或贷记"应付职工薪酬——设定受益计划"科目，贷记或借记"其他综合收益"科目，这部分其他综合收益在以后期间不允许转回到损益，只能将其转为期初留存收益。实际支付时，应借记"应付职工薪酬——设定受益计划"科目，贷记"银行存款"等科目。在设定受益计划结束时应对设定受益计划进行结算，根据结算的结果分别借记或贷记"营业外支出""营业外收入"科目，贷记或借记"应付职工薪酬——设定受益计划"科目。同时，将最初确认的其他综合收益转为期初留存收益，借记或贷记"其他综合收益"科目，贷记或借记"盈余公积""利润分配——未分配利润"科目。

> **知识加油站**

企业承担的社会保险费中，医疗保险、工伤保险和生育保险属于短期职工薪酬，养老保险和失业保险属于离职后福利。设定提存计划和设定受益计划区分的主要依据是企业义务、支付方式和风险承担主体。在设定提存计划下企业向独立基金缴费金额固定，不负进一步支付义务，不承担与基金资产有关的风险，此时企业不承担精算风险和投资风险；在设定受益计划下，企业与职工达成协议，在职工退休时一次或分期支付一定金额的养老金，企业向独立基金缴费金额要以满足未来养老金给付义务的顺利进行为限，负有进一步支付义务，与基金资产有关的风险由企业承担，此时企业承担精算风险和投资风险。在实务操作中，会计人员要对福利计划主要条款的经济实质进行分析，并依据上述原则进行离职后福利类型的划分。

四、辞退福利

辞退福利是指企业在职工劳动合同到期前解除与职工的劳动关系，或为鼓励职工自愿接受裁减而给予职工的补偿。具体包括职工有选择权的辞退福利和没有选择权的辞退福利。职工有选择权的辞退福利，是指在职工劳动合同尚未到期前，企业为鼓励职工自愿接受裁减而给予的补偿，职工有权选择继续在职或接受补偿离职；职工没有选择权的辞退福利，是指在职工劳动合同尚未到期前，不论职工本人是否愿意，企业都决定解除与职工的劳动关系而给予的补偿。

无论哪种情况，企业都需要根据预计自愿辞退职工数量或辞退计划规定的拟辞退的职工数量和各个职位的辞退补偿等计提辞退福利，在"应付职工薪酬"科目下设置"辞退福利"明细科目以反映企业辞退福利的提取和支付情况。尽管辞退福利的确认原则同其他职工薪酬基本相同，但是由于被辞退的职工不再给企业带来任何经济利益，因此无论辞退的职工原先在哪个部门、提供何种服务，企业都应将本期确认的辞退福利全部计入当期管理费用而非计入资产成本，借记"管理费用"科目，贷记"应付职工薪酬——辞退福利"科目；待实际支付时，借记"应付职工薪酬——辞退福利"科目，贷记"银行存款"科目。

第六节 应交税费

应交税费是企业在生产经营过程中按照规定向国家缴纳各种税费，包括增值税、消费税、城市维护建设税、资源税、所得税、土地增值税、房产税、车船税、土地使用税、教育费附加、矿产资源补偿费等。按照权责发生制原则，企业应缴纳的税金在尚未上缴之前形成企业的一项负债。本节只对增值税、消费税、城市维护建设税和教育费附加进行说明。

一、增值税

（一）增值税的含义及性质

增值税是以商品（含应税劳务）在流转过程中产生的增值额作为计税依据而征收的一种流转税。从计税原理上说，增值税是对商品生产、流通、劳务服务中多个环节的新增价值或商品的附加值征收的一种流转税。按照增值税的相关规定，企业购入商品支付的增值税（即进项税额），可以从销售商品按规定收取的增值税（即销项税额）中抵扣。纳税人按照年销售额规模及会计核算是否健全划分为一般纳税人和小规模纳税人。根据业务内容的不同，一般纳税人适用的增值税税率具体规定如下。

（1）销售或进口货物及提供加工修理修配劳务或有形动产租赁服务，适用的税率为13%。

（2）销售或进口下列货物、提供服务，适用的税率为9%。具体项目有：①农产品（含粮食）、食用植物油、食用盐；②自来水、天然气、石油液化气、暖气、冷气、热水、煤气、沼气、居民用煤炭制品；③图书、报纸、杂志、音像制品、电子出版物；④饲料、农药、化肥、农膜、农机、二甲醚；⑤提供交通运输、邮政、基础电信、建筑、不动产租赁服务；⑥销售不动产，转让土地使用权等。

（3）提供上述（1）、（2）项以外的服务，适用的税率为6%。主要包括现代服务业、金融保险业、租赁业、转让无形资产（土地使用权除外）、提供增值电信服务等。

（4）采用简易计税方法的项目征收率为3%。

（5）出口货物，适用的税率为零。

企业在同一项经济业务活动中涉及不同税率的业务，应该就高确定增值税税率。

（二）一般纳税人增值税的核算业务

我国增值税的计算以商品的销售额为计税依据，根据税法规定的税率计算出商品应负担的销项税额，同时扣除企业为生产商品或提供劳务而外购原材料等物资在购买环节已缴纳的进项税额，两者抵扣后的余额即为实际应缴纳的增值税，计算公式为：应交增值税=销项税额-进项税额。增值税一般纳税人应当在"应交税费"科目下设置"应交增值税""未交增值税""预交增值税""待抵扣进项税额""待认证进项税额""待转销项税额""转让金融商品应交增值税""简易计税"及"代扣代交增值税"等明细科目。

1."应交增值税"明细科目

根据应交增值税的构成内容，通常在"应交增值税"明细科目借方设置"进项税额""已交税金""转出未交增值税""减免税款""销项税额抵减"及"出口抵减内销产品应纳税额"等专栏；贷方设置"销项税额""转出多交增值税""进项税额转出"和"出口退税"等专栏。

（1）"进项税额"专栏，记录一般纳税人购进货物、加工修理修配劳务、服务、无形资产或不动产而支付或负担的、准予从当期销项税额中抵扣的增值税额。

（2）"已交税金"专栏，记录一般纳税人当月已缴纳的应交增值税额。

（3）"转出未交增值税"和"转出多交增值税"专栏，分别记录一般纳税人月度终了转出当月应交未交或多交的增值税额。

（4）"减免税款"专栏，记录一般纳税人按现行增值税制度规定准予减免的增值税额。

（5）"销项税额抵减"专栏，记录一般纳税人按照现行增值税制度规定因扣减销售额而减少的销项税额。

（6）"出口抵减内销产品应纳税额"专栏，记录实行"免、抵、退"办法的一般纳税人按规定计算的出口货物的进项税抵减内销产品的应纳税额。

（7）"销项税额"专栏，记录一般纳税人销售货物、加工修理修配劳务、服务、无形资产或不动产应收取的增值税额。

（8）"进项税额转出"专栏，记录一般纳税人购进货物、加工修理修配劳务、服务、无形资产或不动产等发生非正常损失以及其他原因而不应从销项税额中抵扣、按规定转出的进项税额。

（9）"出口退税"专栏，记录一般纳税人出口货物、加工修理修配劳务、服务、无形资产按规定退回的增值税额。

本月销项税额大于抵减后的进项税额、减免税款、出口抵减内销产品应纳税额之和的，其差额为本月应交增值税额。本月应交增值税额大于借方"已交税金"的差额，为本月未交增值税；本月应交增值税额小于借方"已交税金"的差额，为本月多交增值税；本月未交增值税和多交增值税在月末都需要结转到"未交增值税"明细科目。经过上述结转后，"应交增值税"明细科目无余额。

本月销项税额小于抵减后的进项税额、减免税款、出口抵减内销产品应纳税额之和的，其差额为本月尚未抵扣的增值税额，表现为"应交增值税"明细科目借方余额，反映本月末尚未抵扣、留待以后月份抵扣的增值税额。

2. "未交增值税"明细科目

该科目一般在月末从"应交增值税"或"预交增值税"明细科目转入，借方记录转入的当月多交或预缴的增值税和当月缴纳的以前期间未交的增值税，贷方记录转入的当月应交未交增值税，期末借方余额代表累计多交的增值税，贷方余额表示累计未交的增值税。

3. "预交增值税"明细科目

该科目核算一般纳税人转让不动产、提供不动产经营租赁服务、提供建筑服务、采用预收款方式销售自行开发的房地产项目等，以及其他按现行增值税制度规定应预缴的增值税额。科目借方登记预缴的增值税，贷方登记转出的已经发生纳税义务的预缴增值税，期末借方余额表示因转让不动产、提供不动产经营租赁服务、提供建筑服务、采用预收款方式销售自行开发的房地产项目等而尚未发生纳税义务的预交增值税。

4. "待抵扣进项税额"明细科目

该科目核算一般纳税人已取得增值税扣税凭证并经税务机关认证，按照现行增值税制度规定准予以后期间从销项税额中抵扣的进项税额。待抵扣税额发生时计入科目借方，等能够抵扣的时候要将其从贷方转出，期末余额通常在借方。"待抵扣进项税额"指实行纳税辅导期管理的一般纳税人取得的尚未交叉稽核比对的增值税扣税凭证上注明或计算的进项税额。

5. "待认证进项税额"明细科目

该科目反映一般纳税人由于未经税务机关认证而不得从当期销项税额中抵扣的进项税额。具体包括已取得增值税扣税凭证、按照现行增值税制度规定准予从销项税额中抵扣但尚未经税务机关认证的进项税额、已申请稽核但尚未取得稽核相符结果的海关缴款书进项税额。科目借方登记支付的待认证进项税额，贷方登记转出的已经认证的进项税额，期末余额在借方，表示尚未认证的进项税额。

6. "待转销项税额"明细科目

该科目核算企业销售货物、加工修理修配劳务、服务、无形资产或不动产，已确认相关收入（或利得）但尚未发生增值税纳税义务而需要在以后期间确认为销项税额的增值税额。科目借方登记转出的已经确认的销项税额，贷方登记未来期间应缴纳的销项税额，期末余额在贷方，表示未来需要缴纳的销项税额。

7. "简易计税"明细科目

该科目核算企业对增值税的计提、扣减、缴纳等业务采用简易计税方法应交的增值税额。科目借方登记补交、预交的增值税，贷方登记应交的增值税，期末借方余额表示多交的增值税，贷方余额表示未交的增值税。

8. "转让金融商品应交增值税"明细科目

该科目核算企业因转让金融商品发生的增值税额。科目借方登记当期缴纳的增值税额、转让金融商品亏损可以抵扣的增值税额及期末转入"未交增值税"明细科目的未交增值税，期末余额在借方，表示为转让金融商品亏损尚未抵扣的增值税额。

9. "代扣代交增值税"明细科目

该科目核算企业购进在境内未设经营机构的境外单位或个人在境内的应税行为代扣代缴的增值税。科目借方登记代缴的增值税，贷方登记代扣的增值税，期末余额在贷方，表示企业未交的增值税额。

（三）一般购销业务的账务处理

根据我国增值税价外税的实施特点，在通常的商品采购（销售）或劳务提供（接受）业务中，进项税或销项税是以不含税价款乘以增值税税率计算得出。因此，在对采购阶段业务进行处理时，增值税专用发票上注明的价款部分计入成本，属于增值税的部分计入进项税；在对销售阶段业务进行处理时，一般销售价格中不再含税，如果是含税价格，则应将还原后的不含税价格作为销售收入，即销售收入 = 含税销售额 ÷（1+ 增值税税率），同时把向购买方收取的增值税作为销项税额。

具体的账务处理为：企业购进货物、加工修理修配劳务、服务、无形资产或不动产，根据应计入成本或费用的金额，借记"原材料""在途物资""生产成本""在建工程""固定资产"以及"管理费用"等科目；按当期已认证的可抵扣增值税额，借记"应交税费——应交增值税（进项税额）"；按当期未认证的可抵扣增值税额，借记"应交税费——待认证进项税额"科目；企业实际或应该支付的价款计入"应付账款""应付票据""银行存款"等科目的贷方。如果有退货情况，可根据税务机关开具的红字增值税专用发票或将原有发票退回，再做相反的会计分录。

【例 9-13】乙公司为增值税一般纳税人，本月购进原材料一批，增值税专用发票上注明的价款为 1 000 000 元，增值税额为 130 000 元，运费 2 000 元，运费增值税率 9%。货款已用银行存款支付，原材料已验收入库。同时，该企业当期销售产品收入为

2 000 000元（不含税），增值税税率为13%，货款已经收到。

原材料成本 = 1 000 000+2 000 = 1 002 000（元）

进项税额 = 130 000+2 000×9% = 130 180（元）

销项税额 = 2 000 000×13% = 260 000（元）

会计分录如下：

（1）购进原材料时：

借：原材料	1 002 000
应交税费——应交增值税（进项税额）	130 180
贷：银行存款	1 132 180

（2）销售产品时：

借：银行存款	2 260 000
贷：主营业务收入	2 000 000
应交税费——应交增值税（销项税额）	260 000

（四）视同销售业务的账务处理

在实际业务中，虽然企业的某些交易行为并没有取得销售收入，但按照税法应要求认定其"视同销售"行为，正常缴纳增值税。具体包括：①将自产、委托加工的货物用于非应税项目；②将自产、委托加工的货物用于集体福利或者个人消费；③将自产、委托加工或购进的货物分配给股东或者投资者；④将自产、委托加工或购进的货物作为投资，提供给其他单位或者个体工商户；⑤将自产、委托加工或购进的货物无偿赠送其他单位或个人等，都应视同发生应税行为。

【例9-14】 为了抗击疫情，某医疗企业将自产的一批口罩5 000件无偿捐赠给医院使用。该批口罩的成本为20 000元，不含税价款为42 000元，增值税税率为13%。

销项税额 = 42 000×13% = 5 460（元）

会计分录如下：

借：营业外支出	25 460
贷：库存商品	20 000
应交税费——应交增值税（销项税额）	5 460

【例9-15】 甲企业将委托加工的一批物资分配给股东。该批产品的成本为50 000元，不含税售价为62 000元，适用的增值税税率为13%。

销项税额 = 62 000×13% = 8 060（元）

其账务处理如下：

借：利润分配	58 060
贷：主营业务收入	50 000
应交税费——应交增值税（销项税额）	8 060
借：主营业务成本	50 000
贷：库存商品	50 000

【例9-16】 甲企业用一批原材料对外投资,投资双方协议按公允价值1 600 000元计价。该批原材料账面价值为890 000元,适用的增值税税率为13%。

销项税额 = 1 600 000 × 13% = 208 000(元)

其账务处理如下:

借:长期股权投资	1 808 000
贷:其他业务收入	1 600 000
应交税费——应交增值税(销项税额)	208 000
借:其他业务成本	890 000
贷:原材料	890 000

(五)转出多交增值税、转出未交增值税和缴纳增值税的账务处理

月末,企业应将当月应交未交或多交、预交的增值税从"应交增值税""预交增值税"明细科目转入"未交增值税"明细科目。对当月应交未交的增值税,借记"应交税费——应交增值税(转出未交增值税)"科目,贷记"应交税费——未交增值税"科目;对当月多交的增值税,借记"应交税费——未交增值税"科目,贷记"应交税费——应交增值税(转出多交增值税)"科目。缴纳应交增值税的具体业务处理如下。

(1)补缴以前期间未交增值税。企业缴纳以前期间未交增值税,借记"应交税费——未交增值税"科目,贷记"银行存款"科目。

(2)缴纳当月应交的增值税。企业缴纳当月增值税,借记"应交税费——应交增值税(已交税金)"科目,贷记"银行存款"科目。

(3)预缴增值税。企业预缴增值税时,借记"应交税费——预交增值税"科目,贷记"银行存款"科目。月末,企业应将"预交增值税"明细科目余额转入"未交增值税"明细科目,借记"应交税费——未交增值税"科目,贷记"应交税费——预交增值税"科目。对于企业转让不动产、提供不动产经营租赁服务、提供建筑服务、采用预收款方式销售自行开发的房地产项目等业务,应直到纳税义务发生时才可以从"应交税费——预交增值税"科目结转至"应交税费——未交增值税"科目。因此,如果该科目期末余额在借方,一般都是因为转让不动产、提供建筑服务以及不动产经营租赁服务等形成的。

【例9-17】 曙光房地产开发公司于20×1年7月预售亭湖小区项目,总价款为20 780 000元,按照5%的预征率在不动产所在地预缴增值税。8月,曙光房地产公司交付了预售的另一个锦园小区项目,交房的总价款为11 260 000元,其中销项税额1 040 000元,企业已预缴760 000元。账务处理如下:

(1)预售亭湖小区项目时:

借:银行存款	20 780 000
贷:预收账款	20 780 000
借:应交税费——预交增值税	1 039 000
贷:银行存款	1 039 000

(2)交付锦园小区项目时:

借：预收账款		11 260 000
贷：主营业务收入		10 220 000
应交税费——应交增值税（销项税额）		1 040 000
借：应交税费——未交增值税		760 000
贷：应交税费——预交增值税		760 000

（六）进项税额不予抵扣等情况的账务处理

用于简易计税方法计税项目、免征增值税项目、集体福利或个人消费的购进货物、加工修理修配劳务、服务、无形资产和不动产等，其进项税额应计入相关的成本费用，不得从销项税额中抵扣。

进项税额不得抵扣的项目还包括：非正常损失的购进货物；非正常损失的在产品、产成品所耗用的购进货物；非正常损失的不动产；非正常损失的不动产在建工程所耗用的购进货物等。非正常损失指因管理不善造成货物被盗、丢失、霉烂变质，以及因为违反法律法规造成货物或不动产被依法没收、销毁、拆除的情形。

因使用过程中改变用途或发生非正常损失等情况，使得原已计入进项税额但是现在无法从销项税额中抵扣的，应将进项税额转出，借记"固定资产""待处理财产损溢"等科目，贷记"应交税费——应交增值税（进项税额转出）"科目。原来无法且尚未抵扣进项税额的资产因改变用途等原因用于可抵扣进项税额的应税项目时，应当在用途发生改变的次月调整相关资产的账面价值，按照允许抵扣的进项税额借记"应交税费——应交增值税（进项税额）"科目，贷记"固定资产"等科目。

【例9-18】 由于管理不善，甲企业生产的一批产品发生了毁损，所消耗的购进原材料的进项税额为4 420元，该批产品的实际成本为34 000元。

分析：由于本例中的产品发生了非正常损失，因此原已计入进项税额的部分应予以转出，不得从销项税额中抵扣。

账务处理如下：

借：待处理财产损溢		38 420
贷：库存商品		34 000
应交税费——应交增值税（进项税额转出）		4 420

（七）小规模纳税人增值税的账务处理

小规模纳税人指年销售额在规定标准以下，并且会计核算不健全，不能按规定报送有关税务资料的增值税纳税人。其中，所称会计核算不健全是指不能正确核算增值税的销项税额、进项税额和应纳税额。对于小规模纳税人而言，在购买商品或接受劳务时，无论是否取得增值税专用发票，所支付的价款全都计入成本；销售商品或提供劳务时，按照应征增值税销售额的3%计算，只能开具增值税普通发票。通常情况下，小规模纳税人采用销售额和应纳税额合并定价的方法，应纳税额计算公式如下：不含税销售额=含税销售额÷(1+征收率)，应纳税额=不含税销售额×征收率。

【例9-19】某企业为小规模纳税人,适用的增值税征收率为3%。6月份,企业购入一批材料,增值税专用发票上注明的材料价款为50 000元,增值税额为6 500元,材料收到并验收入库,款项已用银行存款支付。7月份,企业销售一批产品,开具的普通发票上注明全部价款为37 080元,货物已发出,款项尚未收到。

(1) 材料入库时,其账务处理如下:

借:原材料 56 500
　　贷:银行存款 56 500

(2) 货物发出时:

不含税销售额 = 37 080 ÷ (1+3%) = 36 000 (元)

应纳增值税额 = 36 000 × 3% = 1 080 (元)

其账务处理如下:

借:应收账款 37 080
　　贷:主营业务收入 36 000
　　　　应交税费——应交增值税(销项税额) 1 080

二、消费税

(一) 消费税的含义及核算

消费税是以消费品的流转额为计税依据的一个税种,一般由营业收入予以补偿,属于价内税。消费税的征收通常采用从价定率和从量定额两种方法:从价定率法以商品销售额作为税基,从量定额法用应税消费品的销售数量为基础进行计算。其计算公式分别为

从价定率法:

$$应纳税额 = 销售额 \times 消费税税率$$

从量定额法:

$$应纳税额 = 销售数量 \times 单位税额$$

在核算消费税时,企业可按其应交的消费税额,借记"税金及附加"这一损益类科目,贷记"应交税费——应交消费税"科目。实际缴纳时,借记"应交税费——应交消费税"科目,贷记"银行存款"科目。

【例9-20】甲企业销售一批应税消费品,每件售价16 000元(不含增值税额),数量22件,适用增值税税率为13%,消费税税率为10%,货款收到并存入银行。

增值税额 = 16 000 × 22 × 13% = 45 760 (元)

消费税额 = 16 000 × 22 × 10% = 35 200 (元)

会计分录如下:

借:银行存款 397 760
　　贷:主营业务收入 352 000
　　　　应交税费——应交增值税(销项税额) 45 760

借：税金及附加 35 200
　　贷：应交税费——应交消费税 35 200

（二）视同销售的消费税

除了用于连续生产应税消费品外，企业自产的应税消费品用于生产非应税消费品、在建工程、管理部门、非生产机构、提供劳务，以及用于馈赠、赞助、集资、广告、样品、职工福利、奖励等方面的，视同销售行为，按照规定计算缴纳消费税，计入相关的成本费用中。

【例9-21】 甲企业将自产的一批应税消费品用于改善单位员工餐厅和集体宿舍楼工程。该批产品成本为380 000元，同类产品市场售价为770 000元，增值税税率为13%，消费税税率为10%。

增值税额 = 770 000 × 13% = 100 100（元）
消费税额 = 770 000 × 10% = 77 000（元）

其账务处理如下：

借：在建工程 557 100
　　贷：库存商品 380 000
　　　　应交税费——应交增值税（销项税额） 100 100
　　　　　　　　——应交消费税 77 000

（三）委托加工的消费税

按照我国税法规定，企业委托加工的应税消费品，应由受托方在向委托方交货时代扣代缴消费税。在收回委托加工的应税消费品后，如果企业用于连续生产应税消费品，缴纳的消费税按规定可以抵扣，借记"应交税费——应交消费税"科目，贷记"银行存款""应付账款"等科目；等到企业最终出售应税消费品时，再根据其销售额计算应交消费税额，借记"税金及附加"，贷记"应交税费——应交消费税"科目；补交消费税差额时，应借记"应交税费——应交消费税"，贷记"银行存款"科目。如果企业将收回的应税消费品直接出售，那么企业应将代扣代缴的消费税计入收回的应税消费品成本中，借记"委托加工物资"等科目，贷记"银行存款"等科目。在委托加工应税消费品出售时，不需要再缴纳消费税。

【例9-22】 甲企业发出一批原材料，委托外单位加工应税消费品。材料成本170 000元，支付不含税的加工费3 000元，增值税进项税额为390元，消费税额为20 000元，已用银行存款支付。账务处理如下：

（1）收回委托加工的应税消费品后用于连续生产应税消费品的：

借：委托加工物资 170 000
　　贷：原材料 170 000
借：委托加工物资 3 000
　　应交税费——应交增值税（进项税额） 390
　　　　　　——应交消费税 20 000

　　　　贷：银行存款　　　　　　　　　　　　　　　　　　　　　　　23 390
　　借：原材料　　　　　　　　　　　　　　　　　　　　　　　　　173 000
　　　　贷：委托加工物资　　　　　　　　　　　　　　　　　　　　　173 000
（2）收回委托加工的应税消费品后直接出售的：
　　借：委托加工物资　　　　　　　　　　　　　　　　　　　　　　170 000
　　　　贷：原材料　　　　　　　　　　　　　　　　　　　　　　　　170 000
　　借：委托加工物资　　　　　　　　　　　　　　　　　　　　　　 23 000
　　　　应交税费——应交增值税（进项税额）　　　　　　　　　　　　 390
　　　　贷：银行存款　　　　　　　　　　　　　　　　　　　　　　　23 390
　　借：原材料　　　　　　　　　　　　　　　　　　　　　　　　　193 000
　　　　贷：委托加工物资　　　　　　　　　　　　　　　　　　　　　193 000

三、城市维护建设税及教育费附加

（一）城市维护建设税

　　城市维护建设税又称城建税，是我国为了加强城市的维护建设，扩大和稳定城市维护建设资金的来源，以纳税人实际缴纳的增值税、消费税税额为计税依据依法计征的一种税。企业按规定计算应交城市维护建设税时，借记"税金及附加"科目，贷记"应交税费——应交城市维护建设税"科目。企业实际缴纳城市维护建设税时，借记"应交税费——应交城市维护建设税"科目，贷记"银行存款"科目。

（二）教育费附加

　　教育费附加是以各单位或个人本期实际缴纳的增值税和消费税额为计税依据计算的本期应交教育费附加的金额。企业按规定计算应交教育费附加时，借记"税金及附加"科目，贷记"应交税费——应交教育费附加"科目；实际缴纳教育费附加时，借记"应交税费——应交教育费附加"科目，贷记"银行存款"科目。

思政小贴士

　　缩小贫富差距，促进共同富裕：将应交税费这部分内容与共同富裕相结合，强调按照国家相关规定履行纳税义务，并且要根据经营所得依法缴纳相应的税费，让学生意识到税收取之于民、用之于民，意识到税收在缩小贫富差距、促进共同富裕中的作用，激发学生的爱国情怀，树立社会责任感。

思 考 题

　　1.流动负债具有什么样的特征？具体包括哪些内容？

2. 商业承兑汇票和银行承兑汇票有什么区别？在账务处理时应注意哪些问题？
3. 职工薪酬在实务中应如何进行确认与计量？
4. 应交税费主要包括哪些项目？分别举例说明其账务处理方法。

练 习 题

1. 甲公司某年发生如下经济业务。

（1）4月2日，购入A材料，价款为400 000元，增值税额为52 000元，付款条件为"2/10、n/30"。

（2）4月27日，购入B材料，价款为100 000元，增值税额为13 000元，付款条件为"1/10、n/30"。

（3）5月3日，用银行存款支付购入A材料的款项。

（4）5月5日，用银行存款支付购入B材料的款项。

要求：请采用总价法对上述业务进行相关的账务处理。

2. 乙企业某月购入一批原材料，不含税价款为800 000元，增值税额为104 400元；当年累计销售产品的不含税金额为820 000元，增值税额为106 600元；甲企业月初尚有未抵扣的增值税进项税额47 000元，当月共缴纳了增值税26 000元。

要求：请对上述增值税业务进行相关的账务处理。

案例分析

频频涉诉的亿利洁能

即测即练

第十章 非流动负债

学习目标与要求

本章主要讲解非流动负债的核算以及借款费用资本化。要求熟悉非流动负债的特点、性质和分类;掌握长期借款、应付债券和借款费用资本化的账务处理;理解借款费用会计处理的相关问题。

引导案例

从 2015 年 3 月开始,九好集团通过外部借款购买理财产品或定期存单,于借款当日或次日通过将理财产品或定期存单为借款方关联公司质押担保,并通过承兑汇票贴现的方式将资金归还借款方,从而在账面形成并持续维持 3 亿元银行存款的假象。2015 年 12 月其合并资产负债表显示,2015 年年末货币资金额为 5.3 亿元,经查证,九好集团为掩饰虚构的 3 亿元银行存款而借款 3 亿元并进行存单质押,其借款和质押行为未对外披露。

资料来源:http://www.csrc.gov.cn/csrc/c101928/c1042712/content.shtml。

请思考:

在上述案例中,九好集团的非流动负债充当了什么角色?这种方式可取吗?对正常运行的企业而言,在处理非流动负债业务时应关注哪些问题?

第一节 长期借款

非流动负债是除流动负债以外的负债,通常指偿还期在 1 年以上的债务。与流动负债相比,非流动负债具有偿还期限较长、债务金额较大的特点。因此,非流动负债一般是需要计算并支付利息的。利息的计算一般有单利和复利两种方法。从理论上讲,非流动负债应考虑货币的时间价值,按照其未来现金流出量的现值计量。非流动负债计量过程中常用到现值、终值、年金的概念。现值是现在付款或收款的金额;终值是未来某个时间付款或收款的金额;年金指在若干期内每期等额付款或收款的金额。常见的年金形式是普通年金,指每期期末等额付款或收款。

常用的非流动负债主要有长期借款、应付债券、长期应付款等。

长期借款指企业向银行或其他金融机构借入的偿还期在 1 年以上的各种借款。在取得长期借款后,企业通常会采用一次到期还本付息的方式支付利息,因此,企业应设置"长期借款"账户反映长期借款的增减变动情况以及利息的确认和支付等业务。当取得长期借款时贷记"长期借款"科目,偿还长期借款时计入科目的借方。长期借款的利息,应根据借款的具体用途和情形,确定应予费用化还是资本化处理,分别计入"财务费用"或"在建工程"等科目。

【例 10-1】由于资金周转困难,甲企业于 20×1 年年初从银行取得 3 年期借款 2 000 000 元,年利率 10%,款项已经存入银行。该公司与银行达成协议,采用复利方式每年计提利息并在到期时一次还本付息的方式。由于该笔资金用于企业的运营周转,因此每期确认的利息费用计入财务费用。

(1)取得借款时,其账务处理如下:

借:银行存款　　　　　　　　　　　　　　　　　　　　　2 000 000
　　贷:长期借款——本金　　　　　　　　　　　　　　　　　　2 000 000

(2)第 1 年年末计算利息时:

第 1 年的应计利息 = 2 000 000×10% = 200 000(元)

其账务处理如下:

借:财务费用　　　　　　　　　　　　　　　　　　　　　　200 000
　　贷:长期借款——利息　　　　　　　　　　　　　　　　　　200 000

(3)第 2 年年末计算利息时:

第 2 年的应计利息 = (2 000 000+200 000)×10% = 220 000(元)

其账务处理如下:

借:财务费用　　　　　　　　　　　　　　　　　　　　　　220 000
　　贷:长期借款——利息　　　　　　　　　　　　　　　　　　220 000

(4)第 3 年年末计算利息时:

第 3 年的应计利息 = (2 200 000+220 000)×10% = 242 000(元)

其账务处理如下:

借:财务费用　　　　　　　　　　　　　　　　　　　　　　242 000
　　贷:长期借款——利息　　　　　　　　　　　　　　　　　　242 000

(5)到期还本付息时:

应支付的利息共计 = 200 000+220 000+242 000 = 662 000(元)

本金利息共计 = 2 000 000+662 000 = 2 662 000(元)

其账务处理如下:

借:长期借款——本金　　　　　　　　　　　　　　　　　2 000 000
　　　　　　——利息　　　　　　　　　　　　　　　　　　662 000
　　贷:银行存款　　　　　　　　　　　　　　　　　　　　2 662 000

第二节 应付债券

一、债券的含义及性质

债券是企业依照法定程序发行,约定在一定期限内还本付息的有价证券。作为企业长期筹资的主要方式,债券的发行要严格规定债券的票面金额、票面利率、偿还期限及利息支付方式等。债券可根据支付利息和本金的方式、是否可以转换为企业发行的股票、有无担保及是否记名等进行分类。按照支付利息和本金的方式,将其分为分期付息到期还本债券和一次性还本付息债券;按照是否可以转换为企业发行的股票,将其分为可转换债券和不可转换债券;按照有无担保,将其分为抵押债券和信用债券;按照是否记名,将其分为记名债券和不记名债券。债券种类不同,会计处理方式也不一样。

二、债券发行价格的确定

债券的发行价格是发行企业在发行债券时向债券投资者收取的全部现金或现金等价物。债券的发行价格受到企业内外部多重因素的影响。内部影响因素包括:债券面值、期限、票面利率、利息支付方式、企业信用状况、资本结构等,外部影响因素包括资本市场上的供求关系和利率水平。

企业发行债券后,债券发行企业应承担的未来付款义务有:按照面值偿还债券的本金,并按照约定方式支付面值与票面利率计算的债券利息。在债券发行时,发行企业与债券投资者双方都认可的利率就是该类债券的市场利率。如果发行时债券的市场利率是已知的,那么这种债券的发行价格就等于到期偿还的债券面值按照债券发行时的市场利率计算的现值与债券票面利息按债券发行时的市场利率折算的现值之和。如果发行时价格是确定的,那么这种债券的市场利率就是使发行企业的未来应偿还金额的现值之和等于债券发行价格的利率。

通常情况下,债券的发行价格是由发行时的市场利率决定的。因此在其他条件不变的情况下,如果债券票面利率高于市场利率,则债券溢价发行,溢价部分作为发行企业以后各期因多付利息而事先得到的补偿;如果票面利率等于同期的市场利率,则债券平价发行,即按照票面价格发行;如果票面利率低于市场利率,则债券应按照低于面值的价格发行,即折价发行,这是企业因将来按票面利率计算比按市场利率计算少付利息而提前给投资者的补偿。

与债券发行价格相关的另一个利率就是实际利率,实际利率指将债券在预期的存续期内的未来现金流量折算为债券当前账面价值所使用的折现率。实际利率和市场利率的关系取决于与债券发行直接相关的交易费用的账务处理方法。第一种方法是交易费用不计入债券的初始确认金额,而是一次性全部计入当期损益或相关的资产成本,此时债券发行的实际利率等于市场利率。第二种方法是交易费用计入债券的初始确认金额,即减少债券的账面价值。此时,债券发行时的实际利率会大于市场利率,即债券的入账金额等于债券的发行价格减去交易费用。对于不以公允价值计量且变动计入当期损益的应付债券,我国现行的会计准则规定应按照第二种方法进行账务处理。这种方法下，企业需要将债券的溢价、折价和交易费用综合在一起考虑，由此引出了利息调整的概念，即用债券面值减去发行价格与交易费用之差。

$$利息调整 = 面值 -（发行价格 - 交易费用）$$
$$=（面值 - 发行价格）+ 交易费用$$

上述计算的利息调整如果为正，则为利息调整借差；如果为负，则为利息调整贷差。

三、债券发行的账务处理

企业应设置"应付债券"账户，以及"面值""利息调整"和"应计利息"三个明细账户。

企业在付息日发行债券时，无论是按照面值发行还是折价或溢价发行，都按照实际收到的款项借记"银行存款"或"库存现金"科目，按照债券的票面价值贷记"应付债券——面值"科目，企业实际收到的款项与面值的差额，借记或贷记"应付债券——利息调整"科目。

企业在两个付息日之间发行债券时，实际收到的价款中包含有自上个付息日至发行日之间的利息，如果是分期付息债券，则将其作为短期负债处理，计入"应付利息"科目；如果是到期一次付息债券，则将其计入债券的初始计量金额，即计入"应付债券——应计利息"科目。

【例10-2】甲企业于20×1年12月31日发行一次还本、分期付息的公司债券，面值3 000 000元，票面利率为年利率6%，期限为5年，利息在每年12月31日支付。假设债券发行时市场利率为5%，发行过程中发生的交易费用为12 000元，已从收到的款项中扣除。

债券的发行价格 = 3 000 000 ×（P/F, 5%, 5）+ 3 000 000 × 6% ×（P/A, 5%, 5）
　　　　　　　 = 3 000 000 × 0.7835 + 3 000 000 × 6% × 4.3295
　　　　　　　 = 3 129 810（元）

债券的入账金额 = 3 129 810 - 12 000 = 3 117 810（元）

利息调整 = 3 117 810 - 3 000 000 = 117 810（元）

账务处理如下：

借：银行存款　　　　　　　　　　　　　　　　　　　　　　　　3 117 810
　　贷：应付债券——面值　　　　　　　　　　　　　　　　　　3 000 000
　　　　　　——利息调整　　　　　　　　　　　　　　　　　　　117 810

【例10-3】沿用例10-2的资料，其他条件不变，假设甲企业的票面利率为4%。

债券的发行价格 = 3 000 000 ×（P/F, 5%, 5）+ 3 000 000 × 4% ×（P/A, 5%, 5）
　　　　　　　 = 3 000 000 × 0.7835 + 3 000 000 × 4% × 4.3295
　　　　　　　 = 2 870 040（元）

债券的入账金额 = 2 870 040 - 12 000 = 2 858 040（元）

利息调整 = 3 000 000 - 2 858 040 = 141 960（元）

账务处理如下：

借：银行存款　　　　　　　　　　　　　　　　　　　　　　　　2 858 040

　　　　应付债券——利息调整　　　　　　　　　　　　　　141 960
　　　　贷：应付债券——面值　　　　　　　　　　　　　　3 000 000

四、债券的摊余成本和利息费用的确定

　　企业通常按照摊余成本对应付债券进行后续计量。应付债券的摊余成本，是用债券的初始确认金额减去已经偿还的本金，再加上或扣减掉按照实际利率法将初始确认金额与债券到期日金额之间的差额予以摊销后形成的累计金额，是对利息费用的一个调整和确认过程。

　　我国企业会计准则规定，对应付债券的后续计量应采用实际利率法确定摊余成本。实际利率是使得发行债券的名义未来现金流量的现值等于该债券的初始入账金额的折现率。在这一方法下，首先用企业期初债券的账面价值乘以发行时的实际利率，计算确定当期应确认的利息费用；其次将应确认的利息费用与当期的票面利息相比较，两者的差额就是当期应予以摊销的利息调整额。通常情况下，利息调整贷差摊销额等于当期的票面利息减去实际承担的利息费用，利息调整借差摊销额等于当期确认的利息费用减去票面利息。

　　企业应在债券存续期内按期计提利息费用并摊销利息调整的金额。企业按实际利息借记"财务费用"或"在建工程"科目，按票面面值和票面利率计算的票面利息贷记"应付债券——应计利息"（到期一次付息）或"应付利息"（分期付息）科目，按两者的差额（即利息调整的摊销额）借记或贷记"应付债券——利息调整"科目。

　　【例10-4】甲企业于20×1年1月1日以5 556 984元的价格发行一次还本、分期付息的公司债券，面值6 000 000元，票面利率为年利率8%，期限为5年，利息在每年12月31日支付。发行债券发生交易费用12 000元，从发行价格中扣除。假设债券发行所得用于经营周转，发行时实际利率为10%。

　　　　应付债券的初始入账金额 =5 556 984-12 000= 5 544 984（元）
　　采用实际利率法计算的利息调整摊销表如表10-1所示。

表10-1　甲企业利息调整摊销表（分期付息）　　　　　　　　　　单位：元

日　期	票面利息	利息费用	利息调整借差摊销额	利息调整余额	摊余成本
	（1）= 面值 ×8%	（2）= 期初 （5）×10%	（3）=（2）-（1）	（4）= 期初 （4）-（3）	（5）= 期初 （5）+（3）
20×1.01.01				455 016	5 544 984
20×1.12.31	480 000	554 498.40	74 498.40	380 517.60	5 619 482.40
20×2.12.31	480 000	561 948.24	81 948.24	298 569.36	5 701 430.64
20×3.12.31	480 000	570 143.06	90 143.06	208 426.30	5 791 573.70
20×4.12.31	480 000	579 157.37	99 157.37	109 268.93	5 890 731.07
20×5.12.31	480 000	589 268.93*	109 268.93	0	6 000 000

注：*含尾数调整。

　　甲企业账务处理如下：

（1）20×1年1月1日发行债券时：

借：银行存款　　　　　　　　　　　　　　　　　　　　　　5 544 984
　　应付债券——利息调整　　　　　　　　　　　　　　　　　455 016
　　　贷：应付债券——面值　　　　　　　　　　　　　　　　　　　6 000 000

（2）20×1年12月31日计算并支付利息时：

借：财务费用　　　　　　　　　　　　　　　　　　　　　　554 498.40
　　　贷：应付利息　　　　　　　　　　　　　　　　　　　　　　　480 000
　　　　　应付债券——利息调整　　　　　　　　　　　　　　　　　74 498.40

借：应付利息　　　　　　　　　　　　　　　　　　　　　　480 000
　　　贷：银行存款　　　　　　　　　　　　　　　　　　　　　　　480 000

第2期~第4期的利息费用账务处理方式同上。

（3）20×5年12月31日一次性支付本金和最后一期的利息时：

借：财务费用　　　　　　　　　　　　　　　　　　　　　　589 268.93
　　应付债券——面值　　　　　　　　　　　　　　　　　　6 000 000
　　　贷：银行存款　　　　　　　　　　　　　　　　　　　　　　　6 480 000
　　　　　应付债券——利息调整　　　　　　　　　　　　　　　　　109 268.93

【例10-5】甲企业于20×1年1月1日以6 793 160元的价格发行一次还本、分期付息的公司债券，面值6 000 000元，票面利率为年利率8%，期限为5年，利息在每年12月31日支付。发行债券发生交易费用14 000元，从发行价格中扣除。假设债券发行所得用于经营周转，发行时实际利率为5%。

　　应付债券的初始入账金额=6 793 160-14 000= 6 779 160（元）

采用实际利率法计算的利息调整摊销表如表10-2所示。

表10-2　甲企业利息调整摊销表（分期付息）　　　　　　　　　　单位：元

日　期	票面利息 （1）=面值×8%	利息费用 （2）=摊余成本（5）×5%	利息调整 贷差摊销额 （3）=（1）-（2）	利息调整 余额 （4）=期初（4）-（3）	摊余成本 （5）=期初（5）-（3）
20×1.01.01				779 160	6 779 160
20×1.12.31	480 000	338 958	141 042	638 118	6 638 118
20×2.12.31	480 000	331 905.90	148 094.10	490 023.90	6 490 023.90
20×3.12.31	480 000	324 501.20	155 498.80	334 525.10	6 334 525.10
20×4.12.31	480 000	316 726.26	163 273.74	171 251.36	6 171 251.36
20×5.12.31	480 000	308 748.64*	171 251.36	0	6 000 000

注：*含尾数调整。

甲企业账务处理如下：

（1）20×1年1月1日发行债券时：

借：银行存款　　　　　　　　　　　　　　　　　　　　　　6 779 160

　　　　贷：应付债券——面值　　　　　　　　　　　　　　　　　6 000 000
　　　　　　　　　　——利息调整　　　　　　　　　　　　　　　　779 160

（2）20×1年12月31日计算并支付利息时：
　　借：财务费用　　　　　　　　　　　　　　　　　　　　　　　338 958
　　　　应付债券——利息调整　　　　　　　　　　　　　　　　　141 042
　　　　贷：应付利息　　　　　　　　　　　　　　　　　　　　　480 000
　　借：应付利息　　　　　　　　　　　　　　　　　　　　　　　480 000
　　　　贷：银行存款　　　　　　　　　　　　　　　　　　　　　480 000

第2期至第4期的利息费用账务处理方式同上。

（3）20×5年12月31日一次性支付本金和最后一期的利息时：
　　借：财务费用　　　　　　　　　　　　　　　　　　　　　　308 748.64
　　　　应付债券——面值　　　　　　　　　　　　　　　　　　6 000 000
　　　　　　　　　　——利息调整　　　　　　　　　　　　　　171 251.36
　　　　贷：银行存款　　　　　　　　　　　　　　　　　　　　6 480 000

【例10-6】 甲企业于20×1年1月1日以6 595 000元的价格发行到期一次还本付息的公司债券，面值6 000 000元，票面利率为年利率8%，期限为5年，利息在每年12月31日支付。发行债券发生交易费用15 000元，从发行价格中扣除。假设债券发行所得用于经营周转，发行时实际利率为5%。

　　应付债券的初始入账金额 = 6 595 000 - 15 000 = 6 580 000（元）

采用实际利率法计算的利息调整摊销表如表10-3所示。

表10-3　甲企业利息调整摊销表（一次还本付息）　　　　　　　　　　　　单位：元

日期	票面利息	利息费用	利息调整贷差摊销额	利息调整余额	摊余成本
	(1)=面值×8%	(2)=摊余成本(5)×5%	(3)=(1)-(2)	(4)=期初(4)-(3)	(5)=期初(5)+(2)或期初(5)+(1)-(3)
20×1.01.01				580 000	6 580 000
20×1.12.31	480 000	329 000	151 000	429 000	6 909 000
20×2.12.31	480 000	345 450	134 550	294 450	7 254 450
20×3.12.31	480 000	362 722.50	117 277.50	177 172.50	7 617 172.50
20×4.12.31	480 000	380 858.63	99 141.37	78 031.13	7 998 031.13
20×5.12.31	480 000	401 968.87*	78 031.13	0	8 400 000

注：*含尾数调整。

甲企业账务处理如下：

（1）20×1年1月1日发行债券时：
　　借：银行存款　　　　　　　　　　　　　　　　　　　　　　6 580 000
　　　　贷：应付债券——面值　　　　　　　　　　　　　　　　6 000 000
　　　　　　　　　　　——利息调整　　　　　　　　　　　　　　580 000

（2）20×1年12月31日计提利息费用时：

借：财务费用 329 000
　　　应付债券——利息调整 151 000
　　贷：应付债券——应计利息 480 000

第2期～第4期的利息费用账务处理方式同上：

（3）20×5年12月31日计提利息费用，并一次性支付本金和全部利息时：

借：财务费用 401 968.87
　　　应付债券——利息调整 78 031.13
　　贷：应付债券——应计利息 480 000
借：应付债券——面值 6 000 000
　　　　　　——应计利息 2 400 000
　　贷：银行存款 8 400 000

第三节　或有事项

一、或有事项的特征及分类

或有事项是指过去的交易或事项形成的不确定事项，其结果须由某些未来事项的发生或不发生才能决定的不确定事项。常见的或有事项包括未决诉讼、未决仲裁、债务担保、亏损合同、产品质量保证（含产品安全保证）、背书转让及票据贴现等。

或有事项一般具有以下三点特征。

（1）或有事项是由过去的交易或者事项形成的。作为一种客观的状况存在，或有事项是企业过去的交易或事项引起的。例如，未决诉讼是单位作为原告或者被告的未做最后判决的民事诉讼，这类诉讼是由于企业过去的经济行为或交易事项引发的，在法院未做最后判决之前，由于企业责任尚未确定，因而存在着以单位财产承担责任的可能。

（2）或有事项的结果具有不确定性。或有事项的结果具有不确定性，是指或有事项的结果是否发生具有不确定性，或或有事项的结果预计将会发生，但发生的具体时间或金额具有不确定性。例如，企业作为担保人，为其他单位或个人提供的债务连带担保，在双方签订协议时是无法判断企业最后是否需要履行连带的义务。对企业产生有利还是不利影响、连带涉及的金额及影响程度有多大等，目前尚无法完全确定。

（3）或有事项的结果须由未来事项决定。或有事项的最终结果只能由未来不确定事项的发生或不发生来证实。例如，未决诉讼或仲裁的最终结果只能根据法院的判决结果来确定；为其他单位或个人提供的债务担保要视被担保单位是否在债务到期时具备清偿债务的能力，否则企业需要承担其连带责任。

根据对或有事项的分析，以上几种不确定事项引发的结果对应三种不同的情形：预计负债、或有负债和或有资产。对于形成的或有资产事项属于企业的有利影响,在谨慎性原则下,除非有特别要求,一般情况不予以披露。与或有事项相关的义务属于企业的不利影响,通常会确认为负债或作为或有负债披露,确认为负债的或有事项就是预计负债,下面就以预计负债为重点展开介绍。

二、预计负债的确认

预计负债是基于某些或有事项引发的义务而确认的负债。按照我国现行企业会计准则的规定,与或有事项相关的义务同时满足下列条件的,应当确认为预计负债。

(1)该义务是企业承担的现时义务。现时义务指在企业当前条件下已经承担的义务,是企业确定的必须履行的义务。由于与或有事项有关的义务既可能是现时义务也可能是潜在义务,因此如果基于或有事项确认预计负债,那么它必须符合负债的定义,即是企业承担的现时义务而非潜在义务。

(2)履行该义务很可能导致经济利益流出企业。作为负债的一个重要特征,企业履行现时义务会导致经济利益的流出。由于或有事项所具有的不确定特点,因此即便企业因或有事项承担了现时义务,也未必一定会导致经济利益流出企业。例如:A 企业作为担保人,与 B 企业签订协议,为其承担 3 年的连带担保责任,这在协议签订后属于一项现时义务,但是具体的履行情况要根据 B 企业的财务状况来确定;如果 B 企业运行状况良好,现金流充足,那么 A 企业承担的这一现时义务就不可能引起经济利益的流出;反之,如果 B 企业运行状况较差,极有可能违约,那么 A 企业就极有可能代为清偿债务,从而导致经济利益流出企业。因此,企业在履行与或有事项有关的现时义务时,如果有超过 50% 的可能性会导致经济利益流出企业,那么就可以认定履行该义务很可能导致经济利益流出企业。

(3)该义务的金额能够被可靠地计量。或有事项的不确定性除了表示交易或事项的不确定性外,也意味着或有事项产生的现时义务的金额也具有不确定性。该义务的金额能够可靠地计量,是指若要确认为一项预计负债,与或有事项相关的现时义务的金额能够合理地估计。例如,A 企业涉及一项民事诉讼并极有可能败诉,那么根据以往类似的案例就可以对企业的赔偿金额估算出一个大体范围,由于企业因未决诉讼承担的现时义务的金额能够可靠计量,因此 A 企业应将这项未决诉讼确认为一项预计负债。

如果与或有事项相关的义务无法同时满足以上确认条件,例如,是企业过去的交易或者事项形成的潜在义务,或虽然是承担的现时义务但是履行该义务不太可能引起经济利益流出企业或这项义务的金额难以合理估计甚至无法可靠计量,那么就不能确认为预计负债,而应视企业具体情况,作为或有负债进行表外披露。

三、预计负债的计量

(一)预计负债的初始计量

预计负债的计量包括初始计量和后续计量两部分。对于初始计量而言,我国现行的企业会计准则规定应当按照企业履行现时义务时需要支出的最佳估计数确定。具体又分为两种情况。

第一种情况是所需支出存在一个连续范围，且该范围内各种结果发生的可能性相同，那么最佳估计数应当按照该范围内上下限金额的平均数确定。例如，甲企业因违规排放工业污水而被起诉，虽然尚未收到法院的最终判决，但是估计结果会对企业极为不利。根据法律顾问以往的经验估计，甲企业要承担的赔偿金额可能在 3 000 000~3 500 000 元之间，因此，企业应在期末的资产负债表中确认 3 250 000 元的预计负债。

第二种情况刚好相反，是企业所需支出不存在一个连续范围，或存在一个连续范围但该范围内各种结果发生的可能性不同。在这种情形下，最佳估计数应按照如下方式处理。

（1）或有事项涉及单个项目时，最佳估计数按照最可能发生的金额确定。例如，甲企业只涉及一项诉讼，根据以往类似案件的经验以及法律顾问的判断，甲企业败诉的可能性有 80%，且经过可靠估计，败诉赔偿的金额约为 2 500 000 元。对于仅有的这一项诉讼，甲企业应予以确认的负债最佳估计数即为最可能发生金额 2 500 000 元。

（2）或有事项涉及多个项目时，最佳估计数按各种可能发生的结果及其对应的概率计算确定。最为典型的就是企业对各类客户承担的产品质量保证义务。例如，甲企业的产品质量保证条款规定：产品售出后 1 年内，如发生质量问题，甲公司免费负责修理。根据以往的经验，如果出现较小的质量问题，则发生的修理费为销售收入的 1%；如果出现较大的质量问题，则发生的修理费为销售收入的 6%。根据已有经验估计，在本年度已售产品中，80% 不会发生质量问题，有 15% 将发生较小的质量问题，有 5% 将发生较大的质量问题。甲企业本年度销售收入为 8 000 000 元。因此，本年末甲企业产品质量保证的最佳估计数为 8 000 000×（15%×1% + 5%×6%）元，应确认的预计负债金额为 36 000 元。

除了对最佳估计数的确认外，与预计负债有关的计量还会涉及预期可获得补偿的处理和亏损合同。预期可获得的补偿是指企业清偿预计负债所需支出全部或部分预期由第三方或其他方补偿的金额。这一补偿金额只有在基本确定能收到时才可以作为资产单独确认，确认的补偿金额不应当超过预计负债的账面价值。例如，甲企业因侵犯乙企业专利权被起诉，法院要求甲企业赔偿 500 000 元，由于诉讼所涉及的专利技术是委托丙企业开发的，因此丙企业承担着连带赔偿责任，甲企业会从丙企业获得 300 000 元的赔偿且这笔款项基本确定能收到。在这种情况下，甲企业应分别确认 500 000 元的预计负债和 300 000 元的资产。

亏损合同是指企业履行合同义务不可避免会发生的成本超过预期经济利益的合同，如与其他单位签订的商品销售合同、租赁合同、劳务合同等都可能从待执行合同变为亏损合同。如果一项合同已经部分执行或尚未开始执行，且可预见其会转为亏损合同，且该合同产生的义务满足预计负债的确认条件，那么就应当将其确认为预计负债。企业履行该合同的成本与未能履行该合同而支付的违约金或赔偿金两者中的较低者就是预计负债的金额，即履行或终止该合同的最低净成本。对于亏损合同存在标的资产的，应当对标的资产进行减值测试并按规定确认减值损失，如果预计亏损超过该减值损失，应将超过部分确认为预计负债；亏损合同不存在标的资产的，当合同的相关义务满足预计负债确认条件时，应确认为预计负债。

（二）预计负债的后续计量

企业应当在资产负债表日对预计负债的账面价值进行复核。如果有确凿的证据表明账面价值不能真实反映当前最佳估计数的，企业应当按照当前最佳估计数与账面价值的差额做调整。

四、预计负债的账务处理

为了如实反映因或有事项确认的预计负债，企业应单独设置"预计负债"科目，并下设"未决诉讼""亏损合同""产品质量保证"等明细科目进行核算。按照规定的预计项目和金额确认的预计负债，借记"销售费用""营业外支出""管理费用"等科目，贷记"预计负债——未决诉讼""预计负债——产品质量保证"等科目。

【例10-7】20×1年8月1日，甲企业因为合同违约而被乙公司起诉，要求赔偿2 000 000元。截至12月31日，法院尚未做出最终判决。根据法律顾问的意见，甲公司败诉的可能性为80%，赔偿的金额估计在900 000~1 500 000元之间。甲企业账务处理如下：

借：营业外支出　　　　　　　　　　　　　　　　　　　　　　1 200 000
　　贷：预计负债——未决诉讼　　　　　　　　　　　　　　　　　　1 200 000

【例10-8】乙企业在20×1年9月1日销售产品5 000件，共计300 000元，承诺售出后一年内免费维修。根据以往经验判断，产品售出后大约有6%的返修率，每件产品的维修费用为200元。

预计产品维修费用 = 5 000 × 6% × 200 = 60 000（元）

乙企业账务处理如下：

借：销售费用　　　　　　　　　　　　　　　　　　　　　　　　60 000
　　贷：预计负债——产品质量保证　　　　　　　　　　　　　　　　60 000

【例10-9】20×1年10月1日，甲企业与乙企业签订了产品销售合同，约定在11月1日以每件1 080元的合同价格向乙企业提供A产品3 000件。签订合同时，估计A产品的单位成本为每件740元，同时规定若甲企业无法按期交货，须向乙企业支付未按期交货部分合同价款20%的违约金。双方签订合同时产品尚未开始生产，在甲企业准备生产产品时，原材料价格突然大幅上涨，预计生产A产品的单位成本将超过合同单价，上涨至每件1 160元。

分析：由于A产品原材料价格上涨导致其单位成本超过了合同单价，因此甲企业与乙企业签订的销售合同变为亏损合同。如果甲企业执行该合同，销售每件A产品就要亏损80元，按照销售数量计算，亏损金额总计为240 000（3 000×80）元。如果甲企业不按期交货，需要支付的违约金额为648 000（3 000×1 080×20%）元。按照合同的规定，甲企业应确认的预计负债金额应为两者中较低的金额240 000元。

（1）确认亏损合同产生的预计负债：

会计分录如下：

借：营业外支出　　　　　　　　　　　　　　　　　　　　　　　240 000

  贷：预计负债——亏损合同   240 000
 （2）生产完成后，将已确认的预计负债冲减产品成本：
  借：预计负债——亏损合同   240 000
   贷：库存商品——A产品   240 000

第四节 借款费用资本化

一、借款费用的含义及确认原则

  借款费用指企业因借款而发生的利息及其他相关成本，本质上就是企业因借入资金所付出的代价。借款费用主要包括借款利息、折价或溢价的摊销、辅助费用及因外币借款而发生的汇兑差额等内容。根据现行企业会计准则的规定，借款费用的确认应遵循以下基本原则：企业发生的借款费用，可直接归属于符合资本化条件的资产购建或者生产的，应当予以资本化，计入相关资产成本；其他借款费用，应当在发生时根据其发生额确认为费用，计入当期损益。

二、借款费用资本化的资产范围

  借款费用资本化的资产是必须符合资本化条件的资产，是指需要经过相当长时间的购建或生产活动才能达到预定可使用或者可销售状态的固定资产、投资性房地产和存货等资产。其中，"相当长时间"是指资产的购建或生产所需时间通常在1年以上。符合资本化条件的存货，主要包括企业制造的用于对外出售的船舶、大型机械设备和房地产企业开发的用于对外出售的房地产开发产品等。

三、借款费用资本化的借款范围

  借款费用资本化的借款包括专门借款和一般借款。专门借款是为购建或生产某项符合资本化条件的资产而专门借入的款项，通常有明确的用途。除专门借款之外的借款就是一般借款，这类款项在借入时通常没有特别指明为购建或生产符合资本化条件的资产。因此，能够予以资本化的借款既包括一般借款也包括专门借款。

四、借款费用资本化的条件

  借款费用资本化的前提条件是确定资本化期间。借款费用资本化期间是指从借款费用开始资本化的时点到停止资本化时点的期间，借款费用暂停资本化的期间不包括在内。

（一）开始资本化的时点

我国现行企业会计准则规定，借款费用只有同时满足以下三个条件才可以开始资本化：①资产支出已经发生；②借款费用已经发生；③为使资产达到预定可使用或可销售状态所必要的购建或者生产活动已经开始。其中，资产支出指企业为购建或生产符合资本化条件的资产时，用现金、转移非现金资产或承担带息债务的形式支付实际发生的各项支出。由于会导致企业资源的流出，因此它们应承担相应的借款费用。借款费用已经发生，是指企业为了购建或生产符合资本化条件的资产而专门借入或占用的借款费用。为使资产达到预定可使用或可销售状态所必要的购建或生产活动已经开始，是指符合资本化条件的资产实体已经开始建造或产品已经开始生产。企业必须在同时满足上述三个条件的情况下，有关借款费用才可以开始资本化。

（二）暂停资本化的期间

我国现行企业会计准则规定，符合资本化条件的资产在购建或生产过程中发生非正常中断，且中断时间连续超过3个月的，应当暂停借款费用的资本化。在中断期间发生的借款费用应确认为费用，计入当期损益，直至资产的购建或生产活动重新开始。如果中断是使所购建或生产的符合资本化条件的资产达到预定可使用或可销售状态必要的程序，那么所发生的借款费用应当继续资本化。

非正常中断是指由于企业管理决策上的原因，或其他不可预见的原因等所导致的中断，包括发生安全事故、与施工方发生的质量或劳务纠纷、因资金周转困难导致工程材料无法及时供应等。例如，某企业于20×1年4月1日利用专门借款兴建一栋厂房，并具备了开工之日起予以资本化的条件，工程预计年底完工，但是在当年7月1日，因在施工过程中由于工程结构问题与施工方发生了质量纠纷，导致工程中断，直到9月1日才恢复正常，该中断就属于非正常中断。因此，这笔专门借款在7月1日到9月1日间所发生的借款费用就不应予以资本化，而应作为财务费用计入当期损益。与非正常中断不同，为了使所购建或生产符合资本化条件的资产达到预定可使用或可销售状态所必要的程序，或由于可预见的不可抗力因素导致的中断则属于正常中断。例如，某企业在南方地区建造工程期间，遇上连续暴雨导致工程无法继续进行，只能等到汛期结束后再施工。由于该地区在这一季节刚好处于汛期，属于事先可预见的不可抗力因素导致的正常施工中断，因此在正常中断期间所发生的借款费用应继续进行资本化。

（三）停止资本化的时点

当购建或生产符合资本化条件的资产达到预定可使用或可销售状态时，应当停止借款费用的资本化。由于在符合资本化条件的资产达到预定可使用或可销售状态之后，其发生的借款费用都计入当期损益，因此对于企业而言，确定停止资本化的时点非常重要。其中，"达到预定可使用或者可销售状态"可以从以下几个方面加以判断。

（1）符合资本化条件的资产的实体建造（包括安装）或生产工作已经全部完成或实质上已经完成。

（2）所购建或生产的符合资本化条件的资产与设计要求、合同规定、生产要求相符或基本相符，即使有极个别与设计要求、合同规定、生产要求不相符的地方，也不会影响其正常使用或销售。

（3）继续发生在所购建或生产的符合资本化条件的资产上的支出金额很少或几乎不再发生。

只要符合以上任意一个条件，就可以认为购建或者生产符合资本化条件的资产达到了预定可使用或者可销售的状态。

对于分别购建或生产、分别完工的资产，企业应区别以下不同情况界定停止资本化的时点：①所购建或生产的符合资本化条件的资产各部分分别完工，任何一部分在其他部分继续建造期间可供使用或可对外销售，且为使该部分资产达到预定可使用或可销售状态所必要的购建或生产活动实质上已经完成的，应当停止与该部分资产相关的借款费用的资本化；②所购建或生产的符合资本化条件的资产各部分分别完工，但是任何一个部分都必须在符合资本化条件的资产总体完成后才能投入使用或者对外销售的，应在该资产整体完工时才停止借款费用的资本化，在这种情况下，即使资产的各部分已经分别完工，已经完工部分的借款费用仍应继续资本化。

五、借款费用的计量

借款费用计量的关键是确定每期应予以资本化的借款费用金额。不能资本化的借款费用应当计入当期损益。下面，根据借款利息（含溢价或折价摊销）、汇兑差额和辅助费用在资本化确认条件方面的不同，分别予以说明。

（一）专门借款利息资本化金额的确定

在确定专门借款利息（含溢价或折价摊销）资本化金额时，应当以专门借款当期实际的利息费用，减去尚未动用的借款资金存入银行获得的利息收入或进行暂时性投资取得的投资收益后的净值作为资本化的利息金额。其公式如下：

专门借款利息资本化金额 = 资本化期间的实际的利息费用 - 资本化期间的存款利息收入或投资收益

【例10-10】20×1年7月1日，甲企业从银行取得5年期借款10 000 000元用于生产线的购建，年利率为6%，借入款项存入银行，按单利计算且到期一次还本付息。工程于20×1年年底达到预定可使用状态。20×1年10月1日，用银行存款支付工程价款6 000 000元并开始建造，该项专门借款在20×1年第三季度的利息收入为100 000元，第四季度的利息收入为40 000元。甲企业确认20×1年借款费用资本化的金额如下：

分析：该项专门借款资本化时点为20×1年10月1日，资本化期间为20×1年10月1日至20×1年年底，因此20×1年借款费用的资本化金额为110 000（10 000 000 × 6% × 3 ÷ 12 - 40 000）元。

（二）一般借款利息资本化金额的确定

在资本化期间内，企业为购建或生产符合资本化条件的资产而占用了一般借款的，应当根据累计资产支出超过专门借款部分的资产支出的加权平均数乘以所占用一般借款的资本化率，计算确定一般借款应予资本化的利息金额。所占用的一般借款的资本化率应该根据一般借款的加权平均利率确定。

资本化期间是指从借款费用开始资本化时点到停止资本化时点的期间，借款费用暂停资本化的期间不包括在内。其金额的计算公式如下：

一般借款利息费用资本化金额 = 累计资产支出超过专门借款部分的资产支出加权平均数 × 所占用一般借款的资本化率

其中：

所占用一般借款加权平均利率 = 所占用一般借款当期实际发生的利息之和 ÷ 所占用一般借款本金加权平均数

所占用一般借款本金加权平均数 = Σ（所占用每笔一般借款本金 × 每笔一般借款在当期所占用的天数 ÷ 会计期间涵盖的天数）

【例10-11】甲企业为建造厂房于20×9年产生了借款及支付工程款业务，有关资料如下：①1月1日，从银行取得专门借款14 000 000元，并于同日向施工方支付工程进度款10 000 000元，工程采用出包方式，工期预计为1年，借款期限为3年，年利率为6%，按年支付利息；②7月1日，取得专门借款22 000 000元，借款期限为5年，年利率为8%，利息按年支付，并于同日向施工方支付工程进度款28 000 000元；③10月1日，向施工方支付工程进度款10 000 000元，厂房于同年12月31日完工，达到预定可使用状态；④企业将闲置的专门借款资金全部用于固定收益债券短期投资，该短期投资月收益率为0.4%，投资收益尚未收到；⑤在建造厂房过程中，甲企业使用了两笔一般借款：20×8年4月1日发行期限为5年、年利率为8%的公司债券40 000 000元，利息按年支付。20×8年6月1日向银行取得长期借款30 000 000元，借入期限6年，年利率为10%，利息按年支付。

分析：甲企业在建造厂房期间，既借入了专门借款，又借入了一般借款，因此应先计算专门借款的利息资本化金额，然后再计算占用的一般借款的利息资本化金额。资本化期间为20×9年1月1日至20×9年12月31日。

首先，专门借款的利息资本化金额计算如下：

专门借款20×9年应付利息 = 14 000 000 × 6% + 22 000 000 × 8% × 6 ÷ 12 = 1 720 000（元）

专门借款闲置期间的投资收益 = 4 000 000 × 0.4% × 6 = 96 000（元）

专门借款利息资本化的金额 = 1 720 000 - 96 000 = 1 624 000（元）

其次，一般借款的利息资本化金额计算如下：

一般借款20×9年应付利息 = 40 000 000 × 8% + 30 000 000 × 10% = 6 200 000（元）

累计资产支出超过专门借款部分的资产支出 =（10 000 000 + 28 000 000 + 20 000 000）-

（10 000 000+26 000 000）= 58 000 000−36 000 000 = 22 000 000（元）

占用一般借款部分的资产支出加权平均数 = 2 000 000×6÷12+10 000 000×3÷12 = 3 500 000（元）

一般借款资本化率 =（40 000 000×8%+30 000 000×10%）÷（40 000 000+30 000 000）≈ 8.86%

一般借款利息资本化金额 = 3 500 000×8.86% = 310 100（元）

最后，20×9 年借款的利息资本化金额 = 1 624 000+310 100 = 1 934 100（元）

应付利息总额 = 1 720 000+6 200 000 = 7 920 000（元）

20×9 年年末，甲企业的账务处理如下：

借：在建工程　　　　　　　　　　　　　　　　　　　　1 934 100
　　财务费用　　　　　　　　　　　　　　　　　　　　5 889 900
　　应收利息　　　　　　　　　　　　　　　　　　　　　 96 000
　贷：应付利息　　　　　　　　　　　　　　　　　　　7 920 000

（三）汇兑差额和辅助费用资本化金额的确定

按照我国现行企业会计准则的规定，企业为购建或者生产符合资本化条件的资产而借入外币专门借款时，在符合资本化的期间内，外币专门借款本金及其利息的汇兑差额应当予以资本化，计入符合资本化条件的资产成本。除外币专门借款之外的其他外币借款本金及其利息所产生的汇兑差额应当作为财务费用，计入企业的当期损益。类似地，对于专门借款或一般借款发生的辅助费用，在所购建或生产的符合资本化条件的资产资本化期间内发生的应予以资本化。

思政小贴士

诚信为本：乐视网因直接占用、违规担保及自身巨额债务引发的债务违约导致了最终的退市。债务违约与企业诚信有关，诚信更关乎国民素质和一个国家、一个民族的形象。习近平总书记曾就诚信做过多次重要的论述，引导学生要践约守信，诚实做人。

思 考 题

1. 非流动负债和流动负债的区别是什么？
2. 应付债券的发行价格如何确定？其溢折价如何摊销？实际利率法下溢折价摊销的规律是什么？
3. 长期应付款核算哪些内容？
4. 什么是或有事项？或有事项有哪些特征？
5. 分别说明借款费用开始资本化、暂停资本化、停止资本化的条件。

练习题

1. 甲公司在 20×9 年 1 月 1 日发行 4 年期面值总额为 2 000 000 元的公司债券，债券票面年利率为 10%，到期一次还本付息，扣除发行费用后实际取得货币资金 2 100 000 元。请对上述债券发行全过程进行相关的账务处理。

2. 乙公司在 20×1 年 1 月 1 日从银行借入 1 000 000 元，借款期限为 2 年，年利率为 6%，每年支付一次利息。这一过程中支付财务鉴证费用 200 000 元。假设 20×1 年发生的利息费用可以资本化，20×0 年发生的利息费用应费用化，实际利率为 7.12%。请对上述业务进行相关的账务处理。

案例分析
负债"压力山大"的牧原股份

即测即练

第十一章 所有者权益

学习目标与要求

本章主要讲解所有者权益各具体组成部分的核算。通过本章学习，希望读者了解所有者权益的分类及构成；掌握实收资本、资本公积的核算；理解其他权益工具的核算和注册资本的主要法律规定；掌握其他综合收益的核算、库存股的核算和留存收益业务的账务处理。

引导案例

股东权益价值有不同的表现。某制药厂在出售股权前一年的营业收入为 85 000 000 元，净利润为 36 000 000 元。公司净资产账面价值为 1.4 亿元，买方委托的资产评估师按照成本法评估的金额为 1.8 亿元，按照收益法评估的金额为 3.2 亿元，但是最终市场交易价格为 3.8 亿元。为什么会有这么多不同的价值，而且存在巨大的差异？我们应如何看待股东权益价值呢？

第一节 所有者权益的含义及构成

一、所有者权益的含义

我国《企业会计准则——基本准则》规定，"所有者权益指企业资产扣除负债后由所有者享有的剩余权益。因此，所有者权益就是所有者对企业净资产的要求权，用等式表示为：资产－负债＝所有者权益。

作为企业的资金来源，虽然所有者权益和负债都是所有者和债权人对企业资产的要求权，但是两者有很大的不同，主要区别在于以下几项。

（1）权利不同。债权人没有经营决策的参与权和收益分配权，但是享有到期收回本金和利息的权利；所有者享有参与企业收益分配和经营管理等多项权利。

（2）性质不同。企业对债权人所负有的经济责任形成负债，在清算时债权人具有优先受偿权；所有者权益是企业所有者对剩余资产的要求权，结算时顺序位于债权人之后。

（3）偿还期限不同。在企业持续经营的状态下，负债通常有事先约定的偿还日期；所有者权益作为一项可以长期使用的资金，一般不存在抽回的问题，即不存在约定的偿还日期，只有在企业清算时才予以退还。

（4）计量方法不同。企业的负债金额要按照规定的方法单独计量；所有者权益作为一项净资产，其价值取决于企业资产和负债的计量结果，无须单独计量。

（5）风险不同。债权人获取的利息一般是按照一定利率计算且预先可以确定的固定金额，无论企业盈余与否都要按期付息，风险相对较小；所有者获得收益的情况需视企业的经营状况和盈利水平，数额难以预先确定，风险较大。

二、所有者权益的构成

企业有不同的组织形式，一般包括独资企业、合伙制企业和公司制企业。公司制企业一般又分为有限责任公司和股份有限公司。其中：独资企业和合伙企业不是独立的法律主体，也不是纳税主体；公司制企业是法律主体，公司以其全部资产对公司的债务承担有限责任。不同组织形式的企业，其所有者权益的组成内容也存在较大差异。本章内容主要讲解公司制企业所有者权益的核算。

根据我国现行企业会计准则的规定，所有者权益的来源包括所有者投入的资本、直接计入所有者权益的利得和损失、留存收益等。具体而言，所有者权益由实收资本（或股本）、资本公积、其他权益工具、其他综合收益和留存收益（盈余公积和未分配利润）构成。

（1）实收资本。实收资本是指企业实际收到的投资人在注册资本范围内投入的资本，是企业注册登记的法定资本总额的来源，它表明所有者对企业的基本产权关系。注册资本指企业在设立时向工商行政管理部门登记的资本总额，也是全部出资者设定的出资额之和。实收资本按投资主体可分为国家资本、集体资本、法人资本、个人资本、港澳台资本和外商资本等。

（2）资本公积。资本公积是指企业收到投资者出资额超过其在注册资本（或股本）中所占份额的部分，以及某些特定情况下直接计入所有者权益的项目。资本公积包括资本溢价（或股本溢价）和其他资本公积。资本溢价是指投资者缴付的出资额大于其在企业注册资本中所占份额的数额。股本溢价是指股份有限公司溢价发行股票时实际收到的款项超过股票面值总额的数额。

（3）其他权益工具。其他权益工具是指企业发行的除普通股以外的归类为权益工具的各种金融工具，包括可归类为权益工具的优先股、永续债（如长期限含权中期票据）、认股权、可转换公司债券等金融工具。

（4）其他综合收益。其他综合收益是指企业根据其他会计准则规定未在当期损益中确认但归所有者共有的各项利得和损失，主要包括其他债权投资和其他权益工具投资的公允价值变动、权益法下被投资企业其他综合收益调整、债权投资重分类为其他债权投资公允价值变动等形成的利得或损失。

（5）留存收益。留存收益是指企业从历年实现的利润中提取或形成的留存于企业的内部积累，包括盈余公积和未分配利润两类。盈余公积是指企业按照有关规定从净利润中提取的积累资金，盈余公积包括法定盈余公积和任意盈余公积。

第二节　实收资本与其他权益工具

一、实收资本

（一）有限责任公司的实收资本

有限责任公司的注册资本为在公司登记机关登记的全体股东认缴的出资额。股东应当按期足额缴纳公司章程中规定的各自认缴出资额。除法律及行政法规不允许作为出资的财产外，投资者投入资本的形式可以有多种，包括货币投资、实物资产投资、无形资产投资及股权投资等。以货币形式出资的，应当将货币出资足额存入公司在银行开设的账户；以非货币财产出资的，则需要依法办理财产权的转移手续，一般应以评估价值（含增值税）作为其投资额。

企业接受股东或国家投入的资本，应通过"实收资本"账户进行核算。接受货币资产投资的，企业应根据实际收到或存入企业开户银行的金额，借记"库存现金""银行存款"科目；接受实物资产投资的，借记"固定资产""在建工程""原材料"等科目；接受无形资产投资的，借记"无形资产"科目；当企业接受股东或国家的股权投资时，以其投资额为股权的评估价值，借记"长期股权投资""交易性金融资产""其他权益工具投资"等科目，贷记"实收资本"科目。

【例 11-1】 甲企业接受某股东投入机器设备一台，该设备需要安装，发票中注明的不含税评估价值为 600 000 元，适用的增值税税率 13%，甲企业已用银行存款支付运杂费 1 500 元，运输费增值税税率为 9%。在安装过程中，甲企业支付安装费 7 000 元，暂不考虑增值税。

分析： 企业接受机器设备这类的投资，如果可以直接投入使用的，入账价值即为不含税的评估价值，借记"固定资产"科目，根据计算的增值税，借记"应交税费——应交增值税（进项税额）"，根据评估的全部价值贷记"实收资本"科目。如果是需要安装才可以投入使用的设备，入账价值为不含税的评估价值加上为达到可使用状态投入的安装费，根据不含税的评估价值和安装费，借记"在建工程"科目，根据计算的增值税税额，借记"应交税费——应交增值税（进项税额）"科目，按照含税的评估价值贷记"实收资本"科目，并根据支付的安装费，贷记"银行存款"等科目。等工程完工，设备达到可使用状态时，借记"固定资产"科目，贷记"在建工程"科目。

（1）收到投入的机器设备：

在建工程的入账价值 = 600 000+1 500 = 601 500（元）

应交增值税入账价值 = 600 000×13%+1 500×9% = 78 135（元）

会计分录如下：

借：在建工程　　　　　　　　　　　　　　　　　　　　　　601 500
　　应交税费——应交增值税（进项税额）　　　　　　　　　　78 135
　　贷：实收资本　　　　　　　　　　　　　　　　　　　　　678 000
　　　　银行存款　　　　　　　　　　　　　　　　　　　　　　1 635

（2）支付安装费，会计分录如下：

借：在建工程　　　　　　　　　　　　　　　　　　　　　　　7 000
　　贷：银行存款　　　　　　　　　　　　　　　　　　　　　　7 000

（3）设备完工投入使用：

固定资产入账价值 = 601 500+7 000 = 608 500（元）

会计分录如下：

借：固定资产　　　　　　　　　　　　　　　　　　　　　　608 500
　　贷：在建工程　　　　　　　　　　　　　　　　　　　　　608 500

【例11-2】甲公司收到股东投入A材料一批，评估的不含税价值为350 000元，适用增值税税率13%。

分析：通常情况下，企业应将原材料的评估价值作为投资额，根据不含增值税的评估价值借记"原材料"科目，根据增值税借记"应交税费——应交增值税（进项税额）"科目，根据全部评估价值贷记"实收资本"科目。账务处理如下：

借：原材料——A材料　　　　　　　　　　　　　　　　　　350 000
　　应交税费——应交增值税（进项税额）　　　　　　　　　　45 500
　　贷：实收资本　　　　　　　　　　　　　　　　　　　　　395 500

（二）股份有限公司的股本

《中华人民共和国公司法》规定，股份有限公司的设立可以采取发起设立或者募集设立的方式。发起设立，指由发起人认购公司应发行的全部股份而设立公司。股份有限公司采取发起设立方式设立的，发起人应当书面认足公司章程规定其认购的股份，并按照公司章程规定缴纳出资，注册资本为在公司登记机关登记的全体发起人认购的股本总额。募集设立，指由发起人认购公司应发行股份的一部分，其余股份向社会公开募集或向特定对象募集而设立的公司。

股份有限公司通过将公司资本划分为等额股份并通过发行股票的方式筹集资本。股份有限公司发行普通股时，主要通过"股本"账户核算公司发行股票的面值部分，贷方登记已经发行的普通股面值，借方登记经过批准核销的普通股面值，贷方余额反映企业发行在外的普通股面值。根据各企业的不同情况，可在"股本"账户下按照股票种类或股东名称设置明细账。

由于股票在发行时会受到市场各种因素的影响，因而股票的发行价格往往与面值不一致。公司可以按照面值发行，也可以超过票面金额溢价发行，但是不允许折价发行。溢价发行的股票,应将实际收到的款项超过股票面值的部分计入"资本公积——股本溢价"科目进行核算。对于溢价发行过程中产生的手续费及佣金支出等,应减去股票发行期间冻结资金所产生的利息收入,再将两者差额抵减溢价收入,剩余部分作为股本溢价计入企业的"资本公积"科目中。

【例11-3】甲企业发行普通股股票20 000 000股,每股面值1元,按照每股1.5元的价格溢价发行。发行股票期间冻结资金的利息收入为8 000元,代理发行股票的证券公司按全部发行收入的1%收取手续费。

股票发行的手续费 = $1.5 \times 20\,000\,000 \times 1\% = 300\,000$(元)

公司实际收到的价款 = $1.5 \times 20\,000\,000 - (300\,000 - 8\,000) = 29\,708\,000$(元)

股本 = $1 \times 20\,000\,000 = 20\,000\,000$(元)

股本溢价 = $29\,708\,000 - 20\,000\,000 = 9\,708\,000$(元)

其账务处理如下:

借:银行存款 29 708 000
 贷:股本——普通股 20 000 000
  资本公积——股本溢价 9 708 000

二、其他权益工具

其他权益工具是企业发行的除普通股以外的归类为权益工具的各种金融工具,如发行的可分类为权益工具的优先股等。对于这类业务,企业应在所有者权益类科目中设置"其他权益工具——优先股"科目进行核算。科目贷方登记发行优先股收到的价款,借方登记可转换优先股转换为普通股的账面价值,贷方余额反映发行在外的优先股账面价值。企业在发行优先股收到价款时,应借记"银行存款"等科目,贷记"其他权益工具——优先股"科目。当可转换优先股转换为普通股时,应按可转换的优先股账面价值,借记"其他权益工具——优先股"科目,按照普通股账面价值贷记"股本"科目,两者差额贷记"资本公积——股本溢价"科目。

【例11-4】甲企业发行归类为权益工具的可转换优先股200 000股,扣除相关的交易费用后实际收到价款353 000元。因企业需要,按照5:1的比例将优先股全部转换为面值1元的普通股股票40 000股。相关账务处理如下:

(1)发行优先股收到价款时:

借:银行存款 353 000
 贷:其他权益工具——优先股 353 000

(2)转换为普通股时:

借:其他权益工具——优先股 353 000
 贷:股本 40 000
  资本公积——股本溢价 313 000

第三节 资本公积与其他综合收益

一、资本公积

资本公积是企业收到投资者出资额超过其在注册资本（或股本）中所占份额的部分，以及某些特定情况下直接计入所有者权益的利得和损失，其主要用途就是转增资本。资本公积包括资本溢价（或股本溢价）和其他资本公积等。资本溢价是有限责任公司投资者缴付的出资额大于其在企业注册资本中按照规定的出资比例计算的数额，股本溢价指股份有限公司溢价发行股票时实际收到的款项超过股票面值总额的数额。

（一）资本溢价和股本溢价

1. 资本溢价

在有限责任公司创立时，股东以其认缴的出资额对企业承担有限责任。由于是按照企业注册资本中的份额出资，因此应将股东认缴的出资额全部计入"实收资本"科目，此时不会产生溢价。但是在企业运行一段时间后，为了维护原有股东的权益，新加入的投资者的出资额通常大于其在企业注册资本中所占的份额，不能全部作为实收资本处理，主要有两方面的原因。①资本利润率的不同。在企业成立初期，从筹备建设、试运行、市场开拓到正常运转，资金投入不仅风险高，能够获取回报的间隔时间也较长，这一时期的资本利润率很低。当企业运行一段时间后，资本利润率会有所提高，原有资本实现了增值，因此新加入的股东只有付出大于初始投资者的出资额，才能获得与原股东相同的投资比例。②原始股东的出资额与实际占有的资本不同。企业经营过程中实现利润的一部分会形成资本公积和留存收益，虽然未转入实收资本，但是归原股东所有，如果新加入的投资者与原股东共享这部分权益，就需要付出高于原股东的出资额才会取得与原投资者相同比例的股份。在企业收到新股东的出资额时，应按实际收到的金额借记"银行存款"等科目，将投资者投入的资本中按其投资比例计算的出资额部分计入"实收资本"科目，超出的部分计入"资本公积——资本溢价"科目。

【例11-5】甲、乙两位投资者各出资200 000元成立了某有限责任公司。运营两年后，公司的留存收益为200 000元，所有者权益为600 000元，两位股东各享有300 000元的权益。现有另一位投资者想加入公司，实际出资300 000元，占企业1/3的股份。这时企业的注册资本变更为600 000元，三位股东各占1/3的股份为200 000元。第三位股东的实际出资额300 000元大于其在企业注册资本中占有的200 000元的份额，其差额100 000元确认为资本公积（资本溢价）。其账务处理如下：

借：银行存款　　　　　　　　　　　　　　　　　　　300 000
　　贷：实收资本　　　　　　　　　　　　　　　　　200 000
　　　　资本公积——资本溢价　　　　　　　　　　　100 000

2. 股本溢价

股份有限公司为筹集资金,以发行股票的方式来证明股东按其所持股份享有的权利和承担的义务。为了便于反映和计算各股东所持股份占企业全部股份的比例,股本总额应按照股票的面值与股份总数的乘积计算。在股票发行价格与股票面值相同时,企业发行股票取得的收入应全部计入"股本"科目;在股票发行价格超过股票面值,即溢价发行股票时,企业发行股票实际收到的款项计入"银行存款"等科目,股票面值部分计入"股本"科目,实际收到的款项超过股票面值的溢价部分计入"资本公积——股本溢价"科目。对于发行过程中支付的佣金、手续费等,应减去股票发行期间冻结资金所产生的利息收入,再将两者差额抵减溢价收入,剩余部分作为股本溢价计入"资本公积"科目中,具体账务处理可参考【例 11-3】。

(二)其他资本公积

其他资本公积指除资本溢价(或股本溢价)项目以外所形成的资本公积,包括采用权益法核算的长期股权投资业务和以权益结算的股份支付等。

1. 采用权益法核算的长期股权投资

长期股权投资采用权益法核算的,持有期间应根据投资企业享有被投资单位除净损益、其他综合收益和利润分配以外的所有者权益的变动情况,增加或减少长期股权投资的账面价值,同时增加或减少企业资本公积(其他资本公积)。当处置采用权益法核算的长期股权投资时,应当将原计入资本公积(其他资本公积)的相关金额转入投资收益。

2. 以权益结算的股份支付

股份支付是指企业为了获取职工提供的服务而授予股票期权,或承担以股票期权为基础确定的负债的交易。股份支付分为以权益结算的股份支付和以现金结算的股份支付。以权益结算的股份支付,是指企业为获取服务以期权等作为对价进行结算的交易。以现金结算的股份支付,是指企业为获取服务承担以股份或其他权益工具为基础计算确定的支付现金或其他资产义务的交易。股份支付协议获得批准的日期为授予日;可行权条件得到满足、职工和具有从企业取得权益工具或现金的权利的日期为可行权日;职工等行使权利获得权益工具或现金的日期为行权日;授予日至可行权日的期间为股份支付的约定期;可行权日至行权日的期间为股份支付的等待期。

对于授予后立即可行权的以权益结算的股份支付,应当在授予日按照权益工具的公允价值,计入相关成本费用,借记"管理费用"等科目,贷记"资本公积——其他资本公积"科目。

对于授予后不可立即行权的以权益结算的股份支付,即职工需要在约定期内完成规定的服务或达到规定的业绩条件才可行权,授予日不进行账务处理。在约定期内的每个资产负债表日,企业应当按照可行权数量的最佳估计数和期权授予日的公允价值确定的金额,减去以前期间已确认的金额,分期计入相关成本费用,借记"管理费用"等科目,贷记"资本公积——其他资本公积"科目。在行权日,企业应按照收取的行权价款,借记"银行存款"等科目;根据已行权股票确认的资本公积,借记"资本公积——其他资本公积"科目;

根据已行权股票的股本金额，贷记"股本"科目，根据借贷方的差额贷记"资本公积——股本溢价"科目。

【例 11-6】某企业在 20×0 年 12 月批准通过了一项股份支付协议。协议规定，20×1 年 1 月 1 日，公司向其 300 名中高层管理人员授予每人 1 000 份股票期权，这些人员必须从 20×1 年 1 月 1 日起为公司连续服务 3 年的时间，服务期满才能以每股 8 元的价格购买 1 000 股面值为 1 元的公司股票。公司估计期权在授予日的公允价值为每股 12 元。

20×1 年有 6 名高管离开企业；20×1 年 12 月 31 日，公司估计 3 年内离开企业的管理人员比例将达到 10%。20×2 年又有 4 名管理人员离开公司；20×2 年 12 月 31 日，公司将估计管理人员辞职比例调整为 8%。20×3 年又有 2 名管理人员离开。20×4 年 1 月 1 日，未离开的公司管理人员全部行权获得股票。

（1）20×1 年 1 月 1 日授予时（授予日不做账务处理）：

企业预计支付股份应承担的费用 = 12×300×1 000 = 3 600 000（元）

（2）20×1 年 12 月 31 日：

企业预计支付股份应承担的费用 = 12×300×1 000×（1-10%）= 3 240 000（元）

本年度应承担的费用 = 3 240 000÷3 = 1 080 000（元）

其账务处理如下：

借：管理费用　　　　　　　　　　　　　　　　　　　　　　　1 080 000
　　贷：资本公积——其他资本公积　　　　　　　　　　　　　　　　1 080 000

（3）20×2 年 12 月 31 日：

企业预计支付股份应承担的费用 = 12×300×1 000×（1-8%）= 3 312 000（元）

截至本年末累计应承担的费用 = 3 312 000×2÷3 = 2 208 000（元）

本年度应承担的费用 = 2 208 000-1 080 000 = 1 128 000（元）

其账务处理如下：

借：管理费用　　　　　　　　　　　　　　　　　　　　　　　1 128 000
　　贷：资本公积——其他资本公积　　　　　　　　　　　　　　　　1 128 000

（4）20×3 年 12 月 31 日：

企业实际支付股份应承担的费用 = 12×1 000×（300-6-4-2）= 3 456 000（元）

本年度应承担的费用 = 3 456 000-2 208 000 = 1 248 000（元）

其账务处理如下：

借：管理费用　　　　　　　　　　　　　　　　　　　　　　　1 248 000
　　贷：资本公积——其他资本公积　　　　　　　　　　　　　　　　1 248 000

（5）20×4 年 1 月 1 日：

发行股票的价款收入 = 8×1 000×（300-6-4-2）= 2 304 000（元）

发行股票的面值 = 1×1 000×（300-6-4-2）= 288 000（元）

发行股票的溢价 = 2 304 000+3 456 000-288 000 = 5 472 000（元）

其账务处理如下：

借：银行存款　　　　　　　　　　　　　　　　　　　　　　　2 304 000

资本公积——其他资本公积	3 456 000
贷：股本	288 000
资本公积——股本溢价	5 472 000

（三）资本公积转增资本

在将资本公积（资本溢价或股本溢价）转增为资本时，企业留存的部分不得少于转增前公司注册资本的25%。在转增时，应当按照转增资本的金额，借记"资本公积"科目，贷记"实收资本"（或"股本"）科目。

二、其他综合收益

其他综合收益，是指企业根据会计准则规定未在当期损益中确认的各项利得和损失。其他综合收益一般由特定资产的计价变动而形成，包括以后会计期间不可重分类进损益的其他综合收益和以后会计期间满足规定条件时将重分类进损益的其他综合收益两类。

（一）不能重分类进损益的其他综合收益

不能重分类进损益的其他综合收益，主要包括重新计量设定受益计划净负债或净资产导致的变动、其他权益工具投资的公允价值变动、长期股权投资按权益法核算下形成的不能转损益的其他综合收益等。

（二）能重分类进损益的其他综合收益

能重分类进损益的其他综合收益主要包括以下内容。

（1）其他债权投资的公允价值变动和信用减值准备。其他债权投资属于以公允价值计量且其变动计入其他综合收益的金融资产，其计提的信用减值准备也计入其他综合收益。在终止确认时，这类金融资产之前已计入其他综合收益的累计利得或损失应转出，计入企业的当期损益。

（2）其他债权投资重分类为交易性金融资产的，应当将原计入其他综合收益的利得或损失转出，计入企业的当期损益。原计入其他综合收益的利得或损失，既包括公允价值变动形成的利得或损失，又包括计提信用减值准备形成的损失。

（3）长期股权投资采用权益法核算时，在被投资单位以后能重分类进损益的其他综合收益变动中享有的份额。采用权益法核算的长期股权投资，应按照被投资单位实现其他综合收益以及持股比例计算应享有或分担的金额，借记（或贷记）"长期股权投资——其他综合收益"科目，贷记（或借记）"其他综合收益"科目。在处置该项股权投资时，将原计入其他综合收益中能重分类进损益的部分转入当期损益中。

（4）自用房地产或存货转换为投资性房地产时公允价值大于账面价值的差额。企业将自用房地产或存货转换为采用公允价值计量的投资性房地产时，应按照转换日的公允价值，借记"投资性房地产——成本"科目，按照账面价值贷记"固定资产""开发产品"

等科目，如果已计提减值准备、累计折旧或跌价准备的，按照计提金额借记"固定资产减值准备""累计折旧"或"存货跌价准备"科目。如果公允价值大于账面价值，应按两者差额贷记"其他综合收益"科目；反之，应按两者差额借记"公允价值变动损益"科目。在处置该项投资性房地产时，将计入其他综合收益的部分转入企业当期损益中。

第四节 库 存 股

库存股是公司已发行，但由于各种原因又回到公司手中，目前被公司持有且未在外流通的股票。经主管部门批准为了减资、奖励职工及日后为了再出售而回购的股票等都属于库存股。作为实施并购重组、优化公司治理结构、稳定股价的必要手段，库存股已成为资本市场的一项基础性制度安排。为了核算回购和处置库存股业务，企业应设置"库存股"科目作为所有者权益的备抵科目。

企业为减资而回购的库存股，应按实际支付的对价及相关费用，借记"库存股"科目，贷记"银行存款"等科目。如果将回购的股票注销，应根据注销股票的面值冲减企业股本，借记"股本"科目；根据库存股实际成本高于股票面值的差额，借记"资本公积——股本溢价""盈余公积"等科目；同时冲减库存股的实际成本，贷记"库存股"科目。

【例 11-7】受市场萎靡影响，甲企业决定缩小经营规模，减少股本。经有关部门批准，企业回购面值为 1 元的普通股股票 1 800 000 股，回购实际价款为 2 000 000 元。假设企业股本溢价的账面余额为 6 000 000 元。

（1）回购库存股，账务处理如下：

借：库存股——减资回购股　　　　　　　　　　　　　　　　2 000 000
　　贷：银行存款　　　　　　　　　　　　　　　　　　　　　2 000 000

（2）注销库存股：

库存股面值 = 1 × 1 800 000 = 1 800 000（元）

冲减溢价 = 2 000 000 - 1 800 000 = 200 000（元）

账务处理如下：

借：股本——普通股　　　　　　　　　　　　　　　　　　　1 800 000
　　资本公积——股本溢价　　　　　　　　　　　　　　　　　　200 000
　　贷：库存股——减资回购股　　　　　　　　　　　　　　　2 000 000

类似地，企业为奖励本单位员工而回购的库存股，也按照实际支付的价款和交易费用，借记"库存股"科目，贷记"银行存款"等科目。对于员工为获得股票奖励而支付的价款，借记"银行存款"科目，同时根据奖励股票的期权价值借记"资本公积——权益结算的股份支付"科目，按照奖励库存股的账面余额贷记"库存股"科目，相关差额借记或贷记"资本公积——股本溢价"科目。

> **延伸阅读**
>
> 库存股虽然与库存商品在名称上类似,但两者本质完全不同。"库存商品"是资产类账户,借方登记商品的增加,贷方反映商品的减少。库存股不是企业的资产,而属于所有者权益类的备抵账户,回购时记在借方,表示减少企业的"所有者权益"账户金额。

第五节 留存收益

留存收益是指企业从历年实现的利润中提取或形成的留存于企业的内部积累,由盈余公积和未分配利润构成。其中,盈余公积包括法定盈余公积和任意盈余公积两部分。

一、盈余公积

1. 法定盈余公积

法定盈余公积是企业按照《公司法》的规定,根据净利润和法定比例计提的盈余公积。法定盈余公积主要用于弥补企业亏损、扩大生产经营或者转增资本,转增时所留存余额不得少于转增前注册资本的25%。企业法定盈余公积转增资本时所留存的余额不得少于转增前注册资本的25%,当计提的法定盈余公积累计额度达到注册资本的50%时,可以不再提取。

2. 任意盈余公积

在提取法定盈余公积后,企业出于实际需要,还可以根据公司章程和股东会决议自行确定的比例,从税后利润中提取任意盈余公积。虽然与法定盈余公积的提取依据不同,但是任意盈余公积与法定盈余公积的用途一样,在弥补企业亏损或转增资本时,盈余公积的使用顺序和提取顺序刚好相反,即先使用一般盈余公积,用完后再按照规定使用法定盈余公积。

二、未分配利润

未分配利润是企业留待以后年度向投资者进行分配或待分配的利润,即用企业的期初未分配利润加上本期实现的净利润,再减去提取的各种盈余公积和分出的利润后的余额。在未进行分配之前,属于企业所有者权益的组成部分。在年度终了时,企业应将"本年利润"账户的余额转入"利润分配——未分配利润"。年末结账后,如果"利润分配——未分配利润"的余额在贷方,表示企业累积的未分配的利润,反之则表示累积的需要弥补的亏损。

思政小贴士

爱国主义情怀和社会责任感：注册制的全面实施促进了资本市场的提质增效。这与国家下决心让资本"脱虚向实"，实现产业转型升级有密切的关系。通过实收资本的讲授，培养学生的爱国主义精神和对于社会的责任感，树立正确的价值观。

思 考 题

1. 什么是所有者权益？它包括哪些内容？
2. 股本和实收资本分别核算什么内容？
3. 资本公积核算哪些内容？有哪些用途？
4. 盈余公积有哪几种？如何核算？用途是什么？
5. 留存收益是什么？包括哪些内容？

练 习 题

1. 甲股份有限公司发行普通股 30 000 000 股，每股面值 1 元，发行价格为 6 元/股，证券发行公司按照发行收入的 1% 收取手续费 1 800 000 元，扣除相关税费后的余额已经全部存入银行账户。请根据上述资料进行账务处理。

2. 乙有限责任公司注册资本为 2 000 000 元，设立时收到丙公司投入的不需要安装的设备一台，合同约定价格为 300 000 元，增值税进项税额为 39 000 元，合同约定价格与设备的公允价值一致，丙公司享有乙公司注册资本 20% 的份额，暂不考虑其他因素。请根据上述资料进行账务处理。

3. 20×1 年初，丁公司"利润分配——未分配利润"账户借方余额为 5 000 000 元，当期该公司实现净利润 4 600 000 元，法定盈余公积计提比例为 10%，任意盈余公积计提比例为 5%，宣告应付现金股利 2 000 000 元。请根据上述资料计算计提的法定盈余公积、任意盈余公积、年末可供分配的利润、年末未分配的利润。

案例分析

神秘的"其他综合收益"

即测即练

第十二章
收入、费用与利润

学习目标和要求

通过本章学习,要求掌握营业收入和营业成本的账务处理,销售费用、管理费用、财务费用等的账务处理,销售折扣、折让与退回的账务处理,所得税费用的账务处理,资产处置损益的账务处理,利润分配的账务处理。理解营业外收入与营业外支出的主要内容、利润的构成、期间费用的内容、本年利润的计算与结转及净利润的分配程序。了解收入、费用和利润的定义和分类。

引导案例

作为"中国的3M"和"千亿白马股"的新型复合材料行业的领军者,康得新于2010年登陆A股市场,2017年11月其股价达到了26.67元/股的高位并入选了福布斯全球最具创新力企业榜单,系唯一入选的中国科技型新材料公司。2019年1月,康得新在账面拥有122亿元货币资金的情况下首次出现了15亿元的债务违约,紧接着在2019年7月被曝出百亿元财务造假。经查明,康得新通过虚构销售业务方式虚增营业收入,并通过虚构采购、生产、研发费用、产品运输费用方式虚增营业成本、研发费用和销售费用,导致2015—2018年分别虚增利润总额22.43亿元、29.43亿元、39.08亿元、24.36亿元,累计金额达115.3亿元。如果将此部分虚增利润扣除,该公司2015年至2018年分别亏损14.81亿元、17.55亿元、24.60亿元、23.57亿元。

资料来源:http://www.csrc.gov.cn/csrc/c100028/cb90fac223f6349daa849c2c5d7af88f4/content.shtm。

请思考:

收入、费用和利润三者之间具有怎样的内在联系?为什么上市公司在进行财务舞弊时会频繁使用这三个要素?

第一节 概 述

一、收入

收入有广义与狭义之分。广义的收入是指会计期间内经济利益的总流入,表现形式为资产增加或负债减少而引起的所有者权益增加，但不包括与所有者出资、直接计入所有者权益的其他综合收益增加等有关的资产增加或负债减少。具体而言，包括营业收入、投资收益、公允价值变动收益、资产处置收益、其他收益及营业外收入等。其中：营业收入指企业在从事销售商品、提供各项劳务等日常经营活动中取得的收入；投资收益指企业在各种对外投资活动中取得的净收入；公允价值变动收益指以公允价值计量且其变动计入当期损益的交易性金融资产等公允价值变动形成的收益；资产处置收益主要指处置固定资产、无形资产等产生的收益；其他收益主要指计入营业利润的政府补助等；营业外收入是指与企业日常经营活动无关的属于营业利润以外的各项捐赠收入等。狭义的收入仅指营业收入。本章所讲内容为广义的收入。

企业一般按照业务内容、重要性和确认期间等不同的标准对营业收入进行分类。

（1）按照业务内容划分，营业收入可分为销售商品取得的收入、提供劳务（包括建造合同）取得的收入。

（2）按照收入在经营业务中的重要性划分，其可分为主营业务收入和其他业务收入。主营业务收入是指企业经常性的、主要经营业务取得的收入。这类业务发生频率高，在总收入中占较大比重。例如：制造业企业销售产成品、半成品和提供工业性劳务作业的收入；商品流通企业销售商品产生的收入；旅游服务业的门票及餐饮收入等。其他业务收入指企业除主营业务以外的其他经营活动取得的收入。这类业务发生频率不高，在总收入中所占比重较小，例如，企业出租固定资产、出售不需用原材料及转让无形资产使用权等。

（3）按照确认期间划分，营业收入可分为跨期收入和非跨期收入。跨期收入是指某项经济业务的总收入需要在多个会计期间内分期确认的收入；非跨期收入是指某项经济业务的总收入可以在一个会计期间内一次性确认的收入。

二、费用

费用包括广义的费用和狭义的费用两类。广义的费用是指会计期间内企业经济利益的总流出，但不包括与向所有者分配、直接计入所有者权益的其他综合收益减少等有关的资产减少或负债增加。广义的费用一般包括营业成本、税金及附加、销售费用、管理费用、研发费用、财务费用、投资损失、公允价值变动损失、信用减值损失、资产减值损失、资产处置损失、营业外支出和所得税费用等。其中，营业成本是指企业销售商品、提供劳务等经常性活动所发生的成本，包括主营业务成本和其他业务成本；税金及附加是指企业应负担的除了增值税、企业所得税之外的相关税金及附加费，包括消费税、城市维护建设税、教育费附加、资源税、房产税、城镇土地使用税、车船税、印花税等；销售费用是指销售商品和材料、提供劳务的过程中发生的各种费用；管理费用是指行政管理部门为组织和管理企业生产经营活动而发生的各项费用；研发费用是指研究与开发某项目所支付的费用；财务费用是指企业为筹集生产经营所需资金等而发生的耗费；投资损失是指企业发生的不良股权或债权投资造成的损失，包括长期投资损失和短期投资损失；公允价值变动损失是指以公允价值计量的投资性房地产、交易性金融资产等公允价值变动发生的损失；信用减值损失是指因应收账款、债权投资、其他债权投资等资产的账面价值高于其可收回金额而造成的损失；资产减值损失指企业在各项对外投资活动中的各项非金融资产，以及金融资产中长期股权投资价值的可回收金额低于其账面价值而造成的净损失；资产处置损失指因出售和转让固定资产、无形资产和在建工程等而产生的净损失；营业外支出指企业在营业利润以外发生的与日常经营活动无关的支出；所得税费用指应在会计税前利润中扣除的所得税费用。

狭义的费用仅指企业为销售商品、提供服务等在日常生产经营过程中所发生的经济利益的流出，包括管理费用、销售费用、财务费用、营业成本、资产减值损失和税金及附加等。我国现行企业会计准则中的费用就是狭义的概念，即企业在日常活动中发生的、会导致所有者权益减少的、与向所有者分配利润无关的经济利益的总流出。由于与费用相关的经济利益很可能流出企业，因此费用会使得资产减少或者负债增加从而导致所有者权益减少。

三、利润

利润是企业在一定会计期间的经营成果，包括收入减去费用后的净额及直接计入当期利润的利得和损失等。收入减去费用后的净额反映与企业日常经营活动相关的业绩；直接计入当期利润的利得和损失主要由企业非日常活动所形成，是指应计入当期损益、会导致所有者权益发生增减变动的、与所有者投入资本或向所有者分配利润无关的利得或损失。

第二节　收入的确认和计量

一、收入的确认

（一）收入的确认条件

根据《企业会计准则第 14 号——收入》规定，企业应当在履行了合同中的各单项履约义务，即在客户取得相关商品控制权时确认收入。履约义务是指合同中企业向客户转让可明确区分商品的承诺，既包括合同中明确的承诺，又包括由于企业已公开宣布的政策、特定声明或以往的习惯做法等导致合同订立时客户合理预期企业将履行的承诺。所谓取得相关商品控制权，是指能够主导该商品的使用并从中获得几乎全部的经济利益。取得商品控制权同时包括下列三项要素：一是能力，企业只有在客户拥有现时权利，能够主导该商品的使用并从中获得几乎全部经济利益时，才能确认收入；二是主导该商品的使用，是指客户在其活动中有权使用该商品，或能够允许或阻止其他方使用该商品；三是能够获得几乎全部的经济利益。

当企业与客户签订的合同同时满足下列条件时，企业应当在客户取得相关商品控制权时确认营业收入：

（1）合同各方已批准该合同并承诺将履行各自义务。

（2）该合同明确了合同各方与所转让商品或提供劳务相关的权利和义务。

（3）该合同有明确的与所转让商品相关的支付条款。

（4）该合同具有商业实质，即履行该合同将改变企业未来现金流量的风险、时间分布或金额。

（5）企业因向客户转让商品而有权取得的对价很可能收回。

如果同时满足上述条件，说明企业取得了内容完整、合法有效的具有商业实质的合同，并且极有可能收到相关款项。因此在这种情况下，企业履行了合同中的履约义务，即客户取得相关商品控制权时，企业可以确认营业收入。

（二）收入的确认时间

企业应当在合同开始日对合同进行评估，识别该合同所包含的各单项履约义务，并确定各单项履约义务是在某一时段内履行还是在某一时点履行。根据履约义务方式不同，营业收入的确认分为在某一时点确认和在某一时段内分期确认。

1. 在某一时点确认营业收入

对于在某一时点履行的履约义务，企业应当在履行了合同中的履约义务，即在客户取得相关商品或服务等控制权时点确认收入。在判断商品或服务的控制权是否转移时，企业应当考虑下列迹象。

（1）企业就该商品或服务等享有现时收款权利，即客户就该商品或服务负有现时付款义务。

（2）企业已将该商品或服务等的法定所有权转移给客户，即客户已拥有该商品或服务等的法定所有权。

（3）企业已将该商品实物转移给客户，即客户已实物占有该商品。

（4）企业已将该商品等所有权上的主要风险和报酬转移给客户，即客户已取得该商品或服务等所有权上的主要风险和报酬。

（5）客户已接受该商品或服务等。

（6）其他表明客户已取得商品或服务等控制权的迹象。

2. 在某一时段内分期确认营业收入

如果一份合同所提供的商品或服务涉及多个会计期间，那么企业应当在这个时段内按照履约进度分期确认营业收入，履约进度不能合理确定的除外。在识别合同所包含的履约义务时，可结合商品和服务的性质采用投入法或产出法确定适当的履约进度。其中，投入法是根据企业为履行履约义务的投入确定履约进度，产出法是根据已转移给客户的商品对于客户的价值确定履约进度。对于类似情况下的类似履约义务，企业应当采用相同的方法确定履约进度。当履约进度不能合理确定时，企业已经发生的成本预计能够得到补偿的，应当按照已经发生的成本金额确认收入，直到履约进度能够合理确定为止。

满足下列条件之一的，属于在某一时段内履行履约义务；否则，属于在某一时点履行履约义务。

（1）客户在企业履约的同时即取得并消耗企业履约所带来的经济利益。

（2）客户能够控制企业履约过程中在建的商品或服务等。

（3）企业履约过程中所产出的商品或服务等具有不可替代用途，且该企业在整个合同期间内有权就累计至今已完成的履约部分收取款项。具有不可替代用途，是指因合同限制或实际可行性限制，企业不能轻易地将商品用于其他用途。有权就累计至今已完成的履约部分收取款项，是指在由于客户或其他方原因终止合同的情况下，企业有权就累计至今已完成的履约部分收取能够补偿其已发生成本和合理利润的款项，并且该权利具有法律约束力。

例如，企业与客户签订合同，在客户拥有的土地上按照客户的设计要求为其建造一条生产线。在建造过程中客户有权修改生产线设计，并与企业重新协商设计变更后的合同价款。客户每月末按当月工程进度向企业支付工程款。如果客户终止合同，已完成建造部分的厂房归客户所有。根据上述条件，企业为客户建造生产线，该生产线位于客户的土地上，客户终止合同时，已建造的生产线归客户，所有这些均表明客户在该生产线建造的过程中就能够控制该在建的生产线。因此，企业提供的该建造服务属于在某一时段内履行的履约义务，应当在提供该服务的期间内确认收入。

二、收入的计量

营业收入计量的金额应反映企业预计因交付这些商品或服务而有权获取的对价。企业应当按照分摊至各单项履约义务的交易价格计量收入。交易价格，是指企业因向客户转让商品而预期有权收取的对价金额。企业代第三方收取的款项以及企业预期将退还给客户的款项，应当作为负债进行会计处理，不计入交易价格。

企业应当根据合同条款，并结合其以往的习惯做法确定交易价格。在确定交易价格时，企业应当考虑可变对价、合同中存在的重大融资成分、非现金对价、应付客户对价等因素的影响。

1. 可变对价

可变对价是指企业与客户在合同中的对价金额可能会因折扣、价格折让、退款、返利、奖励积分、激励措施、业绩奖金、索赔等因素而发生变化。合同中存在可变对价的，企业应当按照期望值或最可能发生金额确定可变对价的最佳估计数。但包含可变对价的交易价格，应当不超过在相关不确定性消除时累计已确认收入极可能不会发生重大转回的金额，企业在评估时应当同时考虑收入转回的可能性及其比重。每一资产负债表日，企业应当重新估计应计入交易价格的可变对价金额。可变对价金额发生变动的，对于已履行的履约义务，其分摊的可变对价后续变动额应当调整变动当期的收入。例如，甲企业于3月10日赊销A产品一批，赊销期为60天，不含增值税的价款为5 000 000元，折扣条件为"2/10、1/30、n/60"，赊销当日甲企业已履行承诺的履约义务。最初，甲企业判断客户可能在10天内付款，该业务的交易价格为4 900 000（5 000 000-5 000 000×2%）元，确认的营业收入为4 900 000元。3月31日客户尚未付款，甲企业估计其将于30天内支付款项，将交易价格调整为 4 950 000（5 000 000-5 000 000×1%）元，调增当期营业收入 50 000 元。

2. 合同中存在的重大融资成分

当各方在合同中约定的付款时间为客户或企业就转让该商品或服务的交易提供了重大融资利益时，合同中就存在重大的融资成分。在企业将商品的控制权转移给客户的时间与客户实际付款的时间不一致时，合同中存在重大融资成分。合同中存在重大融资成分的，企业应当按照假定客户在取得商品控制权时即以现金支付的应付金额确定交易价格。该价格与合同承诺的对价之间的差额，应当在合同期间内采用实际利率法摊销。例如，20×9年甲企业采用分期收款方式向乙企业销售一套大型设备，合同约定不含增值税的总对价为 20 000 000 元，分 5 次于每年年末等额收取 4 000 000 元。该大型设备成本为 14 800 000 元，在现销方式下，设备的销售价格为 16 000 000 元。根据以上的资料，该合同存在重大融资成分，其交易价格不应按照分期收款总对价 20 000 000 元确定，而应按照现销价格 16 000 000 元确定收入。

3. 非现金对价

非现金对价是指企业在销售商品或提供劳务时向客户收取的非现金形式的对价，包括实物资产、无形资产、股权、客户提供的广告服务等。客户支付非现金对价的，企业应当按照非现金对价的公允价值确定交易价格。非现金对价的公允价值不能合理估计的，企业应当参照其承诺向客户转让商品的单独售价间接确定交易价格。非现金对价的公允价值因对价形式以外的原因而发生变动的，应当作为可变对价。

4. 应付客户对价

应付客户对价是指企业销售商品明确承诺给予客户的优惠等。合同中含有应付客户（或向客户购买本企业商品的第三方）对价的，应当将该应付对价冲减交易价格，并在确认相关收入与支付（或承诺支付）客户对价两者孰晚的时点冲减当期收入，但应付客户对价是为了向客户取得其他可明确区分商品的除外。例如，某咖啡连锁店规定，客户在门店一次性消费 500 元以上（含 500 元）可赠送 50 积分，在 1 个月内再次到任一门店消费，积分可以直接抵扣消费的价款 50 元。6 月 12 日，某客户在门店购买咖啡、奶茶等，共消费 650 元，账户赠送 50 积分；7 月 3 日，该客户又在门店消费 400 元，积分抵扣 50 元，客户实际付款 350 元。该咖啡店 6 月份确认营业收入为 650 元，7 月份确认营业收入 400 元，由于客户使用积分抵扣 50 元，冲减营业收入 50 元。

三、收入确认和计量的五步法模型

收入确认与计量采用"五步法"模型：第一步，识别与客户签订的合同；第二步，识别合同中的单项履约义务；第三步，确定交易价格；第四步，将交易价格分摊至各单项履约义务；第五步，履行各单项履约义务时确认收入。其中，第一步、第二步和第五步与营业收入的确认有关，第三步和第四步与营业收入的计量有关。

1. 识别与客户签订的合同

合同是指双方或多方之间订立有法律约束力的权利义务的协议。合同有书面形式、口头形式及其他形式。识别客户合同，是指识别合同各方是否已批准该合同并承诺将履行各自的协议。在同一客户与企业签订多项合同且内容基本相同的情况下，企业可以将多项合同合并，将其作为单个合同进行会计处理。

2. 识别合同中的单项履约义务

合同包括向客户转让商品或服务的承诺。如果该商品或服务可明确区分，则对应的承诺即为单项履约义务。商品或服务可明确区分是指客户能够从该商品本身或从该商品与其他易于获得的资源一起使用中受益，且转让该商品的承诺能够与合同中的其他承诺明确区分。合同开始日，企业应当识别合同所包含的各单项履约义务，并确定各单项履约义务是在某一时段内履行，还是在某一时点履行，然后在履行了各单项履约义务时分别确认收入。

3. 确定交易价格

交易价格是指企业因向客户转让商品而预期有权收取的对价金额。企业代第三方收取的款项及企业预期将退还给客户的款项，应当作为负债进行会计处理，不计入交易价格。交易价格一般相对固定，但合同标价并不一定代表交易价格，企业应当根据合同条款并结合以往的习惯做法等确定交易价格。在确定交易价格时，企业应当考虑可变对价、合同中存在的重大融资成分、非现金对价及应付客户对价等因素的影响。

4. 将交易价格分摊至各单项履约义务

合同中包含两项或多项履约义务的，企业应当在合同开始日，按照各单项履约义务所承诺商品的单独售价的相对比例，将交易价格分摊至各单项履约义务，以使企业分摊至各单项履约义务（或可明确区分的商品）的交易价格能够反映其因向客户转让已承诺的相关商品而预期有权收取的对价金额。企业不得因合同开始日之后单独售价的变动而重新分摊交易价格。

5. 履行各单项履约义务时确认收入

企业应当在履行了向客户转让已承诺的商品或服务的履约义务时，即在客户取得相关商品或服务的控制权时确认营业收入。营业收入的计量金额为分摊至已履行的履约义务的金额。

由于实务中多数企业的业务都较为简单，有的步骤不一定存在。例如：商品零售业通常在客户付款后直接发货，不需要签订合同，根据实质重于形式的要求，这种情况就可以视为企业履行了合同中的履约义务，可以直接确认营业收入；如果双方签订的合同中不包括可变对价、重大融资成分、非现金对价及应付客户对价等，那么合同规定的交易价格即为可确认的收入。

四、收入的账务处理

（一）常见销售业务的账务处理

1. 一般性商品销售业务

对于销售商品或提供劳务等一般性业务，企业应在符合销售商品收入的确认条件时确认收入，并结转相应的销售成本。企业可根据具体情况，借记"银行存款""应收账款"或"应收票据"等科目；按照不含增值税的价款贷记"主营业务收入"科目，根据收取的增值税税额贷记"应交税费——应交增值税（销项税额）"等科目。根据配比原则，与同一销售业务有关的收入和成本都应在同一会计期间内予以确认。因此，无论采取何种销售或结算方式，销售业务的账务处理也包括结转销售商品成本。企业应结转已销售商品的成本，借记"主营业务成本"科目，贷记"库存商品"科目。

企业出售原材料不属于主营业务，取得的收入应确认为其他业务收入。在销售原材料收取价款时，应借记"银行存款""应收账款""应收票据"等科目；按照不含增值税的价款，贷记"其他业务收入"科目；根据收取的增值税税额，贷记"应交税费——应交增值税（销项税额）"等科目。结转已出售的材料成本时，借记"其他业务成本"科目，贷记"原材料"科目。

【例12-1】红光实业为一般规模纳税人，适用增值税税率为13%，20×9年1月份采用支票结算的方式销售A产品1 000件，每件产品成本为740元，销售价格为1 200 000元。因双方已合作多年且业务较为简单，双方没有签订销售合同。客户直接交款提货，红光实业开具发票并安排发货。

分析：本案例中，公司未与客户签订商品销售合同，不需要单独识别合同及履约义务；该项交易内容单一，价格固定，最终交易价格即为收到的货款，且不需要分摊。因此，客户收到A产品并取得其控制权，公司收到货款并根据专用发票等确认营业收入。其账务处理如下：

（1）出售产品确认收入：

借：银行存款　　　　　　　　　　　　　　　　　　　　　　　1 200 000
　　贷：主营业务收入　　　　　　　　　　　　　　　　　　　　1 200 000
　　　　应交税费——应交增值税（销项税额）　　　　　　　　　　156 000

（2）结转已售产品成本：

借：主营业务成本　　　　　　　　　　　　　　　　　　　　　　740 000
　　贷：库存商品　　　　　　　　　　　　　　　　　　　　　　740 000

【例12-2】根据销售合同，红光实业在20×9年2月份以托收承付方式销售原材料一批，专用增值税发票注明价款500 000元，增值税65 000元，用银行存款代垫运杂费1 500元。该批材料的成本为220 000元，公司已向银行办妥托收手续。

分析：红光实业办妥托收手续，表明履行了合同规定的履约义务，按照惯例视为客户收到该商品的控制权，公司确认营业收入。其账务处理如下：

（1）出售产品确认收入：

借：应收账款　　　　　　　　　　　　　　　　　　　　　　　　566 500
　　贷：其他业务收入　　　　　　　　　　　　　　　　　　　　500 000
　　　　应交税费——应交增值税（销项税额）　　　　　　　　　　65 000
　　　　银行存款　　　　　　　　　　　　　　　　　　　　　　1500

(2) 结转已售材料成本：

借：其他业务成本　　　　　　　　　　　　　　　　　　220 000
　　贷：原材料　　　　　　　　　　　　　　　　　　　　　　　220 000

(3) 收到货款：

借：银行存款　　　　　　　　　　　　　　　　　　　　566 500
　　贷：应收账款　　　　　　　　　　　　　　　　　　　　　　566 500

2. 涉及销售退回业务的账务处理

商品售出后，由于产品质量、型号、种类等种种原因，会出现被客户退回的情况。公司在收到退回的商品和退货单时，应开具红字增值税专用发票冲减货款、主营业务收入和销项税额等，做相反方向的会计分录予以冲销，借记"主营业务收入""应交税费——应交增值税（销项税额）"等科目，贷记"银行存款""应收账款""应收票据"等科目。未确认收入的售出商品发生销售退回的，企业应按已计入"发出商品"科目的商品成本金额，借记"库存商品"科目，贷记"发出商品"科目。已确认收入的售出商品发生的销售退回属于资产负债表日后事项的，应当按照有关资产负债表日后事项的相关规定进行会计处理。

【例 12-3】 20×9 年 3 月，客户在验货过程中发现上月购入的 C 产品存在质量问题要求退货。这批产品成本为 450 000 元，销售价格为 800 000 元，增值税销项税额 10 400 元。红光公司已办妥相关手续，收到退回商品并将货款全部退回至原账户。

分析：作为无附加条件产生的销售退回业务，因产品质量问题发生退货的，公司已经全额退款且收到退货。相关账务处理如下：

(1) 开具红字发票冲减货款：

借：主营业务收入　　　　　　　　　　　　　　　　　　800 000
　　应交税费——应交增值税（销项税额）　　　　　　　　10 400
　　贷：银行存款　　　　　　　　　　　　　　　　　　　　　810 400

(2) 收到退回商品：

借：库存商品　　　　　　　　　　　　　　　　　　　　450 000
　　贷：主营业务成本　　　　　　　　　　　　　　　　　　　450 000

3. 涉及销售折让和现金折扣业务的账务处理

(1) 涉及销售折让业务的账务处理。销售折让指企业因售出商品的质量不符合要求等而在售价上给予购货方的减让。销售折让如果发生在销货方确认收入之后，且不属于资产负债表日后调整事项的，应按实际给予购货方的折让金额冲减当期营业收入，如有规定允许扣减增值税税额的，还应冲减已确认的应交增值税销项税额。销售折让属于资产负债表日后事项的，应当按照资产负债表日后事项的相关规定进行处理。

【例 12-4】 20×9 年 4 月，甲公司向乙公司出售一批产品，销售价格为 50 000 元，适用增值税税率 13%，产品成本为 28 000 元。产品发出后红光公司确认收入。到货后，乙公司发现产品存在质量问题，经双方协商，甲公司给予乙公司 6% 的折让。相关账务处理如下：

（1）确认收入：

借：应收账款——乙公司　　　　　　　　　　　　　　　　　56 500
　　贷：主营业务收入　　　　　　　　　　　　　　　　　　　　50 000
　　　　应交税费——应交增值税（销项税额）　　　　　　　　　 6500

（2）结转销售成本：

借：主营业务成本　　　　　　　　　　　　　　　　　　　　28 000
　　贷：库存商品　　　　　　　　　　　　　　　　　　　　　　28 000

（3）发生销售折让：

销售折让＝50 000×6%＝3 000（元）
增值税额折让＝6 500×6%＝390（元）

借：主营业务收入　　　　　　　　　　　　　　　　　　　　 3 000
　　应交税费——应交增值税（销项税额）　　　　　　　　　　　 390
　　贷：应收账款——乙公司　　　　　　　　　　　　　　　　　 3 390

（4）收到货款：

借：银行存款　　　　　　　　　　　　　　　　　　　　　　53 110
　　贷：应收账款——乙公司　　　　　　　　　　　　　　　　 53 110

（2）附有现金折扣业务的账务处理。现金折扣指企业采用赊销方式销售商品时，为了鼓励购货方在规定的折扣期内尽早付款而给予的价格优惠。如果购货方在折扣期限内付款，应将发票金额扣除现金折扣后的余额作为购货方实际支付的货款。在附有现金折扣的条件下，交易价格实际上属于可变对价。销售商品或提供劳务的营业收入及应收账款等，需要按照发票价格扣除现金折扣后的净额计价入账。如果购货方未能在折扣期内付款，那么企业应按购货方未享受的现金折扣金额调增营业收入和应收账款。

【例12-5】红光公司于20×9年6月18向甲公司赊销B产品2 000件，每件售价500元，单位产品成本400元，增值税销项税额为130 000元。双方合同约定赊销期限为60天，现金折扣条件为"2/10、1/30、n/60"。红光公司已履行了合同规定的相关义务，甲公司收到该商品的控制权。红光公司估计甲公司能够10日内付款，取得现金折扣20 000元，确认营业收入980 000元。编制会计分录如下：

（1）赊销产品确认收入，结转销售成本：

借：应收账款——甲公司　　　　　　　　　　　　　　　　1 110 000
　　贷：主营业务收入　　　　　　　　　　　　　　　　　　　980 000
　　　　应交税费-应交增值税（销项税额）　　　　　　　　　 130 000
借：主营业务成本　　　　　　　　　　　　　　　　　　　　800 000
　　贷：库存商品　　　　　　　　　　　　　　　　　　　　　800 000

（2）假设甲公司在10天内付款：

借：银行存款　　　　　　　　　　　　　　　　　　　　　1 110 000
　　贷：应收账款——甲公司　　　　　　　　　　　　　　　1 110 000

（3）假设6月30日甲公司仍未支付货款。经过沟通，红光公司估计甲公司能够在 7 月 18 日前付款，只能享受现金折扣 = 1 000 000 × 1% = 10 000 元，调增营业收入 10 000 元：

借：应收账款——甲公司　　　　　　　　　　　　　　　　　　10 000
　　贷：主营业务收入　　　　　　　　　　　　　　　　　　　　　　10 000

（4）假设 7 月 18 日红光公司收到了甲公司支付的全部货款 1 120 000 元：

借：银行存款　　　　　　　　　　　　　　　　　　　　　　1 120 000
　　贷：应收账款——甲公司　　　　　　　　　　　　　　　　　　1 120 000

4. 委托代销业务的账务处理

委托代销指受托方根据协议或按照委托方的要求，代为销售商品并收取手续费的一种销售方式。委托代销的特点体现为在委托方发出商品后，商品控制权并没有随着商品转移给受托方，只有在受托方出售商品后，商品控制权上的主要风险和报酬才能转移出委托方。其具体又分为支付手续费和视同买断两种方式。

采用支付手续费方式委托代销商品，指委托方和受托方签订合同或协议，委托方根据合同或协议约定根据代销商品的数量向受托方支付手续费，受托方按照合同或协议规定的价格销售代销商品的销售方式。当委托方向受托方交付商品时，由于商品的控制权并没有转移给受托方，因此应将发出的代销商品通过"委托代销商品"或"发出商品"科目进行核算。受托方将代销商品出售后，根据代销商品的数量及合同或协议中约定的结算方式，计算应向委托方收取的手续费并作为劳务收入确认入账。委托方收到受托方开来的代销清单时，根据代销清单所列的已销商品金额确认收入，支付的代销手续费计入当期销售费用。

【例 12-6】甲公司与乙公司签订代销协议，拟采用支付手续费的方式委托乙公司代销一批商品。该批商品成本为 37 000 元，协议约定售价为 48 000 元，增值税额为 6 240 元。根据协议规定，乙公司按照销售总价款（含税）的 5% 收取手续费。乙公司将产品售出并开具了代销清单，甲公司根据代销清单开具增值税发票。

甲公司账务处理如下：

（1）发出代销商品：

借：发出商品　　　　　　　　　　　　　　　　　　　　　　37 000
　　贷：库存商品　　　　　　　　　　　　　　　　　　　　　　　37 000

（2）收到代销清单：

借：应收账款——乙公司　　　　　　　　　　　　　　　　　　54 240
　　贷：主营业务收入　　　　　　　　　　　　　　　　　　　　　48 000
　　　　应交税费——应交增值税（销项税额）　　　　　　　　　　6 240

（3）结转销售成本：

借：主营业务成本　　　　　　　　　　　　　　　　　　　　　37 000
　　贷：发出商品　　　　　　　　　　　　　　　　　　　　　　　37 000

（4）计算支付的代销手续费，代销手续费 = 54 240 × 5% = 2 712（元）：

借：销售费用　　　　　　　　　　　　　　　　　　　　　　　2 712
　　贷：应收账款——乙公司　　　　　　　　　　　　　　　　　　2 712

（5）收到乙公司的货款：

借：银行存款 51 528
　　贷：应收账款——乙公司 51 528

乙公司的账务处理如下：

（1）收到受托代销商品：

借：受托代销商品 48 000
　　贷：受托代销商品款 48 000

（2）出售受托代销商品：

借：银行存款 54 240
　　贷：应付账款——甲公司 48 000
　　　　应交税费——应交增值税（销项税额） 6 240

（3）收到增值税发票：

借：应交税费——应交增值税（进项税额） 6 240
　　贷：应付账款——甲公司 6 240

（4）转销受托代销商品：

借：受托代销商品款 48 000
　　贷：受托代销商品 48 000

（5）结清代销商品款：

借：应付账款——甲公司 54 240
　　贷：银行存款 51 528
　　　　其他业务收入 2 712

视同买断方式指委托方和受托方签订合同或协议，委托方按合同或协议价格收取代销商品的货款，实际售价可由受托方自行确定，实际售价与合同或协议价之间的差额归受托方所有的销售方式。与支付手续费方式下合同或协议已约定好售价有所不同，在视同买断方式下，合同或协议内容会明确规定，受托方在取得代销商品后，无论是否出售、是否获利，都与委托方无关。因此，在这种方式下进行委托代销交易与委托方将商品直接出售给受托方没有任何区别，委托方应在商品发出时确认相关的收入，受托方应将取得代销商品的过程视同商品购进业务处理。如果合同或协议规定将来受托方没有将商品售出时可将商品退回给委托方，或受托方因代销商品出现亏损时可要求委托方补偿，那么委托方在发出商品时就不能确认为收入，其会计处理类似于支付手续费的委托代销方式。

【例 12-7】 甲公司委托乙公司代销一批产品，成本为 38 700 元，双方约定采用视同买断的方式进行，协议价格为 52 600 元，增值税额为 6 838 元。取得代销商品后，乙公司按照 61 000 元的价格售出，增值税额为 7 930 元。随后乙公司开来代销清单并结清款项。

甲公司的账务处理如下：

（1）发出代销商品：

借：应收账款——乙公司 59 438
　　贷：主营业务收入 52 600

应交税费——应交增值税（销项税额）		6 838

（2）结转销售成本：

借：主营业务成本　　　　　　　　　　　　　　　38 700
　　贷：库存商品　　　　　　　　　　　　　　　　　　　38 700

（3）收到代销清单：

借：银行存款　　　　　　　　　　　　　　　　　59 438
　　贷：应收账款——乙公司　　　　　　　　　　　　　　59 438

乙公司账务处理如下：

（1）收到受托代销商品：

借：库存商品　　　　　　　　　　　　　　　　　52 600
　　应交税费——应交增值税（进项税额）　　　　　6 838
　　贷：应付账款——甲公司　　　　　　　　　　　　　　59 438

（2）出售受托代销商品：

借：银行存款　　　　　　　　　　　　　　　　　68 930
　　贷：主营业务收入　　　　　　　　　　　　　　　　　61 000
　　　　应交税费——应交增值税（销项税额）　　　　　　7 930

（3）结转销售成本：

借：主营业务成本　　　　　　　　　　　　　　　52 600
　　贷：库存商品　　　　　　　　　　　　　　　　　　　52 600

（4）结清代销商品款：

借：应付账款——甲公司　　　　　　　　　　　　59 438
　　贷：银行存款　　　　　　　　　　　　　　　　　　　59 438

（二）特殊销售业务的账务处理

除了以上几种较为常见的商品销售业务外，企业在经营过程中还会涉及一些较为复杂的业务，与这些业务有关的收入的确认和计量同样也需要按照"五步法"模型来实现。

1.合同包括多项履约义务及可变对价业务的账务处理

如果企业与客户签订的合同中包含多项履约义务，交易价格的确定存在可变对价等因素，那么就要按照前述营业收入确认与计量的步骤进行分析，分别进行账务处理。

【例12-8】丙公司与C公司在20×1年4月1日签订了一份精密机床销售及技术服务合同，经双方批准生效。根据合同要求，丙公司应在20×1年6月1日交付该产品，并在接下来的一年内提供与该设备使用有关的技术服务。该设备及技术服务的总售价（不含增值税）为3 500 000元，机床成本为2 000 000元，每月的技术服务成本为56 000元，C公司在收到设备并正常安装运行后，应一次性结清款项。20×1年6月1日，丙公司收到了C公司支付的全部价款3 955 000元，其中包含增值税销项税额455 000元，并开具了增值税专用发票。丙公司如果单独销售该项机床产品，不含税的价款为2 500 000元；如果单独提供一年的技术服务，不含税的价款为1 500 000元；总价款为4 000 000元。

按照营业收入确认和计量的"五步法"模型，具体分析如下：

（1）识别与客户签订的合同：该合同已经双方批准生效。

（2）识别合同中的履约义务：该合同包括提供机床产品和技术服务两个义务。

（3）确定交易价格：C公司在收到机床并可正常安装使用后，一次性支付全部价款（不含税）为3 500 000元，增值税为455 000元。合同价格里包含有合同折扣，合同折扣＝4 000 000－3 500 000＝500 000（元）。

（4）将交易价格分摊至各单项履约义务：软件商品的交易价格＝3 500 000×（2 500 000÷4 000 000）＝2 187 500（元）；技术服务的交易价格＝3 500 000×（1 500 000÷4 000 000）＝1 312 500（元）。

（5）履行各单项履约义务时确认收入：按照合同要求，丙公司在C公司收到机床并能正常安装运行后确认收入；提供的技术服务应在20×1年6月1日交付该产品后的一年内分期确认收入。

相关账务处理如下：

（1）20×1年6月1日，收取C公司支付的全部的价款3 955 000元，其中包含增值税销项税额455 000元；交付该机床产品并能够正常安装使用，确认机床产品销售收入2 187 500元；软件销售收入1 312 500元尚未实现，应计入"合同负债"科目：

借：银行存款　　　　　　　　　　　　　　　　　　　　　3 955 000
　　贷：主营业务收入　　　　　　　　　　　　　　　　　2 187 500
　　　　合同负债　　　　　　　　　　　　　　　　　　　1 312 500
　　　　应交税费——应交增值税（销项税额）　　　　　　　455 000

（2）结转该机床产品的成本：

借：主营业务成本　　　　　　　　　　　　　　　　　　　2 000 000
　　贷：库存商品　　　　　　　　　　　　　　　　　　　2 000 000

（3）20×1年6月30日，确认当月提供的技术服务收入，当月提供的技术服务收入＝1 312 500÷12＝109 375（元）：

借：合同负债　　　　　　　　　　　　　　　　　　　　　109 375
　　贷：主营业务收入　　　　　　　　　　　　　　　　　109 375

（4）结转当月的技术服务成本：

借：主营业务成本　　　　　　　　　　　　　　　　　　　56 000
　　贷：生产成本　　　　　　　　　　　　　　　　　　　56 000

知识加油站

尽管合同负债与预收账款相类似，都是负债类科目，但是两者在以下几个方面有所区别。①是否收取款项。预收账款的确认前提是收到了款项，而合同负债则以合同中履约义务的确立为前提，与是否收到款项无关。②所收款项是否会构成履约义务。合同负债的确认是以履约义务为前提的，如果所预收的款项与合同规定的履约义务无关，则不能作为合同负债核算，应列入预收账款。③交货期是否确定。虽然两者都是先收钱再提供商品或劳务，但预收账款是商品和交货期等已经确定，而合同负债是商品和交货期等还不确定。在一项预收款不构成履约义务时，原则上仍要以预收账款进行核算。

2. 短期分期收款销售业务的账务处理

分期收款销售指商品已经交付，但货款分期收回的一种销售方式，具体又分为长期分期收款销售和短期分期收款销售两种方式。通常情况下，长期分期收款销售的期限在3年以上，时间较长，属于具有重大融资性质的分期收款销售业务。短期分期收款销售由于期限较短，不需要像长期分期收款销售业务那样考虑融资的情况，只要满足收入的确认条件就应予以全额确认，借记"银行存款""应收账款"科目，贷记"主营业务收入"科目。相应地，结转已售产品成本，借记"主营业务成本"科目，贷记"库存商品"科目。根据我国增值税的相关规定，发出商品时应确认待转销项税额，借记"应收账款"科目，贷记"应交税费——待转销项税额"科目；等到合同规定的收款日期，无论是否收到价款，都要开具增值税发票，确认应交增值税，借记"应交税费——待转销项税额"科目，贷记"应交税费——应交增值税（销项税额）"科目；实际收到价款时，借记"银行存款"科目，贷记"应收账款"科目。

【例12-9】20×1年5月1日，甲公司通过分期收款的方式向乙公司销售A产品，产品总成本为290 000元，总售价为500 000元，增值税销项税额为65 000元。按照双方约定，甲公司分别在6月1日、7月1日、8月1日和9月1日分四次收取货款。甲公司账务处理如下：

（1）5月1日销售A产品：

借：银行存款　　　　　　　　　　　　　　　　　　　565 000
　　贷：主管业务收入　　　　　　　　　　　　　　　　　500 000
　　　　应交税费——待转销项税额　　　　　　　　　　　 65 000

（2）同时结转产品成本：

借：主营业务成本　　　　　　　　　　　　　　　　　290 000
　　贷：库存商品　　　　　　　　　　　　　　　　　　　290 000

（3）6月1日、7月1日、8月1日和9月1日分四次收取货款，每次收取价款＝（500 000+65 000）÷4＝141 250（元）：

借：银行存款　　　　　　　　　　　　　　　　　　　141 250
　　贷：应收账款　　　　　　　　　　　　　　　　　　　141 250

（4）同时确认增值税，每次确认的增值税额＝65 000÷4＝16 250（元）：

借：应交税费——待转销项税额　　　　　　　　　　　　16 250
　　贷：应交税费——应交增值税（销项税额）　　　　　　 16 250

3. 具有重大融资性质的分期收款销售业务的账务处理

企业采用长期分期收款销售方式销售商品的，收款期限较长，这类业务具有融资的性质。在满足收入确认的条件下，应当按照商品的现销价格确认收入。如果该商品不存在现销价格，则按照不含增值税的分期收款总额的现值确认收入，不含增值税的分期收款总额与确认收入两者差额作为未实现融资收益。发出商品时，根据包含增值税的分期收款总额，借记"长期应收款"科目；根据确认的收入，贷记"主营业务收入"科目；根据应收增值税销项税额，贷记"应交税费——待转销项税额"科目；根据差额，贷记"未实现融资收益"科目。在合同约定收款期，将待转销项税额转出，借记"应交税费——待转销项税额"科目，贷记"应交税费——应交增值税（销项税额）"科目；按照实际收到的款项，借记"银行存款"等科目，贷记"长期应收款"科目。同时，以不含增值税的长期应收款账面价值为基础，将按照实际利率法计算的未实现融资收益的摊销额（金额＝(不含待转销项税额的"长期应收款"借方余额－"未实现融资收益"贷方余额)×实际利率）确认为融资收益，借记"未实现融资收益"科目，贷记"财务费用"科目。注意：应向购货方收取的增值税额是不需要折现处理的。

【例12-10】20×7年3月15日，甲公司通过分期收款的方式向乙公司销售B产品，产品总成本为480 000元，不含税的总价款为600 000元，增值税销项税额为78 000元，商品的现销价格为520 000元，实际利率为5%。合同约定分四次收款，收款日期为20×8年3月15日、20×9年3月15日、20×0年3月15日和20×1年3月15日。甲公司各收款日期均收取货款169 500元，并开具增值税专用发票。

（1）20×7年3月15日，销售B产品，财务处理如下：

借：长期应收款　　　　　　　　　　　　　　　　　　　　　　678 000
　　贷：应交税费——待转销项税额　　　　　　　　　　　　　　78 000
　　　　主营业务收入　　　　　　　　　　　　　　　　　　　520 000
　　　　未实现融资收益　　　　　　　　　　　　　　　　　　 80 000

（2）同时结转产品成本，财务处理如下：

借：主营业务成本　　　　　　　　　　　　　　　　　　　　　480 000
　　贷：库存商品　　　　　　　　　　　　　　　　　　　　　480 000

不含增值税的长期应收款账面价值＝长期应收款－待转销项税额－未实现融资收益
　　　　　　　　　　　　　　　＝678 000－78 000－80 000＝520 000（元）

（3）20×8年3月15日，收取货款，财务处理如下：

借：银行存款　　　　　　　　　　　　　　　　　　　　　　　169 500
　　贷：长期应收款　　　　　　　　　　　　　　　　　　　　169 500

待转销项税额＝78 000÷4＝19 500（元）

财务处理如下：

借：应交税费——待转销项税额　　　　　　　　　　　　　　　 19 500
　　贷：应交税费——应交增值税（销项税额）　　　　　　　　　19 500

未实现融资收益摊销额＝520 000×5%＝26 000（元）

财务处理如下：

借：未实现融资收益　　　　　　　　　　　　　　　　　　　　 26 000
　　贷：财务费用　　　　　　　　　　　　　　　　　　　　　 26 000

"长期应收款"科目的借方余额＝678 000－169 500＝508 500（元）

"应交税费——待转销项税额"科目贷方余额＝78 000－19 500＝58 500（元）

"未实现融资收益"科目的贷方余额 = 80 000-26 000 = 54 000（元）

不含增值税的长期应收款账面价值 = 508 500-58 500-54 000 = 396 000（元）

（4）20×9年3月15日，收取货款，财务处理如下：

借：银行存款　　　　　　　　　　　　　　　　　　　　169 500
　　贷：长期应收款　　　　　　　　　　　　　　　　　　　　169 500
借：应交税费——待转销项税额　　　　　　　　　　　　　19 500
　　贷：应交税费——应交增值税（销项税额）　　　　　　　　19 500

未实现融资收益摊销额 = 396 000×5% = 19 800（元）

财务处理如下：

借：未实现融资收益　　　　　　　　　　　　　　　　　19 800
　　贷：财务费用　　　　　　　　　　　　　　　　　　　　　19 800

"长期应收款"科目的借方余额 = 508 500-169 500 = 339 000（元）

"应交税费——待转销项税额"科目贷方余额 = 58 500-19 500 = 39 000（元）

"未实现融资收益"科目的贷方余额 = 54 000-19 800 = 34 200（元）

不含增值税的长期应收款账面价值 = 339 000-39 000-34 200 = 265 800（元）

20×0年和20×1年的账务处理与上述处理类似，略。

4. 附有销售退回条款的销售业务的账务处理

附有销售退回条款的商品销售，指购买方依照有关协议有权退货的销售方式。对于附有销售退回条款的销售，企业应当在客户取得相关商品控制权时，按照因向客户转让商品而预期有权收取的对价金额（即不包含预期因销售退回将退还的金额）确认收入，按照预期因销售退回将退还的金额确认预计负债，借记"银行存款"等科目，贷记"主营业务收入""预计负债"等科目；同时，按照预期将退回商品转让时的账面价值，扣除收回该商品预计发生的成本（包括退回商品的价值减损）后的余额，借记"应收退货成本"科目；根据可能退回商品的账面价值，贷记"库存商品"等科目，两者差额借记"主营业务成本"科目。企业无法合理估计退货可能性的，表明收入的金额无法可靠计量，不满足现行准则下收入的确认条件，应将所收到货款作为应收退货成本，并在退货期满时确认营业收入。

【例12-11】20×1年4月30日，甲公司向乙公司销售一批B商品，该批产品共500件，总成本为380 000元，总价款为500 000元，增值税销项税额为65 000元，乙公司取得商品控制权，甲公司已收取价款并开具增值税专用发票，规定20天内可以无条件退货。根据以往的经验，甲公司估计这批产品的退货率为8%。20×1年6月15日，乙公司退回商品10件，其余商品未退货，甲公司开具红字专用发票，退回价款10 000元，增值税额1 300元。

（1）4月30日售出产品，按估计的退货率确认收入：

确认主营业务收入 = 500 000×92% = 460 000（元）

确认预计负债 = 500 000×8% = 40 000（元）

会计分录如下：

借：银行存款	565 000
贷：主营业务收入	460 000
预计负债	40 000
应交税费——应交增值税（销项税额）	65 000

（2）同时结转产品成本：

确认主营业务成本 = 380 000 × 92% = 349 600（元）

确认发出商品 = 380 000 × 8% = 30 400（元）

会计分录如下：

借：主营业务成本	349 600
应收退货成本	30 400
贷：库存商品	380 000

（3）6月15日支付退货款，确认未退货商品收入：

确认主营业务收入 = 500 000 × 8% - 10 000 = 30 000（元）

会计分录如下：

借：预计负债	40 000
应交税费——应交增值税（销项税额）	1 300
贷：主营业务收入	30 000
银行存款	11 300

（4）转回库存商品，确认主营业务成本：

转回库存商品 = 10 000 × (380 000 ÷ 500 000) = 7600（元）

确认主营业务成本 = 30 400 - 7 600 = 22 800（元）

会计分录如下：

借：主营业务成本	22 800
库存商品	7 600
贷：应收退货成本	30 400

5. 售后回购业务的账务处理

售后回购指销售方同意日后再将同样或类似的商品购回的销售方式，其确认收入的标准为判断购货方是否具有该商品控制权。对于售后回购交易，企业应当区分下面两种情形分别进行处理。

第一种情况，因存在与客户的远期安排而负有回购义务或企业享有回购权利的，表明客户在销售时点并未取得相关商品控制权，企业应当作为租赁交易或融资交易进行相应的会计处理。其中，回购价格低于原售价的，应当视为租赁交易，按照《企业会计准则第21号——租赁》的相关规定进行会计处理；回购价格高于原售价的，应当视为融资交易，在收到客户款项时确认金融负债，同时将该款项和回购价格的差额在回购期间内确认为利息费用等。

发生属于融资交易的售后回购交易，企业应根据收取的全部价款借记"银行存款"科目；根据不含增值税的销售价款，贷记"其他应付款"科目；根据计算的应交增值税贷记

"应交税费——应交增值税（销项税额）"科目等。同时根据发出商品的成本，借记"发出商品"科目，贷记"库存商品"科目。回购商品的价格超过销售价格的差额，需要在回购期内平均分摊确认为计息费用，借记"财务费用"科目，贷记"其他应付款"科目。企业到期未行使回购权利的，应当在该回购权利到期时终止确认金融负债，同时确认收入。

【例12-12】甲公司于20×1年5月31日销售商品一批，实际成本为360 000元，总价款为600 000元，适用的增值税税率为13%。合同规定，甲公司必须在10月31日将这批产品购回，购回价格为680 000元，增值税税额88 400元，甲公司已收到全部价款并开具专用发票。甲公司账务处理如下：

（1）5月31日销售商品，根据合同的回购要求，不确认收入：

借：银行存款　　　　　　　　　　　　　　　　　　　　　　　　678 000
　　贷：应交税费——应交增值税（销项税额）　　　　　　　　　　78 000
　　　　其他应付款　　　　　　　　　　　　　　　　　　　　　600 000

（2）发出商品：

借：发出商品　　　　　　　　　　　　　　　　　　　　　　　　360 000
　　贷：库存商品　　　　　　　　　　　　　　　　　　　　　　360 000

（3）计提利息支出，销售至回购期的利息支出=（680 000-600 000）÷5=16 000（元）：

借：财务费用　　　　　　　　　　　　　　　　　　　　　　　　 16 000
　　贷：其他应付款　　　　　　　　　　　　　　　　　　　　　 16 000

（4）10月31日回购商品：

借：其他应付款　　　　　　　　　　　　　　　　　　　　　　　680 000
　　应交税费——应交增值税（进项税额）　　　　　　　　　　　　88 400
　　贷：银行存款　　　　　　　　　　　　　　　　　　　　　　768 400

（5）冲回发出的商品：

借：库存商品　　　　　　　　　　　　　　　　　　　　　　　　360 000
　　贷：发出商品　　　　　　　　　　　　　　　　　　　　　　360 000

第二种情况，企业负有应客户要求回购商品义务的，应当在合同开始日评估客户是否具有行使该要求权的重大经济动因。客户具有行使该要求权重大经济动因的，应当将售后回购作为租赁交易或融资交易进行相关的会计处理；否则，应当将其作为附有销售退回条款的销售交易进行会计处理。

6. 以旧换新销售业务的账务处理

以旧换新指企业在销售商品的同时收购旧商品，并将旧商品确认为存货的销售方式。如果收购旧商品的价款为其公允价值，那么收购旧商品支付的价款应当计入存货成本，不得冲减收入。如果企业收购旧商品的价值可以直接抵减新商品价款，应根据新商品的销售价款扣除旧商品收购价后的净值，借记"银行存款"等科目；根据收购的旧商品的价款，贷记"原材料"等科目；换的新商品视同正常销售，按售价贷记"主营业务收入"科目，同时贷记"应交税费——应交增值税（销项税额）"科目。如果收购旧商品的价款超过其公允价值收购的旧商品，应按照公允价值记账，差额作为交易价格的调整抵减新商品的销售收入。

【例12-13】甲公司销售一批C产品，总成本为62 500元，售价为71 500元，增值税销项税额为9 295元，价款已收取并开具增值税专票。在销售C产品的同时，甲公司还收购旧商品50件，收购价为2 050元，甲公司已将收到的旧商品作为原材料验收入库。

（1）如果旧商品收购价为公允价值，直接抵扣新商品的销售价款：

以旧换新实际收到价款 = 71 500+9 295-2 050 = 78 745（元）

账务处理如下：

借：银行存款 78 745
　　原材料 2 050
　　贷：主管业务收入 71 500
　　　　应交税费——应交增值税（销项税额） 9 295

同时结转成本。账务处理如下：

借：主管业务成本 62 500
　　贷：库存商品——C产品 62 500

（2）如果旧商品的公允价值为1 560元，那么收购价格2 050高于公允价值1 560的差额490元应冲减收入，账务处理如下：

借：银行存款 78 745
　　原材料 1 560
　　贷：主管业务收入 71 010
　　　　应交税费-应交增值税（销项税额） 9 295

同时结转成本。账务处理如下：

借：主管业务成本 62 500
　　贷：库存商品——C产品 62 500

7. 需要安装调试的销售业务账务处理

企业销售的商品如果需要安装调试，且购货合同只有在安装调试的结果经检验合格后才能生效，则企业在安装调试完成前将收取的价款作为合同负债，不应确认收入；在安装调试完成并验收合格后，该商品的控制权完全转移给客户时再确认收入。对于安装程序较为简单的或根据已有经验判断客户不会拒收商品的，在满足收入确认条件的情况下，企业在发出商品时就可以确认收入。

【例12-14】甲公司销售商品一批，总成本为320 000元，总价款为560 000元，增值税销项税额72 800元。合同规定商品由销售方负责安装，且只有安装调试合格后才能签收商品。相关费用已包括在总价款中，甲公司收到款项并开具增值税专用发票。相关账务处理如下：

（1）收取价款时不确认收入：

借：银行存款 632 800
　　贷：合同负债 560 000

应交税费——应交增值税(销项税额)	72 800

(2)发出商品:
借:发出商品	320 000
贷:库存商品	320 000

(3)安装调试合格后,客户签收商品,确认收入:
借:合同负债	560 000
贷:主营业务收入	560 000

(4)同时确认成本:
借:主营业务成本	320 000
贷:发出商品	320 000

(三)提供劳务收入的账务处理

如果属于某一时点的履约义务,那么企业提供劳务与销售商品确认收入的处理方式相同。对于在某一时段内履行的履约义务,企业应当根据履约义务的性质采用投入法或产出法确定合理的履约进度,分期确认营业收入。其中,投入法是根据企业履行履约义务的投入占履行履约义务预计总投入的比值确定履约进度,包括用投入的材料数量、耗用的人工或机器工时、已发生的成本和花费的时间等计量履约进度。例如,甲公司与乙公司签订一项服务合同,合同总收入5 000 000元,总成本为2 500 000元,合同期限2年,采用投入法确定履约进度。在资产负债表日,累计服务成本为500 000元,累计履约进度为20%(500 000÷2 500 000),乙公司应确认的收入是1 000 000(5 000 000×20%)元。产出法是根据已转移给客户的商品对于客户的价值确定履约进度的一种方法,包括按照实际测量的完工进度、评估已实现的结果、已达到的里程碑、时间进度、已完工或交付的产品等计量履约进度的方法。例如,甲公司与乙公司签订一项服务合同,合同总收入为600 000元,合同总成本为450 000元,合同期限3年,采用产出法确定履约进度。经专业评估机构认定,该项服务的价值在资产负债表日的累计履约进度为30%,乙公司认可并接受这一评估结果,则甲公司应确认的营业收入为180 000(600 000×30%)元。

相应地,确认各期营业收入及结转营业成本的计算公式如下:

各期确认的营业收入 = 预计总收入 × 履约进度 - 以前期间已累计确认的营业收入

各期结转的营业成本 = 预计总成本 × 履约进度 - 以前期间已累计结转的营业成本

企业发生服务成本时,借记"生产成本"科目,贷记"原材料""应付职工薪酬"等科目;确认收入时,借记"银行存款""应收账款"等科目,贷记"主营业务收入"等科目;结转相关的服务成本时,借记"主营业务成本"科目,贷记"生产成本"科目。

无论企业采用哪种方法,对于类似情况下的类似履约义务,企业应当采用相同的方法确定履约进度。当履约进度不能合理确定时,企业已经发生的成本预计能够得到补偿的,应当按照已经发生的成本金额确认营业收入,直到履约进度能够合理确定为止;如果已经发生的成本预计不能全部得到补偿的,应当按照预计能够得到补偿的部分确认营业收入。

【例 12-15】甲公司为增值税一般规模纳税人,20×1 年 1 月 1 日,甲公司与乙公司签订一份服务合同,不含税的总价款为 820 000 元,适用增值税税率为 6%,预计 20×8 年 6 月 30 日完工。按照合同约定,甲公司在 20×1 年 1 月 1 日预收乙公司保证金 217 300 元,剩余款项每 2 个月结算一次,分别在 20×1 年 2 月 28 日、20×1 年 4 月 30 日和 20×1 年 6 月 30 日各收取 217 300 元。甲公司预计该项服务的总成本为 500 000 元,合同签订日收取保证金 217 300 元,20×1 年 1 月,甲公司实际发生服务成本 60 000 元,假设全部为职工薪酬,月末按照专业评估师测算的履约进度为 10%;20×1 年 2 月,甲公司实际发生服务成本为 100 000 元,月末按照专业评估师测算的履约进度为 30%,20×1 年 2 月 28 日,收取服务费 217 300 元。甲公司采用投入法确定履约进度。

(1) 20×1 年 1 月 1 日,收取保证金,账务处理如下:

借:银行存款　　　　　　　　　　　　　　　　　　　　　　217 300
　　贷:合同负债　　　　　　　　　　　　　　　　　　　　　　217 300

(2) 20×1 年 1 月,确认提供服务的收入、成本,并结转服务成本。

①确认提供服务收入:

履约进度 =(60 000÷500 000)×100% = 12%

确认服务收入 = 820 000×12% = 98 400(元)

收取增值税 = 98 400×6% = 5 904(元)

账务处理如下:

借:合同负债　　　　　　　　　　　　　　　　　　　　　　104 304
　　贷:主营业务收入　　　　　　　　　　　　　　　　　　　　 98 400
　　　　应交税费——应交增值税(销项税额)　　　　　　　　　　5 904

②确认提供的服务成本,账务处理如下:

借:生产成本　　　　　　　　　　　　　　　　　　　　　　 60 000
　　贷:应付职工薪酬　　　　　　　　　　　　　　　　　　　　 60 000

③结转服务成本:

结转服务成本 = 500 000×12% = 60 000(元)

账务处理如下:

借:主营业务成本　　　　　　　　　　　　　　　　　　　　 60 000
　　贷:生产成本　　　　　　　　　　　　　　　　　　　　　　 60 000

(3) 20×1 年 2 月,收取款项,确认提供服务的收入、成本,并结转服务成本。

①收取款项,账务处理如下:

借:银行存款　　　　　　　　　　　　　　　　　　　　　　217 300
　　贷:合同负债　　　　　　　　　　　　　　　　　　　　　　217 300

②确认提供服务收入:

履约进度 =(60 000+100 000)÷500 000×100% = 32%

确认服务收入 = 820 000×32%-98 400 = 164 000(元)

收取增值税 = 164 000×6% = 9 840(元)

账务处理如下：

借：合同负债 173 840
　　贷：主营业务收入 164 000
　　　　应交税费——应交增值税（销项税额） 9 840

③确认提供的服务成本，账务处理如下：

借：生产成本 100 000
　　贷：应付职工薪酬 100 000

④结转服务成本：

结转服务成本＝500 000×32%－60 000＝100 000（元）

账务处理如下：

借：主营业务成本 100 000
　　贷：生产成本 100 000

20×1年4月、6月的业务处理也比照上述方式进行。

【例12-16】承【例12-15】的内容，假定甲公司采用产出法确定履约进度。

（1）20×1年1月1日，收取保证金，账务处理如下：

借：银行存款 217 300
　　贷：合同负债 217 300

（2）20×1年1月，确认提供服务的收入、成本，并结转服务成本。

①确认提供服务收入：

确认服务收入＝820 000×10%＝82 000（元）

收取增值税＝82 000×6%＝4 920（元）

账务处理如下：

借：合同负债 86 920
　　贷：主营业务收入 82 000
　　　　应交税费——应交增值税（销项税额） 4 920

②确认提供的服务成本，账务处理如下：

借：生产成本 60 000
　　贷：应付职工薪酬 60 000

③结转服务成本：

结转服务成本＝500 000×10%＝50 000（元）

账务处理如下：

借：主营业务成本 50 000
　　贷：生产成本 50 000

（3）20×1年2月，确认提供服务的收入、成本，并结转服务成本。

①收取款项，账务处理如下：

借：银行存款 217 300
　　贷：合同负债 217 300

②确认提供服务收入：

确认服务收入 = 820 000×30%-82 000 = 164 000（元）

收取增值税 = 164 000×6% = 9 840（元）

账务处理如下：

借：合同负债　　　　　　　　　　　　　　　　　　173 840
　　贷：主营业务收入　　　　　　　　　　　　　　　164 000
　　　　应交税费——应交增值税（销项税额）　　　　　9 840

③确认提供的服务成本，账务处理如下：

借：生产成本　　　　　　　　　　　　　　　　　　100 000
　　贷：应付职工薪酬　　　　　　　　　　　　　　　100 000

④结转服务成本：

结转服务成本 = 500 000×30%-50 000 = 100 000（元）

账务处理如下：

借：主营业务成本　　　　　　　　　　　　　　　　100 000
　　贷：生产成本　　　　　　　　　　　　　　　　　100 000

20×1年4月、6月的业务处理也比照上述方式进行。

第三节　费用与其他损益项目

一、营业成本

（一）主营业务成本

主营业务成本是指企业销售商品、提供劳务等经营性活动所发生的成本。企业一般在确认销售商品、提供劳务等主营业务收入时或在月末，将已销售商品或已提供劳务的成本转入主营业务成本。主营业务成本按照主营业务的具体种类进行明细核算。对于因销售商品、提供劳务等主营业务活动而发生的实际成本，企业应借记"主营业务成本"科目，贷记"库存商品"等科目。期末，将主营业务成本的余额转入"本年利润"科目，借记"本年利润"，贷记"主营业务成本"科目，结转后，该科目无余额。

（二）其他业务成本

其他业务成本是指企业确认的除主营业务活动以外的其他经营活动所发生的支出，包括销售材料的成本、出租固定资产提取的折旧额、出租无形资产的摊销额及出租包装物的成本或摊销额等。其他业务成本按照其他业务支出的种类进行明细核算。业务发生时，应借记"其他业务成本"科目，贷记"原材料""周转材料""累计摊销""应付职工薪酬""银行存款"等科目。期末,将"其他业务成本"科目余额转入"本年利润"科目,结转后,该科目无余额。

二、税金及附加

税金及附加是指应由企业营业收入补偿的各种税金及附加费,包括消费税、城市维护建设税、教育费附加、资源税、房产税、土地使用税、印花税及车船税等。企业按照规定计算结转应缴纳的消费税、城市维护建设税、教育费附加、房产税、土地使用税、车船税,借记"税金及附加"科目,分别贷记"应交税费——应交消费税""应交税费——应交城市维护建设税""应交税费——应交教育费附加""应交税费——应交房产税""应交税费——应交土地使用税"和"应交税费——应交车船税";对于按规定应缴纳的印花税,企业应按照购买支付方式及实际购买的金额,借记"税金及附加"科目,贷记"银行存款"科目。期末,将该账户借方归集的全部税金及附加由贷方转出,转入"本年利润"账户的借方,结转后无余额。

【例12-17】12月31日,甲公司计算结转本月应交城市维护建设税1 870元,应交教育费附加1 122元,应交房产税820元,车船税530元,用银行存款购买印花税票240元。甲公司账务处理如下:

(1)结转应交城市维护建设税、教育费附加、房产税和车船税:

借:税金及附加　　　　　　　　　　　　　　　　　　　4 342
　　贷:应交税费——应交城市维护建设税　　　　　　　　　1 870
　　　　　　　　——应交教育费附加　　　　　　　　　　　1 122
　　　　　　　　——应交房产税　　　　　　　　　　　　　　820
　　　　　　　　——应交车船税　　　　　　　　　　　　　　530

(2)购买印花税票:

借:税金及附加　　　　　　　　　　　　　　　　　　　　240
　　贷:银行存款　　　　　　　　　　　　　　　　　　　　240

三、期间费用

(一)管理费用

管理费用指企业行政管理部门为组织和管理生产经营活动而发生的各项费用,包括公司经费、工会经费、社会保险费、董事会费、聘请中介机构费、咨询费、差旅费、办公费、业务招待费及其他管理费用等。对发生的管理费用,企业应根据费用项目设置明细借记"管理费用"等科目,贷记"银行存款""应付账款"等科目,期末再将该账户借方归集的全部管理费用由贷方转出,转入"本年利润"账户的借方,结转后无余额。

【例12-18】12月份,甲公司发生以下管理费用:应付行政办公室人员薪酬16 000元,计提总经理办公室使用的打印机折旧费 3 200 元，用银行存款支付行政办公室复印机维修费 1 000 元及业务招待费 12 500 元，报销总经理办公室差旅费 13 600 元，无形资产摊销 580 元。相关账务处理如下：

（1）应付行政办公室人员薪酬：

借：管理费用——工资及福利费　　　　　　　　　　　　　　　　16 000
　　贷：应付职工薪酬　　　　　　　　　　　　　　　　　　　　　16 000

（2）计提固定资产折旧费：

借：管理费用——折旧费　　　　　　　　　　　　　　　　　　　 3 200
　　贷：累计折旧　　　　　　　　　　　　　　　　　　　　　　　 3 200

（3）支付行政办公室复印机维修费与业务招待费：

借：管理费用——维修费　　　　　　　　　　　　　　　　　　　 1 000
　　　　　　——业务招待费　　　　　　　　　　　　　　　　　　12 500
　　贷：银行存款　　　　　　　　　　　　　　　　　　　　　　　13 500

（4）报销总经理办公室差旅费：

借：管理费用——差旅费　　　　　　　　　　　　　　　　　　　13 600
　　贷：银行存款　　　　　　　　　　　　　　　　　　　　　　　13 600

（5）无形资产摊销：

借：管理费用——无形资产摊销费　　　　　　　　　　　　　　　　580
　　贷：累计摊销　　　　　　　　　　　　　　　　　　　　　　　　580

（二）销售费用

销售费用指企业在销售商品、提供劳务过程中发生的各种费用及为销售本企业商品而专设销售机构（含销售网点等）的各项费用，包括在销售过程中应由企业负担的保险费、包装费、运输费、装卸费、展览费、广告费和销售部门的职工薪酬、折旧费、办公费及差旅费等。在实际发生时，应按照费用项目设置明细借记"销售费用"等科目，贷记"银行存款""应付账款"等科目，期末再将该账户借方归集的全部销售费用由贷方转出，转入"本年利润"账户的借方，结转后无余额。

【例 12-19】12 月份，甲公司发生以下销售费用：分配某销售网点人员的职工薪酬 28 000 元，用银行存款支付会展的广告费 60 000 元。相关账务处理如下：

（1）分配销售网点职工薪酬：

借：销售费用　　　　　　　　　　　　　　　　　　　　　　　　28 000
　　贷：应付职工薪酬　　　　　　　　　　　　　　　　　　　　　28 000

（2）支付会展的广告费：

借：销售费用——广告费　　　　　　　　　　　　　　　　　　　60 000
　　贷：银行存款　　　　　　　　　　　　　　　　　　　　　　　60 000

（三）财务费用

财务费用是指企业为筹集生产经营所需资金等而发生的各项费用，主要有利息净支出（利息支出减利息收入后的差额）、汇兑净损失（汇兑损失减汇兑收益的差额）、金融机构手续费及筹集生产经营资金所发生的其他财务费用等。对实际发生的财务费用，企业应借记"财务费用"等科目，贷记"应付利息"等科目；对取得的利息收入，应抵减利息支出，借记"银行存款"等科目，贷记"财务费用"科目。期末将该账户借方归集的全部财务费用由贷方转出，转入"本年利润"账户的借方，结转后无余额。

【例12-20】12月份，甲公司收到银行存款利息17 000元，实际支付短期借款利息24 000元。相关账务处理如下：

（1）收到银行转来的存款利息：

借：银行存款　　　　　　　　　　　　　　　　　　　17 000
　　贷：财务费用——利息收入　　　　　　　　　　　　　　17 000

（2）支付短期借款利息：

借：财务费用——利息支出　　　　　　　　　　　　　　24 000
　　贷：银行存款　　　　　　　　　　　　　　　　　　　24 000

四、资产减值损失

资产减值损失是指因资产的可回收金额低于其账面价值而造成的损失。资产减值范围包括存货、工程物资、在建工程、固定资产、无形资产、长期股权投资等。确认减值损失时，应借记"资产减值损失"科目，贷记"存货跌价准备""工程物资减值准备"、"在建工程减值准备""固定资产减值准备""无形资产减值准备""长期股权投资减值准备"等科目。根据我国现行的企业会计准则规定，除了存货以外的工程物资、在建工程、固定资产、无形资产、长期股权投资等，一旦提取减值损失，后续不得转回。对存货而言，若计提存货跌价准备后资产价值又恢复的，企业应在已计提的减值准备金额范围内，按照存货恢复的价值做相反的会计处理，即借记"存货跌价准备"科目，贷记"资产减值损失"科目。期末将该账户借方归集的全部资产减值损失由贷方转出，转入"本年利润"账户的借方，结转后无余额。

【例12-21】20×0年3月2日，甲公司购入乙公司股份1 000 000元作为长期股权投资，采用成本法核算。20×1年12月，乙公司发生严重亏损，甲公司预计对乙公司的长期股权投资可收回金额为660 000元，计提长期股权投资减值损失340 000元。甲公司账务处理如下：

借：资产减值损失　　　　　　　　　　　　　　　　　　340 000
　　贷：长期股权投资减值准备　　　　　　　　　　　　　　340 000

五、信用减值损失

信用减值损失是指金融资产中的应收款项、债权投资、其他债权投资等资产价值下跌发生的损失。计提信用减值损失时,应借记"信用减值损失"科目,贷记"坏账准备""债权投资减值准备""其他综合收益——金融资产减值准备"等科目。期末,将该账户借方归集的全部信用减值损失由贷方转出,转入"本年利润"账户的借方,结转后无余额。

【例12-22】12月末,甲公司持有债权投资的账面价值为1 300 000元,预计其未来现金流量的现值为1 120 000元,需要计提预期信用损失180 000元。甲公司账务处理如下:

借:信用减值损失　　　　　　　　　　　　　　　　　　180 000
　　贷:债权投资减值准备　　　　　　　　　　　　　　　　　　180 000

六、公允价值变动损益

公允价值变动损益是指交易性金融资产或以公允价值计量的投资性房地产等因公允价值变动而产生的损益。期末有关资产的公允价值低于账面价值时,形成公允价值变动损失,应计入"公允价值变动损益"科目的借方;反之,有关资产的公允价值高于账面价值时,形成公允价值变动收益,应计入"公允价值变动损益"科目的贷方。期末,将"公允价值变动损益"科目余额转入"本年利润"科目,结转后无余额。

【例12-23】12月31日,甲公司持有的交易性金融资产的账面价值为1 000 000元,公允价值为850 000元,甲公司确认公允价值变动损失150 000元。甲公司账务处理如下:

借:公允价值变动损益　　　　　　　　　　　　　　　　　150 000
　　贷:交易性金融资产——公允价值变动　　　　　　　　　　　150 000

七、投资收益

投资收益指企业在各项对外投资活动中获得的收益,即投资业务取得的收入大于其投入成本的差额。投资损失指企业在各项对外投资活动中发生的损失,即投资业务取得的收入小于其成本的差额。期末将"投资收益"科目余额转入"本年利润"科目,结转后无余额。

【例12-24】12月份,甲公司用账面价值为11 000的交易性金融资产出售,收取价款12 500元,已全部存入银行。甲公司账务处理如下:

借:银行存款　　　　　　　　　　　　　　　　　　　　12 500
　　贷:交易性金融资产　　　　　　　　　　　　　　　　　　11 000
　　　　投资收益　　　　　　　　　　　　　　　　　　　　 1 500

八、其他收益

其他收益主要用于核算与企业日常活动相关、但不宜确认收入或冲减成本费用的政府补助。政府补助,指企业从政府无偿取得货币性资产或非货币性资产,但不包括政府作为企业所有者投入的资本。通常情况下,若政府补助补偿的成本费用是营业利润之中的项目,或该补助与日常销售等经营行为密切相关(如增值税即征即退等),则认为该政府补助与日常活动相关。当企业实际收到或应收与日常活动相关的政府补助时,借记"银行存款""其他应收款""递延收益"等科目,贷记"其他收益"科目。期末应将"其他收益"科目余额转入"本年利润"科目,结转后应无余额。

九、资产处置损益

资产处置损失指企业因出售或转让固定资产、无形资产及在建工程等而产生的损益。若企业处置过程获得收益,应借记"固定资产清理"等科目,贷记"资产处置损益"科目;若企业处置过程产生损失,应借记"资产处置损益"科目,贷记"固定资产清理"等科目。期末将该科目余额转入"本年利润"科目,结转后无余额。

【例 12-25】12 月份,甲公司生产车间出售一台机床,账面价值为 240 000 元,已计提折旧 180 000 元,出售收入 35 000 元,增值税额为 4 550 元。该固定资产已经清理完毕,相关款项已通过银行存款收付。相关账务处理如下:

(1)结转固定资产清理净值:

借:固定资产清理　　　　　　　　　　　　　　　　　　　　　60 000
　　累计折旧　　　　　　　　　　　　　　　　　　　　　　　180 000
　　贷:固定资产　　　　　　　　　　　　　　　　　　　　　240 000

(2)取得清理收入:

借:银行存款　　　　　　　　　　　　　　　　　　　　　　　39 550
　　贷:固定资产清理　　　　　　　　　　　　　　　　　　　35 000
　　　　应交税费——应交增值税(销项税额)　　　　　　　　 4 550

(3)结转出售净损失:

借:资产处置损益　　　　　　　　　　　　　　　　　　　　　25 000
　　贷:固定资产清理　　　　　　　　　　　　　　　　　　　25 000

十、营业外收入和营业外支出

营业外收入是指企业发生的营业利润以外的收益,包括接受捐赠收入、获得赔款收入等。实际发生营业外收入时,借记"银行存款""应收账款"等科目,贷记"营业外收入"科目。期末,将该账户贷方归集的全部营业外收入由借方转出,转入"本年利润"账户的贷方,结转后无余额。

营业外支出是指企业发生的营业利润以外的支出,包括对外捐赠支出、罚款支出、违约金支出、非常损失及固定资产盘亏和报废毁损等产生的净损失。实际发生营业外支出时,借记"营业外支出"科目,贷记相关科目。期末,将该账户借方归集的全部营业外支出由贷方转出，转入"本年利润"账户的借方，结转后无余额。

【例12-26】12月份，甲公司共发生营业外支出200 000元，其中，对外捐赠乡村小学图书馆建设支出176 000元，因超标排放污水被罚款15 100元，支付违约金8 900元，款项已通过银行存款支付。相关账务处理如下：

（1）捐赠乡村小学图书馆建设支出：

借：营业外支出　　　　　　　　　　　　　　　　　　　　　176 000
　　贷：银行存款　　　　　　　　　　　　　　　　　　　　　176 000

（2）支付超标排放污水罚款：

借：营业外支出　　　　　　　　　　　　　　　　　　　　　 15 100
　　贷：银行存款　　　　　　　　　　　　　　　　　　　　　 15 100

（3）支付违约金：

借：营业外支出　　　　　　　　　　　　　　　　　　　　　 8 900
　　贷：银行存款　　　　　　　　　　　　　　　　　　　　　 8 900

第四节　所得税费用

一、所得税费用概述

所得税费用是指在企业会计税前利润中应扣除的所得税费用，包括当期所得税费用和递延所得税费用。我国所得税会计的核算采用了资产负债表债务法，即要求企业从资产负债表出发，分析比较资产负债表上资产、负债的账面价值与计税基础的差异，并分别应纳税暂时性差异与可抵扣暂时性差异，确认相关的递延所得税负债与递延所得税资产，再考虑当期应交所得税，最终确定利润表中的所得税费用。

二、资产、负债的计税基础

在计算所得税费用时，企业应严格遵守税法中对于资产及税前可扣除费用的税务处理规定和要求，确定资产和负债的计税基础。

（一）资产的计税基础

资产的计税基础，是指企业收回资产账面价值的过程中，计算应纳税所得额时按照税法规定可以从应税经济利益中抵扣的金额，即某一项资产在未来期间计税时按照税法规定可以税前扣除的金额。

资产在初始确认时，其计税基础一般为取得成本，即企业为获取某项资产支付的成本在未来期间准予税前扣除。在实际持有过程中，资产的计税基础是指其取得成本减去以前期间按照税法规定已经税前扣除的金额后的余额，例如，某项资产的成本扣除按照税法规定已在以前会计期间扣除的累计折旧（或摊销）后的金额。

1. 固定资产

通常情况下，固定资产在取得时的账面价值就等于其计税基础。在持有期间，由于会计与税法在折旧方法、折旧年限和固定资产减值准备等方面的规定不同，有可能使其账面价值与计税基础产生差异。

（1）折旧方法、折旧年限的差异。企业应根据企业会计准则的规定，结合实际情况，选取合适的折旧方法。我国税法中除了某些特殊情况可以使用加速折旧法外，能够税前扣除的基本都是按照年限平均法计提折旧。同时，税法对不同种类的固定资产规定了最低折旧年限，而企业会计准则是允许企业根据自身实际情况进行合理选择的。因规定不同导致每期折旧额的差异，是资产负债表日固定资产账面价值与计税基础产生差异的原因。

（2）固定资产减值准备产生的差异。税法规定，企业计提的资产减值准备在发生实质性损失前不允许税前扣除。因此，在有关资产减值准备转变为实质性损失前，固定资产账面价值和计税基础之间也会存在差异。

【例12-27】甲公司于20×9年12月26日取得一项生产用机器设备，初始入账价值为5 500 000元，净残值为零，预计使用年限10年，会计上采用年限平均法计提折旧。根据税法规定，由于技术进步及更新换代较快的固定资产采用加速折旧法可税前扣除，该公司在计税时采用双倍余额递减法计算折旧，净残值为零。20×1年12月31日，企业估计该固定资产的可收回金额为2 500 000元。

分析如下：20×1年12月31日，该项固定资产的账面净值＝5 500 000-550 000×2＝4 400 000（元），账面余额大于可收回金额2 500 000元，两者之间差额1 900 000元作为应计提的固定资产减值准备。20×1年12月31日，该项固定资产的账面价值＝5 500 000-550 000×2-1 900 000＝2 500 000（元）。

由于上述减值准备未转变为实质性损失，因此按照双倍余额递减法计算，20×0年税前扣除金额＝5 500 000×20%＝1 100 000（元），20×1年税前扣除的折旧金额＝（5 500 000-1 100 000）×20%＝880 000（元），因此20×1年该设备的计税基础＝5 500 000-110 000-880 000＝3 520 000（元）。

该设备的账面价值2 500 000元与其计税基础3 520 000元之间存在的1 020 000元差额应在未来期间计入企业的应纳税所得额。

2. 无形资产

无形资产的差异主要产生于内部研究开发形成的无形资产及使用寿命不确定的无形资产。

（1）对于内部研究开发形成的无形资产导致的差异。对于企业通过内部研究开发方式取得的无形资产，其成本为开发阶段符合资本化条件以后至达到预定使用状态前发生的全部支出；税法规定，对于企业自行开发的无形资产，应以开发过程中该资产符合资本化条件后至达到预定用途前发生的支出为计税基础。为了鼓励企业搞研发，税法规定对于研发费用可以加计扣除：在研究过程中，为开发新产品、新工艺、新技术等发生的研发费用，形成无形资产的,按照无形资产成本的 150% 或 200% 摊销;未形成无形资产的部分计入当期损益,在按照规定据实扣除的基础上,按照研究开发费用的 50% 或 100% 加计扣除。

对于研发费用允许加计扣除的无形资产,其计税基础会大于账面价值,从而形成暂时性差异。但由于此项差异在确认时既不影响会计利润也不影响应纳税所得额,因此企业会计准则对此类差异不予以确认。

(2) 无形资产在后续计量时,会计与税法的差异主要来源于是否摊销、摊销方法和年限的不同及无形资产减值准备的提取。

根据企业会计准则的规定,企业应根据无形资产的使用寿命将其划分为使用寿命有限的无形资产和使用寿命不确定的无形资产,对于使用寿命不确定的无形资产不要求摊销,但在企业持有期间应每年应进行减值测试。按照税法规定,企业取得的无形资产成本应在一定期间内摊销。在进行会计处理时,对于使用寿命不确定的无形资产不予以摊销,但计税时应按照税法规定确定的摊销额在税前扣除,从而导致其账面价值与计税基础产生差异。

对无形资产计提减值准备的情况下,因为税法规定计提的无形资产减值准备在转变为实质性损失前不允许税前扣除,因此在提取无形资产减值准备期间,无形资产的计税基础与账面价值之间会形成差异。

【例 12-28】 20×1 年 1 月 1 日,丁企业以 1 200 000 元取得了一项专利权,由于无法合理估计其预期使用期限,企业将其作为使用寿命不确定的无形资产入账。20×1 年 12 月 31 日,在对该专利权进行减值测试时发现其并未出现减值的迹象。在计税时,企业对该项无形资产按照 12 年的期限采用直线法摊销,摊销金额允许税前扣除。

分析如下: 企业将该项专利权确认为使用寿命不确定的无形资产,由于并未发生减值,因此其在 20×1 年 12 月 31 日的账面价值为 1 200 000 元。

根据税法要求,该项无形资产在 20×1 年 12 月 31 日的计税基础 = 1 200 000-100 000 = 1 100 000 元。

该无形资产的账面价值 1 200 000 元与计税基础 1 100 000 元间的差额为 100 000 元,将其作为未来期间的应纳税所得额,减少了当期的应交所得税。

3. 以公允价值计量且其变动计入当期损益的金融资产

根据企业会计准则的要求,以公允价值计量且其变动计入当期损益的金融资产在某个会计期末的账面价值即为其公允价值。税法规定,企业以公允价值计量的金融资产、金融负债及投资性房地产等,持有期间公允价值的变动不计入应纳税所得额,在实际处置或结算时,将处置收到的价款扣除其历史成本后的差额计入处置或结算期间的应纳税所得额。因此,以公允价值计量的金融资产在持有期间市价的波动在计税时不予考虑,其会计期末的计税基础即为其取得成本,从而导致该金融资产账面价值与计税基础之间产生差异。

【例 12-29】 20×1 年 9 月 20 日,丁公司花费 17 500 000 元从公开交易市场上取得了一项权益性投资,作为交易性金融资产进行核算。20×1 年 12 月 31 日,该项投资的市价为 18 000 000 元。

分析如下: 20×1 年 12 月 31 日,该交易性金融资产的账面价值即为其期末市价

18 000 000元。按照税法规定，以公允价值计量的金融资产在持有期间公允价值的变动不计入应纳税所得额。因此，20×1年资产负债表日，该交易性金融资产的计税基础为其取得成本17 500 000元。

该项交易性金融资产账面价值18 000 000元与计税基础17 500 000元间的差额500 000元为暂时性差异，应增加未来会计期间的应纳税所得额。

4. 投资性房地产及其他计提了减值准备的各类资产

对于企业持有的投资性房地产及其他计提了减值准备的各类资产，由于企业会计准则与税法规定的不同，也会产生账面价值与计税基础之间的差异。以成本模式进行后续计量的投资性房地产，其账面价值与计税基础的确定与固定资产和无形资产相同；以公允价值模式进行后续计量的投资性房地产，其账面价值的确定与以公允价值计量的金融资产类似，计税基础的确定可参考固定资产或无形资产的业务处理。对于其他计提了减值准备的资产，由于税法规定资产在发生实质性损失之前预计的减值损失不允许税前扣除，因此也会导致计提资产减值准备后的资产的账面价值与计税基础的差异。

【例12-30】由于库存短缺，甲企业在20×1年11月14日购入原材料一批，成本为7 500 000元，因受疫情影响企业停工，当年未领用原材料进行生产。20×1年年末，该批材料的可变现净值为5 500 000元。

分析如下：20×1年年末，因原材料的可变现净值低于账面价值，企业应计提的存货跌价准备 = 7 500 000 - 5 500 000 = 2 000 000（元），提取跌价准备后的账面价值为5 500 000元。根据税法规定，该原材料的计税基础不会因为存货跌价准备的提取而发生变化，因此其计税基础仍为7 500 000元。该批原材料的账面价值5 500 000元与计税基础7 500 000元之间的2 000 000元的差额应为暂时性差异，减少未来会计期间的应纳税所得额。

（二）负债的计税基础

负债的计税基础，是指负债的账面价值减去未来会计期间计算应纳税所得额时按照税法规定可予以抵扣的金额。用公式表示为：

负债的计税基础 = 账面价值 - 未来期间按照税法规定可予以税前扣除的金额

通常情况下，企业负债的确认与偿还既不会影响企业的损益，也不会影响其应纳税所得额，计税基础即为账面价值。但是，按照会计规定确认的某些预计负债会使得其计税基础和账面价值之间产生差额。

1. 因销售商品提供售后服务等原因确认的预计负债

按照企业会计准则的规定，对预计提供售后服务将发生的支出在满足有关确认条件时，企业应在销售当期确认为费用，同时确认预计负债。如果税法规定与销售产品相关的支出应于实际发生时税前扣除，则因该类事项产生的预计负债在期末的计税基础为其账面价值与未来期间可税前扣除的金额之间的差额，即为零。

对于其他交易或事项中确认的预计负债，企业应按照税法规定确定其计税基础。对于有些事项确认的预计负债，如果税法规定其支出无论是否实际发生均不允许税前扣除，即未来期间按照税法规定可予以抵扣的金额为零，则该预计负债的账面价值等于计税基础。

【例12-31】20×1年12月31日，甲企业"预计负债——产品质量保证"科目贷方余额为240 000元。根据税法规定，产品质量保证费用在实际发生时允许税前扣除。

分析如下：20×1年资产负债表日，资产负债表中该预计负债的账面余额为240 000元，其计税基础＝账面价值－未来期间计算应纳税所得额时按税法规定可予以抵扣的金额＝240 000－240 000＝0。该预计负债的账面价值240 000元与计税基础0之间的240 000元的暂时性差异，即减少未来实际发生期间的应纳税所得额。

2. 预收账款

在企业收到预付款项时，因不符合收入确认的条件，会计准则规定应确认为负债。在某些情况下，未确认为收入的预收账款，按照税法规定应计入当期应纳税所得额的，因其产生时已经计算交纳所得税，未来期间可全额税前扣除，有关预收账款的计税基础为零。

【例12-32】20×1年11月28日，甲企业收到客户支付的合同预付款530 000元，将其作为预收账款核算。根据税法规定，这笔款项应计入企业当期应纳税所得额，计算缴纳所得税。

分析如下：20×1年12月31日，甲企业资产负债表中该笔预收账款的账面价值为530 000元，计税基础＝账面价值－未来期间计算应纳税所得额时按税法规定可予以抵扣的金额＝530 000－530 000＝0。该项负债的账面价值530 000元与计税基础0之间530 000元的暂时性差异，即减少企业未来期间的应纳税所得额。

3. 应付职工薪酬

对于合理的职工薪酬支出，税法基本都允许税前扣除。如果税法规定了税前扣除标准的，对按照会计准则规定计入成本费用支出的金额超过规定标准部分，应根据税法要求进行纳税调整。对因超过部分在发生当期不允许税前扣除的，在以后期间也不允许税前扣除，即该部分差额对未来期间计税不产生影响，所产生的应付职工薪酬负债的账面价值等于计税基础。因此，对于应付职工薪酬而言，其账面价值等于计税基础，不会产生暂时性差异。

4. 其他负债

对于企业应缴纳的滞纳金、罚款等其他负债，在尚未支付前应确认为费用，同时作为负债反映。根据税法规定，无论是当期还是后续期间发生的罚款、滞纳金等费用，都不能在税前扣除，其计税基础为账面价值减去未来期间计算应纳税所得额时可予以税前扣除的金额之间的差额，即计税基础等于账面价值。

【例12-33】丙企业20×1年10月因延期缴纳税款收到税务部门的通知，要求支付滞纳金2 000 000元。税法规定，企业因违反国家法律法规要求而支付的罚款或滞纳金，在计算应纳税所得额时不得在税前扣除。截至20×1年12月31日，该笔滞纳金尚未支付。

分析如下：企业应支付滞纳金产生的负债账面价值为2 000 000元。该项负债的计税基础＝账面价值－未来期间计算应纳税所得额时按税法规定可予以抵扣的金额＝2 000 000－0＝2 000 000（元）。该项负债的账面价值与其计税基础相等，不形成暂时性差异，不对未来期间的计税产生影响。

知识加油站

资产的计税基础为某一项资产在未来期间计税时可以税前扣除的金额,即:资产的计税基础=未来可税前列支的金额。负债的计税基础,指其账面价值减去该负债在未来期间可予税前列支的金额,即:负债的计税基础=账面价值-未来按照税法规定可税前列支的金额。

三、暂时性差异

暂时性差异是指资产或负债的账面价值与其计税基础之间产生的差额。由于账面价值与计税基础不同,使得在未来期间收回资产或清偿负债时,企业应纳税所得额的增加或减少会导致应交所得税费用的增加或减少,从而形成企业的资产或负债。在暂时性差异发生当期且符合确认条件的情况下,应将有关的暂时性差异确认为递延所得税资产或递延所得税负债。未作为资产和负债确认的项目,根据税法规定可以确定计税基础的,其账面价值与计税基础之间的差额也应属于暂时性差异。

按照暂时性差异对未来期间应纳税所得额的影响,将其分为应纳税暂时性差异和可抵扣暂时性差异。

(一)应纳税暂时性差异

应纳税暂时性差异,是指在确定未来收回资产或清偿负债期间的应纳税所得额时,将导致产生应税金额的暂时性差异。在未来期间由于该暂时性差异的转回,会进一步增加转回期间的应纳税所得额和应交所得税金额,在其产生当期应当确认相关的递延所得税负债。具体包括以下两种情况。

1. 资产的账面价值大于其计税基础

资产的账面价值是企业在持续使用及最终出售该资产时将取得的经济利益的总额,而计税基础代表的是资产在未来期间可予税前扣除的总金额。如果资产的账面价值大于计税基础,则表明该项资产未来期间产生的经济利益不能全部税前抵扣,两者之间的差额需要交税,产生应纳税暂时性差异。例如,一台生产设备的账面价值为600 000元,计税基础为1 420 000元,两者之间的差额会导致未来期间应纳税所得额和应交所得税的增加,在其产生当期,应确认相关的递延所得税负债。

2. 负债的账面价值小于其计税基础

负债的账面价值为企业预计在未来期间偿还该项债务时的经济利益流出,而其计税基础代表的是账面价值在扣除税法规定未来期间允许税前扣除的金额之后的差额。负债的账面价值与其计税基础不同产生的暂时性差异,为税法规定就该项负债在未来期间可以税前扣除的金额。负债的账面价值小于其计税基础,则意味着就该项负债在未来期间可以税前抵扣的金额为负数,应增加未来期间的应纳税所得额和应交所得税金额,产生应纳税暂时性差异,确认相关的递延所得税负债。

(二) 可抵扣暂时性差异

可抵扣暂时性差异，是指在确定未来收回资产或清偿负债期间的应纳税所得额时，将导致产生可抵扣金额的暂时性差异。该差异在未来期间转回时会减少转回期间的应纳税所得额，减少未来期间的应交所得税。因此，在可抵扣暂时性差异产生当期且符合确认条件时，应将其确认为递延所得税资产。可抵扣暂时性差异一般产生于以下情况。

（1）资产的账面价值小于其计税基础，表明资产在未来期间产生的经济利益少，按照税法规定允许税前扣除的金额多，两者之间的差额会减少企业在未来期间的应纳税所得额和应交所得税，符合有关条件时，应当确认相关的递延所得税资产。例如，一项资产的账面价值为 2 000 000 元，计税基础为 3 160 000 元，则企业在未来期间就该项资产可以在其取得经济利益的基础上多扣除 1 160 000 元，未来期间应纳税所得额和应交所得税就会减少，形成可抵扣暂时性差异。

（2）负债的账面价值大于其计税基础，其产生的暂时性差异实质上是税法规定就该项负债可以在未来期间税前扣除的金额。负债的账面价值大于其计税基础，表明未来期间按照税法规定与负债相关的全部或部分支出可以从未来应税经济利益中扣除，减少未来期间的应纳税所得额和应交所得税。在符合有关条件时，应确认相关的递延所得税资产。

【例 12-34】甲企业 20×0 年 12 月 31 日购入一台生产设备，原值为 82 000 元，净残值为 0，该企业用直线法计提折旧，折旧年限为 5 年；税法规定采用直线法计提折旧，折旧年限为 10 年。

分析如下：20×0 年 12 月 31 日，该生产设备的账面价值和计税基础都为 82 000 元。20×1 年 12 月 31 日，该公司实际提取折旧 16 400 元，设备账面价值为 65 600 元（82 000-16 400）；税法规定提取折旧 8 200 元，其计税基础为 73 800 元（82 000-8 200）。账面价值与计税基础之间的差额为 8 200 元。该生产设备在未来期间可以按照 73 800 元在税前抵扣，比其账面价值多 8 200 元，这个差异就属于可抵扣暂时性差异。

知识加油站

对于暂时性差异，可通过相关定义加以理解记忆。资产的账面价值在未来由于使用或消耗会转化为费用。当资产的账面价值大于计税基础时，意味着未来期间列入费用的金额大于可税前列支的金额，有部分费用不允许税前列支，将增加未来的应纳税所得额，因而会形成应纳税暂时性差异；反之，当资产的账面价值小于计税基础时，意味着未来期间列入费用的金额小于可税前列支的金额，将减少未来的应纳税所得额，因而会形成可抵扣暂时性差异。负债可以看作负资产，因此可以反过来记忆：当负债的账面价值大于计税基础时，会形成可抵扣暂时性差异；当负债的账面价值小于计税基础时，会形成应纳税暂时性差异。

（三）可抵扣亏损及税款抵减产生的暂时性差异

按照税法规定可以结转以后年度的未弥补亏损及税款抵减，在未来期间能够减少企业的应纳税所得额，进而减少未来期间的应交所得税，具有与可抵扣暂时性差异同样的作用，会计上将其作为可抵扣暂时性差异处理。在符合条件的情况下，应确认与可抵扣亏损及税款抵减相关的递延所得税资产。例如，乙公司20×1年发生经营亏损1 600 000元，按照税法规定，该亏损可以在以后5个年度内抵减应纳税所得额。该公司预计在未来5年期间能够产生足够的应纳税所得额弥补亏损。该经营亏损能够抵减未来期间的应纳税所得额和应交所得税，乙公司应将其视同可抵扣暂时性差异，确认相关的递延所得税资产。

四、递延所得税资产和递延所得税负债

递延所得税资产是指根据可抵扣暂时性差异和适用税率计算确定的资产，性质上属于企业预付的税款，在未来期间抵减应纳税款。期末递延所得税资产大于期初递延所得税资产的差额，应确认为递延所得税收益，借记"递延所得税资产"科目，贷记"所得税费用"科目，冲减企业所得税费用；反之，应确认为递延所得税费用，冲减递延所得税资产，借记"所得税费用"科目，贷记"递延所得税资产"科目。

递延所得税负债是指按照应纳税暂时性差异和适用税率计算确定的负债，性质上属于企业应付的税款，在未来期间转化为应纳税款。期末递延所得税负债大于期初递延所得税负债的差额，应确认为递延所得税费用，借记"所得税费用"科目，贷记"递延所得税负债"科目；反之，应确认为递延所得税收益，冲减递延所得税负债，借记"递延所得税负债"科目，贷记"所得税费用"科目。

如果形成的暂时性差异不涉及损益项目，那么企业应将确认的递延所得税资产或递延所得税负债直接调整为"其他综合收益"等科目，借记"递延所得税资产"科目，贷记"其他综合收益"等科目；或借记"其他综合收益"等科目，贷记"递延所得税负债"科目。

递延所得税资产和递延所得税负债应在资产负债表中分别列示，不得相互抵销。

【例12-35】乙企业20×6年12月31日购入一项固定资产，原值为20 000元，假设没有净残值，企业用直线法计提折旧，折旧年限为4年；税法规定采用直线法计提折旧，折旧年限为5年。假定该企业20×6年年末没有递延所得税资产及其他差异，所得税税率为25%。其递延所得税资产和所得税收益的计算如表12-1所示。

表12-1 递延所得税资产及所得税收益计算表 单位：元

时间	计税基础	账面价值	期末可抵扣暂时性差异	期末递延所得税资产	期初递延所得税资产	递延所得税收益
20×7年12月31日	16 000	15 000	1 000	250	0	250
20×8年12月31日	12 000	10 000	2 000	500	250	250
20×9年12月31日	8 000	5 000	3 000	750	500	250
20×0年12月31日	4 000	0	4 000	1 000	750	250
20×1年12月31日	0	0	0	0	1 000	-1 000

20×7年至20×0年每年年末应编制会计分录：

借：递延所得税资产 250
　　贷：所得税费用——递延所得税费用 250

20×1年末应编制会计分录：

借：所得税费用——递延所得税费用　　　　　　　　　　　　　　1 000
　　贷：递延所得税资产　　　　　　　　　　　　　　　　　　　　　1 000

五、所得税费用的确认和计量

资产负债表债务法下，所得税费用包括当期所得税费用和递延所得税费用两部分，即所得税费用=当期所得税费用+递延所得税费用。

（一）当期所得税

当期所得税指企业按照税法规定，根据当期应缴纳的所得税计算确定的费用。当期应交所得税等于应纳税所得额与所得税税率的乘积。应纳税所得额是计算缴纳所得税的依据，由于企业的会计税前利润与税法的应纳税所得额在计算口径、时间等方面不一致，使得两者之间可能存在差异，因此应纳税所得额是在会计税前利润的基础上按照税法规定进行调整后确定的收益，即企业税前会计利润加上纳税调整增加额再减去纳税调整减少额后的金额，具体调整事项包括国债利息收入、非公益性捐赠支出、超标的业务招待费支出、资产减值损失、信用减值损失和公允价值变动损益等。

【例12-36】甲公司20×1年利润总额为3 000 000元，适用所得税税率为25%，当年发生的有关交易或事项中，会计处理与税收处理存在以下几方面的不同：①20×1年1月开始计提折旧的一项固定资产，账面价值为150 000元，净残值为0，预计使用年限为10年，会计处理按照双倍余额递减法计提折旧，税法按照直线法计提折旧，且税法规定的净残值和使用年限与会计规定完全相同；②以银行存款向关联企业捐赠120 000元，按照税法规定，非公益性捐赠支出不允许税前扣除；③因应收账款计提坏账准备，产生信用减值损失200 000元，按照税法规定，信用减值损失不允许税前扣除；④购买的国债利息收入为80 000元，按照税法规定应予以免税；⑤月末对持有的存货计提了50 000元的存货跌价准备，按照税法规定，资产减值损失不允许税前扣除。除了上述差异外，其他项目不需要进行调整。计算过程：

（1）会计折旧=150 000×20%=30 000（元），税法折旧=150 000÷10=15 000（元），折旧纳税调整增加额为15 000元。

（2）向关联企业的捐赠120 000元属于非公益性捐赠支出，不得税前扣除，应作为纳税调整增加额。

（3）信用减值损失200 000元不得税前扣除，应作为纳税调整增加额。

（4）国债利息收入80 000元按照税法规定可以在税前扣除，应作为纳税调整减少额。

（5）存货跌价准备50 000元属于资产减值损失，不得税前扣除，应作为纳税调整增加额。

应纳税所得额=企业税前会计利润+纳税调整增加额−纳税调整减少额=3 000 000+15 000+120 000+200 000−80 000+50 000=3 305 000（元）

甲公司20×1年应交所得税=3 305 000×25%=826 250（元）

财务处理如下:

借:所得税费用——当期所得税费用　　　　　　　　　　　　　826 250
　　贷:应交税费——应交所得税　　　　　　　　　　　　　　　　826 250

(二)递延所得税

递延所得税指按照《企业会计准则第 18 号——所得税》规定当期应当予以确认的递延所得税资产和递延所得税负债的金额,是递延所得税资产及递延所得税负债当期发生额的综合结果,但不包括计入所有者权益的交易或事项的所得税影响。

递延所得税=(递延所得税负债的期末余额-递延所得税负债的期初余额)-(递延所得税资产的期末余额-递延所得税资产的期初余额)

【例 12-37】甲公司 20×1 年根据税法规定计算应交所得税为 3 000 000 元,适用所得税税率为 25%,递延所得税资产和递延所得税负债均无期初余额。年末,通过比较该公司资产和负债的账面价值与计税基础,确认可抵扣暂时性差异为 2 170 000 元,应纳税暂时性差异为 1 850 000 元。

当期确认的递延所得税资产=2 170 000×25%=542 500(元)

当期确认的递延所得税负债=1 850 000×25%=462 500(元)

当期应确认的递延所得税收益=542 500-462 500=80 000(元)

账务处理如下:

(1)计算应交所得税:

借:所得税费用——当期所得税费用　　　　　　　　　　　　3 000 000
　　贷:应交税费——应交所得税　　　　　　　　　　　　　　　3 000 000

(2)确认当期递延所得税资产和递延所得税负债,差额冲减所得税费用:

借:递延所得税资产　　　　　　　　　　　　　　　　　　　　542 500
　　贷:递延所得税负债　　　　　　　　　　　　　　　　　　　　462 500
　　　　所得税费用——递延所得税费用　　　　　　　　　　　　　80 000

【例 12-38】20×1 年,丁公司利润表中的利润总额为 820 000 元,该公司适用的所得税税率为 25%。递延所得税资产及递延所得税负债不存在期初余额。20×1 年与所得税核算有关的事项如下:

(1)当年取得国债利息收入为 100 000 元。

(2)当年取得作为交易性金融资产核算的股票投资成本为 300 000 元,期末公允价值为 220 000 元,确认公允价值变动损失 80 000 元。

(3)当年非公益性捐赠支出 180 000 元。

(4)由于未能及时申报缴纳税款应支付税款滞纳金 900 000 元。

(5)期末对固定资产计提了 120 000 元的固定资产减值准备。

假定除上述事项后,不存在其他纳税调整事项,请进行所得税相关的账务处理。

分析如下:

(1)20×1 年当期应交所得税。

应纳税所得额 = 会计税前利润 - 国债利息收入 + 资产减值损失 + 非公益性捐赠支出 + 公允价值变动损失 = 820 000-100 000+120 000+180 000+80 000 = 1 100 000（元）

应交所得税 = 1 100 000×25% = 275 000（元）

当期所得税 = 275 000（元）

（2）20×1年递延所得税。

交易性金融资产形成可抵扣暂时性差异80 000元，则

递延所得税资产 = 80 000×25% = 20 000（元）

固定资产形成应纳税暂时性差异120 000（元），则

递延所得税负债 = 120 000×25% = 30 000（元）

递延所得税 = 30 000-20 000 = 10 000（元）

（3）确认所得税费用。

所得税费用 = 275 000+10 000 = 285 000（元）

账务处理如下：

借：所得税费用——当期所得税	275 000
——递延所得税	10 000
递延所得税资产	20 000
贷：应交税费——应交所得税	275 000
递延所得税负债	30 000

第五节　利　　润

一、利润的形成

利润也称为净利润或净收益。从广义上讲，企业利润是收入与费用的差额。根据其形成过程，利润可分为税前利润和税后利润两部分。税前利润即利润总额；税后利润是税前利润减去所得税费用，即企业的净利润。按照我国现行的企业会计准则规定，企业的利润主要由营业利润、利润总额和净利润三部分构成。

（一）营业利润

作为企业从事生产经营活动中取得的利润，营业利润是企业利润的主要来源。营业利润等于主营业务利润加上其他业务利润，其计算公式如下：

营业利润 = 营业收入 - 营业成本 - 税金及附加 - 销售费用 - 管理费用 - 研发费用 - 财务费用 - 资产减值损失 - 信用减值损失 + 其他收益 + 投资收益（或 - 投资损失）+ 公允价值变动收益（或 - 公允价值变动损失）+ 资产处置收益（或 - 资产处置损失）

（二）利润总额

利润总额就是企业的税前利润，即在缴纳企业所得税前的利润。利润总额等于营业利润加上营业外收入再减去营业外支出，其计算公式如下：

$$利润总额 = 营业利润 + 营业外收入 - 营业外支出$$

（三）净利润

净利润就是企业的税后利润，即用当期利润总额减去应缴纳的所得税后的净额。净利润等于利润总额减去所得税费用，其计算公式如下：

$$净利润 = 利润总额 - 所得税费用$$

其中，所得税费用包括应确认的当期所得税费用和递延所得税费用两部分内容。

【例12-39】甲公司20×1年12月份损益类账户余额如下：主营业务收入200 000元，其他业务收入40 000元，投资净收益246 000元，营业外收入320 000元；主营业务成本130 000元，其他业务成本26 000元，税金及附加56 000元，销售费用16 000元，管理费用37 000元，财务费用19 000元，资产减值损失80 000元，信用减值损失31 000元，公允价值变动净损失26 000元，营业外支出67 000元；本年度当期所得税费用和递延所得税费共计136 000元。甲公司12月份的营业利润、利润总额和净利润的计算如下：

营业利润 = 200 000+40 000+246 000-130 000-26 000-56 000-16 000-37 000-19 000-80 000-31 000-26 000 = 65 000（元）

利润总额 = 65 000+320 000-67 000 = 318 000（元）

净利润 = 318 000-136 000 = 182 000（元）

二、利润的结转

期末，企业将所有的收入、费用、利得和损失转入"本年利润"账户，核算当期实现的利润或发生的亏损。企业结转利润有账结法和表结法两种。

1. 账结法

账结法是企业在月末将所有损益类账户的余额转入"本年利润"账户，借记所有收入类账户，贷记"本年利润"账户；借记"本年利润"账户，贷记所有费用类账户。结转后，各损益类账户月末没有余额。若"本年利润"账户余额在贷方，表示企业本年度内累计实现的净利润；若"本年利润"账户余额在借方，表示企业本年度内累计发生的净亏损。账结法下每月结转的工作量较大，但企业通过账面余额就可以了解各月末累计实现的净利润或发生的净亏损。

2. 表结法

与账结法每月结转损益不同，采用表结法的企业只在年末将所有损益类账户的余额转入"本年利润"账户。表结法下，企业1~11月份的"本年利润"账户不做任何记录，仅在年末时将各损益类账户的余额转入"本年利润"账户，结平各损益类账户即可。年末结转后，若"本年利润"账户余额在贷方，表示企业全年累计实现的净利润；若"本年利润"账户余额在借方，表示企业全年累计发生的净亏损。表结法简化了企业每月结转的工作量，但由于各月末没有结转数据，因此无法通过账面余额了解各月末累计实现的净利润或发生的净亏损。

年度终了，企业应将本年实现的净利润，转入"利润分配——未分配利润"账户的贷方；如果为净亏损，则转入"利润分配——未分配利润"账户的借方。结转后，"本年利润"账户应无余额。

【例12-40】承【例12-39】，甲公司采用账结法结转20×1年12月份的净利润。其账务处理如下：

（1）结转本期全部收入：

借：主营业务收入　　　　　　　　　　　　　　　　　200 000
　　其他业务收入　　　　　　　　　　　　　　　　　 40 000
　　投资收益　　　　　　　　　　　　　　　　　　　246 000
　　营业外收入　　　　　　　　　　　　　　　　　　320 000
　　贷：本年利润　　　　　　　　　　　　　　　　　806 000

（2）结转本期全部费用支出：

借：本年利润　　　　　　　　　　　　　　　　　　　624 000
　　贷：主营业务成本　　　　　　　　　　　　　　　130 000
　　　　其他业务成本　　　　　　　　　　　　　　　 26 000
　　　　税金及附加　　　　　　　　　　　　　　　　 56 000
　　　　销售费用　　　　　　　　　　　　　　　　　 16 000
　　　　管理费用　　　　　　　　　　　　　　　　　 37 000
　　　　财务费用　　　　　　　　　　　　　　　　　 19 000
　　　　资产减值损失　　　　　　　　　　　　　　　 80 000
　　　　信用减值损失　　　　　　　　　　　　　　　 31 000
　　　　公允价值变动损益　　　　　　　　　　　　　 26 000
　　　　营业外支出　　　　　　　　　　　　　　　　 67 000
　　　　所得税费用　　　　　　　　　　　　　　　　136 000

（3）结转本年净利润。结转本年利润后，甲公司"本年利润"账户的贷方发生额为806 000元，借方发生额为624 000元，20×1年的净利润为182 000（806 000-624 000）元：

借：本年利润　　　　　　　　　　　　　　　　　　　182 000
　　贷：利润分配——未分配利润　　　　　　　　　　182 000

三、利润的分配

在结转本年净利润后，接下来就是对净利润的分配。按照我国《公司法》规定，股份有限公司当年实现的利润总额，在扣除依法交纳的所得税后，应按以下顺序进行分配：弥补以前年度亏损（不超过 5 年补亏期）、提取法定盈余公积（达到注册资本的 50% 时，可不再提取）、支付优先股股利、按照公司章程或者股东会决议提取任意盈余公积、支付普通股股利。

如果企业有以前年度的未弥补亏损，则应首先使用当年实现的利润进行补亏。所得税法规定，企业发生的纳税亏损，在其后 5 年内可以用应纳税所得弥补，从其后第 6 年开始只能用净利润弥补该亏损。无论以税前利润补亏，还是净利润补亏，企业不需要进行专门的账务处理。如果净利润还不足以弥补亏损，企业可以用以前年度提取的盈余公积补亏。

股利分派是企业利润分配的一部分。在实际发放股利过程中，还要考虑国家法律法规、企业现金支付能力和股利分配政策等方面的要求和限制。股利的类型主要有现金股利和股票股利。现金股利是指以现金形式分配给股东的股利，是股利分派最常见的形式。股票股利指公司以增发新股的方式向股东支付的股利。宣告和发放股票股利既不影响公司的现金，又可以让股东分享企业的经营利润，还能免缴个人所得税，因此对于企业的长期投资者更有吸引力。这种形式的股利虽然减少了留存收益，但是增加了企业的股本，因此股票股利是企业股东权益内部各项目之间的增减变动，不影响股东权益的总额。企业对股票股利不需要进行账务处理。

为了核算利润分配的情况，企业应通过"利润分配"账户下设置的"盈余公积补亏""提取法定盈余公积""提取任意盈余公积""应付股利（或利润）""转作股本的股利"和"未分配利润"等明细账户反映弥补以前年度亏损、提取盈余公积及向投资者分配利润的数额。

企业提取盈余公积时，应借记"利润分配——提取法定盈余公积""利润分配——提取任意盈余公积"科目，贷记"盈余公积——法定盈余公积""盈余公积——任意盈余公积"科目。企业用提取的盈余公积弥补亏损时，应借记"盈余公积——法定盈余公积""盈余公积——任意盈余公积"科目，贷记"利润分配——盈余公积补亏"科目。企业用提取的盈余公积转增资本时，应借记"盈余公积——法定盈余公积""盈余公积——任意盈余公积"科目，贷记"实收资本（或股本）"科目。在利润分配方案审议通过后，企业按应支付的现金股利或利润，借记"利润分配——应付股利""利润分配——应付利润"科目，贷记"应付股利""应付利润"科目。实际支付现金股利或利润时，借记"应付股利""应付利润"科目，贷记"银行存款"等科目。年度终了，企业应将"利润分配"账户所属其他明细账户的余额全部转入"未分配利润"明细账户。结转后，除了"未分配利润"明细账户外，其他明细账户均无余额。

【例 12-41】承【例 12-40】，甲公司 20×1 年度实现净利润 182 000 元，以前年度未发生亏损，分配顺序如下：按照当年净利润的 10% 提取法定盈余公积 18 200 元；按照净利润的 5% 提取任意盈余公积 9 100 元；向股东宣告分派现金股利 150 000 元，其中普通股股利 100 000 元，优先股股利 50 000 元。其账务处理如下：

（1）提取盈余公积：

借：利润分配——提取法定盈余公积　　　　　　　　　　　　　18 200
　　　　　　——提取任意盈余公积　　　　　　　　　　　　　　 9 100

　　　　　贷：盈余公积——法定盈余公积　　　　　　　　　　　　　　　　18 200
　　　　　　　　　　——任意盈余公积　　　　　　　　　　　　　　　　　9 100
　（2）宣告分派现金股利：
　　借：利润分配——应付股利　　　　　　　　　　　　　　　　　　　150 000
　　　　　贷：应付股利——普通股股利　　　　　　　　　　　　　　　　100 000
　　　　　　　　　　——优先股股利　　　　　　　　　　　　　　　　　 50 000
　（3）结转"利润分配"其它所属明细账户余额至"未分配利润"：
　　借：利润分配——未分配利润　　　　　　　　　　　　　　　　　　　27 300
　　　　　贷：利润分配——提取法定盈余公积　　　　　　　　　　　　　 18 200
　　　　　　　　　　——提取任意盈余公积　　　　　　　　　　　　　　　9 100

【例 12-42】 因市场情况发生变化，甲企业在 20×5 年业绩亏损 1 080 000 元。假设不考虑由未弥补亏损确认的递延所得税资产，适用的所得税税率为 25%。企业在年度终了时结转本年发生的亏损，账务处理如下：

　　借：利润分配——未分配利润　　　　　　　　　　　　　　　　　　 1 080 000
　　　　　贷：本年利润　　　　　　　　　　　　　　　　　　　　　　 1 080 000

　　假设该企业在 20×6 年至 20×0 年每年实现利润 200 000 元。根据相关规定，企业在发生亏损以后，可以在 5 年内用税前利润延续弥补，因此甲企业 20×6 年至 20×0 年均可在税前弥补亏损。在 20×6 年至 20×0 年每年年度终了时，账务处理如下：

　　借：本年利润　　　　　　　　　　　　　　　　　　　　　　　　　　200 000
　　　　　贷：利润分配——未分配利润　　　　　　　　　　　　　　　　 200 000

　　20×6 年至 20×0 年各年度末均按照上述分录进行处理，20×0 年"利润分配——未分配利润"账户期末余额为借方余额 80 000 元，即 20×1 年年初企业有未弥补亏损 80 000 元。假设甲企业在 20×1 年实现税前利润 200 000 元，根据规定公司只能用税后利润弥补以前年度亏损。在 20×1 年年度终了时，企业首先应按照当年实现的税前利润计算缴纳当年应负担的所得税，然后将当期税后净利转入"利润分配"科目。根据相关数据，20×1 年甲企业应纳税所得额为 200 000 元，当年应缴纳的所得税为 50 000（200 000×25%）元。具体账务处理如下：

　（1）计算所得税：
　　借：所得税费用　　　　　　　　　　　　　　　　　　　　　　　　　50 000
　　　　　贷：应交税费——应交所得税　　　　　　　　　　　　　　　　　50 000
　（2）缴纳税款：
　　借：应交税费——应交所得税　　　　　　　　　　　　　　　　　　　 50 000
　　　　　贷：银行存款　　　　　　　　　　　　　　　　　　　　　　　 50 000
　（3）结转所得税费用：
　　借：本年利润　　　　　　　　　　　　　　　　　　　　　　　　　　 50 000
　　　　　贷：所得税费用　　　　　　　　　　　　　　　　　　　　　　 50 000

（4）结转本年利润，弥补以前年度亏损：

借：本年利润　　　　　　　　　　　　　　　　　　　　150 000
　　贷：利润分配——未分配利润　　　　　　　　　　　　　　150 000

（5）该企业20×1年"利润分配——未分配利润"科目的期末贷方余额为70 000（150 000-80 000）元。

【例12-43】经股东大会审议批准，甲企业20×1年向全体股东按每股0.5元派发现金股利，按每10股派发4股的比例派发股票股利。该公司股本为50 000 000元，每股面值1元。20×1年5月1日，用银行存款支付全部现金股利，新增股本也已办完相关登记手续。相关账务处理如下：

（1）宣告派发现金股利时，现金股利＝50 000 000×0.5＝25 000 000（元）：

借：利润分配——应付现金股利　　　　　　　　　　　　25 000 000
　　贷：应付股利　　　　　　　　　　　　　　　　　　　　25 000 000

（2）发放现金股利时：

借：应付股利　　　　　　　　　　　　　　　　　　　　25 000 000
　　贷：银行存款　　　　　　　　　　　　　　　　　　　　25 000 000

（3）宣告发放股票股利时，股票股利＝50 000 000×1×40%＝20 000 000（元）：

借：利润分配——转作股本的股利　　　　　　　　　　　20 000 000
　　贷：股本　　　　　　　　　　　　　　　　　　　　　　20 000 000

思政小贴士

"俭以养德，量入为出"：华北制药（600812）在加大新产品研发力度、优化产品结构，淘汰落后产能的同时，严控各项成本支出，降低企业财务费用，净利相比往年同期增长了近60%。通过这个知识点，培养学生崇尚节俭的品德和量入为出的观念。

思 考 题

1. 什么是收入？收入有哪些特点？
2. 商品销售收入的确认应满足什么条件？
3. 各种特殊情况下商品的销售应在什么条件下确认收入？
4. 提供劳务收入如何确认和计量？
5. 什么是费用？费用和成本的区别是什么？
6. 利润总额有哪几部分构成？各自的含义是什么？

练 习 题

1. 20×1年1月1日，小李参加了某移动通信公司充话费送手机的活动。根据合同规定，小李在20×1年1月1日可免费获得一部手机，此后12个月每月需缴纳300元，每月最后一天支付金额，通话时间不限。如果不参加这一优惠活动，手机价值550元，每月通信公司的服务成本为 175 元。假定不考虑增值税,请按照五步法模型确认该通信公司的收入。

2. 甲公司 20×0 年因销售产品承诺提供 2 年的保修服务,在当年利润表中确认了 3 000 000 元的销售费用,并将其确认为预计负债,当年度未发生其他任何保修支出,20×0 年税前会计利润为 20 000 000 元。20×1 年,甲公司实际发生保修费用 4 000 000 元,在当年的利润表中新确认了 6 000 000 元的售后维修费计入销售费用,并将其确认为预计负债,20×1 年税前会计利润为 10 000 000 元。按照税法规定,与产品售后服务相关的费用在实际发生时允许税前扣除,企业适用所得税税率为 25%。假定无其他影响纳税事项,请根据上述业务计算甲公司 20×0 年和 20×1 年的可抵扣暂时性差异、递延所得税资产、应交所得税和所得税费用金额,并对所得税费用进行相应的账务处理。

3. 乙公司 20×1 年主营业务收入为 39 000 000 元,其他业务收入 9 750 000 元,营业外收入 1 950 000 元,投资收益 11 700 000 元;主营业务成本 26 000 000 元,其他业务成本 6 500 000 元,税金及附加 1 300 000 元,销售费用 1 950 000 元,管理费用 6 175 000 元,财务费用 4 225 000 元,营业外支出 5 850 000 元,所得税费用 3 380 000 元。乙公司当年向股东分配现金股利 1 950 000 元,按照净利润的 10% 提取法定盈余公积。请根据上述业务,分别结转乙公司本年利润、提取法定盈余公积并分配现金股利。

案例分析
眼花缭乱的操作,真相是什么?

即测即练

第十三章 财务报告

学习目标与要求

本章主要讲解资产负债表、利润表、现金流量表、所有者权益变动表和报表附注。通过本章学习，要求掌握资产负债表、利润表、现金流量表及所有者权益变动表的编制原理和基本的编制方法；理解各种财务报表的作用和意义；了解财务报表编制的基本要求及综合收益的列报内容。

引导案例

根据资产负债表、利润表和现金流量表三张报表的数据显示，截至2018年上半年，康美药业（600518）货币资金为399亿元，有息负债347亿元，公司为此半年支出6.89亿元利息。与此同时，在归属于母公司净利润持续增加的同时，从2014年开始经营性现金流流量净值连续多年都远低于净利润，截至2017年年底自由现金流量累计为负数。康美药业年报中存贷双高、经营性现金流与净利润长期背离及短贷长投等异象，引发了市场和监管机构的关注。2020年，中国证监会对康美药业开具了行政处罚决定书，明确指出公司2016—2018年度的半年报和年报中，多处存在虚假记载、重大遗漏等问题。

资料来源：http://www.csrc.gov.cn/csrc/c101928/c1042341/content.shtml。

第一节　财务报告概述

一、财务报告的含义及作用

财务报告是指企业对外提供的反映企业某一特定日期的财务状况和某一会计期间的经营成果、现金流量等会计信息的书面文件。财务报告包括财务报表和其他应当在财务报告中披露的相关信息和资料。财务报表至少应当包括资产负债表、利润表、现金流量表、所有者权益（或股东权益）变动表和附注。其中，资产负债表、利润表、现金流量表和所有者权益（或股东权益）变动表属于基本财务报表，而报表附注是对基本财务报表的信息进行进一步的说明、补充或解释，以帮助会计信息使用者更好地理解和使用报表信息。在实际应用过程中，有些财务信息只能通过财务报表呈报，有些财务信息则只能通过财务报表附注或其他财务报告披露，因此一般不对财务报告和财务报表做严格区分。作为财务报告的核心，财务报表披露的财务信息主要起到以下几方面的作用。

（1）反映企业管理层的受托经济责任，改善企业经营管理。现代企业两权分离引发的委托受托关系使得股东为了保证自身利益，需要及时了解投入资金的使用情况，实现资金的保值增值。财务报表能够全面、连续、系统地反映企业运行过程中资金使用的效率和效果，有助于客观地提供企业的财务状况和经营成果，为合理评价受托管理层的职责履行情况提供了基础。管理层通过总结企业经营过程中取得的成绩，发现并分析存在的问题，及时调整经营战略，采取相应的措施，改善经营管理，实现企业的良性发展。

（2）帮助现有和潜在的投资者、债权人做出正确的投资和信贷决策。在企业外部信息使用者中，投资者和债权人是财务报表最重要的使用者。尽管财务报表是对已经发生的交易或事项的总结和评价，但是投资者和债权人可以根据过去的财务状况和经营成果等预测未来一段时期内企业的现金流量和经营情况。因此对于投资者和债权人来说，在进行投资和信贷决策时，财务报表提供的有关经济资源和义务等方面的财务信息有助于合理判断企业未来的成长发展和盈利能力。

（3）为加强宏观调控提供所需的微观运行数据。从宏观经济运行层面看，国家主管部门为了实现经济和社会发展目标，会对企业的微观运行数据进行汇总分析，根据财务及非财务的整体数据情况及存在的问题制定并实施适合国民经济各部门发展的财政政策、货币政策和法律制度，通过必要的宏观调控促进社会资源的有效配置。

二、财务报表的分类

（一）按编制主体划分

财务报表按照编报主体的不同，可以分为个别财务报表和合并财务报表。个别财务报表是指由公司或子公司编制的，仅反映母公司或子公司自身财务状况、经营成果和现金流量的报表。合并财务报表是指由母公司编制的，将母公司和子公司形成的企业集团作为一个会计主体，综合反映企业集团整体财务状况、经营成果和现金流量的财务报表。

（二）按编制期间划分

按照编制期间的不同，可以将财务报表分为中期财务报表和年度财务报表。中期财务报表是除年度财务报告之外的其他按一定期间公开披露的财务报表，通常以短于一个完整的会计年度的报告期间为基础进行编制，包括月报、季报和半年报等。与年度财务报表相比，中期财务报表中的附注披露可以适当简化，但是中期资产负债表、利润表和现金流量表的格式和内容应当与年度财务报表相一致。

（三）按编制用途划分

按照编制用途的不同，可以将财务报表分为内部报表和外部报表。内部报表，指为适应企业内部经营管理的需要而编制的不对外公开的会计报表，如成本报表、费用报表等。内部报表一般不需要统一规定的格式，也没有统一的指标体系，具体格式和指标可由企业自行决定。外部报表，是指企业对外报送的，主要供投资人、债权人等外部会计信息使用者使用的会计报表，如资产负债表、利润表、现金流量表等。外部报表的具体格式和编制要求由我国企业会计准则统一规定。

三、财务报表编制应遵循的原则

为了保证财务报表的质量，充分发挥财务报表在资本市场中的重要作用，企业编制财务报表应遵循以下原则。

（1）交易及事项内容真实可靠，业务处理符合统一的规定要求。由于财务报表报送的数据和披露的信息事关众多利益相关者的决策需求，因此，真实可靠的交易事项和完整准确的业务记录是编制财务报表的基本要求，包括编制基础、编制方法和编制依据等都应按照国家统一的会计准则规范和制度要求进行。

（2）及时充分披露信息，确保报表的相关性。为了保证信息的完整性，企业财务报表反映的内容要全面。除了及时编制、列报并充分披露当期发生的交易事项外，相关的会计指标、项目分类、补充信息和附注内容等都应当满足会计信息使用者的决策要求。只有这样，财务报表的使用者才能全面了解企业的财务状况、经营成果及现金流情况，为其做出经济决策提供依据。

（3）符合成本效益原则，促进社会资源的优化配置。财务报表的编制需要一系列的前期准备工作，包括严格审核会计账簿记录和有关资料、全面的财产清查、按时结转各账户的余额和发生额、核对账簿及凭证数据、会计核算符合准则规定要求、会计估计变更和前期会计差错更正等，完成以上工作，企业才可以对外报出财务报表。显然，这些对数据的一系列收集、加工和处理、信息使用及过载成本就是为编制报表付出的代价。作为信息披露的载体，虽然财务报表的成本和效益难以被准确衡量，但无论是报表的披露方式、频率还是披露内容，都应在满足使用者需要的前提下以最小的投入实现高效的产出，这样才能实现社会资源的合理流动，促进社会资源的优化配置。

四、财务报表列报的基本要求

财务报表列报是指交易和事项在报表中的列示和在附注中的披露。在财务报告的列报中，"列示"通常反映资产负债表、利润表、现金流量表和所有者权益（或股东权益）变动表等报表中的信息，"披露"通常反映附注中的信息。列报的基本要求如下所示。

（1）按照企业会计准则的规定进行确认和计量。企业应当根据实际发生的交易和事项，遵循各项具体会计准则的规定进行确认和计量，在此基础上编制财务报告。如果由于某种原因没有遵循准则的要求，应在附注中做出说明。

（2）以持续经营为列报基础。按照现行的企业会计准则编制的财务报告，应以企业的持续经营为列报的基本前提。在评价企业的持续经营能力时，如果企业管理层对持续经营能力产生严重怀疑，应当在附注中披露导致对持续经营能力产生重大怀疑的不确定因素以及企业拟采取的改善措施。如果企业确定在当期或下一个会计期间进行破产清算或停止营业，那么就表明企业处于非持续经营状态，以持续经营为基础编制财务报表不再合理，应当采用其他基础编制财务报告。因此，企业应在附注中披露财务报告未能以持续经营为基础进行列报的事实、原因及财务报告的编制基础。

（3）将重要性作为项目列报的原则。重要性是指在合理的预期下，财务报表某项目的省略或错报会影响使用者据此做出经济决策的，该项目具有重要性。财务报告项目究竟采用单独列报还是合并列报这些具体列报方式，应当根据项目重要程度的差异采用不同的方式。在判断项目性质的重要性时，应当考虑该项目的性质是否属于企业的日常经营活动，是否对企业的财务状况和经营成果具有较大的影响等。例如，性质或功能不同的重要性项目，应当在财务报表中单独列报。在判断项目金额大小的重要性时，应当通过单项金额占资产总额、负债总额、所有者权益总额、营业收入总额、营业成本总额、净利润等直接相关项目金额的比重来进行评价。对各项目重要性的判断标准一经确定，不得随意变更。财务报表中的资产、负债、收入和费用项目及直接计入当期利润的利得和损失项目的金额不得相互抵销，会计准则另有规定的除外。某些项目的重要性程度如果不足以在资产负债表、利润表、现金流量表或所有者权益变动表中单独列示，但对附注却具有重要性，则应在附注中单独披露。

（4）将正常营业周期作为项目列报的分类标准。一个正常的营业周期，指企业从购买用于加工的资产起至实现现金或现金等价物止的期间。如果营业周期短于1年或无法确定，那么就以1年为限划分流动资产和非流动资产、流动负债和非流动负债，即回收期在1年以内的资产为流动资产，超过1年的为非流动资产。偿还期在1年以内的负债为流动负债，超过1年的为非流动负债。对于个别较为特殊的产品，如果正常营业周期超过1年，则应以长于1年的正常营业周期作为界定标准。

（5）列报的一致性。财务报表项目的列报应当在各个会计期间保持一致，不得随意变更。但会计准则要求改变财务报表项目的列报、企业经营业务的性质发生重大变化的及其他会计准则另有规定的，应当在附注中披露改变或调整的原因、性质及各项目的金额。对可比数据进行调整不切实可行的，应当在附注中披露不能调整的原因。不切实可行，指企业在做出所有合理努力后仍然无法采用某项会计准则规定。

（6）财务报表表首的列报要求。财务报表一般分为表首、正表两部分。其中，在表首部分企业应当概括地说明下列基本信息：①编报企业的名称，若在所属期间发生变更的，应当予以标明；②资产负债表日或报表涵盖的会计期间；③人民币金额单位；④财务报表是合并财务报表的，应当予以标明。

第二节　资产负债表

一、资产负债表概述

（一）资产负债表的含义及作用

资产负债表指反映企业在某一特定日期财务状况的报表。它以"资产＝负债＋所有者权益"这一会计恒等式为基础进行编制，是企业在某一特定时点财务状况的静态报表，主要作用如下所示。

1. 反映企业的资产质量及其分布情况

资产负债表能够反映企业在某一日期拥有的资产总额及其结构方面的信息，例如，企业在某一特定日期所拥有的资产总量有多少、占比重较大的是哪一类资产、流动资产和非流动资产各自比例有多少、固定资产有多少、负债与股东权益相对比重的大小等。通过分析企业资产总规模及具体分布情况，就可以理解企业资产的来源及其形成原因，对整体的资产质量做出合理判断。

2. 评价并预测企业的短期和长期偿债能力

偿债能力是反映企业财务状况和经营能力的重要标志，指企业用其资产偿还长期债务与短期债务的能力。企业是否具备偿还债务能力及其能力的强弱，是衡量企业能否健康生存和发展的关键。偿债能力是企业偿还到期债务的承受能力或保证程度，包括短期偿债能力和长期偿债能力。短期偿债能力是以流动资产偿还流动负债的能力，反映企业清偿短期内即将到期债务的能力，时间通常在 1 年以内。短期偿债能力越弱，企业越没有获取投资回报的保障，越有可能破产。通过将资产负债表中的流动资产与流动负债进行比较，可以评价和预测企业的短期偿债能力。长期偿债能力指企业偿还长期负债的能力，包括长期借款、应付债券、长期应付款、专业应付款、预计负债等，偿还期限通常超过 1 年。衡量长期偿债能力强弱主要根据企业资金结构是否合理、稳定及企业长期盈利能力的大小来判断。通过将资产负债表中的资产与负债进行比较，可以评价和预测企业的长期偿债能力，即资产越多，负债越少，其长期偿债能力越强；反之，若资不抵债，则企业缺乏长期偿债能力。

3. 反映财务状况的发展趋势

虽然具体年度的资产负债表只是反映企业在某一特定日期或时点的财务状况，但是把各期的资产负债表结合起来就可以分析企业的财务状况发展趋势。结合资产负债表提供的基本数据，可以计算得出速动比率、产权比率、资产增长率等企业的偿债能力和发展能力财务指标，通过对同一时期的横向和不同时期的纵向数据比较分析，可以及时了解企业的发展动态，合理评价企业的经营绩效，有助于会计报告使用者做出经济决策。

在使用过程中，资产负债表本身所固有的一些问题也不容忽视。一方面，资产负债表主要以历史成本为报告基础，但是由于很多项目性质的差异使得计价方法存在不同，例如，存货按成本与可变现净值孰低列示、应收票据和应收账款按照扣除坏账准备后的净值列示，因而资产负债表最终呈现的合计数缺乏一致的计价基础。因此仅根据资产负债表数据进行分析，会对企业的偿债能力和发展能力评价出现偏差。另一方面，资产负债表中部分项目的计价要依靠会计人员的主观判断和估计，包括应收账款的坏账准备、固定资产的累计折旧及无形资产的摊销等，需要对其可收回款项进行测试、对使用年限和净残值进行预估，从而影响了报表数据的可靠性。加之人力资源、企业社会责任等部分有价值的重要信息没有在报表中列报，资产负债表功能受到一定程度的限制。

（二）资产负债表的列报格式

在我国，资产负债表应采用账户式的格式列报。资产负债表分为左、右两部分，资产列报在左边，按照流动性大小列示资产项目；负债和所有者权益列报在右边，按照清偿时间的先后列示负债项目，按照永久性顺序列示所有者权益项目。这样能够清晰地把资产、负债和权益的关系展现出来。为了便于比较，资产负债表还就各个项目再分为"期末数"和"年初数"两栏分别填列，且左右两方合计数相等。资产负债表的具体列报格式如表 13-1 所示。

表 13-1　资产负债表

编制单位：甲公司　　　　　　　　　　20×1 年 12 月 31 日　　　　　　　　　　单位：元

资产	期末数	年初数	负债和所有者权益（或股东权益）	期末数	年初数
流动资产：			流动负债：		
货币资金			短期借款		
交易性金融资产			交易性金融负债		
衍生金融资产			衍生金融负债		
应收票据			应付票据		
应收账款			应付账款		
应收款项融资			应付利息		
预付款项			预收款项		
其他应收款			其他应付款		
存货			应交税费		
持有待售资产			应付职工薪酬		
一年内到期的非流动资产			一年内到期的非流动负债		
其他流动资产			其他流动负债		
流动资产合计			流动负债合计		
非流动资产：			非流动负债：		
债权投资			长期借款		
其他债权投资			应付债券		
长期应收款			其中：优先股		

续表

资产	期末数	年初数	负债和所有者权益 （或股东权益）	期末数	年初数
长期股权投资			永续债		
其他权益工具投资			长期应付款		
投资性房地产			预计负债		
固定资产			其他非流动负债		
在建工程			非流动负债合计		
生产性生物资产			负债合计		
油气资产			所有者权益（或股东权益）：		
无形资产			实收资本（或股本）		
开发支出			其他权益工具		
商誉			其中：优先股		
长期待摊费用			永续债		
递延所得税资产			资本公积		
其他非流动资产			减：库存股		
非流动资产合计			其他综合收益		
			盈余公积		
			未分配利润		
			所有者权益（或股东权益）合计		
资产总计			负债和所有者权益（或股东权益）总计		

二、资产负债表余额栏的列报方法

（一）"年初余额"栏的列报方法

资产负债表"年初余额"栏内的各项目金额，应根据上年年末资产负债表"期末余额"栏内的金额填列，且与各项目上年年末的期末余额相一致。如果上年度资产负债表内的各个项目名称和内容与本年度不一致，应对上年年末资产负债表相关项目的名称和金额按照本年度的规定进行调整，填入表中的"年初余额"栏内。如果企业发生了会计政策变更或前期差错更正，则应当对"年初余额"栏内的相关项目金额进行调整。

（二）"期末余额"栏的列报方法

资产负债表"期末余额"栏内各项金额，一般应根据资产、负债和所有者权益类科目的期末余额填列，主要包括以下几种方式：

（1）根据总账科目的余额填列。资产负债表中的部分项目可直接根据相关的总账科目余额填列,如"交易性金融资产""短期借款""应付职工薪酬"等项目;有的项目则要根据多个总账科目的余额计算填列,例如,"货币资金"项目,需要根据"库存现金""银行存款"和"其他货币资金"三个总账科目余额的合计数填列。

(2)根据明细账科目的余额计算填列。例如,"应付账款"项目需要根据"应付账款"和"预付账款"科目所属的相关明细科目的期末贷方余额计算填列。"预收账款"项目需要根据"预收账款"和"应收账款"科目所属的相关明细科目的期末贷方余额计算填列。

(3)根据总账科目和明细账科目的余额分析计算填列。例如,"长期借款"项目需要根据"长期借款"总账科目余额,扣除"长期借款"科目所属的明细科目中将在资产负债表日起一年内到期且企业不能自主地将清偿义务展期的长期借款后的金额计算填列。

(4)根据有关科目余额减去相应的备抵科目余额后的净额计算填列。例如,资产负债表中的"长期股权投资"项目,应根据"长期股权投资"科目的期末余额减去"长期股权投资减值准备"科目余额后的净额填列。

(5)综合运用上述方法分析计算填列。例如,资产负债表中的"存货"项目,应根据"原材料""库存商品""委托加工物资""周转材料""材料采购""在途物资""发出商品"及"材料成本差异"等总账科目期末余额的合计数,减去"存货跌价准备"科目余额后的金额填列。

三、资产负债表的编制方法

在资产负债表日,企业的资产、负债和所有者权益的各项目应根据会计账簿相关科目的期末余额分析填列。下面就一般企业资产负债表中流动资产、非流动资产、流动负债、非流动负债和所有者权益(或股东权益)五大类所涉及的项目列报和填制方法展开说明。

(一)流动资产项目的填制方法

(1)"货币资金"项目,反映企业在资产负债表日持有的货币资金余额。该项目应根据"库存现金""银行存款"和"其他货币资金"科目期末余额的合计数填列。

(2)"交易性金融资产"项目,反映在资产负债表日企业分类为以公允价值计量且其变动计入当期损益的金融资产,以及企业持有的指定为以公允价值计量且其变动计入当期损益的金融资产的期末账面价值。该项目应根据"交易性金融资产"科目相关明细科目期末余额分析填列。

(3)"衍生金融资产"项目,反映企业在资产负债表日持有的衍生金融工具的资产价值。该项目应根据"衍生金融资产"科目的期末余额填列。

(4)"应收票据"项目,反映资产负债表日以摊余成本计量、企业因销售商品或提供服务等收到的商业汇票,包括银行承兑汇票和商业承兑汇票。该项目应根据"应收票据"科目的期末余额,减去"坏账准备"科目中相关坏账准备期末余额后的金额分析填列。

(5)"应收账款"项目,反映资产负债表日以摊余成本计量、企业因销售商品或提供服务等经营活动应收取的款项。该项目应根据"应收账款"科目的期末余额,减去"坏账准备"科目中相关坏账准备期末余额后的金额分析填列。

（6）"应收款项融资"项目，反映资产负债表日以公允价值计量且其变动计入其他综合收益的应收票据和应收账款等。该项目应根据"应收款项融资"科目的期末余额分析填列。

（7）"预付款项"项目，反映企业按照合同规定的预付款项在资产负债表日的净额。该项目应根据"预付账款"和"应付账款"科目所属各明细科目的期末借方余额合计数，减去对应的"坏账准备"科目的期末贷方余额计算填列。如果"预付账款"科目所属各明细科目期末有贷方余额，应在资产负债表"应付账款"项目内填列。

（8）"其他应收款"项目，反映资产负债表日企业持有的除应收票据、应收账款、预付账款等经营活动以外的其他各种应收和暂付款项净额。该项目应根据"其他应收款""应收股利"和"应收利息"科目的期末余额，减去"坏账准备"科目的期末贷方余额分析填列。

（9）"存货"项目，反映资产负债表日企业持有的在库、在途及加工过程中的存货净额。该项目应根据"在途物资"（或"材料采购"）、"原材料""库存商品""低值易耗品""包装物""周转材料""委托加工物资""材料成本差异""发出商品""产成品"及"生产成本"等科目的期末余额合计，减去"存货跌价准备"科目期末余额后的金额填列。

（10）"合同资产"项目，反映资产负债表日企业已向客户转让商品而有权收取对价的权利的价值，该权利取决于时间流逝之外的其他因素。该项目应根据"合同资产"科目及相关明细科目的期末余额填列。同一合同下的合同资产和合同负债应当以净额列示，其中：净额为借方余额的，应当根据其流动性在"合同资产"或"其他非流动资产"项目中填列；已计提减值准备的，还应减去"合同资产减值准备"科目中相关的期末余额后的金额填列。

（11）"持有待售资产"项目，反映资产负债表日划分为持有待售类的非流动资产及划分为持有待售类的处置组中的流动和非流动资产的期末账面价值。该项目应根据"持有待售资产"科目的期末余额，减去"持有待售资产减值准备"科目期末余额后的金额计算填列。

（12）"一年内到期的非流动资产"项目，反映企业在资产负债表日持有的预计自资产负债表日起一年内到期的非流动资产的期末账面价值。该项目应根据"债权投资""其他债权投资"和"长期应收款"科目所属明细科目余额中将于1年内到期的长期债权的总计金额分析填列。

（13）"其他流动资产"项目，反映资产负债表日企业持有的除货币资金、交易性金融资产、应收票据、应收账款、存货等上述流动资产以外的其他流动资产净额。该项目应根据有关科目的期末余额计算填列。

（二）非流动资产项目的填制方法

（1）"债权投资"项目，反映资产负债表日企业以摊余成本计量的长期债权投资的期末账面价值。该项目应根据"债权投资"科目的相关明细科目期末余额，减去"债权投资减值准备"科目中相关减值准备的期末余额后的金额分析填列。对于资产负债表日起1年内到期的长期债权投资和企业购入的以摊余成本计量的1年内到期的债权投资的期末账面价值,应分别在"一年内到期的非流动资产"和"其他流动资产"项目中反映。

（2）"其他债权投资"项目,反映资产负债表日企业分类为以公允价值计量且其变动计入其他综合收益的长期债权投资的期末账面价值。该项目应根据"其他债权投资"科目的相关明细科目期末余额分析填列。自资产负债表日起一年内到期的长期债权投资的期末账面价值应通过"一年内到期的非流动资产"项目反映,企业购入的以公允价值计量且其变动计入其他综合收益的一年内到期的债权投资的期末账面价值应在"其他流动资产"项目反映。

（3）"长期应收款"项目,反映资产负债表日企业因融资租赁产生的应收款项净值及采用递延方式分期收款,实质上具有融资性质的销售商品和提供服务等产生的长期应收款项的净额。该项目应根据"长期应收款"科目所属明细科目的期末借方余额,减去相应的"未实现融资收益"和"坏账准备"科目所属明细科目期末贷方余额计算填列。

（4）"长期股权投资"项目,反映企业在资产负债表日持有的对子公司、合营企业和联营企业采用成本法和权益法核算的长期股权投资净额。该项目应根据"长期股权投资"科目的期末余额,减去"长期股权投资减值准备"科目期末贷方余额计算填列。

（5）"其他权益工具投资"项目,反映资产负债表日企业指定为以公允价值计量且其变动计入其他综合收益的非交易性权益工具投资的期末账面价值。该项目应根据"其他权益工具投资"科目的期末余额填列。

（6）"投资性房地产"项目,反映资产负债表日企业持有的投资性房地产的期末账面价值。采用公允价值模式计量投资性房地产的,该项目应根据"投资性房地产"科目的期末余额填列。采用成本模式计量投资性房地产的,该项目应根据"投资性房地产"科目的期末余额,减去"投资性房地产累计折旧（或摊销）"和"投资性房地产减值准备"科目期末贷方余额计算填列。

（7）"固定资产"项目,反映资产负债表日企业固定资产的期末账面价值和企业尚未清理完毕的固定资产清理净损益。该项目应根据"固定资产"科目的期末余额,减去"累计折旧"和"固定资产减值准备"科目期末余额后的金额,以及"固定资产清理"科目的期末余额填列。

（8）"在建工程"项目,反映资产负债表日企业尚未达预定可使用状态的在建工程的期末账面价值和为在建工程准备的各种工程物资的期末账面价值。该项目应根据"在建工程"科目的期末余额减去"在建工程减值准备"科目期末余额后的金额,以及"工程物资"科目的期末余额减去"工程物资减值准备"科目期末余额后的金额填列。

（9）"使用权资产"项目,反映资产负债表日承租人企业持有的使用权资产净额。该项目应根据"使用权资产"科目的期末余额,减去"使用权资产累计折旧"和"使用权资产减值准备"科目的期末余额后的金额填列。

（10）"无形资产"项目,反映资产负债表日企业持有的包括专利权、商标权、非专利技术、著作权及土地使用权等在内的无形资产的期末账面价值。该项目应根据"无形资产"科目的期末余额,减去"累计摊销"和"无形资产减值准备"科目期末余额后的金额填列。

（11）"开发支出"项目，反映资产负债表日企业已投入研发过程中能够资本化的支出部分的余额。该项目应根据"研发支出"科目中所属的"资本化支出"明细科目的期末余额填列。

（12）"商誉"项目，反映资产负债表日企业持有的在并购过程中形成的商誉的期末账面价值。该项目应根据"商誉"科目的期末余额，减去相应减值准备后的金额填列。

（13）"长期待摊费用"项目，反映资产负债表日企业已经发生但应由本期和以后各期负担的分摊期限在一年以上的长期待摊费用的期末余额。该项目应根据"长期待摊费用"科目的期末余额减去将在 1 年内（含 1 年）摊销的数额后的金额填列。长期待摊费用中在 1 年内（含 1 年）摊销的部分，在"一年内到期的非流动资产"项目填列。

（14）"递延所得税资产"项目，反映资产负债表日企业确认的可抵扣暂时性差异产生的递延所得税资产余额。该项目应根据"递延所得税资产"科目的期末余额填列。

（15）"其他非流动资产"项目，反映资产负债表日企业持有的除长期股权投资、投资性房地产、固定资产、在建工程、无形资产等资产以外的其他非流动资产净额。该项目应根据"合同资产"和"合同负债"科目所属明细科目的期末余额填列。同一合同下的合同资产和合同负债应当以净额列示，净额为借方余额的，其非流动性部分在"其他非流动资产"项目中填列。如果已计提减值准备，应根据减去"合同资产减值准备"科目中相关的期末余额后的金额填列。

（三）流动负债项目的填制方法

（1）"短期借款"项目，反映资产负债表日企业向银行或其他金融机构等借入的期限在 1 年以下（含 1 年）的各种借款的期末账面价值。该项目应根据"短期借款"科目的期末余额填列。

（2）"交易性金融负债"项目，反映资产负债表日企业承担的交易性金融负债，以及企业持有的指定为以公允价值计量且其变动计入当期损益的金融负债的期末账面价值。该项目应根据"交易性金融负债"科目的相关明细科目的期末余额填列。

（3）"衍生金融负债"项目，反映资产负债表日企业承担的衍生金融工具的负债期末账面价值。该项目根据"衍生金融负债"科目的期末余额填列。

（4）"应付票据"项目，反映资产负债表日以摊余成本计量的、企业因购买材料、商品和接受服务等而开出、承兑的商业汇票，包括银行承兑汇票和商业承兑汇票。该项目应根据"应付票据"科目的期末余额填列。

（5）"应付账款"项目，反映资产负债表日以摊余成本计量的，企业因购买材料、商品和接受服务等经营活动应支付的款项。该项目应根据"应付账款"和"预付账款"科目所属的相关明细科目的期末贷方余额合计数填列。

（6）"预收款项"项目，反映企业按照购货合同规定预收的款项在资产负债表日的账面价值。该项目应根据"预收账款"和"应收账款"科目所属各明细科目的期末贷方余额合计数填列。

（7）"合同负债"项目，反映企业已收客户对价而承担的应向客户转让商品义务的价值。该项目应根据"合同负债"科目的期末余额及相关明细科目的期末余额分析填列。同一合同下的合同资产和合同负债应当以净额列示,如果净额为贷方余额的,应当根据其流动性在"合同负债"或"其他非流动负债"项目中填列。

(8)"应付职工薪酬"项目,反映资产负债表日企业承担的应支付给职工的工资、职工福利、社会保险费、住房公积金、工会经费、职工教育经费、非货币性福利、辞退福利等应付职工薪酬的余额。该项目应根据"应付职工薪酬"科目的期末余额分析填列。

(9)"应交税费"项目,反映资产负债表日企业承担的按照税法规定应交未交的各种税费的余额,包括增值税、消费税、所得税、资源税、城市维护建设税、教育费附加、房产税、城镇土地使用税、车船税等。该项目应根据"应交税费"科目的期末贷方余额填列。

(10)"其他应付款"项目,反映资产负债表日企业承担的除应付票据、应付账款、预收账款、应付职工薪酬、应交税费等以外的其他各项应付暂收款项的余额。该项目应根据"其他应付款""应付股利"和"应付利息"科目的期末余额合计数填列。

(11)"持有待售负债"项目,反映资产负债表日企业处置组中划分为持有待售类的负债的期末账面价值。该项目应根据"持有待售负债"科目或非流动负债类科目的期末余额计算填列。

(12)"一年内到期的非流动负债"项目,反映资产负债表日企业承担的将于资产负债表日后一年内到期的非流动负债的期末账面价值。该项目应根据"长期借款""应付债券"和"长期应付款"科目所属明细科目余额中将于1年内到期的金额合计数计算填列。

(13)"其他流动负债"项目,反映资产负债表日企业承担的除短期借款、交易性金融负债、应付票据、应付账款、应付职工薪酬、应交税费等流动负债以外的其他流动负债的期末余额。本项目应根据有关科目的期末余额计算填列。

(四)非流动负债项目的填制方法

(1)"长期借款"项目,反映资产负债表日企业向银行或其他金融机构等借入的期限在1年以上(不含1年)的各项借款的期末账面价值。该项目应根据"长期借款"科目相关明细科目的期末余额分析填列。

(2)"应付债券"项目,反映企业为筹集长期资金而发行的债券本金和利息在资产负债表日的期末账面价值。该项目应根据"应付债券"科目相关明细科目的期末余额分析填列。

(3)"长期应付款"项目,反映资产负债表日企业承担的除长期借款和应付债券以外的其他各种长期应付款项的期末账面价值。该项目应根据"长期应付款"和"专项应付款"科目相关明细科目的期末余额,减去对应的"未确认融资费用"科目期末余额后的金额填列。

(4)"预计负债"项目,反映资产负债表日企业承担的就对外提供担保、未决诉讼、产品质量保证、重组义务、亏损性合同等事项确认的预计负债期末余额。该项目应根据"预计负债"科目相关各明细科目的期末余额计算填列。

(5)"递延收益"项目,反映企业确认的应在以后期间计入当期损益的政府补助的期末账面价值。该项目应根据"递延收益"科目期末余额填列。

(6)"递延所得税负债"项目,反映资产负债表日企业确认的应纳税暂时性差异产生的所得税负债的余额。该项目应根据"递延所得税负债"科目的期末余额填列。

（7）"其他非流动负债"项目，反映资产负债表日企业承担的除长期借款、应付债券等上述负债以外的其他非流动负债的期末余额。该项目应根据有关科目的期末余额减去将于资产负债表日后1年内（含1年）到期偿还数额后的余额填列。非流动负债各项目中将于资产负债表日后1年内（含1年）到期的非流动负债，应在"一年内到期的非流动负债"项目内单独反映。

（五）所有者权益（或股东权益）项目的填制方法

（1）"实收资本（或股本）"项目，反映企业投资者实际投入的资本（或股本）在资产负债表日的余额。该项目应根据"实收资本（或股本）"科目的期末余额填列。

（2）"其他权益工具"项目，反映资产负债表日企业发行在外的除普通股以外分类为权益工具的其他权益工具的期末账面价值。对于资产负债表日分类为权益工具的金融工具，应在"其他权益工具"项目填列，同时根据企业优先股和永续债的情况，在"其他权益工具"下设的"优先股"项目和"永续债"项目分别填列。

（3）"资本公积"项目，反映资产负债表日企业资本公积的期末余额。该项目应根据"资本公积"科目的期末余额填列。

（4）"库存股"项目，反映资产负债表日企业持有的尚未转让或注销的公司股份的期末余额。该项目应根据"库存股"科目的期末余额填列。

（5）"其他综合收益"项目，反映资产负债表日企业根据会计准则规定未在当期损益中确认的各项利得和损失的余额。该项目应根据"其他综合收益"科目的期末余额填列。

（6）"盈余公积"项目，反映资产负债表日企业从净利润中提取的盈余公积的期末余额。该项目应根据"盈余公积"科目的期末余额填列。

（7）"未分配利润"项目，反映资产负债表日企业尚未补亏或累计未分配利润的余额。该项目应根据"本年利润"科目和"利润分配"总账科目下的"未分配利润"明细科目的期末余额计算填列。

四、资产负债表编制示例

【例13-1】甲公司是股份有限公司，为增值税一般纳税人，适用的增值税税率为13%，所得税税率为25%。20×1年12月31日的科目余额表见表13-2，参考表13-2数据编制公司的资产负债表，见表13-3。

表13-2 甲公司科目余额表

20×1年12月31日 单位：元

科目名称	借方余额	科目名称	贷方余额
库存现金	12 000	短期借款	20 000
银行存款	322 332	应付票据	40 000
其他货币资金	2 920	应付账款	381 520

续表

科目名称	借方余额	科目名称	贷方余额
交易性金融资产	0	其他应付款	14 886
应收票据	26 200	应付职工薪酬	72 000
应收账款	240 000	应交税费	90 692
坏账准备	-520	应付利息	29 201
预付账款	36 000	应付股利	0
其他应收款	6 000	一年内到期的长期负债	0
材料采购	110 000	长期借款	464 500
原材料	18 000	股本	2 000 000
周转材料	15 220	盈余公积	49 908
库存商品	848 160	未分配利润	87 205
材料成本差异	1 700		
其他流动资产	40 800		
长期股权投资	100 500		
固定资产	960 400		
累计折旧	-68 000		
固定资产减值准备	-12 000		
在建工程	171 200		
工程物资	120 000		
无形资产	240 000		
累计摊销	-24 000		
递延所得税资产	3 000		
其他长期资产	80 000		
合计	3 249 912	合计	3 249 912

表13-3　甲公司资产负债表

编制单位：甲公司　　　　　　　　20×1年12月31日　　　　　　　　单位：元

资产	期末数	年初数	负债和所有者权益（或股东权益）	期末数	年初数
流动资产：			流动负债：		
货币资金	337 252	426 250	短期借款	20 000	100 000
交易性金融资产	0	5 000	交易性金融负债	0	0
衍生金融资产	0	0	衍生金融负债	0	0
应收票据	26 200	73 600	应付票据	40 000	64 000
应收账款	239 480	318 220	应付账款	381 520	681 520
应收款项融资	0	0	应付利息	29 201	29 201
预付款项	36 000	36 000	预收款项	0	0
其他应收款	6 000	6 000	其他应付款	14 886	31 210
存货	993 080	1 223 000	应交税费	90 692	13 260

续表

资产	期末数	年初数	负债和所有者权益（或股东权益）	期末数	年初数
持有待售资产	0	0	应付职工薪酬	72 000	38 000
一年内到期的非流动资产	0	0	一年内到期的非流动负债	0	300 200
其他流动资产	40 800	40 800	其他流动负债	0	0
流动资产合计	1 678 812	2 128 870	流动负债合计	648 299	1 257 391
非流动资产：			非流动负债：		
债权投资	0	0	长期借款	464 500	310 000
其他债权投资	0	0	应付债券	0	0
长期应收款	0	0	其中：优先股	0	0
长期股权投资	100 500	100 500	永续债	0	0
其他权益工具投资	0	0	长期应付款	0	0
投资性房地产	0	0	预计负债	0	0
固定资产	880 400	370 200	其他非流动负债	0	0
在建工程	291 200	700 000	非流动负债合计	464 500	310 000
生产性生物资产	0	0	负债合计	1 112 799	1 567 391
油气资产	0	0	所有者权益（或股东权益）：		
无形资产	216 000	429 000	实收资本（或股本）	2 000 000	2 000 000
开发支出	0	0	其他权益工具	0	0
商誉	0	0	其中：优先股	0	0
长期待摊费用	0	0	永续债	0	0
递延所得税资产	3 000	0	资本公积	0	0
其他非流动资产	80 000	80 000	减：库存股	0	0
非流动资产合计	1 571 100	1 679 700	其他综合收益	0	0
			盈余公积	49 908	195 319
			未分配利润	87 205	45 860
			所有者权益（或股东权益）合计	2 137 113	2 241 179
资产总计	3 249 912	3 808 570	负债和所有者权益（或股东权益）总计	3 249 912	3 808 570

其中，部分编制资料如下：

（1）货币资金项目金额＝库存现金＋银行存款＋其他货币资金。

（2）应收账款项目金额＝应收账款－坏账准备。

（3）预付款项项目金额来自预付账款。

（4）存货项目金额＝材料采购＋原材料＋周转材料＋库存商品＋材料成本差异。

（5）固定资产项目金额＝固定资产－累计折旧－固定资产减值准备。

（6）无形资产项目金额＝无形资产－累计摊销。

第三节 利 润 表

一、利润表概述

（一）利润表的含义与作用

利润表又称损益表、收益表，是反映企业在一定会计期间经营成果的财务报表。利润表的作用主要体现在以下几个方面。

1. 有利于分析企业的经营成果和盈利能力

经营成果是一个绝对值，它等于一定期间的营业收益扣除相关的营业成本及费用后的余额，体现着企业财富增长的规模。盈利能力是一个相对指标，表示企业运用一定的经济资源获取经营成果的能力，如资金利润率、净资产收益率等。利润表揭示了企业在一定会计期间内经营成果的形成过程，而盈利能力信息则是根据利润表和其他财务报表资料计算得出的。

2. 有助于预测企业的未来利润和现金流量

利润表提供了对于过去经营活动的客观记录和历史反映，有助于报表使用者更好地判断企业未来的利润状况和现金流量。

3. 有助于考核企业管理层的经营业绩

利润表所提供的盈利信息既是企业在生产、经营、投资等各项活动中管理效率和效益的直接体现，又是生产经营过程中投入与产出对比的结果；它既反映了一定时期各部门的工作结果，又是评价和考核各部门工作业绩的重要依据。

4. 为企业管理人员的经营决策提供依据

利润表综合反映了企业在一定会计期间的营业收入、营业成本及期间费用等，披露了利润组成的各要素，通过比较分析利润的增减变动情况，可以寻求其业绩变化的根本原因，以便在企业管理和运行层面发现问题、寻找差距，明确今后的工作重点，在未来做出正确的决策。

5. 为投资者及债权人的投资、信贷决策提供依据

投资者和债权人可以根据利润表提供的数据计算利润的绝对变化量，也可以计算资金利润率和净资产收益率等相对比率指标，通过不同时期及同一时期同行业企业数据的对比分析，了解并掌握该企业的盈利能力和业绩变化趋势，从而决定是否调整投资战略。

（二）利润表的列报格式

利润表一般包括表头和表体两部分。表头主要列示报表名称、编制单位名称、涵盖的会计期间等；表体根据列报格式不同分为单步式利润表和多步式利润表两种。

我国采用多步式利润表。多步式利润表通过对当期不同性质的收入和费用支出加以归类，按照利润形成过程的主要环节分步计算当期净损益，一般包括三个步骤：①以营业收入为基础，减去营业成本、税金及附加、销售费用、管理费用、研发费用、财务费用、资产减值损失、信用减值损失,加上其他收益、投资收益(减去投资损失)、公允价值变动收益(减去公允价值变动损失)、资产处置收益(减去资产处置损失)等,计算出营业利润;②以营业利润为基础,加上营业外收入,减去营业外支出,计算出利润总额;③用利润总额减去所得税费用,计算出净利润(或净亏损)。多步式利润表的具体格式见表13-4。

表13-4 多步式利润表

编制单位:甲公司　　　　20×1年度　　　　　　　　　　　　　　　　　　　单位:元

项　　目	本期金额	上期金额
一、营业收入		
减:营业成本		
税金及附加		
销售费用		
管理费用		
研发费用		
财务费用		
其中:利息费用		
利息收入		
加:其他收益		
投资收益(损失以"-"号填列)		
其中:对联营企业和合营企业的投资收益		
净敞口套期收益(损失以"-"号填列)		
公允价值变动收益(损失以"-"号填列)		
信用减值损失(损失以"-"号填列)		
资产减值损失(损失以"-"号填列)		
资产处置收益(损失以"-"号填列)		
二、营业利润(损失以"-"号填列)		
加:营业外收入		
减:营业外支出		
三、利润总额(亏损总额以"-"号填列)		
减:所得税费用		
四、净利润(净亏损以"-"号填列)		
(一)持续经营净利润(净亏损以"-"号填列)		
(二)终止经营净利润(净亏损以"-"号填列)		
五、其他综合收益的税后净额		
(一)不能重分类进损益的其他综合收益		
1.重新计量设定受益计划变动额		
2.权益法下不能转损益的其他综合收益		
3.其他权益工具投资公允价值变动		

续表

项　目	本期金额	上期金额
4. 企业自身信用风险公允价值变动		
……		
（二）将重分类进损益的其他综合收益		
1. 权益法下可转损益的其他综合收益		
2. 其他债权投资公允价值变动		
3. 金融资产重分类计入其他综合收益的金额		
4. 其他债权投资信用减值准备		
5. 现金流量套期储备		
6. 外币财务报表折算差额		
……		
六、综合收益总额		
七、每股收益		
（一）基本每股收益		
（二）稀释每股收益		

相比单步式利润表，多步式利润表对企业的收入和费用项目进行了适当的分类，以不同方式将其在表中进行组合，这样不仅便于同一行业企业之间的比较，也便于不同期间利润表对应项目的比较，有利于企业通过利润表分析利润增减变动的原因，便于报表使用者判断企业未来的发展趋势，为编制下期的利润预算、改进经营管理提供科学的决策依据。

二、利润表的编制方法

（一）"上期金额"栏的列报方法

利润表"上期金额"栏内的各项数字，应根据上一年度该期利润表"本期金额"栏内所列数字填列。如果上年同期利润表规定的各个项目的名称和内容同本期不一致，应对上年该期利润表各项目的名称和数字按本期的规定重新调整，填入本期利润表"上期金额"栏内。

（二）"本期金额"栏的填列方法

利润表"本期金额"栏内各项数字应根据损益类科目的发生额分析填列。具体填列说明如下所示。

（1）"营业收入"项目，反映企业经营主要业务和其他业务确认的收入总额。该项目应根据"主营业务收入"和"其他业务收入"科目的发生额分析填列。

（2）"营业成本"项目，反映企业经营主要业务和其他业务发生的成本总额。该项目应根据"主营业务成本"和"其他业务成本"科目的发生额分析填列。

（3）"税金及附加"项目，核算企业经济活动发生的消费税、城市维护建设税、资源税、教育费附加、车船使用税及印花税等。该项目应根据"税金及附加"科目的发生额分析填列。

（4）"销售费用"项目，反映企业在销售商品或提供劳务过程中发生的广告费、展位费及为专设销售机构支付的职工薪酬等费用。该项目应根据"销售费用"科目的发生额分析填列。

（5）"管理费用"项目，反映企业为组织和管理生产经营活动发生的管理费用。该项目应根据"管理费用"的发生额分析填列。

（6）"研发费用"项目，反映企业进行研究与开发过程中发生的费用化支出以及计入管理费用的自行开发无形资产的推销。该项目应根据"管理费用"科目下"研究费用"明细科目的发生额，以及"管理费用"科目下的"无形资产摊销"明细科目的发生额分析填列。

（7）"财务费用"项目下的"利息费用"项目，反映企业为筹集生产经营所需资金而发生的应予以费用化的利息支出；"财务费用"项目下的"利息收入"项目，反映企业按相关会计准则确认的应冲减财务费用的利息收入。"利息费用"和"利息收入"项目在列报时，应根据"财务费用"科目的相关明细发生额分析填列。

（8）"其他收益"项目，反映计入其他收益的政府补助以及其他与日常经济活动有关的应计入其他收益的项目。该项目应根据"其他收益"科目的发生额分析填列。

（9）"投资收益"项目，反映企业以各种方式对外投资所取得的收益。该项目应根据"投资收益"科目的有关明细科目发生额分析填列，如为投资损失，以"-"号填列。

（10）"净敞口套期收益"项目，反映净敞口套期下被套期项目累计公允价值变动转入当期损益的金额或现金流量套期储备转入当期损益的金额。该项目应根据"净敞口套期损益"科目的发生额分析填列，如为套期损失，以"-"号填列。

（11）"公允价值变动收益"项目，反映企业以公允价值计量的资产或负债在持有期间因公允价值变动而形成的收益。该项目应根据"公允价值变动损益"科目的发生额分析填列，如为净损失，以"-"号填列。

（12）"信用减值损失"项目，反映企业根据会计准则要求计提的金融工具信用减值准备所确认的信用损失。该项目应根据"信用减值损失"科目的发生额分析填列。

（13）"资产减值损失"项目，反映企业各类资产发生的减值损失。该项目应根据"资产减值损失"科目的发生额分析填列。

（14）"资产处置收益"项目，反映企业出售划分为持有待售的非流动资产（金融工具、长期股权投资和投资性房地产除外）或处置组（子公司和业务除外）时确认的处置利得或损失，以及处置未划分为持有待售的固定资产、在建工程、生产性生物资产及无形资产而产生的处置利得或损失。该项目应根据"资产处置损益"科目的发生额分析填列，如为处置损失，以"-"号填列。

（15）"营业利润"项目，反映企业实现的营业利润。如为亏损，该项目以"-"号填列。

（16）"营业外收入"项目，反映企业发生的除营业利润以外的收益，主要包括与企业日常活动无关的政府补助、盘盈利得、捐赠利得等。该项目应根据"营业外收入"科目的发生额分析填列。

（17）"营业外支出"项目，反映企业发生的除营业利润以外的支出，主要包括公益性捐赠支出、非常损失、盘亏损失、非流动资产毁损报废损失等。该项目应根据"营业外支出"科目的发生额分析填列。其中，"非流动资产毁损报废损失"通常包括因自然灾害发生毁损、已丧失使用功能等原因而报废清理产生的损失。企业在不同的交易中形成的非流动资产毁损报废利得和损失不得相互抵销，应分别在"营业外收入"项目和"营业外支出"项目进行填列。

（18）"利润总额"项目，反映企业实现的利润。如为亏损，该项目以"-"号填列。

（19）"所得税费用"项目，反映企业按照企业会计准则计算的应从当期利润总额中扣除的所得税费用。该项目应根据"所得税费用"科目的发生额分析填列。

（20）"净利润"项目，反映企业当期实现的净利润。如为亏损，该项目以"-"号填列。其中，"（一）持续经营净利润"和"（二）终止经营净利润"项目，分别反映与持续经营相关的净利润和与终止经营相关的净利润，如为净亏损，以"-"号填列。这两个项目应按照《企业会计准则第42号——持有待售的非流动资产、处置组和终止经营》的相关规定分别列报。

（21）"其他综合收益的税后净额"项目，反映企业根据企业会计准则规定未在损益中确认的各项利得和损失扣除所得税影响后的净额的合计数。该项目需要分为不能重分类进损益的其他综合收益和将重分类进损益的其他综合收益分别列示，并应根据"其他综合收益"科目的相关明细科目的发生额分析填列。其中：

"其他权益工具投资公允价值变动"项目，反映企业指定为以公允价值计量且变动计入其他综合收益的非交易性权益工具投资发生的公允价值变动。

"企业自身信用风险公允价值变动"项目，反映企业指定为以公允价值计量且变动计入当期损益的金融负债、由企业自身信用风险变动引起的公允价值变动而计入其他综合收益的金额。

"其他债权投资公允价值变动"项目，反映企业分类为以公允价值计量且变动计入其他综合收益的债权投资发生的公允价值变动。

"金融资产重分类计入其他综合收益的金额"项目，反映企业将一项以摊余成本计量的金融资产重分类为以公允价值计量且其变动计入其他综合收益的金融资产时，计入其他综合收益的原账面价值与公允价值之间的差额。

"其他债权投资信用减值准备"项目，反映企业按照会计准则分类为以公允价值计量且其变动计入其他综合收益的金融资产的损失准备。

"现金流量套期储备"项目，反映企业套期工具产生的利得或损失中属于套期有效的部分。

（22）"综合收益总额"项目，反映企业在某一期间除与所有者以其所有者身份进行的交易之外的其他交易或事项所引起的所有者权益变动，包括净利润与其他综合收益的合计金额。

（23）"基本每股收益"项目，基本每股收益是指企业按照归属于普通股股东的当期净利润，除以当期实际发行在外的普通股的加权平均数从而计算出的每股收益。其中，发行在外的普通股加权平均数＝期初发行在外普通股股数＋当期新发行普通股股数×已发行时间÷报告期时间－当期回购普通股股数×已回购时间÷报告期时间。

（24）"稀释每股收益"项目，是以基本每股收益为基础，假设企业所有发行在外的稀释性潜在普通股均已转换为普通股，从而分别调整归属于普通股股东的当期净利润及发行在外普通股的加权平均数计算得到的每股收益。其中，潜在普通股是指赋予其持有者在报告期或以后期间享有普通股权利的一种金融工具或其他合同，稀释性潜在普通股指假设当期转换为普通股会减少每股收益的潜在普通股，我国企业发行的潜在普通股主要有可转换公司债权、认股权证和股份期权等。

三、利润表编制示例

【例13-2】甲公司20×1年度损益类科目的累计发生净额如表13-5所示。根据表13-5中提供的数据，编制20×1年度甲公司的利润表，见表13-6。

表13-5 甲公司20×1年度损益类科目的累计发生净额 单位：元

科目名称	借方发生额	贷方发生额
主营业务收入		800 000
其他业务收入		208 000
主营业务成本	370 000	
其他业务成本	130 000	
税金及附加	42 000	
销售费用	15 000	
管理费用	29 610	
财务费用	18 120	
资产减值损失	61 000	
投资收益		18 800
营业外收入		5 000
营业外支出	102 400	
所得税费用	163 670	

表13-6 甲公司20×1年度利润表 单位：元

项目	本期金额	上期金额（略）
一、营业收入	1 008 000	
减：营业成本	500 000	
税金及附加	42 000	
销售费用	15 000	

续表

项　　　目	本 期 金 额	上期金额（略）
管理费用	29 610	
研发费用	0	
财务费用	18 120	
其中：利息费用	18 120	
利息收入	0	
加：其他收益	0	
投资收益（损失以"-"号填列）	18 800	
其中：对联营企业和合营企业的投资收益	0	
净敞口套期收益（损失以"-"号填列）	0	
公允价值变动收益（损失以"-"号填列）	0	
信用减值损失（损失以"-"号填列）	0	
资产减值损失（损失以"-"号填列）	-61 000	
资产处置收益（损失以"-"号填列）	0	
二、营业利润（损失以"-"号填列）	361 070	
加：营业外收入	5 000	
减：营业外支出	102 400	
三、利润总额（亏损总额以"-"号填列）	263 670	
减：所得税费用	163 670	
四、净利润（净亏损以"-"号填列）	100 000	
（一）持续经营净利润（净亏损以"-"号填列）	100 000	
（二）终止经营净利润（净亏损以"-"号填列）	0	
五、其他综合收益的税后净额	0	
（一）不能重分类进损益的其他综合收益	0	
1. 重新计量设定受益计划变动额	0	
2. 权益法下不能转损益的其他综合收益	0	
3. 其他权益工具投资公允价值变动	0	
4. 企业自身信用风险公允价值变动	0	
……		
（二）将重分类进损益的其他综合收益	0	
1. 权益法下可转损益的其他综合收益	0	
2. 其他债权投资公允价值变动	0	
3. 金融资产重分类计入其他综合收益的金额	0	
4. 其他债权投资信用减值准备	0	
5. 现金流量套期储备	0	
6. 外币财务报表折算差额	0	
……		
六、综合收益总额	100 000	

续表

项　　目	本 期 金 额	上期金额（略）
七、每股收益	（略）	
（一）基本每股收益	（略）	
（二）稀释每股收益	（略）	

第四节　现金流量表

一、现金流量表的概念与作用

现金流量表是反映企业在一定会计期间内现金和现金等价物流入和流出情况的报表。编制现金流量表的目的是为财务报表使用者提供企业一定会计期间内现金和现金等价物流入和流出的信息，以便于报表使用者评价企业利润的质量，了解企业获取现金和现金等价物的能力，并据以预测企业未来的现金流量。现金流量表的主要作用体现在以下几个方面。

（1）能够说明企业一定期间内现金流入和流出的原因。现金流量表将现金流量分为经营活动、投资活动和筹资活动所产生的现金流量，并按照流入现金和流出现金项目分别反映。例如，企业当期收到客户所欠货款 200 000 元，从银行借款 300 000 元，偿还短期银行借款利息 50 000 元，在现金流量表的经营活动和筹资活动产生的现金流量中就可以分别反映"销售商品、提供劳务收到的现金 200 000 元""取得借款收到的现金 300 000 元"和"偿还债务支付的现金 50 000 元"。因此，通过现金流量表能够清晰地反映企业现金流入和流出的原因，即现金从哪里来，又用到哪里去。

（2）能够说明企业的偿债能力和支付能力，便于判断企业的财务状况。利润表虽然在一定程度上表明了企业具有一定的支付能力，但是会计核算采用的权责发生制、配比原则等使得企业获取的利润并不代表企业真正具备的偿债或支付能力。以收付实现制为基础编制的现金流量表，其经营活动产生的现金流量净额代表了企业创造现金流量的能力，因此通过现金流量表，投资者和债权人就可以了解企业获取现金和偿付的能力，经营活动的净现金流量占现金总流量的比例越高，企业的偿债能力和支付能力就越强。

（3）通过投资和筹资活动现金流，能够预测企业未来获取现金的能力。现金流量表反映企业一定期间内的现金流入和流出的整体情况，其中经营活动产生的现金流量代表企业运用其经济资源创造现金流量的能力，投资活动产生的现金流量代表企业运用资金产生现金流量的能力，筹资活动产生的现金流量代表企业筹资获得现金流量的能力。通过现金流量表中的投资活动、筹资活动及应收、其他应收款项等有关财务信息，可以分析企业未来获取或支付现金的能力。

我国现金流量表包括现金流量表正表和补充资料，具体格式如表 13-7 和表 13-8 所示。

表 13-7 现金流量表

编制单位：　　　　　　　　　　　　年 月　　　　　　　　　　　　　　单位：元

项　　目	本期金额	上期金额
一、经营活动产生的现金流量：		
销售商品、提供劳务收到的现金		
收到的税费返还		
收到其他与经营活动有关的现金		
经营活动现金流入小计		
购买商品、接受劳务支付的现金		
支付给职工以及为职工支付的现金		
支付的各项税费		
支付其他与经营活动有关的现金		
经营活动现金流出小计		
经营活动产生的现金流量净额		
二、投资活动产生的现金流量：		
收回投资收到的现金		
取得投资收益收到的现金		
处置固定资产、无形资产和其他长期资产收回的现金净额		
处置子公司及其他营业单位收到的现金净额		
收到其他与投资活动有关的现金		
投资活动现金流入小计		
购建固定资产、无形资产和其他长期资产支付的现金		
投资支付的现金		
取得子公司及其他营业单位支付的现金净额		
支付其他与投资活动有关的现金		
投资活动现金流出小计		
投资活动产生的现金流量净额		
三、筹资活动产生的现金流量：		
吸收投资收到的现金		
取得借款收到的现金		
收到其他与筹资活动有关的现金		
筹资活动现金流入小计		
偿还债务支付的现金		
分配股利、利润或偿付利息支付的现金		
支付其他与筹资活动有关的现金		
筹资活动现金流出小计		

续表

项　　目	本期金额	上期金额
筹资活动产生的现金流量净额		
四、汇率变动对现金及现金等价物的影响		
五、现金及现金等价物净增加额		
加：期初现金及现金等价物余额		
六、期末现金及现金等价物余额		

表 13-8　现金流量表补充资料　　　　　　　　　　　　　　　　单位：元

补　充　资　料	本期金额	上期金额
1. 将净利润调节为经营活动现金流量：		
净利润		
加：资产减值准备		
固定资产折旧、油气资产折耗、生产性生物资产折旧		
无形资产摊销		
长期待摊费用摊销		
处置固定资产、无形资产和其他长期资产的损失（收益以"-"号填列）		
固定资产报废损失（收益以"-"号填列）		
公允价值变动损失（收益以"-"号填列）		
财务费用（收益以"-"号填列）		
投资损失（收益以"-"号填列）		
递延所得税资产的减少（增加以"-"号填列）		
递延所得税负债的增加（减少以"-"号填列）		
存货的减少（增加以"-"号填列）		
经营性应收项目的减少（增加以"-"号填列）		
经营性应付项目的增加（减少以"-"号填列）		
其他		
经营活动产生的现金流量净额		
2. 不涉及现金收支的重大投资和筹资活动：		
债务转为资本		
一年内到期的可转换公司债券		
融资租入固定资产		
3. 现金及现金等价物净变动情况：		
现金的期末余额		
减：现金的期初余额		
加：现金等价物的期末余额		
减：现金等价物的期初余额		
现金及现金等价物净增加额		

二、现金流量表的编制基础

现金流量表的编制基础是现金及现金等价物,具体包括库存现金、银行存款、其他货币资金和现金等价物。其中:库存现金是指企业持有的可以随时用于支付的现金;银行存款指企业存入金融机构,可随时用于支取的款项;其他货币资金是指企业除现金和银行存款以外的货币资金,包括外埠存款、银行汇票存款、银行本票存款、信用证存款、信用卡存款及存出投资款等;现金等价物指企业持有的期限短、流动性强、易于转换为已知金额现金、价值变动风险很小的投资,通常为投资日起 3 个月到期或清偿的国库券、商业本票、货币市场基金、可转让定期存单、商业本票及银行承兑汇票等皆可视为现金等价物。

三、现金流量的分类

通常按照企业发生经济业务活动的性质,将一定期间内产生的现金流量分为经营活动产生的现金流量、投资活动产生的现金流量和筹资活动产生的现金流量三类。

(1)经营活动产生的现金流量。经营活动现金流量是指企业除投资活动和筹资活动以外的所有交易和事项产生的现金流量,是企业现金流量的主要来源,包括现金流入和现金流出两部分。对于工业企业而言,经营活动主要包括销售商品、提供劳务、购买商品、接受劳务、收到税费返还及支付税费等。

(2)投资活动产生的现金流量。投资活动现金流量是指企业长期资产(通常指一年以上)的购建和不包括现金等价物范围在内的投资及其处置活动产生的现金流量,包括购建固定资产、长期投资现金流量和处置长期资产现金流量等。这里的投资活动是广义的投资,既包括实物资产投资,又包括金融资产投资。将包括在现金等价物范围内的投资排除在外,是因为已经将包括在现金等价物范围内的投资视同现金。由于不同企业所处行业的差异,对投资活动的认定也有所不同。例如,对工商业企业而言,交易性金融资产所产生的现金流量属于投资活动现金流量,对于证券公司而言则属于经营活动现金流量。与企业投资活动相关的现金流量就是投资活动现金流量。

(3)筹资活动产生的现金流量。筹资活动产生的现金流量是指导致企业资本及债务的规模和构成发生变化的活动所产生的现金流量。其中:资本既包括实收资本(或股本),也包括资本溢价(或股本溢价);债务包括向银行借款、发行债券及偿还债务等。与企业筹资活动相关的现金流量就是筹资活动现金流量。除了日常经营活动之外不经常发生的特殊项目,如捐赠款项,可列入经营活动产生的现金流量;对于自然灾害、保险赔偿等,应根据其性质分别归入流动资产或固定资产类别中,列入经营活动产生的现金流量或投资活动产生的现金流量。

四、现金流量表的编制方法

（一）直接法和间接法

企业编制现金流量表时，列报经营活动现金流量的方法有两种：直接法和间接法。

直接法，是按照现金收入和现金支出的主要项目直接反映经营活动产生的现金流量的方法，类似于按现金制列示企业的经营活动的收入和费用，如直接列报"销售商品、提供劳务收到的现金""购买商品、接受劳务支付的现金"等项目。在直接法下，企业一般以利润表中的营业收入为起点，调节与经营活动有关项目的增减变动，然后计算出经营活动产生的现金流量。

间接法，是以企业损益表中的净利润为起点，通过调整不涉及现金的收入、费用、营业外收支等有关项目进行增减变动，计算出经营活动现金流量的方法。由于净利润是按照权责发生制为基础核算确定的，且包括了与投资活动和筹资活动相关的收益和费用，因此，将净利润调节为经营活动现金流量，实际上就是将以权责发生制为核算基础确定的净利润调整为以收付实现制为核算基础确定的现金净流量。这两种方法下，投资活动与筹资活动的编制方法相同。

采用直接法编制的现金流量表，便于分析企业经营活动产生的现金流量的来源和用途，预测企业现金流量的未来前景；相比直接法，间接法的编制过程就是了解净利润与经营活动产生的现金流量差异的原因，便于将净利润与经营活动产生的现金流量净额进行比较，更有利于从现金流量的角度分析净利润的质量。因此，我国企业会计准则规定企业应当采用直接法编报现金流量表，同时要求在附注中提供以净利润为基础调节为经营活动现金流量的信息。

（二）工作底稿法或 T 形账户法

在具体编制现金流量表时，可以采用工作底稿法或 T 形账户法作为技术辅助手段，根据有关科目记录分析填列。

1. 工作底稿法

采用工作底稿法编制现金流量表，以工作底稿为手段，以利润表和资产负债表数据为基础，对每一项目进行分析并编制调整分录，从而编制现金流量表。工作底稿法的程序如下所示。

第一步，将资产负债表的期初数和期末数过入工作底稿的期初数栏次和期末数栏次。

第二步，对当期业务进行分析并编制调整分录。调整分录主要有以下几类：第一类涉及资产负债表中的资产、负债和所有者权益项目及利润表中的收入、成本和费用项目，通过调整将权责发生制下的收入费用转换为以收付实现制为基础；第二类涉及资产负债表和现金流量表中的投资、筹资项目，反映投资和筹资活动的现金流量；第三类涉及利润表和现金流量表中的投资和筹资项目，目的是将利润表中有关投资和筹资方面的收入和费用列入现金流量表的投资、筹资现金流量中。在调整分录中，有关现金和现金等价物的事项，并不直接借记或贷记"库存现金"科目,而是分别记入"经营活动产生的现金流量""投资活动产生的现金流量"及"筹资活动产生的现金流量"有关项目,借记表示现金流入,贷记表示现金流出。

第三步,将调整分录过入工作底稿中的相应部分。

第四步,核对调整分录,借贷方合计数应当相等,资产负债表项目期初数加减调整分录中的借贷金额以后,应当等于期末数。

第五步,根据工作底稿中的现金流量表项目部分编制正式的现金流量表。

现金流量表工作底稿的参考格式见表 13-9。

表 13-9 现金流量表工作底稿　　　　　　　　　单位:元

项　目	年初数	调整分录		期末数
		借方	贷方	
一、资产负债表项目				
借方项目:				
货币资金				
交易性金融资产				
应收账款				
预付款项				
存货				
固定资产				
项目合计				
贷方项目:				
应付账款				
长期借款				
应付债券				
实收资本(股本)				
未分配利润				
项目合计				
二、利润表项目				
本期数				
营业收入				
营业成本				
销售费用				
管理费用				
研发费用				
财务费用				
投资收益				
资产处置收益				
营业外收入				

续表

项 目	年初数	调整分录 借方	调整分录 贷方	期末数
营业外支出				
所得税费用				
净利润				
三、现金流量表项目				
（一）经营活动产生的现金流量				
销售商品、提供劳务收到的现金				
经营活动现金流入小计				
购买商品、接受劳务支付的现金				
支付给职工以及为职工支付的现金				
支付的各项税费				
支付其他与经营活动有关的现金				
经营活动现金流出小计				
经营活动产生的现金流量净额				
（二）投资活动产生的现金流量				
收回投资收到的现金				
取得投资收益收到的现金				
处置固定资产、无形资产和其他长期资产收回的现金净额				
投资活动现金流入小计				
购建固定资产、无形资产和其他长期资产支付的现金				
投资活动现金流出小计				
投资活动产生的现金流量净额				
（三）筹资活动产生的现金流量				
取得借款收到的现金				
筹资活动现金流入小计				
偿还债务支付的现金				
分配股利、利润和偿付利息支付的现金				
筹资活动现金流出小计				
筹资活动产生的现金流量净额				
（四）现金及现金等价物净减少额				
调整分录借贷合计				

2. T形账户法

T形账户法是以T形账户为手段，以利润表和资产负债表数据为基础，对每一项目进行分析并编制调整分录，从而编制现金流量表的方法。采用T形账户法编制现金流量表的程序如下所示。

第一步，为所有的非现金项目（包括资产负债表项目和利润表项目）分别开设T形账户，并将各自的期末期初变动数过入各相关账户。

第二步，开设一个大的"现金及现金等价物"T形账户，两边分为经营活动、投资活动和筹资活动三个部分，左边记现金流入，右边记现金流出。与其他账户一样，过入期末期初变动数。

第三步，以利润表项目为基础，结合资产负债表分析每一个非现金项目的增减变动，并据此编制调整分录。

第四步，将调整分录过入各T形账户，并进行核对，该账户借贷方相抵后的余额与原来过入的期末期初变动数应当一致。

第五步，根据大的"现金及现金等价物"T形账户编制正式的现金流量表。

"现金及现金等价物"T形账户的格式见表13-10。

表13-10 现金及现金等价物   单位：元

内　　容	金　　额	内　　容	金　　额
一、经营活动现金流入 1. 销售商品、提供劳务收到的现金 ……		一、经营活动现金流出 1. 购买商品、接受劳务支付的现金 ……	
二、投资活动现金流入 1. 取得投资收到的现金 ……		二、投资活动现金流出 1. 购买固定资产、无形资产和其他长期资产支付的现金 ……	
三、筹资活动现金流入 1. 取得借款的现金 ……		三、筹资活动现金流出 1. 偿还债务支付的现金 ……	
现金及现金等价物净减少额		现金及现金等价物净增加额	

五、现金流量表的编制过程

企业的资产负债表、利润表和所有者权益变动表等记录的财务信息都是以权责发生制为基础记录报告的，而现金流量表是按收付实现制基础进行核算的，因此编制现金流量表就是将权责发生制下的会计信息转换为按收付实现制表示的现金流量的过程，通过调整资产负债表、利润表和所有者权益变动表及有关账户记录的资料来获得现金流量表的金额。根据企业的不同情况，可以直接从企业会计记录中获取有关企业现金流量的数据，也可以以利润表中的净利润为基础，调整不涉及现金流量的资产负债表项目来获得数据。例如，经营活动现金流量中"销售商品、提供劳务收到的现金"项目的数据，就可以根据"库存现金""银行存款"日记账中对应账户为"主营业务收入""应收账款""预收账款"等账户的相关记录填列，也可以根据利润表中"营业收入"项目金额和资产负债表中的"应收票据及应收账款""预收款项"等项目金额变动数分析填列。

（一）经营活动现金流量的编制

1. 直接法

直接法是根据现金流入和现金流出的主要类别来反映企业经营活动产生的现金流量。从利润表中的营业收入项目开始，企业逐项将与经营活动有关的利润项目转换为经营活动现金流入和现金流出项目。根据我国企业会计准则要求，现金流量表中直接法下经营活动现金流入与现金流出的项目设置比较简单，主要有"销售商品、提供劳务收到的现金""收到的税费返还""收到的其他与经营活动有关的现金""购买商品、接受劳务支付的现金""支付给职工以及为职工支付的现金""支付的各项税费""支付的其他与经营活动有关的现金"等项目。其中，"支付给职工以及为职工支付的现金"项目，分别与利润表中的"主营业务成本""销售费用""管理费用"等多个项目有关。

（1）"销售商品、提供劳务收到的现金"项目。该项目反映企业销售商品、提供劳务实际收到的现金（包括销售收入和应向购买者收取的增值税销项税额），包括本期销售商品、提供劳务收到的现金，以及前期销售商品、提供劳务本期收到的现金和本期预收的款项，减去本期销售本期退回的商品和前期销售本期退回的商品支付的现金。企业销售材料和代购代销业务收到的现金，也在本项目反映。根据营业收入的数据，在确定"销售商品、提供劳务收到的现金"项目时，应考虑以下变动因素：本期的增值税销项税额、应收账款和应收票据的增减变动、预收账款的增减变动、核销坏账引起的应收账款的减少及收回以前年度核销的坏账、销售退回等。"销售商品、提供劳务收到的现金"项目的填列方法可以分为根据账户记录的发生额资料填列和根据财务报表资料填列两种。

根据有关账户记录的发生额资料填列的计算公式如下：

销售商品、提供劳务收到的现金＝本期销售商品、提供劳务收到的现金＋以前期间销售商品、提供劳务在本期收到的现金＋以后将要销售商品、提供劳务在本期预收的现金＋本期收回前期已核销的坏账－本期因销售退回支付的现金

【例13-3】甲企业当期销售A产品一批，开具的增值税专用发票上注明的货款为1 250 000元，增值税销项税额为162 500元，款项已收到；"应收账款"期初余额为80 000元，期末余额为30 000元；"应收票据"期初余额为225 000元，期末余额为50 000元；年度内核销的预期信用减值损失为10 000元。另外，本期因商品质量问题发生退货38 000元，已通过银行转账支付。本期"销售商品、提供劳务收到的现金"计算如表13-11所示。

表13-11 本期销售商品、提供劳务收到的现金计算表　　　　单位：元

项　　目	账户记录调整过程	金　　额
本期销售商品收到的现金	1 250 000+162 500	1 412 500
＋本期收到前期的应收票据	225 000-50 000	175 000
＋本期收到前期的应收账款	80 000-30 000-10 000	40 000

续表

项　　目	账户记录调整过程	金　　额
－本期因销售退回支付的现金		38 000
＝本期销售商品、提供劳务收到的现金		1 589 500

根据利润表、资产负债表有关项目以及部分账户记录资料填列的计算公式如下：

销售商品、提供劳务收到的现金＝营业收入＋增值税额＋应收账款及应收票据项目（期初余额－期末余额）＋预收款项项目（期末余额－期初余额）－债务人以非现金资产抵债减少的应收账款和应收票据－本期计提坏账准备导致的应收票据及应收账款项目减少数－票据贴现利息

【例13-4】甲企业20×1年资产负债表、利润表的数据如下：资产负债表中"应收账款"项目的期初和期末余额分别为100 000元、140 000元，"预收账款"项目的期初和期末余额分别为30 000元、50 000元；利润表中"营业收入"项目本期金额为650 000元；当年计提的坏账准备为4 000元，增值税销项税额为84 500元。根据上述资料，当期现金流量表中"销售商品、提供劳务收到的现金"项目的金额计算如下：

销售商品、提供劳务收到的现金＝650 000+84 500+（100 000-140 000）+（50 000-30 000）-4 000＝710 500（元）

（2）"收到的税费返还"项目。该项目反映企业收到返还的各种税费，例如即征即退、先征后返等情况下的增值税、关税、消费税、城建税和教育费附加返还款等。"收到的税费返还"项目可以根据"库存现金""银行存款""税金及附加""其他收益""营业外收入"等科目的数据分析填列，收到退回的增值税销项税额不属于收到的税费返还，应列入"销售商品、提供劳务收到的现金"项目中。

【例13-5】甲企业20×1年出口一批商品，根据免抵退政策退回进项税额28 000元，同期收到城建税和教育费附加返还款项35 000元，上述款项均已通过银行收讫。本期"收到的税费返还"计算如表13-12所示。

表13-12　本期收到的税费返还计算表　　　　　　　　　　　　　单位：元

项　　目	金　　额
本期收到的出口退增值税额	28 000
＋本期收到的教育费附加返还额	35 000
＝　本期收到的税费返还额	63 000

（3）"收到其他与经营活动有关的现金"项目。该项目反映除上述各项目外，企业收到的其他与经营活动有关的现金，例如罚款收入、经营租赁收入、流动资产损失中由个人赔偿的现金收入以及除税费返还外的其他政府补助收入等。企业收到不论是与资产相关的政府补助还是与收益相关的政府补助，都在该项目中填列。该项目可根据"库存现金""银行存款""管理费用""销售费用"等科目的借方发生额分析填列。如果收到的其他与经营活动有关的现金金额较高，价值较大，企业应单列项目反映。

（4）"购买商品、接受劳务支付的现金"项目。该项目反映企业购买商品、接受劳务实际支付的现金（包括支付的货款和应向销售方支付的增值税进项税额），包括本期购

买商品、接受劳务支付的现金,以及本期支付前期购买商品、接受劳务的未付款项和本期预付款项,减去本期发生的购货退回收到的现金。在填列"购买商品、接受劳务支付的现金"项目时,应考虑以下变动因素:营业成本、存货增减变动、应交增值税(进项税额)的发生额、应付账款和应付票据的增减变动、预付账款增减变动、购货退回收到的现金及工业企业存货成本中非材料费用等。"购买商品、接受劳务支付的现金"项目的填列方法也同样分为根据账户记录的发生额资料填列和根据财务报表资料填列两种。

根据有关账户记录的发生额资料填列的计算公式如下:

购买商品、接受劳务支付的现金 = 本期购买商品、接受劳务支付的现金 + 以前期间购买商品、接受劳务在本期支付的现金 + 以后将要购买商品、支付劳务在本期预付的现金 - 本期因购货退回收到的现金

【例13-6】甲企业20×1年购买一批原材料,收到的增值税专用发票上注明的材料价款为800 000元,增值税进项税额为104 000元,同时当期支付应付票据130 000元,款项均已通过银行支付。本期"购买商品、接受劳务支付的现金"计算如表13-13所示。

表13-13　本期购买商品、接受劳务支付的现金计算表　　　　　　　　　单位:元

项目	金额
本期购买原材料支付的价款	800 000
+ 本期购买原材料支付的增值税进项税额	104 000
+ 本期支付的应付票据	130 000
= 本期购买商品、接受劳务支付的现金	1 034 000

根据利润表、资产负债表有关项目及部分账户记录资料填列的计算公式如下:

购买商品、接受劳务支付的现金 = 营业成本 + 进项税额 + 存货项目(期末余额 - 期初余额) + 本期计提的存货跌价准备 + 应付账款及应付票据项目(期初余额 - 期末余额) + 预付款项项目(期末余额 - 期初余额) + 用于投资的存货成本 - 接受投资增加的存货 - 计入本期生产成本的非材料费用

【例13-7】甲企业20×1年度利润表中"营业成本"项目本期金额280 000元,资产负债表中"存货"项目的年初和年末余额分别为200 000元、300 000元,"应付账款"项目年初和年末余额分别为50 000元、30 000元,"预付款项"项目年初和年末余额分别为5 000元、10 000元,本年未计提存货跌价准备,本年计入存货生产成本的非材料成本(包括职工薪酬、折旧费等)为180 000元,本年进项税额为26 000元。根据上述资料,现金流量表中"购买商品、接受劳务支付的现金"项目金额计算如下:

购买商品、接受劳务支付的现金 = 280 000+26 000+(300 000-200 000)+(50 000-30 000)+(10 000-5 000)-180 000 = 251 000(元)

(5)"支付给职工及为职工支付的现金"项目。该项目反映企业实际支付给职工及为职工支付的现金,包括本期以各种形式支付给职工的工资、奖金、各种津贴和补贴等,以及为职工支付的其他费用,不包括支付给在建工程人员的工资和离退休人员的各项费用等。支付给在建工程人员的工资,在"购建固定资产、无形资产和其他长期资产支付的现金"项目中反映;支付给离退休人员的各项费用,在"支付其他与经营活动有关的现金"项目中反映。

企业为职工支付的医疗、养老、失业、工伤、生育等社会保险基金、补充养老保险、住房公积金、企业为职工缴纳的商业保险金、支付给职工的住房困难补助、因解除与职工劳动关系给予的补偿及企业支付给职工或为职工支付的其他福利费用等，应根据职工的工作性质和服务对象，分别在本项目及"购建固定资产、无形资产和其他长期资产支付的现金"等项目中反映。该项目可以根据"库存现金""银行存款""应付职工薪酬"等科目的记录分析填列。

【例13-8】 甲企业20×1年10月通过银行转账实际支付工资900 000元，其中，行政办公室管理人员工资400 000元，在建工程人员工资200 000元，离退休人员的各项费用支出300 000元，则本期"支付给职工及为职工支付的现金"项目金额应为400 000元。

（6）"支付的各项税费"项目。该项目反映企业按规定缴纳给税务部门的各项税费，包括本期发生并支付的税费及本期支付以前各期发生的税费和预缴的税金，如增值税、所得税、印花税、车船税及教育费附加等，本期退回的增值税等应在"收到的税费返还"项目中反映。该项目可以根据"应交税费""库存现金""银行存款"等科目的记录分析填列。

【例13-9】 甲企业本期向税务机关缴纳所得税款360 000元；当期产生的增值税102 000元已全部上缴；企业期初未交所得税810 000元；期末未交所得税330 000元。本期支付的各项税费计算如表13-14所示。

表13-14 本期缴纳的各项税费计算表　　　　　　　　　　　　　　　　　　单位：元

项　　目	账户记录调整过程	金　　额
本期支付的所得税额	360 000	360 000
＋本期发生并缴纳的增值税额	102 000	102 000
＋本期缴纳前期发生的所得税额	810 000-330 000	480 000
＝ 本期缴纳的各项税费	942 000	942 000

（7）"支付其他与经营活动有关的现金"项目。该项目反映企业除上述各项目外支付的其他与经营活动有关的现金，如罚款支出、支付的经营租赁款、支付的差旅费、保险费及业务招待费等。如果支付的其他与经营活动有关的现金金额较高、价值较大，企业应单列项目反映。该项目可以根据"库存现金""银行存款""管理费用""销售费用"等科目的借方发生额分析填列。

2. 间接法

间接法是以企业报告期内按照权责发生制计算的净利润为起点，通过调整不涉及经营活动的净利润项目、不涉及现金的净利润项目、与经营活动有关的非现金流动资产的变动、与经营活动有关的流动负债的变动等项目，将净利润转换为按照收付实现制计算出来的企业当期经营活动产生的现金净流量的计算过程，用公式表示如下：

经营活动产生的现金流量净额＝净利润＋实际没有支付现金的费用－实际没有收到现金的收入＋不属于经营活动的费用和损失－不属于经营活动的收益＋经营性应收项目的减少数（-经营性应收项目的增加数）+经营性应付项目的增加数（-经营性应付项目的减少数）

使用间接法编制现金流量表能够了解净利润与经营活动产生现金流量差异的原因，例如计提的资产减值准备等与净利润有关的交易或事项不一定涉及现金，投资损益等与净利润有关的交易或事项不一定与经营活动有关，用现金购买原材料等交易或事项虽然与净利润没有直接关系但属于经营活动，因此只有将导致净利润和经营活动现金流量两者不一致的因素进行调整，才能计算出经营活动现金流量净额。涉及的内容主要有以下几类。

（1）实际没有支付现金的费用：包括计提的资产减值准备、固定资产折旧、生产性生物资产折旧、无形资产摊销、长期待摊费用的摊销及递延所得税资产的减少或递延所得税负债的增加等。

（2）实际没有收到现金的收入：包括冲销已计提的资产减值准备、递延所得税资产的增加或递延所得税负债的减少等。

（3）不属于经营活动的费用和损失：包括财务费用、投资损失、固定资产处置损失、无形资产和其他长期资产处置损失以及公允价值变动损失等。

（4）不属于经营活动的收益：包括投资收益、固定资产处置收益、固定资产报废收益以及公允价值变动收益等。

（5）经营性应收项目的增减变动：包括应收账款、应收票据及其他应收款中与经营活动有关的部分。

（6）经营性应付项目的增减变动：包括应付账款、应付票据、应交税费及其他应付款中与经营活动有关的部分。

将净利润调节为经营活动现金流量需要调整的项目如下所示。

（1）资产减值准备。利润表中的各项减值准备虽然是利润的扣减项目，但并没有产生实际的现金流出，因此在将净利润调节为经营活动现金流量时，需要将其加回。本项目可根据"资产减值损失"和"信用减值损失"科目的数据分析填列。

（2）固定资产折旧、生产性生物资产折旧。企业计提的固定资产折旧、生产性生物资产折旧等作为期间费用的部分虽然没有引起现金的流出，但是在计算净利润时予以扣除，因此将净利润调节为经营活动现金流量时需要加回。该项目可根据"累计折旧""生产性生物资产折旧"等科目的贷方发生额分析填列。

（3）无形资产摊销和长期待摊费用摊销。该项目反映企业本期摊入成本费用的无形资产价值和长期待摊费用，在计算净利润时虽然没有发生现金流出但已经扣除，因此在将净利润调节为经营活动现金流量时需要予以加回。该项目可根据"累计摊销""长期待摊费用"科目的贷方发生额分析填列。

（4）处置固定资产、无形资产和其他长期资产的损失。企业处置固定资产、无形资产和其他长期资产发生的损益属于投资活动产生的损益而不是经营活动产生的损益，因此在将净利润调节为经营活动现金流量时：如为净损失，应当予以加回；如为净收益，应当予以扣除。该项目可根据"营业外收入""其他业务收入""营业外支出""资产处置损益"等科目所属有关明细科目的记录分析填列，如为净收益，以"-"号填列。

（5）固定资产报废损失。固定资产报废损益属于企业投资活动产生的损益，与经营活动无关，因此在将净利润调节为经营活动现金流量时：如为净损失，应当予以加回；如为净收益，应当予以扣除。该项目可以根据"营业外支出""营业外收入"等科目所属有关明细科目的记录分析填列。

（6）公允价值变动损失。公允价值变动损益属于企业的投资活动或筹资活动，而且不影响企业当期的现金流量，因此在将净利润调节为经营活动现金流量时：如为持有损失，应予以加回；如为持有利得，应予以扣除。该项目可以根据"公允价值变动损益"科目的发生额分析填列，如为净收益，以"-"号填列。

（7）财务费用。本期发生的属于投资或筹资活动的财务费用应从净利润中剔除。该项目可根据"财务费用"科目的本期借方发生额分析填列，如为收益，以"-"号填列。

（8）投资损失。企业发生的投资损益属于投资活动产生的损益，与经营活动无关，因此在将净利润调节为经营活动现金流量时：如为净损失，应当予以加回；如为净收益，应当予以扣除。该项目可根据利润表中"投资收益"项目的数字填列，如为投资收益，以"-"号填列。

（9）递延所得税资产的减少或递延所得税负债的增加。递延所得税资产减少或递延所得税负债增加会使计入所得税费用的金额大于当期应交所得税，由于其差额没有引发实际的现金流出，因此在将净利润调节为经营活动现金流量时，应当予以加回；递延所得税资产增加或递延所得税负债减少会使计入当期所得税费用的金额小于当期应交所得税，其差额没有引发实际的现金流入，因此在将净利润调节为经营活动现金流量时，应当予以扣除。该项目可以根据资产负债表"递延所得税负债""递延所得税资产"项目期初、期末余额分析填列。

（10）存货的减少。如果期末存货小于期初存货，说明企业本期生产经营过程发生了存货耗用，但是存货的耗用并没有产生现金流出，因此在将净利润调节为经营活动现金流量时，应当予以加回。如果情况相反，那么企业在将净利润调节为经营活动现金流量时，应当予以扣除。该项目可根据资产负债表中的"存货"项目的期初、期末余额之间的差额填列；期末数大于期初数的差额，以"-"号填列。

（11）经营性应收项目的减少。包括应收票据、应收账款、长期应收款和其他应收款中与经营活动有关的部分，以及应收的增值税销项税额等。如果经营性应收项目期末余额小于期初余额，说明本期产生了现金流入，因此在将净利润调节为经营活动现金流量时，应予以加回；如果经营性应收项目期末余额大于期初余额，说明本期销售收入并没有收回现金，因此在将净利润调节为经营活动现金流量时，应当予以扣除。该项目应当根据有关科目的期初、期末余额分析填列，如为增加，以"-"号填列。

（12）经营性应付项目的增加。包括应付票据、应付账款、预收账款、应付职工薪酬、应交税费、长期应付款、其他应付款中与经营活动有关的部分，以及应付的增值税进项税额等。如果经营性应付项目期末余额大于期初余额，说明应付款项没有产生现金流出，因此在将净利润调节为经营活动现金流量时，应予以加回；如果经营性应付项目期末余额小于期初余额，说明本期发生了现金流出，在将净利润调节为经营活动产生的现金流量时，应予以扣除。该项目应根据有关科目的期初、期末余额分析填列，如为减少，以"-"号填列。

（二）投资活动现金流量的编制

投资活动产生的现金流包括现金流入和现金流出两部分。

1. 投资活动产生的现金流入项目

（1）"收回投资收到的现金"项目。该项目反映企业出售、转让或到期收回除现金等价物以外的交易性金融资产、债权投资、长期股权投资、投资性房地产等收到的现金，不包括债权投资收回的利息及收回的非现金资产。该项目可以根据"交易性金融资产""债权投资""长期股权投资""投资性房地产""银行存款"等科目的记录分析填列。

【例13-10】甲企业20×1年出售某项长期债权性投资，收回的投资金额为390 000元，其中有80 000元是利息；出售某项长期股权投资，收回的全部投资金额为820 000元。本期收回投资收到的现金计算如表13-15所示。

表13-15 本期投资回收的现金计算表　　　　　　　　　　　　　单位：元

项　　目	账户记录调整过程	金　额
本期收回长期债权性投资本金	390 000-80 000	310 000
+本期收回长期股权投资金额	820 000	820 000
=本期收回投资收到的现金	1 130 000	1 130 000

（2）"取得投资收益收到的现金"项目。该项目反映企业因股权或债权性投资而分得的现金股利、利息等。本项目可以根据"应收股利""应收利息""投资收益"等科目的记录分析填列。

【例13-11】甲企业20×1年年初长期股权投资余额800 000元，其中，200 000元投资A企业，占其总股本的15%，采用权益法核算，另外600 000元投资于B企业，占企业总股本的60%，采用成本法核算。20×1年，A企业盈利900 000元，分配现金股利220 000元，B企业盈利1 000 000元，分配现金股利300 000元，C企业亏损没有分配股利。甲企业取得投资收益收到的现金计算如表13-16所示。

表13-16 本期取得投资收益的现金计算表　　　　　　　　　　　单位：元

项　　目	计算过程	金　额
取得A企业投资收益收到的现金	220 000×15%	33 000
+取得B企业投资收益收到的现金	300 000×60%	180 000
=本期取得投资收益收到的现金	213 000	213 000

（3）"处置固定资产、无形资产和其他长期资产收回的现金净额"项目。该项目反映企业出售固定资产、无形资产和其他长期资产所取得的现金，减去为处置这些资产而支付的有关费用后的净额。由于自然灾害等原因造成的固定资产等长期资产报废、毁损而收到的保险赔偿收入，也在本项目中反映。如果收回的现金净额为负数，应在"支付其他与投资活动有关的现金"项目中反映。该项目可以根据"固定资产清理""库存现金""银行存款"等科目的记录分析填列。

【例13-12】甲企业出售一台生产设备，该设备账面价值100 000元，已提折旧47 000元，未提取减值准备。出售过程中支付人工拆卸费用5 000元、运输费用2 200元，收到价款60 000元，款项均已收付。本期处置固定资产、无形资产和其他长期资产收回的现金净额计算如表 13-17 所示。

表 13-17 本期处置各类资产的现金净额计算表　　　　　　单位：元

项　　目	计算过程	金　额
本期出售固定资产收到的现金	60 000	60 000
－ 支付的出售固定资产的清理费用	5 000+2 200	7 200
＝ 本期处置固定资产、无形资产和其他长期资产收回的现金净额	52 800	52 800

（4）"收到其他与投资活动有关的现金"项目。该项目反映企业除上述各项目外，收到的其他与投资活动有关的现金。其他与投资活动有关的现金，如果价值较大，应单列项目反映。本项目可以根据有关科目的记录分析填列。

2. 投资活动产生的现金流出项目

（1）"购建固定资产、无形资产和其他长期资产支付的现金"项目。该项目反映企业购买或建造固定资产、取得无形资产和投资性房地产等其他长期资产支付的现金，包括购买生产设备支付的现金及支付在建工程人员的工资等，不包括为购建固定资产、无形资产和其他长期资产而发生的借款利息资本化部分，以及融资租入固定资产所支付的租赁费。对于购建固定资产、无形资产和其他长期资产而发生的借款利息资本化部分，应在筹资活动的"分配股利、利润或偿付利息支付的现金"项目中反映；融资租入固定资产所支付的租赁费，应在筹资活动的"支付其他与筹资活动有关的现金"项目中反映。该项目可以根据"固定资产""在建工程""工程物资""无形资产""库存现金""银行存款"等科目的记录分析填列。

【例 13-13】甲企业 20×1 年购入一栋厂房，双方协议约定价款 2 800 000 元，同年购进工程物资一批，价值为 102 000 元，支付在建工程人员工资 70 000 元，支付融资租入生产设备的租赁费 120 000 元，款项均已通过银行转账支付。本期购建固定资产、无形资产和其他长期资产支付的现金计算如表 13-18 所示。

表 13-18 本期购建各类资产的现金表　　　　　　单位：元

项　　目	计算过程	金　额
购买厂房支付的现金	2 800 000	2 800 000
＋ 为购买工程物资支付的现金	102 000	102 000
＋ 支付给在建工程人员的工资	70 000	70 000
＝ 本期购建固定资产、无形资产和其他长期资产支付的现金	2 972 000	2 972 000

（2）"投资支付的现金"项目。该项目反映企业对外进行权益性投资和债权性投资所支付的现金，包括企业取得的除现金等价物以外的交易性金融资产、债权投资、长期股权投资、其他债权投资等而支付的现金，以及支付的佣金、手续费等交易费用。企业购买股票和债券时，实际支付的价款中包含的已宣告但尚未领取的现金股利或已到付息期但尚未领取的债券利息，应在投资活动"支付其他与投资活动有关的现金"的项目中反映；收回购买股票和债券时支付的已宣告但尚未领取的现金股利或已到付息期但尚未领取的债券

利息，应在投资活动"收到其他与投资活动有关的现金"项目中反映。该项目可以根据"交易性金融资产""长期股权投资""债权投资""其他债权投资""库存现金""银行存款"等科目的记录分析填列。

【例13-14】甲企业用800 000元投资A公司股票，并购买了某银行发行的债券，面值600 000元，票面利率5%，实际支付金额为610 000元。本期投资支付的现金计算如表13-19所示。

表13-19 本期投资支付的现金 单位：元

项 目	计算过程	金 额
投资购买A公司股票支付的现金	800 000	800 000
+投资购买银行债券支付的现金总额	610 000	610 000
=本期投资支付的现金	1 410 000	1 410 000

（3）"支付其他与投资活动有关的现金"项目。该项目反映企业除上述各项目外，支付的其他与投资活动有关的现金。其他与投资活动有关的现金，如果价值较大，应单列项目反映。本项目可以根据有关科目的记录分析填列。

（三）筹资活动现金流量的编制

筹资活动产生的现金流包括现金流入和现金流出两部分。

1. 筹资活动产生的现金流入项目

（1）"吸收投资收到的现金"项目。该项目反映企业以发行股票、债券等方式筹集资金时实际收到发行收入减去支付的佣金等发行费用后的净额。以发行股票、债券等方式筹集资金而由企业直接支付的审计、咨询等费用不列入本项目，在"支付其他与筹资活动有关的现金"项目中反映。该项目可以根据"实收资本（或股本）""资本公积""银行存款""库存现金"等科目的记录分析填列。

【例13-15】甲企业为筹集资金委托券商代理发行股票400 000股，每股面值1元，每股发行价格1.2元，按照发行价格的1%向券商支付发行费用，甲企业已支付相关手续费并收到发行价款。本期吸收投资收到的现金计算如表13-20所示。

表13-20 本期吸收投资收到的现金 单位：元

项 目	计算过程	金 额
发行股票收到的现金总额	400 000×1.2	480 000
－向券商支付的发行费用	400 000×1.2×1%	4 800
＝本期吸收投资收到的现金	475 200	475 200

（2）"取得借款收到的现金"项目。该项目反映企业举借各种短期和长期借款收到的现金。该项目可以根据"短期借款""长期借款""应付债券""交易性金融负债""银行存款""库存现金"等科目的记录分析填列。

（3）"收到其他与筹资活动有关的现金"项目。该项目反映企业除上述各项目外，收到的其他与筹资活动有关的现金。其他与筹资活动有关的现金如果价值较大，应单列项目反映。本项目可以根据有关科目的记录分析填列。

2. 筹资活动产生的现金流出项目

（1）"偿还债务支付的现金"项目。该项目反映企业以现金偿还债务本金所导致的现金流出，包括偿还金融机构的借款本金及企业到期的债券本金等。企业偿还的借款利息、债券利息不列入本项目，应在"分配股利、利润或偿付利息支付的现金"项目中反映。该项目可以根据"短期借款""长期借款""交易性金融负债""应付债券""银行存款""库存现金"等科目的记录分析填列。

（2）"分配股利、利润或偿付利息支付的现金"项目。该项目反映企业实际支付的现金股利、支付给其他投资单位的利润及用现金支付的借款利息、债券利息等。该项目可以根据"应付股利""应付利息""应付债券""长期借款""财务费用""银行存款""库存现金"等科目的记录分析填列。

【例13-16】甲企业20×1年宣布并发放现金股利100 000元，期初应付现金股利为860 000元，期末应付现金股利为320 000元。本期分配股利、利润或偿付利息所支付的现金计算如表13-21所示。

表13-21 本期分配股利、利润或偿付利息所支付的现金　　　　　　　　单位：元

项　　目	计算过程	金　额
本期实际发放的现金股利	100 000	100 000
＋本期支付的前期应付现金股利	860 000－320 000	540 000
＝本期分配股利、利润或偿付利息所支付的现金	640 000	640 000

（3）"支付其他与筹资活动有关的现金"项目。该项目反映企业除上述各项目外，支付的其他与筹资活动有关的现金，例如，在发行股票、债券等过程中应由企业支付的审计和咨询等费用、融资租赁支付的现金以及以分期付款方式购置固定资产支付的现金等。其他与筹资活动有关的现金，如果价值较大，应单列项目反映。本项目可以根据有关科目的记录分析填列。

（四）现金流量表附注补充资料

直接法下，现金流量表附注包括三部分：第一部分是将净利润调节为经营活动现金流量；第二部分是不涉及现金收支的重大投资和筹资活动；第三部分是现金及现金等价物净增加情况。现金流量表的具体格式见表13-7。

1. 将净利润调节为经营活动现金流量

即提供按照间接法将净利润调节为经营活动现金流量的信息，是现金流量表补充内容的重点，具体内容参见经营活动现金流量的编制内容，此处不再赘述。

2. 不涉及现金收支的重大投资和筹资活动

这部分内容反映企业一定期间内影响资产或负债但不形成该期现金收支的所有投资和筹资活动的信息。这些投资和筹资活动虽然不涉及当期的现金收支，但对以后各期的现金

流量会产生重大影响。例如，企业将融资租入固定资产形成的负债在"长期应付款"账户中予以反映，这笔款项虽然不需要在当期支付，但是形成了企业在以后各期间都需要支出的一笔现金。企业应当在附注中披露不涉及当期现金收支但会影响企业财务状况或在未来可能影响企业现金流量的重大投资和筹资活动，主要包括：①债务转为资本，反映企业本期转为资本的债务金额；②1年内到期的可转换公司债券，反映企业1年内到期的可转换公司债券的本息；③融资租入固定资产，反映企业本期融资租入的固定资产。

3. 现金及现金等价物净增加情况

现金及现金等价物的变动情况可以通过现金的期末与期初余额的差额以及现金等价物的期末与期初余额的差额之和予以反映。其中，现金等价物是企业持有的期限短（3个月内到期）、流动性强、易于转换为已知金额现金、价值变动风险很小的投资。

补充资料里的现金及现金等价物净增加额与主表里的现金及现金等价物净增加额应该相等。

第五节 所有者权益变动表

一、所有者权益变动表概述

（一）所有者权益变动表的概念及作用

所有者权益变动表是反映企业在一定期间内构成所有者权益的各组成部分增减变动情况的报表。所有者权益变动表应当全面反映一定时期所有者权益的变动情况，不仅为报表使用者提供所有者权益总量增减变动的信息，也能为其提供所有者权益增减变动的结构性信息，让报表使用者准确理解所有者权益增减变动的根源。

（二）所有者权益的列报格式

（1）以矩阵的形式列报。为了清楚地表明构成所有者权益的各组成部分当期的增减变动情况，所有者权益变动表应以矩阵的形式填列。一方面，填列导致所有者权益变动的交易或事项，改变了以往仅仅按照所有者权益的各组成部分反映所有者权益变动情况，按所有者权益变动的来源对一定时期所有者权益变动情况进行全面反映；另一方面，按照所有者权益各组成部分（包括实收资本或股本、资本公积、盈余公积、未分配利润、库存股及其他综合收益）及其总额列示交易或事项对所有者权益的影响。

（2）填列所有者权益变动的比较信息。根据《企业会计准则第30号——财务报表列报》的规定，企业需要提供比较所有者权益变动表，因此，所有者权益变动表各项目再分为"本年金额"和"上年金额"两栏分别填列。所有者权益变动表的格式如表13-22所示。

表 13-22 所有者权益（股东权益）变动表

编制单位：甲公司　　　　20×1年度　　　　单位：元

项目	本年金额											上年金额（略）										
	实收资本（股本）	其他权益工具			资本公积	减:库存股	其他综合收益	专项储备	盈余公积	未分配利润	所有者权益合计	实收资本（股本）	其他权益工具			资本公积	减:库存股	其他综合收益	盈余公积	未分配利润	所有者权益合计
		优先股	永续债	其他									优先股	永续债	其他						
一、上年年末余额																					
加：会计政策变更																					
前期差错更正																					
其他																					
二、本年年初余额																					
三、本年增减变动金额（减少以"-"号填列）																					
（一）综合收益总额																					
（二）所有者投入和减少资本																					
1. 所有者投入的普通股																					
2. 其他权益工具持有者投入资本																					
3. 股份支付计入所有者权益的金额																					
4. 其他																					
（三）利润分配																					
1. 提取盈余公积																					
2. 对所有者（或股东）的分配																					
3. 其他																					
（四）所有者权益内部结转																					
1. 资本公积转增资本（或股本）																					
2. 盈余公积转增资本（或股本）																					
3. 盈余公积弥补亏损																					
4. 其他																					
四、本年年末余额																					

二、所有者权益变动表的列报

（一）"上年金额"栏的列报方法

所有者权益变动表"上年金额"栏内各项数字，应根据上年度所有者权益变动表"本年金额"栏内所列数字填列。如果上年度所有者权益变动表规定的各个项目的名称和内容与本年度不一致，应对上年度所有者权益变动表中各项目的名称和数字按本年度的规定进行调整，填入所有者权益变动表"上年金额"栏内。

（二）"本年金额"栏的列报方法

所有者权益变动表"本年金额"栏内各项数字通常应根据"实收资本（或股本）""资本公积""盈余公积""利润分配""库存股""以前年度损益调整"等科目的发生额分析填列。

（三）所有者权益变动表各项目的列报说明

（1）"上年年末余额"项目，反映企业上年资产负债表中实收资本（或股本）、其他权益工具、资本公积、库存股、其他综合收益、盈余公积、未分配利润的年末余额。

（2）"会计政策变更"和"前期差错更正"项目，分别反映企业采用追溯调整法处理的会计政策变更的累积影响金额和采用追溯重述法处理的会计差错更正的累积影响金额。为了体现会计政策变更和前期差错更正的影响，企业应当在上期期末所有者权益余额的基础上进行调整得出本期期初所有者权益，根据"盈余公积""利润分配""以前年度损益调整"等科目的发生额分析填列。

（3）"本年增减变动金额"项目主要反映以下内容。

①"综合收益总额"项目，反映企业在某一期间除与所有者以其所有者身份进行的交易之外的其他交易或事项所引起的所有者权益变动，其金额为净利润和其他综合收益扣除所得税影响后的净额相加后的合计金额。

②"所有者投入和减少资本"项目，反映企业当年所有者投入的资本或减少的资本。其中："所有者投入的普通股"项目，反映企业接受投资者投入形成的股本和股本溢价，并对应列在"实收资本"和"资本公积"栏；"其他权益工具持有者投入资本"项目，反映企业发行的除普通股以外分类为权益工具的金融工具的持有者投入的资本金额，本项目应根据金融工具类科目的相关明细科目的发生额分析填列。

③"利润分配"项目，反映当年对所有者（或股东）分配的利润（或股利）金额和按照规定提取的盈余公积金额，并对应列在"未分配利润"和"盈余公积"栏。其中："提取盈余公积"项目，反映企业按照规定提取的盈余公积；"对所有者（或股东）的分配"项目，反映对所有者（或股东）分配的利润（或股利）金额。

④"所有者权益内部结转"项目，反映不影响当年所有者权益总额的所有者权益各组成部分之间当年的增减变动，包括资本公积转增资本（或股本）、盈余公积转增资本（或股本）、盈余公积弥补亏损等金额。其中："资本公积转增资本（或股本）"项目，反映

企业以资本公积转增资本（或股本）的金额；"盈余公积转增资本（或股本）"项目，反映企业以盈余公积转增资本（或股本）的金额；"盈余公积弥补亏损"项目，反映企业以盈余公积弥补亏损的金额。"其他综合收益结转留存收益"项目，主要反映：其他权益工具投资终止确认时，之前计入其他综合收益的累计利得或损失从其他综合收益中转入留存收益的金额；企业指定以公允价值计量且其变动计入当期损益的金融负债终止确认时，之前由企业自身信用风险变动引起而计入其他综合收益的累计利得或损失从其他综合收益中转入留存收益的金额等。本项目均根据"其他综合收益"科目的相关明细科目的发生额分析填列。

第六节 财务报表附注

一、财务报表附注的含义和作用

财务报表附注是财务报表的重要组成部分，是对资产负债表、利润表、现金流量表和所有者权益变动表等财务报表本身无法或难以充分表达的内容和项目所作的补充说明和详细解释等。为了便于报表使用者更深入地理解相关信息，报表中被高度浓缩的项目需要进一步细化、解释或补充，附注就成为财务报表的组成部分。财务报表附注的作用主要体现在以下几个方面。

（1）提高财务报告体系的灵活性。财务报表由于其固有的格式要求、项目和填列方法，使得表内信息并不能完整地反映一个企业的综合情况。报表附注作为报表内容的有益补充，形式相对比较灵活，可以弥补表内信息的局限性，使表内信息更容易理解、更加相关。

（2）增强报表信息的可理解性。由于报表使用者的需求和侧重点各有不同，仅有财务报表无法满足所有报表使用者的需要。通过对报表项目的解释，将抽象的数据分解成具体且易理解的分项，并说明数据产生和变更的会计方法，有助于报表使用者理解财务报表中的信息。

（3）有助于使用者更深入地了解企业整体情况。尽管财务报表所提供的信息已较为全面，但由于内容过多导致报表使用者对其中的重要信息的了解可能不够全面、详细。通过报表附注，可以将财务报表中的重要数据和事项做进一步的说明、解释，有助于报表使用者了解哪些是重要的信息，在决策中引起注意，从而更深入地了解企业整体运行情况。

虽然附注与表内信息共同构成财务报表的整体，但是附注中的定量或定性说明都不能用来更正表内的错误，更不能用以代替报表正文的内容。随着业务复杂程度的增加，企业存在过多使用附注的倾向，这在一定程度上弱化了财务报表的作用。

二、财务报表附注的内容

财务报表附注一般按照以下顺序披露相关内容。

（一）企业的基本情况

（1）企业注册地、组织形式和总部地址。
（2）企业的业务性质和主要经营活动，如企业所处的行业、提供的主要产品或服务及销售策略等。
（3）母公司及集团最终母公司的名称。
（4）财务报告的批准报出者和财务报告批准报出日，或以签字人及其签字日期为准。
（5）营业期限有限的企业，还应当披露有关其营业期限的信息。

（二）财务报表的编制基础

（1）会计年度。
（2）记账本位币。
（3）会计计量所运用的计量基础。
（4）现金和现金等价物的构成。

（三）遵循企业会计准则的声明

企业应当声明编制的财务报表符合企业会计准则的要求，真实、完整地反映了企业的财务状况、经营成果和现金流量等有关信息。

（四）重要会计政策和会计估计

（1）重要会计政策的说明。包括财务报表项目的计量基础和在运用会计政策过程中所做的重要判断等。企业应当披露采用的重要会计政策，并结合企业的具体实际披露其重要会计政策的确定依据和财务报表项目的计量基础，例如，投资性房地产的判断标准是什么、怎样判断与租赁资产有关的所有风险和报酬都已经转移给企业等。

（2）重要会计估计的说明。包括可能导致下一个会计期间内资产、负债账面价值重大调整的会计估计的确定依据等。企业应当披露重要的会计估计，并结合企业的具体实际披露其会计估计所采用的关键假设和不确定因素，例如，固定资产可收回金额的计算需要根据其公允价值减去处置费用后的净额与预计未来现金流量的现值时需要对未来现金流量进行预测，并选择适当的折现率，企业应在附注中披露未来现金流量预测所采用的假设及依据、所选择的折现率为什么是合理的等。

（五）会计政策和会计估计变更以及差错更正的说明

企业应当按照《企业会计准则第 28 号——会计政策、会计估计变更和差错更正》的规定，披露会计政策和会计估计变更以及差错更正的有关情况，具体包括以下内容。

（1）会计政策变更的性质、内容和原因。
（2）当期和各个列报前期财务报表中受到影响的项目名称和调整金额。
（3）会计政策变更无法进行追溯调整的事实和原因，以及开始应用调整后的会计政策的具体时间和应用情况。

（4）会计估计变更的内容和原因。
（5）会计估计变更对当期和未来期间的影响金额。
（6）会计估计的变更影响数不能确定的事实和原因。
（7）前期差错的性质。
（8）各个列报前期财务报表中受到影响的项目名称及金额。
（9）前期差错无法进行追溯重述的事实和原因以及对前期差错进行更正的具体时间和情况。

（六）报表重要项目的说明

企业应当按照资产负债表、利润表、现金流量表、所有者权益变动表及其项目列示的顺序，采用文字和数字描述相结合的方式对报表重要项目的构成或当期增减变动情况进行详细披露。对于重要项目的明细金额合计，应当与报表项目金额相衔接。

（七）或有和承诺事项、资产负债表日后非调整事项、关联方关系及其交易等事项的说明

（1）预计负债和或有负债的种类、成因及经济利益流出不确定性的说明。
（2）与预计负债有关的预期补偿金额和本期已确认的预期补偿金额。
（3）或有负债可能产生的影响、获得补偿的可能性及无法预计的原因。
（4）或有资产可能产生的影响及其成因。
（5）未决诉讼和未决仲裁的性质、披露未决诉讼或未决仲裁的全部或部分信息预期对企业造成的重大不利影响的及未披露相关信息的原因。
（6）资产负债表日后非调整事项的性质、内容及可能产生的影响。
（7）母公司和子公司的名称、业务性质、注册地、注册资本（或实收资本、股本）等。
（8）有助于财务报表使用者评价企业管理资本的目标、政策及程序的信息。
（9）其他需要披露的说明。

三、财务报表附注披露的要求

（1）将定量与定性信息相结合，只有从质和量两个角度对企业经济事项进行完整地反映，才能满足信息使用者的决策需求。
（2）应当按照一定的结构进行系统合理的排列和分类，有顺序地披露信息。由于附注的内容繁多，因此更应按逻辑顺序进行排列并分类披露，这样才便于使用者理解和掌握，更好地实现财务报表的可比性。
（3）附注的信息应当与资产负债表、利润表、现金流量表和所有者权益变动表等报表中列示的项目相互参照，以帮助使用者联系相关联的信息，并从整体上更好地把握财务报表。

思政小贴士

科学思维和系统、辩证的意识：比较不同财务报表之间的差异，掌握其要点，认识到各表之间所具有的科学逻辑关系，并学会用系统、辩证的眼光看待资本市场财务舞弊问题。

思 考 题

1. 什么是财务报表？它的作用是什么？
2. 什么是资产负债表？编制方法有哪些？
3. 什么是利润表？多步骤式编制方法分哪几步？
4. 什么是现金流量表？由哪几部分构成？编制方法有哪些？
5. 会计报表附注应披露哪些内容？

练 习 题

1. 20×1 年 12 月 31 日，甲公司有关总账科目余额如表 13-23 所示。

表 13-23　相关表格

科目名称	借方余额（元）	科目名称	贷方余额（元）
库存现金	6 000	累计折旧	2 320 000
银行存款	1 500 000	坏账准备	7 000
其他货币资金	700 000	材料成本差异	30 000
交易性金融资产	128 000	存货跌价准备	150 000
应收票据	170 000	长期股权投资减值准备	180 000
应收账款	1 750 000	债权投资减值准备	20 000
预付账款	200 000	短期借款	400 000
其他应收款	10 000	应付票据	240 000
材料采购	900 000	应付账款	700 000
原材料	1 000 000	合同负债	470 000
周转材料	500 000	其他应付款	4 000
库存商品	560 000	应付职工薪酬	36 000
发出商品	40 000	应交税费	204 000
委托代销商品	100 000	应付利息	3 600
生产成本	80 000	应付股利	42 000
应收股利	60 000	长期借款	2 800 000
应收利息	16 000	应付债券	1 000 000
债权投资	320 000	长期应付款	1 200 000
长期股权投资	680 000	预计负债	40 000
固定资产	11 600 000	股本	10 000 000
长期待摊费用	150 000	资本公积	402 400
在建工程	720 000	盈余公积	1 020 000
工程物资	160 000	未分配利润	572 000
无形资产	500 000	递延所得税负债	9 000

其中："债权投资"科目余额中含有一年内到期的债权投资 100 000 元，"长期待摊费用"科目余额中含有一年内应摊销的费用 24 000 元，"长期借款"科目余额中含有一年内到期的借款 800 000 元，"应付债券"科目余额中含有一年内到期的应付债券 400 000 元。请根据上述业务编制甲公司 20×1 年 12 月 31 日的资产负债表。

2. 乙公司 20×1 年度损益类科目的累计发生净额如表 13-24 所示。

表 13-24 相关表格

科 目 名 称	借方发生额（元）	贷方发生额（元）
主营业务收入	180 000	86 430 000
主营业务成本	39 000 000	120 000
税金及附加	11 250 000	
其他业务收入		11 250 000
其他业务成本	4 200 000	
销售费用	11 175 000	
管理费用	6 900 000	
财务费用	1 500 000	
公允价值变动损益		675 000
资产减值损失	225 000	
投资收益	300 000	15 450 000
资产处置损益	255 000	
营业外收入		2 475 000
营业外支出	1 207 500	
所得税费用	14 859 900	

其中：管理费用中含研发支出 3 200 000 元；财务费用中含利息费用 2 200 000 元，利息收入 200 000 元；投资收益中含对联营企业和合营企业的投资收益为 4 000 000 元；公司发行在外的普通股股份数为 10 000 000 股。请根据上述业务编制乙公司 20×1 年度的利润表。

3. 丙公司 20×1 年发生管理费用 66 000 000 元，具体包括：①计提固定资产折旧 12 600 000 元；②用现金支付行政管理办公室人员薪酬 28 500 000 元；③用银行存款支付业务招待费 3 150 000 元；④计提无形资产摊销 10 500 000 元；⑤存货盘亏损失 750 000 元。假设不考虑其他因素，请根据上述业务列式计算"支付其他与经营活动有关的现金"项目金额。

案例分析

中天科技业绩大涨的背后

即测即练

第十四章 会计调整

学习目标与要求

本章主要讲解会计政策变更、会计估计变更、会计差错调整和资产负债表日后事项。通过本章学习，要求掌握会计政策变更与会计估计变更、追溯调整法与未来适用法及前期差错更正的会计处理方法，资产负债表日后事项的基本分类方法及分类的依据，调整事项与非调整事项的会计处理方法；理解会计变更与差错更正的基本概念与分类，资产负债表日后事项的性质和意义；了解会计政策变更的条件、构成内容及调整事项的性质。

引导案例

中国国航于2020年4月29日发布公告显示："本次会计估计变更主要为对固定资产及使用权资产中的发动机替换件折旧方法的变更，采用未来适用法进行会计处理，无需进行追溯调整。"变更前，上市公司对于发动机替换件原采用年限平均法计提折旧，预计使用年限为3~15年，年折旧率为6.67%~33.33%；变更后，上市公司对于发动机替换件则采用工作量法计提折旧，预计飞行小时为9 000~43 000小时，千小时折旧率为2.33%~11.11%；上市公司自2020年1月1日起执行变更。变更的理由为："该变动主要是由于公司受新型冠状病毒感染疫情影响，实际执行飞行小时同比下降所致。"中国国航2020年固定资产及使用权资产合计折旧超过200亿元。之后，南方航空、东方航空也相继发布了会计估计变更公告，对固定资产及使用权资产中的发动机替换件变更折旧方法，采用未来适用法进行会计处理，无须进行追溯调整。

资料来源：https://php.cnstock.com/texts/2020/20200429/72D397AF498E23B1BE1DD7A587728439.pdf。

请思考：

三大航空公司为什么要改变发动机替换件折旧方法？固定资产折旧方法的变更是属于会计政策变更还是会计估计变更？变更之后对航空公司的经营业绩会产生什么影响？

第一节 会计变更

会计变更通常包括会计政策变更和会计估计变更两类。一个报告主体的会计变更可能会对该主体所披露的特定时期的财务状况和一定时期内的经营成果产生很大影响，也可能对比较财务报表和历史总结所反映的变动趋势产生重大影响。因此，会计变更的反映与报告应该便于财务报表的分析与理解。

一、会计政策变更

（一）会计政策的概念

会计政策是指企业在会计确认、计量和报告中所采用的原则、基础和会计处理方法，是指导企业进行会计确认和计量的具体要求。

（1）会计政策原则，是根据企业会计准则规定的，能够指导企业进行会计确认的具体原则。例如，《企业会计准则第14号——收入》规定，当企业与客户之间满足合同各方已批准该合同并承诺将履行各自义务、该合同明确了合同各方与所转让商品或提供劳务相关的权利和义务、该合同有明确的与所转让商品相关的支付条款、该合同具有商业实质及企业因向客户转让商品而有权取得的对价很可能收回这五个条件时，企业就可以在客户取得相关商品控制权时确认收入，这就属于收入确认的具体会计原则。

（2）会计政策基础，是在遵循会计确认原则的前提下，将原则应用于交易或者事项而在会计计量中采用的计量属性，包括历史成本、重置成本、可变现净值、现值和公允价值等。例如，《企业会计准则第7号——非货币性资产交换》规定，当非货币性资产交换具有商业实质且换入资产或换出资产的公允价值能够可靠地计量时，应当以公允价值为基础计量。

（3）会计处理方法，是指企业按照会计确认原则和计量基础的要求，在会计核算中根据法律法规或国家统一的制度规定等采用或选择的适合本企业的具体会计处理方法。例如，《企业会计准则第2号——长期股权投资》规定，对于长期股权投资的不同情况可采用成本法和权益法进行账务处理。

（二）会计政策的特点

构成会计政策的具体会计原则、基础和会计处理方法都由企业会计准则予以规定，因此我国企业是在法规允许的范围内选择适合企业实际情况的会计政策，会计政策呈现出合规性和层次性的特点。

（1）合规性。在符合会计原则和会计基础的前提下，经济业务的复杂性和多样化也可以有多种会计处理方法。例如，存货的计价可以采用先进先出法、加权平均法、移动加权平均法和个别计价法等。但是，无论企业选择哪种处理方法，都必须结合企业自身特点从允许的会计原则、会计基础和会计处理方法中选出适合本企业的会计政策。

（2）层次性。会计政策包括会计原则、会计基础和会计处理方法三个层次。其中：会计原则是指导企业进行会计确认的具体原则；会计基础是将会计原则体现在会计计量中而采用的计量基础；会计处理方法是按照会计原则和会计基础的要求，由企业在会计核算中采用或者选择的适合本企业的具体会计处理方法。会计原则、会计基础和会计处理方法三者是一个逐层递进、密不可分的逻辑整体,通过这个整体,会计政策才能得以应用和落实。

(三) 会计政策变更的含义和要求

1. 会计政策变更的含义

会计政策变更是指企业对相同的交易或事项由原来采用的会计政策改用另一类会计政策的行为。通常情况下,为了保证会计信息的可比性,企业应当按照会计准则和制度规定的原则和方法进行会计的确认、计量和报告,采用的会计政策在各会计期间和前后各期都应当保持一致,不得随意变更。如果确实需要调整会计政策,企业应当将变更的原因、变更的情况及对企业财务状况和经营成果的影响在财务报告中做出说明。

2. 会计政策变更的要求

按照我国现行的会计准则规定,企业只有在符合以下两个要求的情况下才可以变更会计政策。

(1) 法律法规或制度规章要求的变更。这种情况下,企业应按照新的或者修订后的会计准则或制度规定等,改变原有的会计处理办法,采用最新的会计政策。例如,2018年财政部修订发布的《企业会计准则第21号——租赁》在租赁定义和识别、承租人会计处理方面做了较大的修改,企业在具体业务处理中就必须按照新修订的规定要求执行。

(2) 变更会计政策能够更恰当地反映企业的财务状况、经营成果和现金流量等情况。由于所处经济环境及情况的改变,企业原来采用的会计政策已不合时宜,依据原有的会计政策无法如实提供并反映企业的财务状况、经营成果和现金流量等信息。在这种情况下,应改变原有的会计政策,按变更后新的会计政策进行会计处理,以使对外提供的会计信息更为可靠、更为相关。例如,企业原来采用直线法计提固定资产折旧,由于技术进步的影响,采用加速折旧法更能合理反映企业的财务状况和经营成果。

3. 不属于会计政策变更的情况

企业必须明确哪些情形属于会计政策变更,哪些情形不属于会计政策变更,以便正确选择合适的会计处理方法。以下两种情形不属于会计准则规定的会计政策变更范围。

(1) 本期发生的交易或事项与前期相比具有本质的区别而采用新的会计政策。例如,某企业以前租赁的设备均为短期临时性出租,均按经营租赁会计处理方法核算,但自本年度起,该企业对新租赁的设备进行长期性出租,使用融资租赁会计处理方法核算。由于原租出的设备均为经营租赁,本年度起租赁的设备变更为融资租赁,经营租赁和融资租赁有着本质上的差别,因而这种情况下改变会计处理方法不属于会计政策变更。

(2) 对初次发生的或不重要的交易、事项采用新的会计政策。由于是对初次发生的交易事项进行业务处理,并没有改变原有的会计政策,因而不属于会计政策变更的范畴。例如,某企业初次签订一项建造合同,该企业对建造合同采用完工百分比法确认收入,由于该企业初次发生这类交易,因此采用完工百分比法确认该项建造合同的收入不属于会计政策变更。尽管不重要的交易或事项变更会计政策符合会计政策变更的定义,但是从重要性原则来看,无论是性质还是金额方面,这些交易或事项即使不按照会计政策变更的会计处理方法进行核算,也不会影响企业会计信息的可比性,不属于会计准则要求的会计政策变更。

（四）会计政策变更遵循的原则

对于会计政策变更，企业应当根据具体情况分别采用以下不同的会计处理方法。

（1）法律、行政法规或者国家统一的会计制度等要求变更的情况下，企业应当分别以下情况进行处理：①国家发布相关的会计处理办法的，按照国家发布的相关会计处理规定进行处理；②国家没有发布相关的会计处理办法的，采用追溯调整法进行会计处理。

（2）会计政策变更能够提供更可靠、更相关的会计信息的情况下，企业应当采用追溯调整法进行会计处理，根据会计政策变更的累积影响数调整列报前期最早期初留存收益，其他相关项目的期初余额和列报前期披露的其他比较数据也应一并调整。

（3）确定会计政策变更对列报前期影响数不切实可行的，应当从可追溯调整的最早期间期初开始应用变更后的会计政策；在当期期初确定会计政策变更对以前各期累积影响数不切实可行的，应采用未来适用法处理。不切实可行，指企业在采取所有合理的方法后，仍然不能获得采用某项规定所必需的相关信息，而导致无法采用该项规定，因此该规定在此时是不切实可行的。

（五）会计政策变更的会计处理

会计政策变更的会计处理主要解决两个问题：

（1）是否能够确定会计政策变更的累计影响数；

（2）如果能够确定会计政策变更的累计影响数，是将其计入会计政策变更期的损益还是调整当期期初留存收益。下面，分别对追溯调整法和未来适用法进行举例说明。

1. 追溯调整法

追溯调整法指对某项交易或事项变更会计政策时，要视同该项交易或事项初次发生时就采用了此次变更拟采用的新会计政策，并以此计算会计政策变更的累计影响数，据此对本期期初留存收益和财务报表及比较财务报表的相关项目进行调整的方法。对于比较财务报表期间的会计政策变更，应调整各比较期间净损益和其他相关项目，视同该政策在比较财务报表期间内一直采用；对于比较财务报表期间以前期间的会计政策变更的累积影响数，应调整比较财务报表最早期间的期初留存收益，财务报表其他相关项目的数字也应一并调整。

追溯调整法通常由以下步骤构成。

（1）计算会计政策变更的累积影响数。运用追溯调整法的关键在于计算累积影响数。会计政策变更的累积影响数，是指按照变更后的会计政策对以前各期追溯计算的列报前期最早期初留存收益金额与现有金额之间的差额。确定会计政策变更的累积影响数的计算步骤如下：

①根据新会计政策重新计算受影响的前期交易或事项。
②计算两种会计政策下的差异。
③计算差异的所得税影响金额。
④确定前期中的每一期的税后差异。
⑤计算会计政策变更的累积影响数。

(2) 编制相关项目的调整分录。调整分录时，对于涉及前期损益科目的，由于损益类科目在每期期末都要将发生额结转本年利润后转为留存收益，因此在调整分录里应将损益类替换为"利润分配——未分配利润"；对于不涉及前期损益科目的，则直接使用原科目。

(3) 调整列报前期财务报表相关项目及其金额。对于比较财务报表期间的会计政策变更，应调整财务报表的有关年初数和上年数等项目，视同该政策在比较财务报表期间一直采用。

(4) 报表附注说明。应当在附注中披露：会计政策变更的性质、内容和原因，计算出的会计政策变更的累积影响数；当前和各个列报前期财务报表中需要调整的净损益及其影响金额等。

【例 14-1】华泰公司于 20×1 年 12 月 31 日以 91 000 000 元的价格（不含增值税）购入一栋公寓楼并用于对外出租。华泰公司将其确认为投资性房地产，并采用成本法进行后续计量。该公寓楼采用年限平均法提取折旧，预计使用年限为 30 年，预计净残值为 1 000 000 元，年折旧额为 3 000 000 元。华泰公司在 20×4 年 7 月 1 日将其后续计量模式由成本模式调整为公允价值模式。根据市场交易记录，华泰公司估计该公寓楼在各个时点的公允价值为：20×2 年 12 月 31 日的公允价值为 93 000 000 元，20×3 年 12 月 31 日的公允价值为 94 000 000 元，20×7 年 7 月 1 日的公允价值为 94 500 000 元。企业适用的所得税税率为 25%，按净利润的 10% 提取法定盈余公积，企业所得税采用资产负债表债务法进行核算。根据会计准则的规定，对该项会计政策变更采用追溯调整法进行会计处理。具体步骤如下所示。

第一步，计算 20×4 年 1 月 1 日该项会计变更的累积影响数，见表 14-1。

表 14-1　20×4 年 1 月 1 日会计变更累积影响数计算　　　　单位：元

年度	年末公允价值	年末账面价值	税前差异	所得税影响额	税后差异
20×2	93 000 000	88 000 000	5 000 000	1 250 000	3 750 000
20×3	94 000 000	85 000 000	9 000 000	2 250 000	6 750 000

第二步，编制有关项目的调整分录。

(1) 调整以前年度的会计变更的累计影响数：

借：投资性房地产累计折旧　　　　　　　　　　　　　　　6 000 000
　　投资性房地产——公允价值变动　　　　　　　　　　　3 000 000
　　贷：递延所得税负债　　　　　　　　　　　　　　　　2 250 000
　　　　利润分配——未分配利润　　　　　　　　　　　　6 750 000

(2) 调整利润分配：

借：利润分配——未分配利润　　　　　　　　　　　　　　675 000
　　贷：盈余公积　　　　　　　　　　　　　　　　　　　675 000

(3) 调整会计政策变更对当年的影响数：

借：投资性房地产累计折旧　　　　　　　　　　　　　　　1 500 000
　　贷：其他业务成本　　　　　　　　　　　　　　　　　1 500 000

借：投资性房地产——公允价值变动　　　　　　　　　　　　500 000
　　　贷：公允价值变动损益　　　　　　　　　　　　　　　　　　500 000

第三步，财务报表有关项目调整。华泰公司在编制20×4年度财务报表时，应当调增资产负债表"年初数"栏的留存收益，调增"年初数"栏递延所得税负债，调增"年初数"栏的投资性房地产，即调增盈余公积675 000元，调增未分配利润6 075 000元，调增递延所得税负债2 250 000元，调减投资性房地产9 000 000元。同时在利润表的"上年数"栏调减营业成本3 000 000元，调增公允价值变动收益1 000 000元，调增利润总额4 000 000元，调增所得税费用1 000 000元，调增净利润3 000 000元。具体调整项目见表14-2。

表14-2　20×4年度财务报表相关项目调整　　　　　　　　　　　　单位：元

项目名称	资产负债表年初数		利润表上年数	
	调增数	调减数	调增数	调减数
投资性房地产	9 000 000			
资产总计	9 000 000			
递延所得税负债	2 250 000			
盈余公积	675 000			
未分配利润	6 075 000			
负债与所有者权益总计	9 000 000			
营业成本				3 000 000
公允价值变动损益			1 000 000	
利润总额			4 000 000	
所得税费用			1 000 000	
净利润			3 000 000	

第四步，报表附注说明（略）。

2. 未来适用法

未来适用法指对交易或事项进行会计政策变更时不进行追溯调整，只将新的会计政策应用于变更日及未来期间发生的交易或事项的方法。在未来适用法下，企业不需要确认会计政策变更产生的累积影响数，也无须重新编制以前年度的财务报表，不会因会计政策变更而改变以前年度的既定结果，只需要在现有基础上按照新的会计政策进行处理即可。

【例14-2】华泰公司原采用移动加权平均法对存货成本进行核算，由于业务环境发生改变，从20×1年1月1日开始改为了先进先出法。假定华泰公司根据会计准则的规定和企业经营的实际情况，决定采用未来适用法进行相应的会计处理，即对存货从20×1年1月1日开始采用先进先出法计价，不需要核算20×9年1月1日以前按移动加权平均法计算的存货金额，以及对留存收益的累积影响。会计政策变更对当期净利润的影响数见表14-3。会计政策变更使华泰公司20×1年的净利润增加了615 000元。

表 14-3　当期净利润影响数计算表　　　　　　　　　　　单位：元

项 目 名 称	移动加权平均法	先进先出法
销售收入	30 000 000	30 000 000
减：销售成本	10 320 000	9 500 000
其他费用	680 000	680 000
利润总额	19 000 000	19 820 000
减：所得税费用	4 750 000	4 955 000
净利润	14 250 000	14 865 000
差额		615 000

二、会计估计变更

（一）会计估计的概念

企业在经营过程中存在较多不确定性的因素，许多财务报表中的项目不能精确地加以计量，只能通过估计的方式进行，因此会计估计是指企业对结果不确定的交易或事项以最近可以利用的信息或资料为基础所做出的判断。例如，应收账款回收的可能性、计提折旧资产的使用寿命和净残值以及担保债务等这些结果不确定的交易或事项，就需要财务人员估计入账。

（二）会计估计的特点

（1）经济活动内在的不确定性是会计估计产生的根本原因。根据我国会计准则规定，企业的会计核算要遵循真实性的原则，即内容真实、数字准确、资料可靠。但在会计核算和信息披露的过程中，有的经济业务本身就具有不确定性，如固定资产折旧年限和残余价值、坏账准备、无形资产摊销年限、在建工程完工进度等，从而需要财务人员根据经验做出判断。

（2）会计估计的依据是以最近可靠的、可利用的信息或资料为基础。通常情况下，会计估计应根据当时的情况和已有的经验进行判断。但是，随着市场环境的多元化、复杂化，进行会计估计的基础也在逐渐地发生变化，进行会计估计所依据的信息或资料也在不断改变。由于最近可靠的、可利用的信息是最新的也是与目标最相关的信息，以其为基础所作的估计最接近实际情况，因此在进行会计估计时，应以最近可利用的、可靠的信息或资料为基础。

（三）会计估计变更的原因

会计估计变更是指由于资产和负债的当前状况及预期经济利益和义务发生了变化，从而对资产或负债的账面价值或者资产的定期消耗金额进行调整。具体情形如下：

（1）赖以进行估计的基础发生了变化。企业的会计估计依赖于一定的基础，如果所依赖的基础发生了变化，那么会计估计也会相应发生变化。例如，某企业用于生产产品的电子设备原定折旧年限为 8 年，根据设备使用及技术更新情况判断，该设备的使用年限已不足 8 年，相应调减折旧年限为 6 年。

（2）取得了新的信息、积累了更多的经验。会计估计是企业就现有资料或信息对未来事项所做的判断。随着时间的推移，企业有可能取得更新的信息，积累更多的经验，最近可靠的、可利用的信息或资料发生了变化，在这种情况下，企业就需要对原有的会计估计进行修正，也就产生了会计估计变更。例如，某企业原来每年按照应收账款余额的5%计提坏账准备，但是现在掌握了新的信息，企业判断应收账款的回收期延长，可能无法收回的应收账款比例已达12%，那么企业就应按12%的比例计提坏账准备。

（四）会计估计变更的会计处理

企业对会计估计变更的处理应当采用未来适用法，即不改变前期的会计估计，也不调整前期财务报表的结果，仅在会计估计变更当期及以后期间采用新的会计估计。

会计估计变更仅影响变更当期的，其影响数应当在变更当期确认。会计估计既影响变更当期，又影响以后期间的，其影响数应当在变更当期和未来期间予以确认。例如，某企业一项固定资产的使用年限和预计净残值的估计都发生了变更，这不仅影响了变更当期的累计折旧，也涉及了未来使用年限内各个期间的折旧费用，因此这类会计估计的变更，应在变更当期及以后各期都予以确认。

为了保证不同期间财务报表的可比性，会计估计变更的影响数应计入变更当期与前期相同的项目中。即会计估计变更的影响数如果以前包括在企业日常经营活动的损益中，那么以后也应当包括在相应的损益类项目中；如果会计估计变更的影响数以前包括在特殊项目中，那么以后也应在特殊项目中予以反映。

企业应当正确划分会计政策变更和会计估计变更，并按不同的方法进行会计处理。企业通过判断会计政策变更和会计估计变更划分基础仍然难以对某项变更进行区分的，应当将其作为会计估计变更处理。

（五）会计估计变更的披露

企业应当在附注中披露与会计估计变更有关的信息，包括：①会计估计变更的内容和原因，包括变更的内容、变更日期及会计估计变更的原因；②会计估计变更对当期和未来期间损益和其他各项目的影响数；③会计估计变更的影响数无法确定的，需要披露这一事实和原因。

【例14-3】华泰公司于20×7年1月1日起对投入使用的办公楼计提折旧，办公楼账面价值为42 000 000元，预计使用年限为16年，净残值为1 000 000元，按平均年限法计提折旧。自20×1年1月1日起，该企业对办公楼原估计的使用年限和净残值做出修改，调整后其使用年限为12年，净残值为600 000元。企业所得税采用资产负债表债务法进行核算，按照净利润的10%计提法定盈余公积，按照净利润的5%计提任意盈余公积。要求：计算20×1年华泰公司办公楼应计提的折旧额及该变更对当期折旧的影响数。

华泰公司对上述会计估计变更的会计处理方式如下所示。

（1）不需要调整以前各期折旧，也不计算累积影响数。

（2）按照未来适用法，20×1年1月1日以后发生的经济业务根据新估计的使用年限和净残值提取折旧。

按原来的会计估计，办公楼每年折旧额为2 562 500元，至20×1年年初，已提折旧

4年共计10 250 000元,办公楼净值为31 750 000元。改变估计使用年限和净残值后,20×8年起每年应计提的折旧额为3 893 750[(31 750 000-600 000)÷(12-4)]元。未来适用法下,20×1年不需要对以前年度已提折旧进行调整,但是要按照重新估计的使用年限和净残值计算确定年折旧费用。编制会计分录如下:

借:管理费用　　　　　　　　　　　　　　　　　　　3 893 750
　　贷:累计折旧　　　　　　　　　　　　　　　　　　　3 893 750

这项变更使得甲企业20×1年折旧增加了1 331 250（3 893 750-2 562 500）元,从而使得20×1年净利润减少了998 437.5［1 331 250×（1-25%）］元。

（3）附注说明。本企业一栋办公楼,账面价值42 000 000元,原估计使用年限为16年,预计净残值1 000 000元,按平均年限法计提折旧。企业于20×1年年初变更该办公楼的使用年限为12年,预计净残值为600 000元。此估计变更影响本年度净利润减少数为998 437.5元。

第二节　前期差错更正

一、前期差错概述

（一）前期差错的概念

前期差错是指由于没有运用或错误运用下列两种信息,而对前期财务报表造成省略或错报:①编报前期财务报表时预期能够取得并加以考虑的可靠信息;②前期财务报告批准报出时能够取得的可靠信息。

（二）前期差错的类型

前期差错通常包括计算错误、应用会计政策错误、疏忽或曲解事实及舞弊产生的影响,以及存货、固定资产盘盈等。没有运用或错误运用上述两种信息而形成前期差错的情形主要有以下内容。

（1）计算及账户分类错误。例如,企业购入的5年期债券并准备长期持有,但在业务处理时将其记入了交易性金融资产,导致账户分类出现的错误,从而使得资产负债表中流动资产和非流动资产的分类也有误。

（2）滥用会计政策和会计估计变更。例如,企业在计提坏账准备及资产减值准备时,会没有理由地变更前期处理方式,使用不当比例、采用不适当的方法,这就属于应用会计政策错误。

（3）对事实的疏忽或曲解及舞弊。例如:企业对某项建造合同应按建造合同规定的完工百分比法确认营业收入,但该企业却按确认商品销售收入的原则确认收入;企业在发出委托代销商品时提前确认尚未实现的收入以及漏记等行为导致的不确认已实现的收入;期末未对应计项目和递延项目进行调整等。

二、前期差错的分类

产生差错的性质和金额不同,前期差错的重要程度也有所差异。根据重要性不同,前期差错分为重要的前期差错和不重要的前期差错两类。重要性取决于在特定环境下对项目遗漏或错误表述的规模和性质的判断。前期差错所影响的财务报表项目的金额或性质,是判断该前期差错是否具有重要性的决定性因素。

(一)重要的或虽然不重要但属于故意造成的前期差错

如果财务报表项目的遗漏或错误表述足以影响财务报表使用者根据财务报表所做出的经济决策,则该项目的遗漏或错误就是重要的。重要的前期差错足以影响财务报表使用者对企业财务状况、经营成果和现金流量做出正确判断。一般情况下,前期差错所影响的财务报表项目的金额越大、性质越严重,其重要性水平就越高。

(二)不重要且无意造成的前期差错

不重要的前期差错,是指不足以影响财务报表使用者对企业财务状况、经营成果和现金流量做出正确判断的前期差错。

企业在实际应用中应严格区分会计估计变更和前期差错。对于以前期间根据当时的信息或所处环境等做了合理估计,在当期按照最新的信息或资料等对前期的估计方法、比例或金额做出变更的,应作为会计估计变更而不是前期差错处理。

三、前期差错更正的会计处理

对于重要的前期差错,除非确定前期差错累积影响数不切实可行,否则企业应当采用追溯重述法予以更正。追溯重述法,指在发现前期差错时,视同该项前期差错从未发生过,从而对财务报表的相关项目进行更正的方法。追溯重述法下,涉及的损益调整应通过"以前年度损益调整"进行核算,追溯重述法的具体应用与追溯调整法相同。对于不重要且非故意造成的前期差错,一般采用未来适用法进行处理。

(一)重要的前期差错处理

对于重要的前期差错,企业应当在其发现当期的财务报表中调整前期比较数据。具体而言,企业应当在重要的前期差错发现当期的财务报表中,通过追溯重述差错发生期间列报的前期比较金额或追溯重述列报的最早前期的资产、负债和所有者权益相关项目的期初余额,调整前期的比较数据。如果这一重要的前期差错影响损益,则应根据其对损益的影响金额调整发现当期的期初留存收益,同时一并调整财务报表其他相关项目的期初数;如果不影响损益,调整财务报表相关项目的期初数即可。

在编制比较财务报表时,对于比较财务报表期间的重要的前期差错,应调整各该期间的净损益和其他相关项目,视同该差错在产生的当期已经更正;对于比较财务报表期间以前的重要的前期差错，应调整比较财务报表最早期间的期初留存收益，同时一并调整财务报表其他相关项目的金额。

确定前期差错影响数不切实可行的，可以从可追溯重述的最早期间开始调整留存收益的期初余额，财务报表其他相关项目的期初余额也应当一并调整，也可以采用未来适用法。

【例14-4】华泰公司为增值税一般纳税人，适用增值税税率为13%，所得税核算采用资产负债表债务法，所得税税率为25%，按照净利润的10%提取盈余公积。公司在20×1年8月16日发现，20×9年漏记了总经理行政办公室使用的一项固定资产折旧费用400 000元，所得税申报表中未包括这笔费用。该项业务对报表使用者制定决策具有重要的影响。相关账务处理如下：

首先，确认该业务属于当期发现的重要的前期差错，需要调整20×9年报表的年初数和上年数。

其次，编制相关的调整分录。

（1）补提折旧：

借：以前年度损益调整　　　　　　　　　　　　　　　　400 000
　　贷：累计折旧　　　　　　　　　　　　　　　　　　　　　400 000

（2）调整应交所得税：

借：应交税费——应交所得税　　　　　　　　　　　　　100 000
　　贷：以前年度损益调整　　　　　　　　　　　　　　　　100 000

（3）转入利润分配：

借：利润分配——未分配利润　　　　　　　　　　　　　300 000
　　贷：以前年度损益调整　　　　　　　　　　　　　　　　300 000

（4）调整盈余公积：

借：盈余公积　　　　　　　　　　　　　　　　　　　　 30 000
　　贷：利润分配——未分配利润　　　　　　　　　　　　　 30 000

最后，编制20×1年财务报表时的调整和重述（财务报表略）。

（1）资产负债表"年初数"栏的调整。固定资产调减（累计折旧调增）400 000元，应交税费调减100 000元，盈余公积调减30 000元，未分配利润调减270 000（300 000×90%）元。

（2）利润表"上年数"栏的调整。管理费用调增400 000元，所得税费用调减100 000元。

（3）所有者权益变动表"上年数"栏的调整。年初未分配利润调减270 000元，年末未分配利润调减270 000（300 000×90%）元。

（二）不重要的前期差错处理

对于不重要的前期差错，企业应当采用未来适用法，即只调整发现当期与前期相同的相关项目就可以。对于影响损益的，直接计入本期与上期相同的净损益项目；不影响损益的，调整本期与前期相同的相关项目。

【例14-5】华泰公司为增值税一般纳税人,适用增值税税率为13%,所得税核算采用资产负债表债务法,所得税税率为25%,按照净利润的10%提取盈余公积。公司在20×1年10月12日发现,20×0年度的一项无形资产少摊销了2 300元。相对于公司拟的摊销费用总额而言,这笔摊销费用不大,故直接计入20×1年的相关项目中,不需要调整20×1年财务报表的年初数和上年数。对于该项前期差错的更正会计分录如下:

借:管理费用　　　　　　　　　　　　　　　　　　　　　　2 300
　　贷:累计摊销　　　　　　　　　　　　　　　　　　　　　　2 300

四、前期差错的披露

无论前期差错重要与否,企业都应当在附注中披露与前期差错更正有关的下列信息:
(1)前期差错的性质;
(2)各个列报前期财务报表中受影响的项目名称和更正金额;
(3)无法进行追溯重述的,说明该事实和原因及对前期差错开始进行更正的时点、具体更正情况。对于在以前期间的附注中已经披露过的前期差错更正的信息,后续期间的财务报表不需要再重复披露。

第三节　资产负债表日后事项

一、资产负债表日后事项的概念

资产负债表日后事项,是指资产负债表日至财务报告批准报出日之间发生的有利或不利事项。
(1)资产负债表日是指会计中期期末和会计年度末。在我国会计年度中,会计中期通常包括月度、季度和半年度等,会计中期期末相应的就是月末、季末和半年末等;会计年度末通常指年度资产负债表日,即公历12月31日。
(2)财务报告批准报出日指董事会或有关管理部门和机构批准财务报告报出的日期,通常指对财务报告的内容负有法律责任的单位或个人批准财务报告对外公布的日期。
(3)有利或不利事项,是指资产负债表日后事项会对企业财务状况和经营成果产生一定影响,既包括有利影响也包括不利影响。

二、资产负债表日后事项的分类

资产负债表日后事项包括资产负债表日后调整事项(简称调整事项)和非调整事项(简称非调整事项)两类。

（一）资产负债表日后调整事项

资产负债表日后调整事项，是指有关情况在资产负债表日已经存在，并在资产负债表日后获得了新的或进一步的证据，表明依据资产负债表日存在的状况编制的财务报表已不再可靠，应依据新的或追加的证据对资产负债表日所反映的资产、负债、所有者权益、收入、费用和利润等进行调整的事项。调整事项有两个特点：一是在资产负债表日或以前已经存在，资产负债表日后得以证实；二是对按资产负债表日存在状况编制的财务报表产生重大影响。

企业发生的资产负债表日后调整事项，通常包括下列各项：①资产负债表日后诉讼案件结案，法院判决证实了企业在资产负债表日已经存在现时义务，需要调整原先确认的与该诉讼案件相关的预计负债或确认一项新负债；②资产负债表日后取得确凿证据，表明某项资产在资产负债表日发生了减值或需要调整该项资产原先确认的减值金额；③资产负债表日后进一步确定了资产负债表日前购入资产的成本或售出资产的收入；④资产负债表日后发现的财务报表舞弊或差错。

【例 14-6】甲企业于 20×0 年 11 月 15 日销售给乙公司一批 A 产品，价款为 3 000 000 元，适用的增值税税率为 13%，该批产品成本为 1 800 000 元。12 月 20 日接乙公司通知，因验收货物时发现产品存在严重质量问题，要求全部退货。甲企业希望双方共同寻找解决办法，协商解决问题，截至 12 月 31 日甲企业尚未收到货款。在 12 月 31 日编制资产负债表时，甲企业将该应收账款 3 390 000 元减去已计提的坏账准备后的净额（按应收账款余额的 5% 计提坏账准备）列示于资产负债表中的应收账款项目内，并将 3 000 000 元的货款作为收入列入利润表中。20×1 年 1 月 25 日双方协商失败，乙公司将该批产品全部退回。甲公司于 20×1 年 2 月 16 日收到乙公司退回的产品及增值税专用发票。对此，甲企业需要对该项退货作为资产负债表日后调整事项进行处理，调整财务报表相关项目的数字。

（二）资产负债表日后非调整事项

资产负债表日后非调整事项，是指资产负债表日后发生的情况的事项，与资产负债表日存在状况无关。非调整事项的发生不影响资产负债表日企业的财务报表数字，只说明资产负债表日后发生了某些情况，因此不应当调整资产负债表日的财务报表。对于财务报告使用者来说，非调整事项说明的情况有的重要，有的不重要。其中重要的非调整事项虽然与资产负债表日的财务报表数字无关，但可能影响资产负债表日以后的财务状况和经营成果，如不加以说明将会影响财务报告使用者做出正确估计和决策，按照准则规定应在附注中适当披露资产负债表日后非调整事项的性质、内容及其对财务状况和经营成果造成的影响。

企业发生的资产负债表日后非调整事项，通常包括下列各项：①资产负债表日后发生重大诉讼、仲裁、承诺；②资产负债表日后资产价格、税收政策、外汇汇率发生重大变化；③资产负债表日后因自然灾害导致资产发生重大损失；④资产负债表日后发行股票和债券及其他巨额举债；⑤资产负债表日后资本公积转增资本；⑥资产负债表日后发生巨额亏损；⑦资产负债表日后发生企业合并或处置子公司。

【例 14-7】甲企业投资成本 26 000 000 元，拥有乙公司 18% 的股权，乙公司的股票在国外某证券交易所上市交易。在编制20×0年12月31日的资产负债表时，甲企业根据会计处理准则要求，按照权益法核算对乙公司的投资。20×1年1月10日，乙公司所在国家政权交接引发了政治混乱，使得乙公司股票大幅贬值，该国还临时出台了紧急法案冻结外国投资者的一切资金。基于这些情况，甲企业判断几乎不可能收回对乙公司的股权投资。该国政治混乱这一事实是在资产负债表日以后才发生的，因此乙公司股票市值大幅下跌及资金冻结导致甲企业股权投资无法收回的事项属于非调整事项，在附注中披露即可。

调整事项和非调整事项都是在资产负债表日至财务报告批准报出日之间发生或存在的事项，对财务报告所反映的财务状况、经营成果将产生重大影响。运用资产负债表日后事项准则的关键在于确定资产负债表日后发生的某一事项是调整事项还是非调整事项，具体取决于该事项表明的情况在资产负债表日或资产负债表日以前是否已经存在。若资产负债表日或以前就已经存在，资产负债表日后提供的证据可以对以前已存在的事项作进一步的说明的属于调整事项；反之，若在资产负债表日尚未存在，但在财务报告批准报出日之前发生或存在的则属于非调整事项。

三、资产负债表日后事项的会计处理

（一）调整事项

1. 调整事项会计处理的原则

对于发生的资产负债表日后调整事项，企业应当调整资产负债表日已编制的财务报表。由于资产负债表日后事项发生在报告年度的次年，对于年度财务报表而言，报告年度的有关账户数据都已经结转，特别是损益类科目在结转至本年利润后没有余额。因此，对于涉及损益的事项，企业应该通过"以前年度损益调整"科目处理。调整增加以前年度利润或调整减少以前年度亏损的事项，计入"以前年度损益调整"科目的贷方；反之，调整减少以前年度利润或调整增加以前年度亏损的事项，计入"以前年度损益调整"科目的借方。同时，由于以前年度损益调整而增加的所得税费用，应计入"以前年度损益调整"科目的借方；由于以前年度利润而减少的所得税费用，应计入"以前年度损益调整"科目的贷方。调整完成后，将"以前年度损益调整"科目的借方或贷方余额，转入"利润分配——未分配利润"科目。

涉及利润分配调整的事项，直接通过"利润分配——未分配利润"科目核算。不涉及损益及利润分配的事项，调整相关会计科目。通过上述账务处理后，还应调整财务报表相关项目的列报。

2. 减值准备计提的调整

对于资产负债表日已经计提的减值准备，如果在资产负债表日后出现新的信息，表明原减值准备计提金额需要调整的，应该作为资产负债表日后事项进行调整。

【例14-8】甲企业为增值税一般纳税人，适用增值税税率为13%，所得税核算采用资产负债表债务法，所得税税率为25%，按照净利润的10%提取法定盈余公积。该企业2×20年度财务报告批准报出日为20×1年3月25日，实际报出日为20×1年3月31日。

20×0年甲企业应收乙企业账款180 000元，按双方合同约定应在20×0年12月8日前偿还。截至20×0年12月31日结账时，甲企业尚未收到这笔款项，同时得知乙企业因与其他单位存在债务纠纷导致近期内难以偿还该笔货款。甲企业对该应收账款提取了5%的坏账准备。20×1年2月25日，乙企业宣告破产并通知甲企业无法偿付部分欠款。甲企业预计可能收回的应收账款占总额的比例为50%。

本例中，由于在资产负债表日（即20×0年12月31日）及以前债务人就已经存在债务纠纷，并且资产负债表日后提供的证据对上述已存在的事项做了进一步的说明，因此属于资产负债表日后调整事项。调整分录如下：

（1）应计提的坏账准备=180 000×50%-180 000×5%=81 000（元）

借：以前年度损益调整　　　　　　　　　　　　　　　　81 000
　　贷：坏账准备　　　　　　　　　　　　　　　　　　　　81 000

（2）调整所得税的影响：

借：递延所得税资产　　　　　　　　　　　　　　　　20 250
　　贷：以前年度损益调整　　　　　　　　　　　　　　　　20 250

（3）将"以前年度损益调整"的科目余额转入未分配利润：

借：利润分配——未分配利润　　　　　　　　　　　　60 750
　　贷：以前年度损益调整　　　　　　　　　　　　　　　　60 750

（4）根据净利润的变动调整盈余公积：

借：盈余公积　　　　　　　　　　　　　　　　　　　6 075
　　贷：利润分配——未分配利润　　　　　　　　　　　　　6 075

（5）调整20×0年度财务报表的相关项目（财务报表略）：

①资产负债表项目调整为：坏账准备调增81 000元，递延所得税资产调增20 250元，盈余公积调减6 075元，未分配利润调减54 675（60 750×90%）元。

②利润表项目调整为：信用减值损失调增81 000元，所得税费用调减20 250元。

③所有者权益变动表项目调整为：未分配利润调减54 675元，提取盈余公积调减6 075元。

3. 资产负债表日后的销售退回

如果报告年度销售发出的商品，在资产负债日之后、财务报告批准报出日前发生销售退回，则应作为资产负债表日后调整事项，调整报告年度的销售损益及相关事项。

【例14-9】 乙企业为增值税一般纳税人，适用增值税税率为13%，所得税核算采用资产负债表债务法，所得税税率为25%，按照净利润的10%提取法定盈余公积。该企业20×0年度财务报告批准报出日为20×1年3月25日，实际报出日为20×1年3月31日。乙企业于20×1年3月10日收到了购货方利民公司退回的商品及退回的增值税专用发票的发票联和抵扣联。该批商品由乙企业20×0年11月销售给利民公司，销售成本为160 000元，不含税的销售额为300 000元，乙企业根据收入核算要求在20×0年11月确认了这笔收入并结转了成本。但是直到20×0年12月31日乙企业未收到该笔货款，乙企业于20×0年底对该笔应收账款提取了5%的坏账准备。

本例中，由于在资产负债表日（即20×0年12月31日）及以前就已经存在销售退回的可能性，并且资产负债表日后提供的证据对上述已存在的事项作了进一步的说明，因此属于资产负债表日后调整事项。调整会计分录如下：

（1）调整销售收入：

借：以前年度损益调整　　　　　　　　　　　　　　　　　300 000
　　应交税费——应交增值税（销项税额）　　　　　　　　 39 000
　　贷：应收账款　　　　　　　　　　　　　　　　　　　339 000

（2）调整坏账准备余额：

借：坏账准备　　　　　　　　　　　　　　　　　　　　　 16 950
　　贷：以前年度损益调整　　　　　　　　　　　　　　　　16 950

（3）调整销售成本：

借：库存商品　　　　　　　　　　　　　　　　　　　　　160 000
　　贷：以前年度损益调整　　　　　　　　　　　　　　　 160 000

（4）调整应交所得税：

借：递延所得税资产　　　　　　　　　　　　　　　　　 30 762.50
　　贷：以前年度损益调整　　　　　　　　　　　　　　 30 762.50

（5）将"以前年度损益调整"科目余额转入利润分配：

借：利润分配——未分配利润　　　　　　　　　　　　　92 287.50
　　贷：以前年度损益调整　　　　　　　　　　　　　　 92 287.50

（6）根据净利润的变动调整盈余公积：

借：盈余公积　　　　　　　　　　　　　　　　　　　　 9 228.75
　　贷：利润分配——未分配利润　　　　　　　　　　　　9 228.75

（7）调整20×0年度财务报表的相关项目（财务报表略）：

①资产负债表项目调整为应收账款调减322 050（339 000-16 950）元，存货调增160 000元，应交税费调减39 000元，递延所得税资产调增30 762.50元，盈余公积调减9 228.75元，未分配利润调减83 058.75（92 287.50×90%）元；

②利润表项目调整为营业收入调减300 000元，营业成本调减160 000元，所得税费用调减30 762.50元；

③所有者权益变动表项目调整为未分配利润调减83 058.75元，提取盈余公积调减9 228.75元。

4. 未决诉讼

对于在资产负债日前已经提起诉讼、但法院尚未做出最终判决的法律事项，如果在财务报告批准报出日前法院做出了判决，且法院判定的赔偿金额与企业事先估计的赔偿金额不一致，企业应将两者的差额调整报告年度的损益。

【例14-10】丙企业为增值税一般纳税人，适用增值税税率为13%，所得税核算采用资产负债表债务法，所得税税率为25%，按照净利润的10%提取法定盈余公积。该企业20×0年度财务报告批准报出日为20×1年3月25日，实际报出日为20×1年3月31日。丙企业与红光公司签订一份合同，约定丙企业在20×0年7月24日向红光公司提供一批产品，由于丙企业未能按照合同规定时间交货，致使红光公司损失惨重。红光公司于20×0年9月提起诉讼，要求丙企业赔偿经济损失900 000元。由于案件尚在审理过程中，法院并未做出最终判决，20×0年12月31日丙企业根据当时的情况判断基本会败诉，预计赔偿金额为800 000元并将估计金额计入当期损益。20×1年3月1日，法院对丙企业和红光公司的经济纠纷案进行了判决，丙企业败诉，须赔偿红光公司经济损失830 000元，双方认可法院判决并不再上诉。

本例中，由于在资产负债表日（即20×0年12月31日）及以前就已经存在未决诉讼，且资产负债表日后提供的证据对上述已存在的事项作了进一步的说明，因此属于资产负债表日后调整事项。调整会计分录如下：

（1）调整诉讼赔偿金额：

借：以前年度损益调整　　　　　　　　　　　　　　　　　30 000
　　贷：其他应付款　　　　　　　　　　　　　　　　　　　　30 000

（2）调整所得税的影响：

借：递延所得税资产　　　　　　　　　　　　　　　　　　 7 500
　　贷：以前年度损益调整　　　　　　　　　　　　　　　　　7 500

（3）将"以前年度损益调整"的科目余额转入未分配利润：

借：利润分配——未分配利润　　　　　　　　　　　　　　22 500
　　贷：以前年度损益调整　　　　　　　　　　　　　　　　　22 500

（4）根据净利润的变动调整盈余公积：

借：盈余公积　　　　　　　　　　　　　　　　　　　　　2 250
　　贷：利润分配——未分配利润　　　　　　　　　　　　　　2 250

（5）调整20×0年度财务报表的相关项目（财务报表略）

①资产负债表项目调整为：其他应付款调增30 000元，递延所得税资产调增7 500元，盈余公积调减2 250元，未分配利润调减20 250元（22 500×90%）。

②利润表项目调整为：营业外支出调增30 000元，所得税费用调减7 500元。

③所有者权益变动表项目调整为：未分配利润调减20 250元，提取盈余公积调减2 250元。

（二）非调整事项

资产负债表日后发生的非调整事项是在资产负债表日后发生的情况的事项，与资产负债表日的存在状况无关，因此企业无须调整资产负债表日编制的年度财务报表中已确认的金额。由于有的非调整事项较为重大，若不加以说明，将不利于财务报告使用者做出正确的估计和决策，因此对于资产负债表日后发生的非调整事项，需要在财务报表附注中披露每项重要的资产负债表日后非调整事项的性质、内容，及其对企业财务状况和经营成果的影响。对于无法做出估计的，应当在附注中说明无法估计的原因。

【例14-11】甲企业于20×0年8月通过银行转账方式购入一批原材料，价值270 000元，截至20×0年12月31日该批原材料已全部验收入库。20×1年1月6日，甲企业仓库所在地发生百年不遇的洪水灾害，该批材料全部毁损。

本例中，洪水灾害发生于20×1年1月6日，虽然属于资产负债表日后才发生或存在的事项，但对公司资产负债表日后财务状况的影响较大，因此甲企业应当将此事项作为非调整事项在20×0年度财务报表附注中进行披露。

【例14-12】20×0年9月12日，经中国证券监督管理委员会批准，甲企业获准向投资者公开发行一批面值不超过30亿元的公司债券。本次公司债券采用分期发行的方式，首期发行债券的面值不少于总发行面值的50%，自核准发行之日起6个月内完成，剩余各期债券的发行自核准发行之日起一年内完成。该年1月22日，甲公司公开发行第一期公司债券面值15亿元，期限6年，票面年利率为7.80%，并在20×1年1月23日收到了公司债券募集资金。

本例中，甲企业在20×1年1月22日发行了公司债券，虽然是在资产负债表日后发生或存在的事项，但对公司资产负债表日后财务状况的影响较大，属于资产负债表日后非调整事项，因此甲企业应当在20×0年度财务报告附注中对资产负债表日后发行债券这一事项予以披露说明。

思政小贴士

守住底线，具备良好的职业道德：康美药业300亿的前期现金差错更正震惊了资本市场。为了追求业绩，康美药业不择手段，最终付出了应有的代价。因此要增强学生的职业道德和职业操守意识，强调无论从事什么行业，都要守住行为底线，坚守职业道德。

思 考 题

1. 什么是会计政策？会计政策变更的含义是什么？
2. 什么是会计估计？会计估计变更的含义是什么？
3. 会计政策变更与会计估计变更在会计处理方法上有什么不同？
4. 会计差错的种类有哪些？会计差错如何更正？
5. 什么是资产负债表日后事项？资产负债表日后事项是如何分类的？
6. 调整事项和非调整事项在会计处理上有什么不同？

练 习 题

1. 甲公司根据业务内容进行了如下的会计变更：
（1）将发出存货计价方法由移动加权平均法变更为先进先出法；
（2）将车间一台生产设备的折旧方法由年限平均法变更为年数总和法；
（3）由于技术更新的原因，将一条生产线的净残值由15万变更为60 000元；
（4）将账龄在一年以内的应收账款坏账计提比例由3%提高至5%；
（5）因持股比例下降，将长期股权投资的核算由成本法改为权益法。
请根据会计政策变更和会计估计变更的要求对上述交易和事项进行分类，并说明理由。

2. 乙公司为增值税一般纳税人，适用的增值税税率为13%；所得税核算采用资产负债表债务法,所得税税率为25%;按照净利润的10%提取法定盈余公积。20×1年乙年公司发生下列经济业务。

(1) 20×1年5月12日,乙公司发现漏记了一台生产设备的折旧费用100 000元,所得税申报中也没有这笔费用,这项业务对于报表使用者制定决策有重要影响。

(2) 20×1年7月20日,乙公司发现6月份销售的一批产品已经确认收入800 000元,但是销售成本650 000元没有结转,在计算20×0年应纳税所得额时也未扣除该项销售成本。

(3) 20×1年8月19日,乙公司财务人员发现20×0年一项专利权少摊销2200元,该项费用对企业影响不大。

(4) 20×1年12月31日,乙公司发现误将10月份购入的一批价值24 000元的管理用低值易耗品计入固定资产账户,截至当日已提取折旧8000元并计入管理费用中。领用时,对低值易耗品采用一次性摊销的办法,至年底已被行政部门领用60%。

请根据上述业务进行相关的账务处理。

3. 丙公司为增值税一般纳税人,适用的增值税税率为13%。20×0年丙公司实现净利润80 000 000元,按照净利润的10%提取法定盈余公积。丙公司所得税核算采用资产负债表债务法,所得税税率为25%。20×0年丙公司财务报告批准报出日为20×1年3月22日。20×1年丙公司发生如下业务:

(1) 因客户资金链断裂,丙公司3月18日收到该客户通知,其所欠丙公司2 600 000元的货款只能收回10%。该客户已连续亏损多年,20×0年底就已经资不抵债,丙公司已在20×0年12月31日对该笔货款计提了70%的坏账准备。

(2) 20×1年3月10日,丙公司持有的作为短期投资的某公司股票市价下跌,该股票账面价值为3 500 000元,当前市价为2 900 000元。

(3) 20×1年2月8日,丙公司20×0年售出的一批产品因质量存在问题被客户退回,同时收到对方退回的增值税专用发票,不含税价格为5 000 000元。该批退回的产品已入库,销售成本为3 800 000元。

请根据上述业务标注出资产负债表日后调整和非调整事项,并进行相应的账务处理。

案例分析
"任性的"会计政策变更及前期差错更正

即测即练

参考文献

[1] 中华人民共和国财政部. 企业会计准则（2022 年版）[M]. 上海：立信会计出版社，2021.

[2] 中华人民共和国财政部. 企业会计准则应用指南（2022 年版）[M]. 上海：立信会计出版社，2021.

[3] 中国注册会计师协会. 会计 [M]. 北京：中国财政经济出版社，2022.

[4] 戴德明，林刚，赵西卜. 财务会计学（立体化数字教材版）[M].13 版. 北京：中国人民大学出版社，2021.

[5] 刘永泽，陈立军. 中级财务会计 [M]. 大连：东北财经大学出版社，2019.

[6] 杨有红，欧阳爱平. 中级财务会计 [M]. 北京：北京大学出版社，2019.

[7] 戴维·斯派斯兰德，马克·尼尔森，韦恩·托马斯. 中级财务会计 [M]. 郭剑花，雷宇，译 .9 版. 北京：中国人民大学出版社，2019.

[8] 刘泉军. 最新企业会计准则改革与启示 [M]. 北京：社会科学文献出版社，2018.

[9] 黄世忠. 新经济对财务会计的影响与启示 [J]. 财会月刊，2020（7）：3-8.

[10] 黄世忠. 共享经济的业绩计量和会计问题：基于 Airbnb 的案例分析和延伸思考 [J]. 财会月刊，2021（1）：7-12.

[11] 杨敏. 中国会计准则建设和国际趋同的经验 [J]. 财务与会计，2013（2）：4-6.

[12] 刘泉军. 金融资产分类与重分类问题探微 [J]. 财会月刊，2019（11）：75-79.

[13] 刘泉军 .IFRS9 减值会计的理论分析 [J]. 中国注册会计师，2015（9）：98-103，3.

[14] 毛新述，戴德明，张栋. 财务报告概念框架：变革与挑战 [J]. 会计研究，2019（9）：14-20.

[15] 任世驰 .IASB 最新概念框架中的计量：观念比较与计量选择 [J]. 会计研究，2018（10）：19-27.

[16] 钱逢胜，乔元芳. 计量：财务报告概念框架（2018）第 6 章 [J]. 新会计，2018，118（10）：56-64.

[17] 钱逢胜，乔元芳. 财务报表要素：财务报告概念框架（2018）第 4 章 [J]. 新会计，2018（8）：59-64.

[18] 施璐茜，王茂超. 交易性金融资产核算与企业利润波动：以上海莱士为例 [J]. 市场周刊，2019（8）：81-83.